중국인을 알 수 있는 눈
상하이런 베이징런

루쉰 외 지음　**지세화** 옮김

일빛

중국인을 알 수 있는 눈
상하이런 베이징런

펴낸곳 도서출판 일빛
펴낸이 이성우
지은이 루쉰 외
옮긴이 지세화

등록일 1990년 4월 6일
등록번호 제10-1424호

초판 1쇄 인쇄일 2006년 11월 25일
초판 1쇄 발행일 2006년 11월 30일

주소 121-837 서울시 마포구 서교동 339-4 가나빌딩 2층
전화 02) 3142-1703~5 팩스 02) 3142-1706
E-mail ilbit@unitel.co.kr

값 18,000원
ISBN 89-5645-120-6 (03910)

차 례

01. 상하이 사람과 베이징 사람 - **양둥핑** · 7

02. 상하이의 맛, 베이징의 맛 - **왕안이** · 95

03. 베이징 사람과 상하이 사람 - **이중톈** · 113

04. 매혹적인 베이핑 - **린위탕** · 129

05. 북경성에 대한 생각들 - **샤오간** · 139

06. 후퉁(뒷골목)의 문화 - **왕청치** · 187

07. 베이징의 꿈 - **장중싱** · 197

08. 베이징 사람들의 음주 문화 - **쑤푸싱** · 207

09. 베이징 사람들 - **자오위옌** · 213

10. 말다툼 - **룽잉타이** · 283

11. 상하이 소녀 - **루쉰** · 293

12. 상하이 기질 - **저우쩌런** · 299

13. 상하이 사람들 - **위추위** · 305

14. 상하이 여성 - **아이원** · 337

15. 아! 상하이 남성이여 - **룽잉타이** · 349

16. 별 대단한 취급을 못 받는 '상하이 남성들' - **선산쩡** · 359

17. 상하이 사람들 사교의 실상과 소비의 특징 - **웨정** · 365

옮긴이의 글 · 453

중국인을 알 수 있는 눈
상하이런 베이징런

중국인을 알 수 있는 눈
상하이런 베이징런

펴낸곳 도서출판 일빛
펴낸이 이성우
지은이 루쉰 외
옮긴이 지세화

등록일 1990년 4월 6일
등록번호 제10-1424호

초판 1쇄 인쇄일 2006년 11월 25일
초판 1쇄 발행일 2006년 11월 30일

주소 121-837 서울시 마포구 서교동 339-4 가나빌딩 2층
전화 02) 3142-1703~5 팩스 02) 3142-1706
E-mail ilbit@unitel.co.kr

값 18,000원
ISBN 89-5645-120-6 (03910)

◆ 잘못된 책은 바꾸어 드립니다.

중국인을 알 수 있는 눈
상하이런 베이징런

루쉰 외 지음 **지세화** 옮김

일빛

ATLAS

PEACOCK

ILLUMINATING
PIN HEAD
CIGARETTES

PIRATE

차 례

01. 상하이 사람과 베이징 사람 - **양둥핑** · 7

02. 상하이의 맛, 베이징의 맛 - **왕안이** · 95

03. 베이징 사람과 상하이 사람 - **이중톈** · 113

04. 매혹적인 베이핑 - **린위탕** · 129

05. 북경성에 대한 생각들 - **샤오간** · 139

06. 후퉁(뒷골목)의 문화 - **왕청치** · 187

07. 베이징의 꿈 - **장중싱** · 197

08. 베이징 사람들의 음주 문화 - **쑤푸싱** · 207

09. 베이징 사람들 - **자오위옌** · 213

10. 말다툼 - **룽잉타이** · 283

11. 상하이 소녀 - **루쉰** · 293

12. 상하이 기질 - **저우쭤런** · 299

13. 상하이 사람들 - **위추위** · 305

14. 상하이 여성 - **아이윈** · 337

15. 아! 상하이 남성이여 - **룽잉타이** · 349

16. 별 대단한 취급을 못 받는 '상하이 남성들' - **선산쩡** · 359

17. 상하이 사람들 사교의 실상과 소비의 특징 - **웨정** · 365

옮긴이의 글 · 453

1

상하이 사람과 베이징 사람

■ **양동핑** (楊東平, 1949~) ■

현재 베이징 이공대학(理工大學) 고등교육연구소 연구원으로 민간 환경보호 단체인 '자연의 벗(自然之友)'의 부회장을 맡고 있고, 중국 중앙방송국의 「실화 실사(實話實說)」란 프로그램의 총괄 기획자로 활동 중이다. 저서로는 『도시의 계절풍(城市季風)』, 『최후의 성벽(最後的城牆)』, 『기울어진 금자탑(傾斜的金字塔)』 등이 있다.

이폴리트 테느(Hippolyte Taine : 1828~1893년. 프랑스 예술 사학자이자 비평가)는 그의 저서 『예술 철학(Philosophie de l' art)』에서 한 사회의 물질 문명과 정신 문명의 성격과 모습은 종족, 환경, 시대라는 세 가지 요소에 의해 결정된다고 말한 바 있다.

역사, 문화, 자연적 환경, 인종적 유전, 그리고 사회 제도의 차이는 인류와 종족 간에 다양한 차이를 만들어냈다. 유럽 사회를 보면 러시아 사람들은 남성적이고 거칠며, 영국 사람들은 신사적 풍도(風度)가 가득하다. 그리고 프랑스 사람들은 낭만적이며 아름답고, 독일 사람들은 진지하고 규칙적이다. 또한 이탈리아 사람들은 열정적이며 자유분방하다.

도시의 출현으로 도시 사회는 인류의 문명을 바꾸고, 생활의 수준을 향상시키는 중심으로 자리 잡았다. 위대한 도시는 항상 위대한 문화, 위대한 인물들과 연계를 맺으며 스스로 인격화된 이미지를 갖추고, 공동체적인 도시 특성을 형성했다. 동시에 국가와 민족, 그리고 도시 사회의 문화는 최종적으로 사람을 통해 표현되었다. 즉 사람의 질적 수준은 도시 사회의 다양한 공간 속에서 체현되어 그 도시의 문화적 현실이 된다. 서로 다른 도시에 살고 있는 사람들의 각기 다른 개성, 문화 심리, 행동 싱의 특징, 정신적 태도, 교양, 취미는 각 도시의 문화를 풍부하게 하고 도시마다 서로 다른 품위를 지니게 한다.

따라서 상하이 사람과 베이징 사람의 인격적 특수성과 전형성은 각각 중국의 남방과 북방의 문화에 적합하게 체현된 것이다.

1. 남방 사람과 북방 사람

상하이 사람과 베이징 사람의 본질적인 차이는 곧 남방 사람과 북방 사람의 차이이기도 하다. 이것은 서로 다른 사회 · 문화 · 전통의 영향과 유전적 요소가 어우러져 만들어내는 외모, 심리, 생리상의 차별성을 포함한다.

남방 사람과 북방 사람의 차이는 쉽게 찾아볼 수 있다. 중원(中原) 과 화북(華北)으로 대표되는 북방 사람들은 키가 크고 건장하며, 열정적이고 거친 성격을 지니고 있다. 그리고 보수적이고 안정 지향적인 성향이 강하며, 국수나 마늘, 파와 같은 자극적이고 매운 음식을 즐긴다. 일반적으로 이들은 북방 유목 민족과 몽고인의 피가 흐른다고 생각된다. 린위탕(林語堂) 선생은 이들을 '자연의 자손'이라고 했다. "이들은 자신들의 종족적 활력을 잃지 않고 대대로 중국의 각지에서 군웅 할거하여 자신의 왕국을 일구어왔다. 이런 점에서 중국의 전쟁 소설이나 모험 소설 속의 영웅적 인물로서 다양한 소재를 제공했다."*
장저(江浙 : 장쑤江蘇와 저장浙江) 일대의 남방 사람들은 체구가 상대적으로 왜소한데, 똑똑하고 민첩하며 성품이 온화하고 처세에 능하다. 구성진 연극을 즐겨보며 쌀과 찹쌀로 만든 음식을 먹는다. 강남땅은 역대로 '꽃과 버들이 만발한 땅이요, 따뜻하고 물산이 풍성한 지역' 으로 불리고, 대대로 재자가인(才子佳人)들의 풍류 넘치는 이야기가 전해진다. 린위탕 선생은 이들에 대해 "머리 회전이 빠르지만 발육이 부진한 남자, 여리고 섬세하지만 신경 쇠약증에 걸린 여성으로서 제비집 스프를 마시며 연꽃 씨를 즐겨 먹는다. 이들은 똑똑한 장사꾼이

---

* 린위탕, 『중국인』, 절강인민출판사(浙江人民出版社), 1988, 4쪽.

베이징의 전통 오페라인 '경극'의 한 장면

자 빼어난 문학가이고, 또한 전쟁터의 겁쟁이기도 하다"*라고 묘사
했다. 더 왜소하고 똑똑한 화남(華南) 사람들은 후광(湖廣 : 후난湖南과
광둥廣東) 일대의 초(楚)나라 지역을 포함하는데, 활력이 넘치고 진취
적이며 대단히 사치하고 낭비적이다. 뱀을 먹고 각종 기이한 음식을
즐긴다.

　이렇게 역사적으로 남방과 북방은 활동 영역이 달랐다. 북방은 왕
후장상과 영웅호걸, 그리고 열녀를 배출했고, 남방은 다재다능한 서
생이나 훌륭한 스승, 모략가, 재자가인 등을 길러냈다. 경극(京劇)과
월극(越劇)**을 보면 북방은 양산박(梁山泊)의 수호(水滸) 영웅과 협객
대도(俠客大盜)가 판을 치고, 강남에는 당백호(唐伯虎 : 명나라 때 화가.
오파吳派의 문인화풍에 영향을 줌)와 루아서(婁阿鼠 : 연극 「십오관十五

---

* 상동.
** 경극은 베이징에서 발전한 전통 오페라를 말하고, 월극은 광둥 지역의 전통 오페라이다.

貫」에 나오는 무뢰한), 그리고 양축(梁祝 : 양산백梁山伯과 축영대祝英台의 비극적 사랑이야기)의 비극이 있다. 이를 통해 볼 때 남방과 북방의 차이는 분명하다.

한편 남방 사람과 북방 사람은 외모와 유전적 차이도 분명히 다르다.

1989년 '국가기술감독국'이 밝힌 「중국 성인의 표준 체격」에 의하면 남성의 키는 평균 167.8cm, 체중은 59kg이며, 여자의 평균 키는 157cm이고 체중은 52kg이었다. 동북(東北)과 화북 지역 사람들의 평균 신장이 전국적으로 가장 컸고, 장저와 상하이는 전국 평균치에 비해 높았지만 북방 지역보다는 낮았다. 윈난(雲南), 구이저우(貴州), 쓰촨(四川) 등 세 성의 평균 신장이 가장 낮았다. 신장의 분포로 보았을 때 남자의 80%가 160~175cm에 해당되고, 각 9%가 175~181cm와 154~160cm에 속했다. 그리고 각 1%만이 181cm 이상 혹은 154cm 이하에 속했다. 여성의 경우 80%가 150~164cm 사이에 속했고, 각 9%가 145~150cm와 164~170cm에 속했다. 그리고 각 1%만이 170cm 이상과 145cm 이하에 해당되었다.[*] 1987년 10개 성시 중 20여 만 명의 0~7세까지 어린이들에 대한 조사에 따르면 북방 지역 아동들의 발육이 남방 지역보다 앞선 것으로 나타났다. 이것은 각 지역의 생활 수준이나 음식 습관, 양육 방식에 의한 것으로 보인다.[**]

용모에 있어서도 남북의 차이는 확연하다. 중국인의 일반적인 용모는 중간키에 엷은 황색 피부, 검은 머리칼에 직모, 넓은 이마, 짙은 갈색 눈동자, 함몰되지 않은 눈과 양미간, 중간 정도 넓이의 콧구멍,

---

[*] 『문회보(文滙報)』, 1989년 11월 16일.
[**] 『인민일보(人民日報)』, 1987년 4월 16일.

	남 자	여 자
전국 평균	167.8	157.0
화북, 동북	169.3	158.6
장쑤, 저장, 상하이	168.6	157.5
후난, 후베이	166.9	156.0
광둥, 푸젠	165.0	154.9
윈난, 구이저우, 쓰촨	164.7	154.6

중간 높이의 콧대, 튀어나온 뒤통수, 밋밋한 얼굴, 돌출되지 않은 입, 두텁지도 얇지도 않은 입술, 그리고 몸에 털이 많지 않은 특징을 지니고 있다. 중국인들은 자칭 '황제의 자손' 이라고 하는데, 여타 민족과는 다른 세 가지 생리적 특징이 있다. 첫 번째로 삽 모양의 앞니이다. 두 개의 앞니 양쪽 끝이 서로 말려 올라가 나무 판자처럼 생긴 데다가 가운데는 凹형으로 파여 삽의 형태를 보인다. 백인종 중에는 8.4%의 성인만이 이런 앞니를 지녔다. 두 번째는 '몽고반점' 이다. 신생아 엉덩이에 나타나는 푸른색의 반점을 말하는데, 백인종과 흑인종의 신생아에는 없다. 세 번째는 안쪽 눈꼬리이다. 눈의 안쪽에서 아래로 휘어져 눈물샘을 덮은 피부의 주름을 말한다. '몽고 주름' 이라고도 한다.

남북인의 생김새는 북방 사람과 화남 사람을 전형으로 삼는다. 북방 사람은 '단봉안(丹鳳眼 : 옆으로 길쭉한 눈)' 이 비교적 많고, 화남 사람들의 눈은 동그랗고 크며 한두 줄의 쌍꺼풀이 있다. 북방 사람의 콧대는 비교적 오똑하고, 화남 사람은 콧방울이 옆으로 퍼져 넓게 생겼다. 북방 사람의 입술은 곧게 섰고, 화남 사람의 입술은 두터워서 10mm

이상 되는 사람이 40%가 넘는다. 북방 사람의 얼굴형은 긴 네모형과 달걀형, 원형이 주로 많고, 남방 사람 중에는 마름모형과 오각형이 비교적 많다. 따라서 체격이 크고 이목구비가 분명한 데다가 콧날이 오뚝한 북방 남성은 배우들 가운데 절대 우세를 점한다. 남자 배우의 경우 하얼빈(哈爾濱), 칭다오(青島) 등 몇 개의 북쪽 도시 출신이 대부분이고, 여자 배우의 경우는 뮤지컬 배우까지도 강남 지역의 도시 출신이 대부분이다.

혈액형에서도 남북의 차이가 현저하다.

인류의 혈액형은 ABO형 외에도 500여 종이 있다. Gm형은 그중 하나인데, 혈청의 병종(丙種) 단백질 속에 존재한다. Gm을 통해 인종의 특이성이 잘 나타나는데, 가령 Gmfb는 백인종의 특성이 보이고, Gmst는 황인종에게만 존재하며, Gmc3는 흑인종에게만 존재한다. 중국에서 보편적으로 보이는 Gm인자는 Gmafb, Gmazg, Gmag, Gmast 네 종류이다. 남방의 한족과 소수 민족에게 가장 많이 보이는 것은 Gmafb 인자이고, 북방 한족과 소수 민족의 경우는 Gmag가 가장 많다. 즉 장강(長江) 유역도 황하(黃河) 유역 외에 중화 민족의 중요한 요람임을 증명하는 셈이다.*

혈액형이 재미있는 논쟁거리가 되는 것은 혈액형과 국민성, 민족성, 사람의 기질, 성격 등이 관련되어 있기 때문이다. 근거가 분명하지 못하고 좀 억지스러운 측면이 있지만, 꼭 학술적 관점이 아니라면 참고해볼 만하다.

유럽의 백인종은 O형이 압도적인데 전형적인 O형의 기질을 보인다. 스코틀랜드, 아일랜드 지역은 O형이 50% 이상이다. 아시아는 전

---

* 『대중의학(大衆醫學)』, 1986년, 제3기.

인종간의 혈액형의 분포(%)

	O형	A형	B형	AB형
백인종	46	42	83	3
아시아	27	27	34	12
일 본	31	38	22	9

형적인 B형의 기질을 보이는데 점유율이 34%에 달한다. O형과 A형이 다음이고, AB형은 드물다. 동유럽의 경우 아시아의 혈통과 섞였기 때문에 B형이 15% 정도나 된다. 일본은 전형적인 A형 사회로서 A형이 가장 많은데, 중국 남부 및 동남아시아와 흡사하다.[*]

통설에 따르면 O형은 일처리가 시원시원하며 실용성을 중시하는 현실적인 태도를 취하고, 간결하면서도 명쾌한 논리성을 보인다. 또 사회 활동에 열심이고 '자연'과 '힘'을 숭상하는데, 유럽인들의 공통적인 특성으로 인식된다. 아시아 사람들에게서 보이는 삼라만상을 모두 품은 듯한 폭 넓은 사유와 적극적인 교제, 환경에 대한 적응력, 풍부하면서도 변화가 심한 감정, 넘치는 재치와 순발력 등은 B형의 특징으로 간주된다. 일본인의 A형적 특징은 분명한 사고, 조리(條理)가 강한 경향, 안으로 깊이 파고드는 사유 방식, 근엄하고 신중한 탐구 정신, 확고한 가정 관념과 단체에 귀속되려는 경향, 강한 모방심과 기술 능력 등으로 나타난다. 중국의 경우 지역별로 혈액형의 분포를 보여주는 통계 자료는 없지만 경험적으로 보았을 때 대체로 B형의 특징이 많고, 베이징 사람들은 O형, 상하이 사람들은 A형에 가까운 것으로 보인다.

---

[*] (日), 『혈액과 인생(血液與人生)』

역사적으로 수도를 남방으로 옮겼던 몇 번의 사실과 관련하여 중국인들의 성씨(姓氏)에도 분명한 특징이 나타난다. 한족 인구 중 1% 이상을 점유하는 성씨로는 리(李), 왕(王), 장(張), 류(劉), 천(陳), 양(楊), 자오(趙), 황(黃), 저우(周), 우(吳), 쉬(徐), 쑨(孫), 후(胡), 주(朱), 가오(高), 린(林), 허(何), 궈(郭), 마(馬) 등 19개가 있는데, 리, 왕, 장 세 성씨가 70% 이상을 차지한다. 이 가운데 리, 왕, 장, 류 씨는 북방 사람들에게 많고, 천, 자오, 황, 린, 우 씨는 남방 사람들에게 많다.* 위에서 유전 인자의 중요성을 논했지만 그렇다고 너무 지나치게 과장해서도 안 된다.

몇 차례에 걸쳐 있었던 남쪽으로의 인구 이동이라는 요인과 경제와 문화 발전의 중요성이 상승하고, 근세 이후 서양의 문화와 산업 문명의 수입으로 인해 남북의 상황은 커다란 변화를 맞이했다. 가령 20세기의 영웅호걸은 주로 남방에서 나왔다. 쑨중산(孫中山 : 쑨원孫文)의 핵심 참모 대부분이 화남 출신이고, 장제스(蔣介石)의 처가도 대부분 장저 사람들이다. 조사에 따르면 저장 한 지역만 보더라도 민국 시기(民國時期 : 신해혁명으로 청나라 왕조가 붕괴되고 민국이 성립되었던 1912년 이후의 시기) 국민당 정부에는 상장(上將 : 대장과 중장 사이의 계급) 장딩원(蔣鼎文) 등 4명, 중장 쉬안저우(宣哲吾) 등 35명, 소장 진푸민(金福民) 등 67명을 모두 합해 장군직을 역임했던 사람들이 106명에 달한다.** 공산당의 지도자 가운데 마오쩌둥(毛澤東), 류사오치(劉少奇), 저우언라이(周恩來), 주더(朱德), 천윈(陳雲), 린뱌오(林彪), 덩샤오핑(鄧小平)이 모두 화남 출신이다. 또 '십대원수(十代元帥)' 중 쉬샹첸

---

* 『중국연감』, 1988년.
** 『절강문사(浙江文史)』, 1992년, 제47기.

(徐向前)을 제외하고는 모두 남방 출신이다. 특히 남방 출신 중에도 장저 사람은 매우 적고, 대개는 후난과 후베이, 그리고 쓰촨 출신들이다. 그래서 근래 관상학에서 남방 사람이면서 북방 사람 같은 모습이나 북방 사람이면서 남방 사람 같은 모습을 지닌 관상을 부귀상(富貴象)으로 보고, 강(剛)과 유(柔)가 결합되었다고 이야기한다.

정감과 심미, 그리고 개인적 선호에 따른 평가를 넘어 반드시 개인적 인격과 집단적 인격에 관한 과학적 인식을 해야 할 필요가 있다. 비록 아직은 연구가 진행 중인 학문 분야이기는 하지만 말이다. '좋아하는 것과 좋아하지 않는 것', '좋은 것과 좋지 않은 것'에 대한 비교 평가의 의미는 첫째 사회의 현대화와 개인의 현대화라는 척도를 통해 서로 다른 인격을 비교하여 헤아려보고, 둘째 궁극적으로 '현대적'이냐 아니면 '비현대적'이냐의 평가를 내리는 데 있다.

슈프랑거(Edward Spranger)와 모리스(C. Morris)는 사람이 여러 가지 가치 중에서 어떤 것을 먼저 고려하느냐에 따라서 생활 방식을 6가지 가치 유형으로 나누었다.

1) 이론형 : 합리성을 중시하고, 주로 과학적인 진리 탐구를 중시한다.
2) 경제형 : 실제적인 효율성을 중시하고, 이윤 추구에 관심을 갖는다.
3) 심미(예술)형 : 아름다움과 조화를 중시하고, 예술 활동을 중시한다.
4) 권력(정치)형 : 다른 사람을 이끌고 통솔하는 데 관심을 갖고, 권력의 획득을 중시한다.
5) 사회형 : 타인에 대한 사랑과 귀속감을 중시한다.
6) 종교형 : 종교 활동과 신비로운 경험을 중시한다.

위의 유형은 진실, 권력, 아름다움, 사랑, 선함 등의 가치에 따라 분류되었음을 알 수 있다. 이러한 기준에 따라 조사한 결과 남성과 여성, 전공, 직업적 배경, 국가나 민족의 차이에 따라 생활 방식의 가치 유형이 서로 다르게 나타난다고 한다.

중국의 경우 사회적 정황과 일상의 생활 모습에 따라 경제인, 정치인, 문화인, 사회인 등 4가지 가치 유형으로 나눌 수 있다. 경제인은 경제적 효율성을 중시하며, 부를 쌓고 여유로운 물질적 생활을 추구한다. 정치인은 권력을 중시하며, 인간 관계 속에서 자아 실현을 목표로 한다. 정치적 이익은 어떤 이익보다 우선된다. 문화인은 지식과 학문, 그리고 교육적인 사업에 종사하며, 정신적 측면의 정감, 도덕, 예술, 심미적 욕구 등을 중시한다. 그리고 문화적 향상과 심리적 만족감을 추구한다. 사회인은 사회적 평등과 복리를 중시하며, 각종 공공 사업이나 자선 활동에 열심이다. 즉 남에게 봉사하는 것을 즐긴다.

이제 사회적 변천과 문화적 충돌의 측면에서 상하이와 베이징 두 지역의 집단적 인격의 특징과 변천을 살펴보겠다.

2. 두 지역 사람은 서로를 어떻게 바라보는가?

절대 다수의 상하이 사람들은 베이징과 베이징 사람에 대하여 어떤 평가도 내릴 수 없을 것이다. 왜냐하면 베이징에 대한 실제적인 접촉이나 구체적 느낌이 없기 때문이다. '베이징에 간다' 는 것은 10여 년 전만 해도 소수 잘 나가는 사람들의 영광이자 자랑거리였다. 최근 들어 베이징으로 출장을 가거나 여행을 가는 상하이 사람들이 많아졌다. 그러나 베이징에 대한 공통적인 인식은 아주 간단하다. 첫째 명승지가 (경치가 좋은 명승지를 포함해서)상하이보다 많다. 둘째 새 건물

베이징의 유명한 상가 거리인 왕푸징

이나 고층 건물이 많다(물론 그 뒤에는 다음과 같은 불평이 따른다. "이상
하게도 상하이에는 건물을 지을 돈이 없다"). 셋째 쇼핑이나 교통이 불편
하고 상품의 종류도 적은데 값만 비싸다. 넷째 기후가 건조하고 바람
이 심하게 불어서 적응이 잘 안 된다 정도이다.

한 상하이 사람은 이렇게 말했다. 그 유명한 왕푸징(王府井)에 갔는
데 몇 분 걸으니까 벌써 상가 거리가 끝났다. 그래서 혹시 길을 잘못
들었나 하고 "베이징에는 왕푸징이 도대체 몇 개나 있죠?"라고 물었
다고 한다. 상점 판매원들의 서비스에 대해서는 이렇게 생각한다. 상
하이의 경우는 손님이 무엇을 하든 상관하지 않기 때문에 이리저리
맘대로 구경할 수 있는데 반해, 베이징의 경우는 "떠들지 마라! 뭐라
뭐라" 하면서 손님을 가르치려고 든다. 예전 상하이 어린이의 경우
베이징의 길거리에서 당나귀나 말이 수레를 끄는 광경을 발견하고는
혹시 동물원을 탈출한 것이 아닌지 헷갈려하며, 놀랍고도 즐거운 경

험을 다해 본다며 비꼬기도 했다.

베이징에서 온 사람에게 상하이 사람들은 늘 이렇게 묻는다. "상하이가 좋아요, 아니면 베이징이 좋아요?" 베이징에서는 이런 질문을 받는 경우가 거의 없다. 이것은 베이징 사람에게는 질문이 될 수 없기 때문이다. 도대체 중국 땅에서 베이징보다 좋은 곳이 어디 있단 말인가! 그러나 사실 상하이 사람들의 질문에는 자신들의 도시에 대한 우월감을 가지고 은근히 과시하고 싶은 심정이 있다. 하지만 그들의 잠재 의식 속에는 수도(首都)에 대한 모호한 숭배와 신비감이 자리 잡고 있는 것도 사실이다.

비교해서 이야기하면 베이징 사람들의 상하이 사람들에 대한 느낌이 훨씬 많다. 거의 모든 베이징 사람들은 쉴 새 없이 상하이 사람들에 대한 인상을 논한다. 물론 호평은 많지 않다. 베이징의 여성은 입을 모아 상하이 남성들을 성토한다. 마치 원한에 사무친 듯 말이다. 상하이 사람들도 당연 북방 사람들을 경멸한다. 가령 북방 사람을 싸잡아 '베이라오(北佬 : 북쪽 놈)'라고 하는데, 통상 베이징 사람은 이 호칭에 포함시키지 않는다. 베이징 사람들은 남방 사람들 전체를 그렇게 싸잡아 경멸하지는 않는다. 다만 상하이 사람만 경멸의 대상이 된다. 가령 "그 사람 상하이 사람이라 하던데"라고 했다면 그 안에는 경멸의 뜻이 담겨있는 것이다. 마치 서양 사람들이 "유태인이래"라고 하듯이 말이다. 이런 이유로 베이징에 사는 상하이 출신들은 경솔하게 자신의 고향을 밝히지 않는 것이 현명하다고 생각한다. 강남(江南 : 남방 지역에 대한 통칭) 지역에서 상하이가 고향이라는 사실은 자신을 높이는 대단한 기능을 한다. 1980년대 초만 해도 난징(南京), 항저우(杭州), 우시(無錫) 등지의 젊은이들은 여전히 상하이 말을 흉내 내고 상하이 사람처럼 하고 다니는 것을 영광으로 여겼다. 지금도 상하이의 구혼 광고 중에 '상하이 출신'이란 말은 대단한 조건으로 내세울 수 있다. 「갈망(渴望)」이라는 TV 연속극 중에서 아주 이기적인 남자 주인공이 나왔었는데, 그가 '후성(滬生 : 상하이 남자)'이라는 점이 상하이 사람들에게는 대단한 불만이었다. 반면에 베이징 사람들에게선 엄청난 반응을 얻었다. 그들은 상하이 사람은 원래 그렇다고 생각하기 때문이다. 베이징 사람들이 상하이 사람에 대한 최고의 평가는 "당신은 상하이 사람 같지 않군요"라는 말이다.

그러나 베이징 사람들도 속으로는 상하이 사람과 남방의 전통을 존중하는 마음을 가지고 있다. 그래서 상하이 사람들이 보여주는 업무의 질이나 태도를 논할 때면 늘 자신들은 그만 못하다고 자인한다. 상하이 사람을 성토하던 베이징의 아가씨들도 때때로 "저의 외가가 남방이래요", "상하이에 사는 이모가 있어요", "어렸을 땐 상하이에서 살았어요"라고 한다. 베이징의 아이는 상하이에서 늘 귀여움을 받는다. 상하이 사람들은 꼬마가 토종 표준어를 한다는 점에 놀란다. 만약 상하이로 전학을 간다면 늘 교사로부터 질문을 받고, 또 수업 시간에 도맡아서 책을 읽어야 할 것이다.

상하이 사람과 베이징 사람 간의 교제 중에 발생하는 문화적 충돌, 서로간의 편견과 다툼의 정도는 우리의 상상을 뛰어넘는다.

위추위(餘秋雨)가 「상하이 사람의 껄끄러움(上海人的尷尬)」이란 글에서 중국 전체가 상하이와 불가분의 관계에 있으면서도 모두 상하이 사람을 성토하는 현상을 분석한 적이 있다. 이런 껄끄러움은 아마도 근대사가 시작된 이래로 줄곧 있었던 것으로 보인다. "똑똑함, 건방짐, 계산적임, 달변, 제멋대로와 산만함, 후덕치 못한 얄팍함, 배타심, 지도자 깔보기, 정치적 열정의 결여, 집단 의식의 결핍, 냉소, 인색, 이기적임, 유행 좇기, 경박하고 교활함, 신기한 것 좇기, 자잘함,

양고기 샤브샤브인 솬양러우

시정 모리배 기질 등 이런 것들이 한데 모아진 모습, 이것이 타 지역 사람들이 보는 상하이 사람이다."*

베이징 사람들의 생각은 북방 사람과 외지인들의 상하이 사람들에 대한 보편적 견해를 대표한다.

베이징 사람들이 즐기는 상하이 사람들의 꼴불견과 관련된 우스개 소리에는 '반 냥짜리 식권으로 사먹는 조그만 과자 이야기', '겨우 사과 반쪽을 사 먹으며 가는 상하이 사람 이야기'가 있다. 또 상하이 사람이 베이징에 와서 솬양러우(涮羊肉 : 양고기 샤브샤브)를 먹는 이야기도 있다. 열 명의 상하이 사람들이 솬양러우를 파는 식당에 와서 고작 두 근의 고기를 시키자, 이를 본 베이징 사람들이 "일찍 눈을 뜨지 마라, 아직도 아껴 먹고 있으니"라고 조롱했다고 한다. 이 밖에도 상하이 사람들이 고상한 척 하는 점에 대해 "상하이 사람들은 늘 '저는 조금 밖에 못 먹어요'라고 하면서도 실은 누구보다 많이 먹는다"라고 하며 반감어린 성토를 하기도 한다. 회의나 회식 자리에 자주 참가했던 어떤 사람이 말하기를 "상하이 대표가 식탁에서 하는 행동은 늘 유별나다. 그들은 다른 사람은 개의치 않고 가장 맛있는 음식(가령 큰 새우)만 챙겨 먹는다. 마치 영양가 없는 음식은 먹지 않는다는 식으로 말이다. 그리고

---

* 위추위, 『문화고려』, 143쪽.

단체 사진을 찍을 때면 항상 가장 좋고 눈에 잘 띄는 자리를 차지한다"고 했다.

북방 사람들이 전하는 상하이 사람에 관한 고전적 우스개에 이런 것이 있다. 한 상하이 꼬마가 바늘을 사러 상점에 갔다. 바늘 값은 세 개에 2펀(分 : 펀은 1/100위안)이었는데, 1펀만 내길래 바늘 1개를 주었다. 그러자 그 꼬마가 가지 않고 판매원에게 "포장지 두 장 값이라도 거슬러 줘야죠"라고 말했다고 한다. 또 우스개는 아니지만, 상하이 사람은 손님 접대가 매우 열정적이어서 식사 시간만 되면 꼭 부근에 값싸고 맛있는 식당이 있다고 알려준다는 이야기도 있다.

만약 베이징 사람이 무의식중에 상하이 사람들에게 일상적으로 통용되는 규칙을 어겼을 때는 몹시 언짢은 일을 겪게 된다. 가령 몇 년 전만 해도 상하이에서는 결혼 피로연에서 통닭, 통오리, 통생선, 돼지 통다리 등을 맨 마지막에 상에 올리고, 손님은 그 음식에 손을 대지 않은 채 주인이 집으로 가져가 천천히 맛보는 풍습이 있었다. 언젠가 한 베이징 친구가 대단히 화가 난 적이 있었다. 사연인즉슨, 그가 상하이 사람의 집에 머물게 되었는데 생선 한 마리로 네 끼 식사를 해결하더라는 것이다. 생선을 두 토막 내어 매번 식사 때 한 토막 씩 요리를 해서는 한 끼에 한 쪽 면만 먹는 것이었다. 그런데 그가 다음 끼니에 먹을 생선 토막의 다른 쪽 면을 그만 실수로 뭉개고 말았다는 것이다. 그 베이징 친구는 "이 다음에라도 상하이 사람 집에 손님으로 간다면 생선에는 절대 손대지 않겠다"고 다짐했다고 한다.

상하이 사람도 자신의 관습을 베이징에서 고집하다간 똑같이 낭패를 보게 된다.

한 상하이 여학생이 베이징 청년들의 야유회에 참가했다. 야유회가 끝난 후 그날 먹은 빵, 사이다, 아이스크림의 값을 사람 수로 나누어 거두려다 베이징 여학생들의 화를 돋우고 말았다. 상하이 사람들의 이런 경제 관념은 베이징 사람들에게 '쩨쩨한 기질'이라고 조롱받기 십상이다. 대학을 졸업한 후 베이징으로 발령을 받은 한 상하이 아가씨가 있었다. 이웃집 아줌마가 아가씨 혼자 객지 생활을 하는 게 안돼 보여 종종 집으로 청해 만두를 먹었다. 얼마 후 이웃집 아줌마는 한 가지 사실을 깨달았다. 매번 식사를 함께 하고 난 후에는 상하이 아가씨가 늘 말린 두부나 소시지 같은 작은 선물을 가져오더란 것이다. 아줌마는 몹시 화가 나서 "아니, 아가씨가 안돼 보여 식사를 청하곤 했는데, 식사 값을 계산하자는 거예요? 식사 값을 정말 따져 본다면 그래 말린 두부 한 봉지로 될 것 같아요?" 상하이 사람들의 약삭빠른 인사치레는 베이징에서는 오히려 '자잘하고 건방진 것'으로 비쳐진다.

하지만 오래 사귀다보면 대부분의 상하이 사람들은 북방 사람들이 서로 지내기 쉽고, 또 그렇게 자질구레 따지는 속 좁음이나 쩨쩨함은 없다고 느낀다. 북방 사람들도 상하이 사람들이 흔히 생각하는 것처럼 그렇게 사귀지 못할 정도는 아니라고 본다.

한 동북(東北) 출신 친구가 대학 시절 사귀었던 상하이 출신 친구에 대해 논한 적이 있었다. 그 친구는 단정한 옷차림새에 늘 혼자 다니며, 친구들과 영화를 보거나 식사를 할 때 한턱을 내는 경우가 일체 없었다. 다른 사람에 대해 나쁜 말도 하지 않았고, 시비에 간여치도 않았으며, 전혀 자신의 내심도 드러내지 않았다. 친구들과의 관계는 그야말로 물처럼 담백하여 늘 일정한 거리를 두었으며, 북방 출신들처럼 몰려다니며 너나할 것 없이 지내는 그런 게 전혀 없었다. 처음에는 그 특이함에 대단한 반감이 들었는데, 시간이 흐르다보니 그와 사귀는 게 훨씬 부담 없고 안전하다고 여겨졌다는 것이다. 그 친구의 성격 가운데 또 하나의 특징은 책을 보다가 가령 모르는 글자가 나올 경우 절대로 호들갑을 떨거나 다른 사람에게 도움을 구하지도 않는다는 점이다. 조용히 혼자 자전(字典)을 찾아가며 자신의 모자라는 점을 남에게 드러내지 않는 한편, 놀라운 것은 그가 자전에서 찾은 결과는 대단히 정확하고 권위가 있다는 것이다.

한 베이징 출신 교사는 다음과 같은 사실을 깨달은 바 있다고 했다. 상하이 사람들의 총명함과 계산적임은 일종의 습관인데, 자기 자신에게 뿐만 아니라 남에게도 크게 도움이 되더라는 것이다. 한번은 상하이에서 차를 타려고 길을 묻는데 너무나도 상세하게 가르쳐 주더라는 것이다. 가령 그가 가려는 곳은 A와 B의 중간에 위치한 곳이라서 A에서 내리건 B에서 내리건 거리는 같지만, A에서 내리면 차비가 0.05위안이고, B에서 내리면 1위안이니까 A에서 내리는 게 유리하다고 알려주었다는 것이다. 이 교사는 깊은 감동을 받았다고 한다.

그 무렵에는 대부분의 지식 청년들이 주로 집단 생활을 했기 때문에 각지의 습관이나 인격이 크게 충돌하면서 교류되었다.

한 동북 군대에 있던 베이징 출신 친구가 말하기를 상하이 사람들의 짜증나는 점은 자기들끼리 상하이 말로 이야기하는 것이라고 했다. 이것은 공개적으로 자기들은 남들과 다르며 언어적인 면에서 이미 거리가 있다는 것을 선언하는 격이다. 상하이 사람들은 분명 총명하다. 이 총명함 때문에 친구로 사귀는 것은 꺼리지만, 오히려 이 점으로 인해 함께 일을 할 수가 있다. 때때로 지나치게 세심하고, 아침저녁으로 분주한 가운데 작은 편리함을 탐하기는 하지만 남을 해치지는 않는다. 상하이의 청년 지식인들은 정치성이 강한 작당이나 음모를 꾸미는 경우가 적은 반면, 베이징 사람들은 참으로 많다. 하얼빈 사람들은 이런 면에서 가장 거칠고 다툼도 심하다. 톈진(天津) 출신들은 굉장히 투쟁적이고 곧잘 고자질도 한다. 그러나 상하이 지식 청년들은 그런 것이 없다. 그들은 스스로 힘 있고, 깨끗하고, 일처리에 원칙이 있고, 준비성이 있다고 자부한다. 대부분 나름대로 한 가지 장기(가령 라디오를 수리할 줄 안다거나 글씨를 잘 쓴다거나 등)에 의지하여 자신의 생존 환경을 개선하며 더 좋은 자리로 발전해간다.

윈난 건설 부대에 속해 있던 한 청두(成都) 출신 청년 지식인은 이렇게 말했다. 베이징의 지식 청년들은 품성이 활달하고 시원시원하고 목소리도 우렁차다. 마치 라디오의 아나운서가 말하는 것처럼 높은 곳에서 아래를 굽어보는 듯한 우월감을 있는 대로 다 드러낸다고 말이다. 쓰촨의 지식 청년들은 우두머리 노릇을 하지는 않지만 똑똑하고 기지가 넘치며, 의리감이 많아 친구 일에 나서는 경우가 많다. 오직 상하이 청년만이 수중에 『육도병략(六韜兵略)』(중국 고대의 병법서 「육도」와 「삼략三略」을 말함)의 지혜를 감추고 있으면서 경거망동하지 않고, 또 함부로 예봉을 드러내지도 않는다. 그들은 속으로 다른 사람들을 깔보며, 마치 어눌한 듯 상하이 말을 하면서 그야말로 교묘하게 천연의 요새 속에 자신들만의 세계를 감추고 있다. 그들은 물이 흥건한 논에 들어가 맑은 날에는 흠뻑 땀을 뒤집어쓰고, 또 비 오는 날에는 진흙투성이가 된다. 하지만 세심히 바라보면 상하이에서 막 생산된 농사용 장화와 양말을 신고 있음을 알 수 있다.

그때를 돌이켜 보면 상하이 출신들의 행동거지는 늘 비난과 배척을 받았다. 그들에겐 어떤 어울릴 수 없는 '소자산 계급의 정서'가 있었다. 이제야 비로소 깨달았다. 그들의 식품 상자, 농사용 양말, 피부용 크림, 향수 비누, 또 사투리, 깊은 밤 힘써 책을 읽는 것 등…… 우리와 다른 모든 것들이 다름 아닌 상하이 사람들의 습성이며 애호이고, 생활 방식

이라는 것을. 힘들고 견디기 어려운 노동도, 어리석고 꽉 막힌 분위기
도, 그리고 질식할 것 같던 문화대혁명 10년 동안 대환란의 온갖 압박으
로도 어찌 할 수 없었던, 바로 상하이 사람들의 천성이었던 것이다.[*]

상하이에 대한 느낌과 상하이 사람에 대한 이해는 베이징 사람들
보다 오히려 외국인들에게 많을 것이다. 그것이 주로 비즈니스적인
관점에 집중된 것이기는 하겠지만……

일본의 매스컴은 상하이에 대해 아주 민감하다. 지리적으로 상하
이가 일본에 가장 근접한 도시이기 때문일 것이다. 일본인들은 상하
이에 대한 감회가 굉장히 특수한데, 윗세대로서 전쟁 전에 상하이를
방문했던 사람이라면 상하이를 동서 문화 교류의 집합지라고 볼 것
이다. 당시 일본인들은 서양 문화에 대한 열등감과 고대 중국 문화에
대한 경외심을 보편적으로 가지고 있었다. 그들은 이 두 가지가 상하
이에 함께 존재하고 있다고 보았다. 그래서 그들은 상하이에 일종의
호감을 느꼈다. 지금까지도 상하이에 무슨 새로운 사건이 생길 경우
그들은 "역시 상하이답군!"이라는 찬탄을 아끼지 않는다. 전후 일본
청년 세대의 눈에 비친 중국의 이미지는 만리장성과 황하의 웅장함
과 가난이었다. 매스컴에 비춰진 상하이의 번잡함, 번화함과는 완전
히 다른 것이었다. 그래서 그들에게 상하이는 중국의 신비이자 특별
한 존재였다. 일본의 전문가와 학자들이 보는 상하이는 외래 문화에
배타적이지 않고, 문화와 교육의 수준이 높으며, 기술 습득이 빠르고,
현대화된 관리를 실현하기 용이한 그런 곳이었다. 이것이 바오강(寶
鋼) 철강회사나 진산(金山) 석유회사가 성공을 거두게 된 기초였다.

---

[*] 『후회 없는 청춘(靑春無悔)』, 사천문예출판사, 1991년, 434쪽.

최근 많은 상하이 학생들이 일본으로 유학을 간다. 한 친구의 말에 의하면 동경의 모든 지하철 안에서 상하이 말을 들을 수 있다고 한다. 이것이 어떤 영향을 미치는가는 또 다른 문제이다.

한 일본인은 상하이 사람을 이렇게 묘사했다. 그들의 말투는 좀 과장되어 있고 극도의 우월감에 젖어 있다. 꾸밈이나 체면에 신경을 많이 쓰고, 시대를 앞서 가거나 최신 유행을 좇는다는 점에서 강한 자부심을 갖는다. 동시에 실천력도 있고, 다른 사람의 재력을 교묘히 이용해서 자신의 목적을 이루는 데 탁월하다. 상하이 사람의 성격적 특징은 기지가 넘치고 행동이 민첩하며, 일반적인 중국인과는 다르게 과거의 역사에 얽매이지 않는다. 그중에는 허영을 추구하는 사람도 있지만 외면적으로는 실질을 중시하고 찰나주의적인 경향도 있다. 그들의 창의력은 대단하지만 어떤 때는 단순한 기교로 현혹하는 경우도 있다. 이러한 점은 책임을 지지 않는 거래를 할 가능성도 있다는 말이다.

한국의 한 잡지에서 상하이 사람과 베이징 사람, 그리고 다른 성 사람들 간의 서로 다른 특징과 분위기를 비교한 적이 있다.

……헤이룽장(黑龍江), 랴오닝(遼寧), 지린(吉林) 사람들은 술을 좋아하고, 65도나 되는 독한 술을 단숨에 비운다. 의리를 중시하고 친구를 위해 자신을 희생하며, 사업에서도 이익을 챙기는 것은 다음의 문제이다.

베이징에서는 만약 인간 관계가 없다면 일을 처리하기가 어렵다. 그러나 상하이는 일찍이 국제적 도시였고, 상하이 사람들은 대단히 계산적이다. 그들은 지위가 낮거나 가난한 사람은 무시하지만, 반대로 지위가 높고 돈이 있는 사람은 매우 존중한다. 물질적 이익을 강조하며 경제적인 두뇌 회전이 대단히 빠르다.

상하이 사람들은 모두 경제 전문가들로, 이 부분에서 그들의 두뇌는 산둥(山東), 베이징, 하얼빈 사람들과는 비교가 되지 않을 정도로 탁월하다. 그래서 사람들은 "외국인이 상하이 사람들의 호주머니에서 돈을 뽑아내기란 대단히 어려운 일이다"라고 한다.

푸젠성은 화교가 많고 또 타이완(臺灣)과 마주하고 있어 처한 환경이 남달리 좋다. 흔히들 푸젠 사람들은 대단히 쫀쫀하다고 한다. 비 오는 날에는 우산을 두 개나 들고 나가 하나는 자신이 쓰고, 다른 하나는 판다고 할 정도다.

광저우(廣州) 사람들은 먹는 것을 즐기고, 강인한 근성도 있고, 또 똑똑하다. 홍콩과 상하이에서 그들의 노력은 대단하며 심지어는 '중국의 유태인'으로 불린다.

쓰촨 사람들의 성격은 비교적 외향적이며, 그들과의 교역은 그리 까다롭지 않다. 그러나 돈 관리나 기술적인 면이 결여되어 있다.

베이징 사람들은 베이징에 있는 외국인들이 정치 환경이나 문화 생활 면에서는 베이징에 열정적이면서도, 정작 도시는 상하이를 좋아한다는 사실을 이해하지 못한다. 외국인들은 상하이란 도시의 느낌과 분위기에 더 익숙하고 친근하다.

1989년 「뉴욕 타임스」는 상하이의 밝고 활기찬 거리가 마치 뉴욕의 브루클린 같다는 글을 실은 적이 있다. 뉴욕은 하늘을 찌를 듯한 고층 건물로 특징지어지는데, 이는 상하이도 마찬가지이다. "상하이에서는, 심지어 나 같이 도시를 싫어하는 사람조차도 도시적 분위기를 즐긴다. 상하이와 광저우는 다르다. 광저우는 좀 조잡하지만 상하이는 감당할 수 없을 만큼 번화하다." 상하이에서는 영어를 하는 사

활기차고 번화한 상하이 남경로

람들이 자기들만의 문화 그룹을 형성하곤 한다. 중국의 다른 도시에서는 좀처럼 보기 힘든 현상이다. 동시에 뉴욕 사람들처럼 상하이 사람들도 일종의 주인 의식이 있다. "뉴욕 사람들은 뉴욕을 그들만의 도시로 간주한다. 상하이 사람들도 그렇다. 그들은 도시에 대해 원망과 짜증을 지니고 있지만, 그렇더라도 여전히 자신들의 도시를 사랑하며, 자신들의 도시에 일종의 복속감도 지니고 있다."[*]

상하이에서 일하는 한 미국 청년이 상하이와 베이징의 차이를 상세하게 비교한 적이 있다. 그는 상하이에서의 생활이 더욱 정감 넘친다고 했다.

_____

[*] 『편역 참고(編譯參考)』, 1989년, 제1기.

북방 사람들은 성품이 시원시원하고, 상하이 사람들은 세심하다. 내가 유창하게 표준말을 한 마디 내뱉으면, 베이징의 친구들은 이렇게 과장한다. "와! 너 베이징 사람 뺨친다." 상하이 사람들의 화법은 좀 다르다. "와, 마톈밍 선생, 중국어를 이렇게 잘하세요! 어디서 배우셨어요? 몇 년 배우셨어요? 대단하십니다!"라고 말이다. 연속되는 놀라움과 찬사들, 그리고 그들의 질문에는 풍부한 감정이 묻어난다. 심지어 약간의 과장이 섞여있기도 하다. 내 이름은 북경대학의 한 선생님이 지어주신 건데, 베이징에서는 한 번도 놀라움의 대상이 된 적이 없었다. 그런데 상하이에 와선 처음 사귀는 친구마다 모두 이렇게 묻는다. "마톈밍(馬天明) 선생, 혹 「오늘은 쉬는 날(今天我休息)」이란 연속극 본 적 있어요(이 연속극의 주인공 이름이 마톈밍이다)?"

상하이 사람들의 또 다른 특징은 문화적인 수준이 비교적 높고, 교양이 있다는 점이다. 길을 걸을 때면 늘 유창한 영어로 당신과 대화를 나누려는 사람을 만나게 될 것이다. 다른 도시에서는 매우 드문 일이다. 남쪽의 많은 도시를 다녀 보았는데, 그곳 사람들은 돈 버는 재주는 있지만 돈을 번 후 어떻게 자신의 문화적 수준이나 교양을 높일 것인가에 대해서는 별로 관심을 기울이지 않는다. 교육과 학습에 대한 관심은 상하이 사람들이 가장 높다. 또 다른 특징은, 이것이 가장 큰 특징이기도 한데 상하이 사람들은 매우 똑똑하고 유능하다는 점이다. 그들은 세상 돌아가는 사정에 대해 상당히 밝으며, 또 시장에서 승리할 수 있는 방법을 잘 파악하고 있다. 우리 회사에서도 상하이 사람들은 일류 직원으로 평가받는다. 내 경험에 따르면 상하이 사람들과의 사업은 경쟁과 도전으로 가득하다.

상하이 사람들은 과연 결점이 없을까? 있다! 어떤 상하이 사람들은 너무 이익만을 따진다. 사람과 사람 간의 관계는 이익에 바탕을 둔다.

강음로의 화조시장

상하이에는 정말로 친한 친구도 많지만, 한번 왕래를 트면 바로 각종 다양한 청탁을 하는 '친구'도 있다. 또 이런 결점도 있다. 사람을 구분해서 본다는 점이다. 듣기에 상하이 사람들은 외지인들을 잘 속인다고 한다. 사실은 외국인들이 여기에 해당될 것이다. 일전에 물건을 사려고 재래 시장에 갔었다. 강음로(江陰路 : 상하이에서 가장 큰 화조花鳥 시장이 있는 곳)에서 화초를 사는데 "좀 도와줘요, 나에게 바가지 씌울 생각만 하지 마시고!"라고 하지 않을 수 없었다. 상하이 사람도 깜짝 놀랄 본토박이 상하이 말 한 마디가 없었다면, 분명 바가지를 썼을 것이다.*

---

* 『해방일보』증간, 1991년.

3. 상하이 사람들의 가치 체계

상하이 사람은 정말 감당하기 힘들 정도로 복잡한 친밀감 속에서 서로를 알고 또 자신을 알아간다. 상하이의 여론과 보도는 왕왕 상하이의 훌륭한 인재가 성공하지 못함을 안타까워하는 애중, 그 뭐라 표현할 수 없는 복잡한 감정을 품고 있다. 상하이 사람들에 대한 비판과 폭로, 그리고 논의 등에 대해 아마 상하이 사람들 스스로가 가장 많은 토론을 진행하는 것 같다. 가령 '외국인의 눈에 비친 상하이 사람들', '상하이 사람의 모습', '1990년대 상하이 사람'과 같은 토론, '추악한 상하이 사람들' 같은 제목의 비판적인 글들처럼 말이다. 이런 현상은 베이징이나 기타 지역에서는 상상할 수 없는 일이다. 어떤 비판에 대해서는 결코 많은 상하이 사람들이 결코 승복하지 않고, 핵심을 집어내지 못했다고 여긴다. 그리고 논리적으로 반박하면서 "상하이 사람들은 그래도 사랑스럽다"고 한다.

나도 상하이의 새로운 이민자가 되어 다른 사람들처럼 나이가 들어 상하이를 떠난 후, 황량하고 거친 북방 지역에서의 생활 속에서 차츰 온유하고 세심했던 옛날 애인과도 같은 상하이의 좋은 점들을 깨닫게 되었다. 그리고 어린 시절 상하이 사람들에게 가졌던 저속하고 얄팍한 혐오감은 공정하지 못했다는 사실도 깨달았다.

분명, 상하이 사람들은 나름대로의 엄밀하고 완전한 가치 기준을 갖고 있다. 여기서는 그 가운데 핵심적인 것 한두 가지만 이야기해 보고자 한다.

'똑똑함(또는 교활함)'

가령 상하이 사람들의 특징을 순서대로 늘어놓는다면 아마 첫 번째가 '똑똑함'일 것이다. 이것이 상하이 사람들에 대한 첫 번째 인상이다.

똑똑함은 물론 야무짐, 깔끔함, 정교함, 민첩함, 총명함 등의 의미를 담고 있지만, 좀 비꼬는 듯한 의미로 본다면 지나치게 실리적이고 계산적인 똑똑함이란 뜻도 있다. 똑똑함이란 가치는 아니고 일종의 소질이다. 상하이 사람들은 근 백여 년 동안 상업 사회 속에서 생존 능력을 길러왔기에 삶 자체가 계산적이지 않을 수 없다. 계산적이지 않은 생활이란 무가치하다. 따라서 온갖 수단과 기교를 통해 개인의 지적 자원을 개발하고 활용하여 최대의 이익을 구하고자 한다.

이런 기교와 능력은 상하이 사람들 사이에서는 '먼칸(門檻 : 요령, 솜씨)' 소위 '먼칸징(門檻精 : 요령꾼)'으로 불려진다. 즉 일종의 생활 태도나 행위 양식이 되었음을 알 수 있다. 곳곳에서 '약점 찾기', '빈 틈 엿보기', '지름길로 가기', '잇속 챙기기' 등과 같은 행위를 목도하게 되는데, 한마디로 '적은 투자로 많은 이익을 보려는' 행동 방식이다. 여기에는 인간 관계를 통해 물건을 싸게 사거나 새치기를 하는 요령부터 치밀한 계산을 수반하는 요령까지 모두 포함한다. 가령 어떤 사람은 장마철에 옷을 세탁소에 맡기고는 고의로 오랫동안 찾아가지 않음으로써 돈을 아낀다.

똑똑함이나 요령을 발휘하는 책략은 제도나 규정, 질서에 대한 인정으로부터 시작되어, 타인의 이익을 침해하지 않는 '지혜'를 발휘하여 목적과 이익을 달성한다. 이것은 합법적인 것으로 불법적인 것과는 구분된다.

똑똑함은 개인의 이익에 대한 분명한 인식과 정확한 계산을 전제로 한다. 따라서 곧잘 '린더칭(拎得淸 : 단수가 높다)' 이라는 말로 대체된다. 단수가 높은 사람은 사리를 분명히 파악하고, 자신의 이익이 어디 있는지를 알고 반응한다. 인간 관계에서 단수가 높은 상하이 사람들의 행동 수칙은 아래의 몇 가지로 집약된다.

1) 자신의 이익에 해가 되지 않는다면 다른 사람을 도와준다. 가령 버스 안에서 표를 사주는 것 등.
2) 개인의 이익과 공공(집단)의 이익이 연계되었을 때 공공의 이익을 보호한다. 가령 띠야오처(吊車 : 누군가 혼자서 다른 사람의 일이 진행되지 못하게 막고 있는 것)' 같은 행위에는 한 목소리로 질책하는 것 등.
3) 아침, 저녁으로 사적인 일만 보는 것보다는 일찍 회사 일을 끝낸 후 사적인 일을 보는 것이 낫다. 이를 통해 '남도 편하고 나도 편한' 효과를 얻을 수 있다. 상하이 사람들은 이를 '따쟈칭솽(大家淸爽 : 모두가 편안하다)' 이라고 한다.
4) 일반적으로 남만 좋은 일을 하지 않는다. 이건 도움이 되지 않는다. 또한 남에게 해를 입히면서 자신의 이익을 좇지도 않는다. 이건 궁극적으로 자신의 이익에도 해가 된다.

똑똑함은 일상 생활에서 개인의 이익을 추구하는 행위이자 보호하는 행위이기도 하다. 가령 물건을 사고파는 가운데 '짠(斬 : 손해)' 을 당하지 않기 위해 규정에 따른 복무를 강조하는 것이 이에 해당된다. 이런 의식은 물건을 잘 알아보고, 사리를 분명히 따져 목적을 달성하기 위해 과감하게 또 능수능란하게 대응토록 한다. 이것은 상업 서비스와 사회 체제 쌍방의 수위를 높이면 배가 더 위로 떠오르듯이, 부단히 서로를 자극하며 발전할 수 있도록 한다. 상하이의 고객들은 너무 까다로워서 몇 번이고 옷을 입어보고는 교환하기도 한다. 대개는 쉽게 발견할 수 없는 아주 작은 결점을 찾아내어 물건을 교환해 달라, 고쳐 달라 하면서 배상을 요구한다. 그래서 상하이 시장에서는 똑똑한 손님만이 최고의 서비스를 누릴 수 있다. 왜냐하면 적당히 얼버무릴 방법이 없기 때문이다. 반면에 상하이 시장에서는 '간에 붙었다 쓸개에 붙었다' 하는 이중적 잣대가 조성되기도 했다. 먼저 사람을 살핀 후 단수가 높은 손님이라면 공정하게 장사를 한다. 마치 전쟁터에서 강적을 중시하듯이 정도가 심하면 심할수록 알게 모르게 주인에게 더욱 존중을 받는다. 그러나 손님이 뭔가를 잘 모르는 듯하면 바가지를 씌운다. 손님은 손해를 입으면서도 오히려 주인한테 조롱을 당하기 일쑤다.

상점 주인과 손님 간의 이런 '시합'이 사회 체제 속에 반영됨으로써 각종 법, 제도, 관리 체계는 더욱 엄밀하고 복잡하게 만들어진다. 비집고 들어올 틈이나 기회가 없어지는 것이다. 그래서 상하이의 관리들은 대충대충 하는 법이 없이 똑 부러지고 철판처럼 견고하여 물한 방울 새지 않을 만큼 철저한 문서 위주의 관료주의 성향이 많다. 요령이란 부릴수록 더욱 정교해지고, 쌓을수록 높아지기 때문에 법도 함께 정교해진다. 이런 현상을 두고 "상하이 사람으로 상하이 사람을 압박한다"라고 한다.

똑똑함의 행위적 특징은 첫째 민첩함, 소위 재빠른 반응이다. 가령 상하이 버스 차장의 업무는 대단히 신속하고 효율적인데, 어떠한 상황에서 차장의 방법과 의도를 알아차리지 못하고 굼뜬 동작을 하면 당장 동작이 느리고 재빠르지 못한 사람으로 인식되어 버린다. 이것이 바로 상하이의 영업원이나 판매원들이 보이는 '파이와이(排外 : 외지인을 차별하는 태도)'의 심리적 원인 중 하나이다.

상하이 말 중 '먼칸징(요령꾼)'이란 말은 '온당치 않은' 행위라는 질책의 의미가 있지만, 현실 생활 속에서는 칭찬과 격려의 의미로 더 많이 쓰인다. 아빠들은 때때로 자기 아이를 '먼칸징(요령 좋은 녀석)'이라고 칭찬하며, 장모들도 요령 좋은 사위를 좋아한다. 똑똑함은 상하이 사람들의 인격 형성에 실용적 기준이며, 어떤 경우는 실용성을 초월한 심미적 가치로도 인식된다.

상하이 사람의 가치 체계에서 '무던함'은 별로 인정받지 못한다. 이런 걸 '쩡(戇 : 고지식함)'이라고 한다. 상하이 사투리 가운데 부단히 새롭게 변하는 일련의 어휘가 있는데, 주로 똑똑치 못하거나 총명치 못한 사람을 집중적으로 풍자하는 것들이다. 가령 '쩡(戇大 : 고지식 덩어리)', '양판(洋盤 : 촌뜨기)', '아무린(阿木林 : 멍텅구리)', '스싼디엔(十三點 : 바보)', '쭈터우싼(猪頭三 : 아둔한 녀석)', '위엔따터우(冤大頭 : 어수룩한 녀석)', '뿌뚱징(不懂徑 : 얼간이)', '까오치니엔싼(搞七十三 : 뒤죽박죽인 사람)', '퉈텅뤄판(脫藤落攀 : 끈 떨어진 사람)', '린부칭(拎不淸 : 제 앞도 못 가리는 사람)' 등등이 있다. 또 얼굴은 반반한데 앞가림을 못하는 여성에 대해서는 '총밍미엔쿵 번뚜창(聰明面孔 笨肚腸 : 얼굴만 반반한 밥통)'이라고 한다. 상하이에 온 외지인의 덜 떨어진 모습은 과거 상하이의 우스개 연극의 주요 소재 중 하나였다. 분명 상하이 사람들의 지역적 우월감과 외지인이나 시골 사람에 대한 편견은 상당 부분 자신들이 똑똑하다고 여기는 우월감에서 연유한다.

똑똑함은 긍정적인 면과 부정적인 면을 모두 갖고 있다. 전자의 경우는 지혜로 승리를 얻는 것처럼 상황을 잘 파악하여 커다란 실리를 취하는 경우이겠고, 후자의 경우는 좀생원처럼 작은 실리를 탐하는 경우일 것이다. 근래 상하이 사람들의 '헛똑똑함'에 대한 토론에 따르면 상하이 사람들은 함께 일하기 어렵고, 사소한 것까지 따지고 들다 오히려 큰 것을 잃는 경향이 있다고 지적했다. 상하이 사람과 담판하여 성공하기란 물론 어렵다. 그러나 그들과 협정을 체결하고 규범에 맞춰 시시콜콜 미세한 것까지 치밀하게 따지며, 업무 중 발생할 가능성이 있는 성가신 일을 최소화한다면 성공률은 비교적 높다. 상하이 외국 투자 기업의 최고 성공률이 98%라는 통계 수치가 이를 증명한다. 1980년대 말 3년 연속으로 '10대 합작 투자' 기업 중 상하이 기업이 반 수 이상을 차지했다.[*]

상하이 사람의 '헛똑똑함'은 과거 사회주의 계획 경제 체제 아래서 관리들이 보였던 행태에 많이 나타났다. 하지만 이것은 상하이 사람들의 퇴행적이고 위축적인 성격, 달리 말해 갈수록 '작은 것'을 지향함으로써 자질구레한 일을 가지고 일일이 따지고 드는 성격을 반영한다. 가령 공동으로 사용하는 복도나 주방을 놓고 쟁탈전을 벌이거나 조금도 손해를 보지 않으려다 한 집 당 한 개의 가로등을 설치하게 되는 해괴한 광경을 연출하기도 한다. 생존 공간의 협소함은 소시민의 이기적인 심리를 심화시켰다. 개인의 이익을 위한 치밀한 계산 아래서는 불합리한 현실을 개혁하는 데 필요한 집단적 협동심이 형성되기 어렵다. 상하이 사람들은 루쉰(魯迅)이 말했던 '총명한 사람'이 되려고 할 뿐, 결코 개혁을 위한 용기 있는 바보가 되려고 하지 않는다.

옛날 과감하고 좀 허풍스럽기도 했던 '해파(海派 : 상하이파. 경극의 일파)의 습성'과는 달리, 새로 유행하는 '해파'의 언어는 이런 과장기를 조롱한다. 가령 '꽌랑터우(攛浪頭 : 허풍떤다)', '카이따싱(開大興 :

---

[*] 『해방일보』, 1990년 6월 15일.

기분을 낸다)', '쭤충터우(做衝頭 : 무모한 짓을 한다)' 등과 같은 말이 있다. '충터우(衝頭)' 란 깊이를 헤아리지 않고 일단 머리부터 내밀고 보는 짓을 말한다. 상하이의 길거리에서는 늘 이런 광경을 목도하게 된다. 다른 사람이 하면 어떻게 되나 먼저 살펴보려고 모두 겁을 집어먹고 머뭇거리다, 일단 아무 일 없으면 앞을 다툰다. 그러나 만약 모험하다 손해를 당하면 사람들은 곧장 입장을 바꿔 '충터우(무모한 놈)' 라고 조롱한다.

그래서 똑똑함이나 요령 위주의 처신은 환경에 적응하는 능력으로 간주되면서도 자칫 무조건 현실에 순응하는 품격으로 전락하기 쉽다. 소위 '무모한 짓' 을 하지 않고, '사나이는 눈앞에서 손해 보지 않는다(好漢不吃眼前虧)' 는 것은 똑똑하다거나 '스샹(識相 : 안목이 있다)' 이란 말로 표현되고, 영리함, 교활함, 아첨, 기회주의 등도 일종의 처세의 요령으로 인식된다.

위에서 논한 대로 해파가 외향적이고 진취적인 정신을 상실하면 아주 쉽게 자체 소모적이거나 기회주의적인 '잔재주' 로 빠진다. 오늘날 가정 교육과 학교 교육 속에서 늘 이러한 예를 보게 된다. 부모나 교사가 아이들에게 성실, 정직, 의리처럼 가끔은 손해도 볼 수 있는, 계산적이지 않은 덕목을 장려하는 것이 아니라 거짓말, 고자질, 눈치 살피기, 아빠나 선생님이 뭘 좋아하시는지 알아내기와 같은 처세를 가르친다. 이러한 것들로부터 아이들의 맑은 영혼은 오염된다. 물론 이런 것들은 상하이에만 국한되었다기보다는 요즘의 보편적인 사회적 풍조이기도 하다.

실속 차리기

똑똑함과 실속 차리기는 늘 함께 거론되면서 하나로 간주된다. 그러나 자세히 살펴보면 똑똑함은 외면적 능력이나 소질이고, 실속 차리기는 내재적 가치관이다.

실속 차리기는 상하이의 생활 속에서 사용 빈도가 가장 높은 단어이다. 값싼 물건을 사면서 "아주 실속 있는 가격이다"라고 하며, 부수입을 건지거나 일거양득을 하는 것도 실속을 차린다고 한다. 즉 생각보다 적은 대가로 이익을 취하는 것을 실속이 있다고 한다.

가치관의 측면에서 실속 차리기 철학은 구체적이면서 실제적인 물질적 이익을 중시하고, 이익의 현실성과 실용성을 강조한다. 이런 관념 아래서 개개인의 구체적인 이익이 분명히 드러나지 않는 추상적이고 원대한 공공적 이익은 별 의미가 없다. 오랜 세월 실속 차리기 철학은 늘 식견이 좁은 세속적 철학이자 시정 모리배의 철학으로 간주되어 왔으며, 원대한 목표도 없고 정치나 국가의 대사에도 관심이 없는 것으로 비춰졌다. 예속(禮俗) 사회의 공동체 생활에서는 집단의 이익이 지고지상의 가치로서 개인의 사사로운 이익은 배제되며 사리사욕은 부도덕한 것이었다. 실속 차리기 관념은 시장 거래를 통해 생겨났다. 장사란 득(得) 아니면 실(失)의 행위로서 피차간에 상대를 자아의 목적 실현의 수단으로 삼는다. 즉 '자아 ─ 타인'의 관계가 '목적 ─ 수단'의 관계로 변화하면서 득실의 계산이 모든 것에 우선한다. 사람들은 개인의 실제적 이익 획득에 근거하여 가치 판단을 내린다. 이것이 소위 이성적 경제인을 만들었다. 사회의 현대화 척도 중에서 상품 경제와 시장 경제의 발전, 그리고 세속화된 사회 생활이 만들어낸 실속 차리기 철학은 일종의 사회적 진보 현상이라 보지 않을 수 없다. 바로 상품 경제가 발달한 연해와 남방 지역에서 이 철학은 갈수록 정치적 가치와 숭고한 전통적 사유가 가졌던 우선권을 대체하면서 보통 사람들의 생활 철학으로 자리 잡아 가고 있다. 상하이는 오래 전부터 상공업이 발달했던 역사적 배경을 지니고 있었기 때문에 실속 차리기 철학이 일찍이 그들의 삶 속에 스며들어 견고한 가치 관념으로 뿌리 내릴 수 있었다.

이 관념이 일상 생활 속에 녹아듦으로써 상하이 사람들이 실제적이고 구체적인 개인의 이익을 중시하는 현상으로 표출된 것이다. 상하이 사람들은 본능적으로 현실과 괴리된 공허하고 추상적인 설교와 도리라는 것에 반감을 가지고 있다. 그들은 완고한 현실주의자들이다. 그래서 '문화대혁명' 중 '1월 혁명'의 위대한 사업을 금세 '경제주의'의 실제적 이익으로 바꿔버렸다. 베이징 사람들은 어떤 추상적 가치를 추구하기 위해 목숨을 아끼지 않는 정치적 격정을 보여 왔다. 하지만 상하이 사람들은 이와는 완전히 다르다. 상하이 시민들은 일상 생활용품이나 교통과 같이 현실적 삶에 절실한 이익이 일단 손상받는다고 생각되면 어떠한 정치적이고 사회적인 풍조라도 곧 조용히 가라앉는다.

이런 실질을 추구하는 정신은 상하이 사람들로 하여금 사물의 실용적 가치를 중시하게 했다. 가치를 중시하는 이성에 반하여 그들이 추구하는 것은 실용을 중시하는 이성이다. 형식과 기능, 심미와 실용과 같은 양자택일의 사이에서 상하이 사람들은 훨씬 더 후자에 편중된다. 미국인들처럼 말이다. 그들은 공허하고 또 실용적 가치가 없는 일에 절대로 감정을 낭비하지 않는다. 예를 들어 베이징에서 일었던 각종 '열기'는 (브레이크 댄스에서부터 훌라후프에 이르기까지) 상하이 사람들을 조금도 매료시키지 못했다. 외국으로 나가는 일이나 증권(證券) 말고는 상하이 사람들을 열광케 할 일은 극히 드물다.

물건의 이름에서도 이런 점들이 잘 나타난다. 북방 사람이 말하는 '팡비엔미엔(方便麵 : 간편하게 조리하여 먹을 수 있는 국수. 즉 라면)', '젠메이쿠(健美褲 : 건강 바지)', 그리고 '쑤랴오따이(塑料袋 : 비닐봉지, 즉 음식 봉지)' 등을 상하이 사람들은 '콰이쑤미엔(快速麵 : 빨리 조리하여 먹을 수 있는 국수)', '타자오쿠(踏腳褲 : 자전거 바지)', '마쟈따이(馬夾袋 : 손에 끼고 들고 다닐 수 있는 봉투)'로 부른다. 즉, 북방 사람들이 부르는 명칭 속에는 심미성과 가치에 대한 평가가 내재되어 있는 반면, 상하이 사람들은 물건의 기능과 구조 또는 형태를 강조한다.

따라서 상하이 사람들은 늘 사회 정책의 변동 속에서 신속하게 자신의 최대 이익이 존재하고 있는 곳을 찾아낼 수 있다. 상하이의 직업 학교는 비교적 일찍 부모들의 환영을 받았다. 대학에 가는 것에 비해 직업 학교의 명성이 훨씬 못 미치지만 실속은 더 있다고 보았기 때문이다. 즉 상하이 시의 주민등록을 확보하여 전출당하는 것을 피할 수 있고, 또 나날이 격렬해지는 취업 경쟁에서 자기 밥그릇을 확보할 수 있으며, 일찍 직업 전선에 나아가 돈을 더 벌수 있기 때문이며, 끝으로 취업 후 성인 교육을 통해 대학 학력을 취할 수 있기 때문이다. 다시 말해 명분과 실리를 모두 얻을 수 있기 때문이다. 직업이나 취업에 있어서 상하이 사람들은 베이징 사람들처럼 자신의 체면이나 명성 등 비경제적 요소를 더 고려하는 경우는 적다. 그들은 분명하게 경제적 이익을 첫 번째로 꼽는다. 이런 이익이 많기만 하다면 일할 만한 가치가 있는 것이다. 때문에 상하이 사람들 사이에서 일본이나 유럽에 자비로 유학하여 그곳에서 직업을 구해 거주하는 열기가 처음부터 끝까지 식지 않는다. 다만 1992년 여름 상하이 주식 시장이 폭등했을 때 일부는 국내로 돌아와 증권에 투자를 하기도 했다. 고소득을 위해 몸을 파는 매춘 행위도 이런 관점에서 해석될 수 있다. 과거 상하이에는 "가난한 것은 조롱거리가 되지만 몸을 파는 것은 조롱거리가 되지 않는다(笑貧不笑娼)"라는 말이 있었다. 적나라한 이익 우선주의를 여지없이 보여주는 말이다. 최근 상하이에는 난바오무(男保姆 : 남자 애보기)나 세차원 등과 같은 각종 저소득형 서비스업이 출현하고 있는데, 그들은 스스로에 대해 "부수입 정도죠, 실속이 있잖아요!"라고 자조한다.

위에서 논한 대로 실속 차리기 철학이 등장한 데에는 오늘날 중국 사회의 발전과 함께 역사적 합리성과 현실적 합리성이 담겨 있다. 그러나 건전하고 성숙한 현대 사회의 성원들은 오히려 더욱 풍부한 문화적 교양과 인문적 내면 세계를 필요로 한다.

상하이 사람들은 통상 개인의 실제 이익과 무관한 일에는 관심을 기울이지 않는다. 그래서 각종 토론이나 논쟁 따위에 그다지 열중하지 않는다. '꺼관꺼(各管各, : 오직 자신의 일에만 전념하는)' 현상은 객관적으로 '상하이라는 도시의 관용성'을 형성했다. 신문 지상에서 '추악한 상하이 사람들'이라고 비평할 때도 대다수는 결코 강렬한 반응을 하지 않는다. 이름을 지명하여 구체적으로 죄목을 나열해야만 비로소 반응할 것이다.

상하이 사람들이 실속 차리기 철학을 극단적으로 몰고 가서 어떠한 가치나 이성적, 도덕적 판단 자체도 배척할 때 바로 이질화 현상이 생겨난다. 상하이의 신문은 좀 더 공공적인 도덕심이나 의식을 고취하여 이기적인 태도를 극복해야 한다고 늘 호소한다. 시민들이 '자신과는 무관한 일'이나 '관계없는 일'에 대해 놀랄 만큼 냉혹한 태도를 취하는 문제점을 지적한 것이다. 이들은 삼협(三峽) 댐의 공정, 장강 삼각주의 개발처럼 실제 상하이의 장기적이고 원대한 이익과 직결된 일은 물론이고, 심지어는 도시 계획이나 환경 문제처럼 도시 생활의 질과 양에 관련된 일에도 관심을 기울이지 않는다. 오직 자신이 살고 있는 거실에 먼지가 끼느냐 끼지 않느냐 만 중요할 뿐이다. 때문에 '위대한 상하이의 속 좁은 시민(大上海 小市民)'이란 질타를 당하는 것이다. 이러한 사례들로부터 상하이는 오랜 조계(租界 : 19세기 후반에 중국의 개항 도시에 있던 외국인 거주지) 제도 속에서 공공 시민으로서 갖춰야 할 전통적 규범을 충분히 기르지 못했음을 발견할 수 있다. 따라서 그저 상하이 사람들이 먼저 공공의 도덕심을 우선하는 '통 큰 시민'으로 거듭나 이기적 사욕만을 채우거나 남을 해쳐 자신의 이익을 챙기려는 '속 좁은 시민'이 되지 않기를 바랄 뿐이다.

합리주의

실속 차리기 식의 관념을 형성하는 또 다른 사상적 근거는 합리주의다. 상업 사회와 시장 행위로부터 발생한 경제적 관념처럼 합리주의는 일종의 행위 기준이다. 이를 통해 사회 생활과 개인 생활은 부단히 개선되어 왔다. 즉 생활 태도는 효율, 품질, 미관, 편의, 실용, 적합성, 그리고 정치적인 면에서 끊임없이 개선되어 왔다. 그 결과 비교적 열악한 생산 조건과 생활 환경 속에서도 상하이 사람들은 국내에서 가장 품질이 우수하고 저렴하며, 실용적인 경공업 제품을 생산해냈다. 아울러 보잘것없는 누추한 주거를 화려한 '궁전'으로 탈바꿈시켰다. 이것은 생산과 생활을 하나로 일치시켜 완벽하고 우수한 수준에 이르도록 했던 상하이 사람들의 생활 태도를 반영한다.

합리성을 추구한다는 것은 베이징 사람들이 이상을 추구하는 것과는 다르다. 이것은 사물이 지닌 현실적 가치를 전제로 하여 실질적으로 한 걸음 한 걸음 사물을 개량해 나가는 것이다. 이상주의자의 안목은 미래 지향적이기 때문에 신변의 일상 사물에 대한 구체적인 개선과 개량에 대해서는 항상 흥미나 인내심이 부족하며, 어떤 때는 미래를 위해 현재를 잃는 경우도 있다.

가장 통속적인 관점에서 합리주의는 생활 속에서 발생하는 여러 가지 것들이 가능한 한 공평하고 합리적이기를 요구한다. 예를 들어 합리적인 가격, 합리적인 법과 제도처럼 말이다. 일단 합리성이 부족하다고 느끼면 바로 토론을 벌이고, 신문에 투고하여 여론을 조성하며, 심한 경우는 소송을 걸기도 한다. 따라서 상하이 사람들이 논쟁을 즐기고 소송을 자주 벌이는 이면에는 이러한 합리적인 태도가 자리하고 있는 것이다.

상하이 사람들은 '리(理 : 까닭, 도리, 조리, 이치, 사리)'에 대한 요구가 굉장히 높아서 매사에 근거나 이유, 정당성을 요구한다. 즉 '리'로 시비를 판단하는 기준으로 삼는다. 제도화된 '리'는 법으로 발전하고, 꼭 준수해야 하는 것이 된다. 이것은 일상 생활 속에서 시민들이 '리'를 근거로 다투고, 개인의 합리적 권익을 보호하는 것으로 표현된다.

그래서 상하이의 거리에서 벌어지는 사소한 말다툼은 복잡하고 의미 깊은 논리적 과정으로 점철된다. 예를 들어 갑은 을의 자전거가 먼저 나에게 부딪혔다고 말하고, 을은 이미 갑에게 미안하다고 사과했는데 갑이 먼저 욕을 하더라고 말한다. 쌍방은 모두 사실을 반복해서 진술을 한 후 이를 목격한 주변 사람들을 증인으로 삼으려고 한다. 구경꾼들은 재미있게 전 과정을 지켜보면서 참견을 하기도 하고 판결을 내리기도 한다.

이러한 논리와 이론적 과정 속에서 상하이 사람들은 '작은 도리(小道理)'에 수긍하는 특징을 보인다. 왜냐하면 모든 분쟁마다 '큰 도리(大道理)'를 적용하기에는 마땅치 않고, 또 추상적인 '대의명분'으로 구체적인 갈등을 해결하는 것도 적절하지 않기 때문에 '작은 도리'는 오히려 실용주의적 차원에서 스스로 수긍하고 합리화할만한 자기 위안을 제공할 수도 있다. 하지만 때때로 이러한 작은 '한 점의 리'에 집착함으로써 '생억지'를 쓸 가능성도 있다.

청나이산(程乃珊)은 이런 예를 든 적이 있다. 사람들이 빵을 사려고 줄을 서 있는데, 어떤 사람이 줄을 서지 않고 그냥 안으로 들어가서 먼저 빵을 샀다. 줄을 섰던 한 사람이 화가 나서 상점 지배인을 찾아가 그 사람이 새치기를 했다고 항의를 하자, 지배인이 항의한 사람의 어깨를 두드리며 "제가 아는 사람이니까 줄을 서지 않아도 됩니다. 만약 제가 당신을 알았다면 당신도 줄을 서지 않아도 됩니다. 애석하게도 제가 당신이 누군지 모르겠군요"라고 했다고 한다. 문제는 지배인의 '리'가 사람들의 분노를 일으키기는커녕 오히려 동의를 얻고 장사가 계속해서 순조롭게 진행된다는 점에 있다. 이 예는 상하이 사람들의 독특한 사유 방식과 문화 심리를 반영한다. 고객이 추구하는 실제적인 합리성은 다음과 같이 표현된다.

1) 추상적인 사리(事理 : 일의 이치) 논쟁으로 빵을 구매하는 실제적인 이익에 영향 받기를 원치 않는다(빵을 살 생각이 없는 방관자라면 이 일이 확대되어 시끄러워지기를 좀 더 원할 것이다).
2) 새치기는 좋지 않은 사회적 풍조로서 어차피 고쳐지지 않을 바에야 그냥 이런 현실을 받아들인다.
3) 지배인의 '사리에는 맞지만 다른 사람에게는 맞지 않는', 그런 말은 고객 입장에서 볼 때 그렇게 타당성이 없는 것도 아니다. 왜냐하면 필경 지배인을 아는 사람은 많지 않을 것이기 때문이다. 따라서 '왜리(歪理 : 생억지, 강변)'를 받아들이는 것이 '진리(眞理 :

참된 도리, 참된 이치)'를 추구하는 것(빵의 판매 중지로 결론짓는 것)보다 더 실질적이어서 비록 줄에는 더 오래 서 있더라도 그것이 빵을 살 수 있는 방법이라고 판단한다. 바꿔 말하면 지배인이 '리'에 대해서 이야기하지 않는다면 이것이야말로 횡포요 무례한 짓일 것이다. 가령 "내가 팔겠다는데 어쩔 거요?"라고 했다면 고객은 아마도 '리'를 들고 따지는 쪽으로 입장이 바뀔 것이다.

'띠야오처(吊車 : 누군가 혼자서 다른 사람의 일이 진행되지 못하게 막고 있는 것)' 행위에 대한 집단적 비난에도 그 집단 나름대로 공유하는 '작은 도리'가 내포되어 있다. 요령이 있으면 비집고 올라탈 수 있지만, 요령이 없으면 비집고 올라타지 못해 다른 사람들도 올라타지 못하게 매달려 있어야 한다. 이것이야말로 남에게 해를 입히고 자신에게도 전혀 이익이 없는 전형적인 '린부칭(拎不淸 : 흐리멍덩하여 제 앞도 못 가리는 사람)'이다.

상하이 사람들의 '사리의 왜곡'에 대한 강조는 때때로 정말 어이없는 상황을 연출하기도 한다. 『신민만보(新民晚報)』에 이런 이야기가 실린 적이 있었다. 어떤 사람이 위층에서 쓰레기를 아래로 버리다가 욕을 먹었다. 그는 두 가지 이유를 들어 변명을 했다. 첫째는 다른 사람들도 버리는데 왜 나만 갖고 그러느냐, 둘째로는 나는 이미 청소비를 냈다는 것이다. 또 다른 예인데, 표를 끊지 않고 큰 아이를 데리고 차를 탄 아빠가 "지금껏 아이 표를 산 적이 없었는데, 왜 그러냐?"고 강변했다고 한다. 이런 억지 주장에도 나름대로는 사리를 따지려는 습관이 있다. 사리를 따질 만한 사안이 아닌데도 어떻게든지 사리에 맞는 이유를 찾아내려는 태도 말이다. 베이징(또는 북방)의 경우 전형적인 두 종류의 '불량한 시민'이 있다. 하나는 만행을 일삼는 것으로 "나는 원래 그래, 네 맘대로 해봐(老子就這樣 你看著辦)"라는 식이며, 다른 하나는 자신이 재수가 없었음을 탓하라는 것으로 "재수 없이 당신이 걸린 거야(抓著了是你的 抓不著是我的)"라고 하는 식이다.

장아이링(張愛玲)은 상하이 사람들의 이런 근성에 대해 적절하게 설명한 적이 있다. "상하이 사람들에겐 전통적인 중국인의 모습 위에 스트레스로 시달리는 근대 사회의 일상에 찌든 모습이 더해졌다. 신구 문화의 각종 기형적 산물들이 서로 교차되는 가운데, 결코 건강하다 볼 수는 없지만 그래도 특이하다고 할 수 있는 지혜가 생긴 것이다. 누구라도 입을 모아 상하이 사람들이 나쁘다고 하지만 그 나쁨에도 한도가 있다. 아첨하고, 시류에 영합하고, 더러운 물속에서 물고기를 잡으려 하지만 그들만의 처세술이 있기에 결코 도를 넘지 않는다."[*]

가정 생활에서 합리주의는 품격 높은 생활을 추구하도록 했다. 생활의 품격과 생활 수준의 의미는 다르다. 후자는 경제적 수입이나 지출의 수준으로 따진다. 그러나 전자의 경우는 똑같은 지출을 하더라도 더욱 아름답고 만족스러우며, 편안하게 생활하는 것을 말한다. 생활의 품격을 높이는 방법으로는 첫째 최대한 절약하는 것이 있다. 비슷한 몇 개의 상점을 둘러보면서 가격을 비교해 가장 싼 가격으로 상품을 구매한다. 둘째로는 똑같은 가격으로 산 물건이라도 가공을 더해 더욱 많은 쾌감과 편리함을 누리는 것이다. 예를 들면 어떤 사람은 닭 한 마리를 사서 일곱 가지의 요리를 해먹는 데 반해, 어떤 사람은 고작 닭구이나 해먹는 경우가 이에 해당될 것이다.

---

[*] 장아이링, 『떠도는 말, 도대체 상하이 사람들이란?(流言, 到底是上海人)』.

상하이 사람들의 소비는 군중 심리나 맹목성이 상대적으로 적다. 베이징의 경우, 가령 세 명의 아가씨 가운데 두 사람이 같은 물건을 구입하면 나머지 한 명은 자신의 감각이나 판단을 제쳐두고 그냥 좇아 구입하기 십상이다. 만약 나머지 한 명이 "좋아하기는 하지만 너무 비싼 것 같아"라고 할 경우, 친구들은 그녀가 인색하다고 조롱을 하거나 깜짝 놀란 표정으로 "어머! 무슨 상관이야. 좋으면 사는 거지"라고 할 것이다. 그러나 상하이에서는 가격의 합리성을 따지는 것이 지극히 정상적이며 당연한 일이다. 그래서 어떤 사람들은 "베이징 사람들은 대담하게 살고, 상하이 사람들은 잘 산다(北京人敢於生活 上海人善於生活)"는 말로 이들의 생활 태도를 단적으로 정리한다.

상하이 사람들이 보이는 소비 방식의 합리성은 서로 다른 두 가지 성격으로 확연히 구분된다. 첫째는 실속을 따지는 소비로서 이는 자신을 위한 것이다. 가령 상하이 사람들은 기차를 타고 출장을 갈 경우 간단히 즉석 국수 하나로 끼니를 해결할 것이고, 좀 부족할 경우를 대비해 달걀이나 절인 오리알 정도를 준비할 것이다. 북방 사람들처럼 차 안에서 모여 먹고 마시고 하지는 않을 것이다. 그들은 기차 안에서 돈을 더 들여 먹고 마시는 것은 실속이 없다고 생각한다. 만약 좋은 음식을 먹으려 하거나 체면을 차리려면 차에서 내린 후 호텔을 찾는 것이 더 좋지 않을까 하고 생각한다. 둘째는 체면과 위신을 위한 것인데, 주로 다른 사람에게 보이려는 데 목적이 있다. 가령 음식점을 빌리거나 손님을 청하는 것과 같은 경우인데, 가능하면 이를 통해 위신과 지위를 드러내려고 한다. 집안에서는 편안하고 가벼운 옷차림을 하고 있다가도 거리에 나설 때는 유명 상품으로 온몸을 치장하여 의관을 차려 입는 것과 같다. 후자는 주로 심리적 소비로서 자신의 허영심과 자존심을 만족시키는 것이다. 이러한 두 가지 소비 방식의 분화는 상하이 사람들의 소비를 확실히 합리적이고 실속 있게 한다. 하지만 어떤 상품의 경우는 이 두 가지 성격이 공존해 상하이 사람들을 곤혹스럽게 하기도 한다. 베이징 아가씨들에게 특히 인기 있는 외국 냄새가 한껏 풍기는 목걸이 같은 장식품에 대해 상하이 아가씨들은 별로 탐탁하게 여기지 않는다. 한 상하이 여성의 말을 들어보면 확실하게 알 수 있다. "이런 물건들은 분명 예쁘기는 하지만 가치가 잘 드러나지 않는다. 몇 십 위안에서 몇 백 위안이 될 정도로 비싸기는 하지만 자칫 싸구려 물건으로 오인되기 쉽기 때문에 실속이 없다."

다른 측면에서 볼 때 이러한 소비 방식의 분화는 자신에게 좋은 것과 남에게 보이기 위한 것이라는 이중적 생활을 조성했다. 대다수의 북방 사람들은 안과 밖이 일치한다. 있는 사람이든 없는 사람이든 대체로 하나의 생활 방식으로 일관한다. 하지만 이중적 상황과 역할 아래서 이리저리 입장을 바꿔야 하는 상하이 사람들은 사는 게 더욱 피곤하다. 허영심은 강한데 힘은 달리고, 또 체면도 차려야 하는 사람들에게 이런 생활 방식은 확실히 건강하지 못한 것이다.

규칙과 예절

합리성에 대한 추구는 상하이 사람들로 하여금 더욱 규칙과 질서를 중시하게 했다. 이것은 상업적 행위로부터 비롯된 '계약 의식'이 일상 생활 속에서 표현된 것 가운데 하나인데, 그 속에는 공동 생활의 유지를 위해 필요한 함께 지켜야할 '사리'가 담겨 있다.

베이징의 외국 대사관 앞에서 비자 발급을 기다리던 한 베이징 사람은 기다리던 사람들에게 줄을 서게 하고, 개개인에게 번호를 부여한 뒤 그 번호의 순서를 정확하게 확인하는 사람들이 대부분 상하이 사람이라는 것을 발견하게 되었다. 상하이에서 익숙하게 누리던 습관을 베이징에서도 그대로 적용시킴으로써 나름의 질서를 세우고 개인의 이익을 지키고자 하는 바로 그 모습이었다.

상하이의 도시 관리는 여러 측면에서 합리적이고 실속이 있으며, 또 제도화되어 있음을 어렵지 않게 느낄 수 있다. 가령 자전거 보관소를 보면, 베이징에서 거리거리에 자전거를 놓아둘 수 있는 곳은 모두 보관료를 받으면서도 어떤 보관증도 제공하지 않는다(도처에 자리 잡고 있는 이런 보관소는 궁극적으로 상점의 경제적 이익에 손해를 끼친다. 왜냐하면 많은 구매자들로 하여금 상점에 들어가 물건을 둘러볼 생각이 들지 않게 하기 때문이다). 반면에 상하이에서는 극장이나 체육관, 정류장 등 오랜 시간 자전거를 세워두어야 할 장소에는 전담 수납원을 두어 관리하고, 일반 길거리나 상점 주위에는 단지 자전거 보관 구획만을 그어 놓고(이렇게 해서 도시의 청결과 미관을 확보한다) 관리원이나 수납원을 두지 않는다. 보관료를 받는 곳에서는 일정한 양식으로 인쇄된 영수증을 발급한다. 어떤 영수증 뒷면에는 보관 규정과 배상 원칙을 상세하게 설명하고 있기도 하다. 마치 상하이의 공중 전화에서 소정의 양식으로 된 영수증을 사용하는 것과 같다. 이런 몇 푼짜리 영수증은 아마도 가장 적은 액수의 영수증일 것이다.

상하이에서의 관리 행위는 보통 각종 법, 제도, 규정 등을 통해 일이 질서정연하게 처리되도록 하는 식이다. 새로운 상황이나 문제에 봉착하면 상하이 사람들은 즉시 관련 규정을 마련한다. 가령 부업으로 가수(歌手)를 하는 사람들에 대한 관리를 예로 들 수 있다. 그리고 시민들은 기본적으로 이를 따른다. 상명하달식의 제도나 규정을 관철시킴에 있어 상하이는 가장 엄격하고 또 가장 효과적이다. 예를 들어 상하이에서는 그램이나 킬로그램 등 새로운 도량형이 모든 상점과 시장 등에서 최단 시간 내에 새로운 기준으로 자리 잡았었다. 또

회계 제도나 산아 정책처럼 엄격한 관리가 요구되는 영역에서 상하이는 항상 최우수 도시였다. 즉 상하이의 계획·관리 체계는 매우 엄격하며, 그것은 또한 그만큼의 효과가 있다. 그러나 문화 사업과 같은 분야는 엄격한 단속이 필요치 않고 오히려 단속이 해가 되기도 한다.

이 밖에도 정부는 정부의 입장만을 고집하지 않고 시민의 합리적인 요구에도 부응함으로써 국가의 이익도 고려하고 시민들에게도 편의를 제공하는 경우가 많다. 몇 년 전 곡물 교환표가 지나치게 남아돌아 계란을 교환하는 용도로 전용되어 상하이의 상품용 곡물이 대량 외부로 반출되는 결과를 낳았다. 그러자 상하이 시는 곡물 가게에서 곡물 교환표로 식용유를 바꿀 수 있도록 조치를 취했다. 이것은 사실 곡물 교환표의 사용 규칙을 어기는 것이었다.

전형적인 예로 자전거에 사람을 태우는 규정을 들 수 있다.

각 도시의 교통 규칙상 자전거는 대개 사람을 태우지 못하도록 되어 있다. 그러나 실제 생활에서 자전거는 주로 아빠들이 꼬마를 태우고 다니는 중요한 교통 수단이다. 법과 현실 사이에 충돌이 발생한 셈이다. 상하이는 이에 대해 비교적 합리적인 변칙적 규정을 시행했는데, 버스가 다니는 노선이 아니라면 자전거에 아이를 태울 수 있고, 사거리에서는 자전거에서 내려 끌고 가도록 한 것이다. 1991년 청두에서는 기이한 현상이 벌어졌다. 아이를 자전거에 앉게 하지 않고 자전거 뒷자리에 서 있게 한 뒤, 아이의 허리를 끈으로 묶어 운전자와 연결한 것이다. 정말로 괴이한 광경이었는데, 그 이유를 알아보았더니 청두 시는 자전거에 사람을 태울 수 없다는 규정을 시행하면서 어린 아이를 등에 업고 타는 것은 허용했다. 그러자 자전거 운전자는 아이 허리에 끈을 묶고 자신과 연결함으로써 상징적으로 '업은' 것처럼 흉내를 냈다(자전거 뒤에 앉는 것이라야 불법이기 때문에 어쨌거나 합법적 요건은 모두 지킨 셈이다). 그러나 이렇게 하면 자전거의 중심이 높아져서 더 위험하고, 따지고 보면 이것도 불법이기는 마찬가지이며 게다가 불합리하기까지 한 것이다.

베이징 시는 여태껏 자전거에 사람을 태우는 것에 대해 관리 규정을 제시하였지만, 경찰들은 사실상 사람을 태우는 경우 눈을 감아주는 태도를 취하고 있다. 이에 반해 상하이는 규정을 바꿈으로써 현실과 맞게 적절한 대응책을 취했다. 청두는 실제 내용은 변했는데 명분은 그대로 유지함으로써 그야말로 어색한 방식을 통해 오히려 불안전을 증대시켰고, 베이징은 현실의 변화에 적응치 못하고 애매한 상태를 유지하고 있는 것이다. 사실상 베이징의 관리자는 군중의 요구에 따라 자신들이 제정한 규칙을 바꾼 적이 별로 없다. 이 세 가지 관리 행위는 서로 다른 문화 심리와 사유 방식을 반영한다.

제도와 법리 외에 규칙과 질서에 있어 상하이 사람들은 현실 속에서 형성된 규범과 공동의 인식이 갖는 권위를 지향한다.

상하이는 횡적으로 전파되는 사회이다. 어떤 신상품이나 서비스, 가격 등이 합당한가, 실속이 있는가와 같은 각종 상황들이 자발적으로 전파되는 가운데 아주 빨리 묵계와 공동 인식을 형성한다. 상하이 사람들의 유명 상품에 대한 선호는 옷, 가전용품, 화장품과 같은 물건에만 국한되지 않는다. 사소한 사탕, 초콜릿, 소시지, 심지어는 소스까지도 상표나 생산 공장을 따진다. 그들은 자신의 생활 구역 내에 어떤 사진관의 품질이 가장 좋은지, 어떤 빵집의 과자가 맛이 가장 좋은지 확실히 꿰고 있다. 베이징 사람들은 소소한 상품이나 일상적 서비스에 대해 그냥 그때그때 적당히 처리하고 확실한 선택이 없다. 때문에 뚜렷한 권위도 없을 뿐만 아니라 권위가 형성되지도 않는다.

생활 습관의 개선도 합리성만 있다면 신속하게 이루어지고, 아울러 새로운 규범이 형성된다. 초상을 치를 때 쓰는 검은 상장(喪章)의 경우, 여름철에는 주로 짧은 소매 옷을 입기 때문에 그걸 차기가 불편하고 또 보기에도 나쁘다. 그래서 새로운 풍습이 생겼다. 상장을 반으로 마주 접어서 왼쪽 소매 밖에 핀으로 꽂는 것이다. 그래서 이렇게 상장을 차지 않은 사람은 쉽게 외지인임이 구별된다.

상하이 사람들은 의복의 스타일과 품위에 있어서도 세심한 체험과 관찰을 통해 그들 간에 합의될 수 있는 규범을 만들었다. 젊은 여성의 복장을 예로 들면 전체적으로 통일된 숙녀 풍을 유지하면서 나름의 개성을 드러낸다. 진부하고 유행에 맞지 않거나 지나치게 눈에 튀는 것은 그다지 좋아하지 않는다. 때문에 베이징, 시안(西安), 우한(武漢), 광둥 등지 사람들이 상하이 아가씨들의 패션을 볼 때 상상한 것처럼 그렇게 최신 유행 감각이나 대담함이 없다는 사실에 놀란다. 다른 지역의 여성들은 오히려 새롭고 대담한 옷을 경쟁적으로 입으려 하면서도 상하이처럼 도시의 개성적 문화나 심미적 규범을 형성하는 단계에 도달하지 못하는 것이다.

이 점은 인간 관계 속에서 나타나는 인정과 예의에 관한 규범에서도 표현된다.

상하이에서는 모든 것이 규칙대로 되기 때문에 반드시 규칙을 알아야 한다. 잘 모르면 반드시 물어봐야 한다. 베이징에서는, 특히 베이징의 신세대 사이에서는 오히려 맘 가는대로 행동할 뿐 어떤 정해진 규칙이나 반드시 준수해야 할 규범이 없다.

각지의 인정과 예의는 대부분 상응하는 규칙과 전례가 있기 마련인데, 기본적으로 "예의는 서로 주고받는 것이다(禮尙往來)"라는 원칙에서 벗어나지 않는다. 받은 게 있으면 돌려주어야 한다. 상하이에서는 이 규칙이 더욱 엄격하다. 여기에는 세 가지 기본 원칙이 있다. 첫째, 인정(仁情)으로 받는 것은 따지지 않는다. 둘째, 신세를 졌으면 빨리 갚고 질질 끌지 않는다. 셋째, 받는 것과 돌려주는 것의 가격은 기본적으로 비슷해야 한다. 즉 "같은 가격으로 교환한다(等價交換)"는 것이다. 상하이 사람들은 "공짜 밥은 없다(沒有白吃的飯)"라는 말을 굳게 믿는다. 그래서 북방 사람들이 처음 만난 사람에게 거한 음식 대접을 하는 호방함에 익숙지 못하고, 다른 사람이 사주는 식사를 하게 되면 다른 형태로의 부담이 있지 않을까 걱정을 한다. 똑같은 이치로 그들이 처음 만난 손님을 붙잡고 식사라도 하자는 말은 확실히 예의 상 하는 발언, 즉 '가식적 예절'이다. 만약 상대방이 상하이 사람이라면 상대방이 식사 초대에 응하지 않았다고 기분 나빠하지 않는다. 왜냐하면 자신의 대접이 상대에게서 식사 초대까지 이끌어낼 만큼 대단한 것이 아님을 스스로도 잘 알고 있을 것이기 때문이다. 그러나 상대방이 북방 사람이라면 상대가 식사 초대에 응하지 않는 것을 두고 '허위 의식'이니, '소심함'이니 할 것이다.

상하이 사람들은 설 명절에 선물을 교환하는 일에 대해서도 신중한 계산을 한다. 답례로 보내는 선물은 상대방이 보낸 선물과 가격이 같거나 조금 더 비싸야 한다. 때문에 많은 주부들은 깜박하고 행여 실수를 범하지 않도록 선물 기록부를 세심하게 들여다본다.

결혼 때의 풍습과 예절은 매우 전형적인 경우다.

결혼 비용이 갈수록 많이 드는 것은 보편적인 현상이다. 조사에 따르면 상하이 신혼 부부의 평균 결혼 비용은 1982년에는 3,620위안, 1983년에는 3,754위안, 1985년에는 6,600위안, 1986년에는 7,368위안에 달한다. 베이징의 경우 평균 결혼 비용은 1983년에 1,991위안, 1986년에는 6,000위안, 1990년에는 12,000위안에 달한다. 상하이의 결혼 준비는 대개 풍습에 따라 분담된다. 기본적으로 남자는 집과 가구를 책임지고 여자는 침대용품과 결혼식 비용을 부담하는데, 쌍방의 비용은 대략 비슷하되 남자가 조금 많은 편이다. 하객으로 온 직장 동료나 친구들은 관계의 친소에 따라 가치가 조금씩 다른 선물(점점 현금으로 바뀌고 있다)을 한다. 금액이 일정한 표준(한 테이블에 앉은 사람들의 평균 액수에 상당하는 표준)을 초과하면 피로연에 초대해야 하며, 나머지는 기록을 해두었다가 기회를 보아 답례를 한다. 미혼자는 비교적 편리하다. 축의금을 받은 입장에서는 그가 결혼할 때 답례를 하면 되고, 기혼자는 자녀들의 돌이나 생일 때 답례를 한다. 동년배 중에 만혼자는 손해를 볼 수도 있다. 그가 결혼할 때면 예전 축의금을 보냈던 많은 사람들이 부서를 옮겼거나 직장을 떠났을 수도 있고, 다른 곳으로 이사를 갔을 수도 있기 때문이다. 이리저리 주소를 알아내어 청첩을 보내고 결혼 사실을 알리게 되는데, 결혼 소식을 접하면 반드시 답례를 해야 한다.

상하이 사람들은 결혼을 할 때 '시탕(喜糖 : 결혼 사탕)'을 보내는 것도 분명한 규칙이 있다. 그들은 한꺼번에 많은 사탕을 보내서 아무나 보는 대로 먹도록 하는 관행을 개선시켰는데, 그 이유는 시탕을 보내는 데에도 적지 않은 돈을 써야했고, 또 어떤 사람은 먹지 못해서 뭔가 부족하다는 느낌이 들 수도 있었기 때문이다. 그래서 '시탕' 용 전용 봉지로 하나하나 싸서 받을 사람에게 직접 일일이 보낸다. 이 비닐 봉지에는 열 알 정도의 우유 사탕을 넣어 싸는데, 사탕의 품질은 똑같은 것으로 한다. 1980년대 중반 경에는 두 덩어리로 된 흰 토끼 우유 사탕이나 네 알 짜리 우유 사탕, 아니면 네 덩어리로 된 가격이 좀 싼 알사탕 등이 사용되었다. 특별히 친한 사람에게는 두 봉지를 보내기도 했다. 1990년 전후로는 모든 사람에게 작은 포장으로 된 마시멜로를 보냈고, 1992년도 풍속은 금박으로 된 초콜릿 한 덩이와 하트 모양의 초콜릿 두 개(반드시 상하이 아동 식품 공장에서 생산한 것이라야 한다)를 보내기도 했다. 이래야만 돈(덩어리 초콜릿)에다 애정(하트 모양 초콜릿)을 더한다는 새 시대의 조류를 잘 표현하는 것이라고 여겼기 때문이다.

세속화

세속화의 사회학적, 정치학적 함의는 전통 사회가 현대화되는 과정에서 사회 생활이 이성적으로 변화하는 과정을 의미한다. 즉 이제까지 사회 생활을 좌우하고 주도했던 신성한 종교적, 정치적 의식과 권위가 점차 현대 사회의 효율, 성취, 보편주의, 합리주의 등과 같은 새로운 기준으로 대체됨을 말한다. 이러한 흐름은 사회 생활이 점진적으로 비의식(非意識)적인 형태로 변화하고, 정치와 경제 생활이 일상 생활과 괴리되어 가며, 상품 경제에 대한 기본적인 가치 인식이 확립되는 현상 등으로 나타난다.

유럽의 중세나 중국의 봉건 시대를 막론하고 세속화의 직접적 동력은 상업이었다. 상업의 발전은 시민 문화의 홍성을 수반한다. 때문에 이것은 기존의 도덕과 가치에 대한 관념이나 의식 체계의 위기를 의미한다.

누군가 "미국인들의 사업은 바로 상업이다"라고 했던 것처럼 이 말은 상하이 사람에게도 똑같이 적용된다. 앞서 언급했던 똑똑함, 실속 차리기, 합리주의 등은 바로 상품 경제와 시장의 규칙이 집단적 인격과 사회 생활을 개조한 결과이다. 건국 이래 정치적 압력 속에서 상하이 사람들의 상업적 천성은 많은 제한을 받아야 했지만, 세속화 현상은 그럼에도 불구하고 가장 현저하게 진행되었다. 문화대혁명 중기 쯤, 정치성이 아주 강한 퉁즈(同志)', '짠여우(戰友)' 등의 말이 비교적 중성화된 '스푸(師傅 : 스승, 선생)' 란 명칭으로 대체됨으로써 사회 생활의 세속화 징조 가운데 하나가 되었다. 이는 전국적으로 동시에 나타난 현상으로 그 원류가 상하이에서 시작되었는지는 알 수 없다. 그러나 문화대혁명이 끝나고 얼마 후 1980년대 초 상하이에서 유행했던 명칭의 대변화를 통해 세속화의 흐름을 알 수 있다. 가령 비정치적이고 인정미가 넘치는 '펑여우(朋友 : 친구)' 라는 명칭이 '스푸' 란 말을 대신하게 되면서 "친구, 좀 도와주게나(朋友 幫幫忙)"라는 말이 새로운 구두선(口頭禪)이 되었다. 근년에 이르러서는 광둥에서 북상한 새로운 규범으로서 '시엔성(先生 : 미스터)', '샤오지에(小姐 : 미스, 아가씨)' 라는 말로 부분적으로 대체되었다.

상하이의 일상 어휘 가운데 상업 용어가 광범위하게 사용되는 현상은 상업이 일상 생활에 깊이 침투하였음을 보여준다. 1950~60년대에는 청력이 나쁜 사람을 비꼬는 말로 "귀는 20% 할인했나?(耳朶打八折了)"라는 말이 있었다. 1970년대 이후 도시의 유행어로 애인을 '챠오딩(敲定)' 이라고 했다. 이는 물건을 파는 데 단번에 매매를 결정하는 판매 행위를 말한다. "당신 '차오딩' 있어요?(儂 敲定 有了伐)"라는 말은 "당신 여자 친구 있어요?" 라는 뜻이다. 은어 중에서는 여자 친구를 '후터우(戶頭 : 후원자, 호주)' 라고도 했다. 이런 말들은 상업을 천하게 보는 감정이 농후한 예이다.

상업의 영향을 받은 언어의 특징은 말이 간결하다는 것이다. 허우바오린(侯寶林 : 1917~1993, 샹성의 거장으로 베이징 출신)은 그의 저명한 샹성(相聲 : 만담) 한 토막에서 상하이 말의 간결하면서도 정교한 점과 베이징 말의 깊고 의미심장함을 비교한 적이 있다. 또 다른 특징으로는 전통 윤리에 대한 의식이 약하다는 점이다. 상하이 말은 특히 칭호에 있어서 경어가 없다. 신분의 고하나 노소에 관계없이 2인칭은 무조건 '눙(儂 : 당신)' 이라고 하며, '니(你 : 너)' 와 '닌(您 : 당신)' 과 같은 구별이 없다. '아라(啊拉 : 우리들)' 란 명칭에는 베이징 말에 '워먼(我們 : 우리들. 듣는 사람은 포함되지 않는 경우)' 과 '짠먼(咱們 : 우리들. 듣는 사람까지 포함한 경우)' 과 같은 세세한 구분이 없다. 상하이 사람들은 상대방의 나이를 물을 때 "눙 지 쑤이(儂幾歲 : 당신 몇 살이요?)"라는 세 글자로 끝낸다. 이런 말을 북방의 나이 든 사람이 들으면 대단히 불쾌히 여기며 예의가 없다고 본다. 북방 말 중에서는 열 살 미만의 꼬마에게나 "지 쑤이(幾歲 : 몇 살이니?)"라 할 수 있지, 연세가 드신 노인에게는 "닌라오 진니엔 뚜어따쑤이수러(你老今年多大歲數了 : 올해 연세가 얼마나 되셨습니까?)" 라고 해야 한다.

  사회적 시각에서 보면 세속화는 비정치화 현상으로 나타난다. 이것이 상하이와 베이징 사람들이 서로 다른 느낌을 주는 원인이다. 계급 투쟁을 강령으로 삼고 정치를 앞세우는 시대가 이미 흘러갔는데도 베이징에서는 여전히 '정치 우선식', '운동식' 의 흔적을 발견할 수 있다. '표어와 구호를 앞세운다(標語口號掛帥)' 는 것이 한 예다. 이에 대해 남방 출신이 비판의 글을 발표한 적이 있다. 베이징의 상점에는 '사심 없이 봉사한다(無私奉獻)' 는 구호가 붙어 있는데, 무슨 뜻인지 분명치 않았다는 것이다. 도대체 상점에서는 영리를 목적으로 하지 않고, 손님은 개인의 이익을 위해 흥정을 해서는 안 된다는 뜻인가 말이다. 상하이에는 '샤페이(霞飛)' 라는 화장품이 있다. 이것은 회해로(淮海路 : 남경로南京路와 함께 상하이의 대표적인 상가 거리. 약 6km의 거리에 각종 화려한 상점이 즐비함)의 옛 명칭인데, 프랑스 장군의 이름에서 따온 것이다. 이렇게 이름을 지은 것에 대해서 아무도 논란을 벌이거나 잘못을 따지지 않았다. 상하이 사람들은 관용적으로 이 상표를 받아들였다. 이것은 상하이에는 경직된 '좌(左)' 적 신경이 없다는

샤페이로 - 회해로의 옛 명칭이다.

말이 아니다. 관리나 정부의 행위와 시민들의 심리적 태도를 구분하자면 후자의 경우는 확실히 이것저것 심혈을 기울여 고민하고 따지는 식이 아니라는 말이다.

　대부분의 중국인들처럼 상하이 시민의 대다수는 정치를 두려워하면서 좀 멀리 두려하고, 웬만하면 무관한 듯한 냉정한 태도를 취한다. "누가 되든지 보너스만 더 많이 주면 된다"고 생각한다. 중국의 여타 지방과 비교해서 상하이의 생활 수준이 더 높고 재산가도 더 많기 때문에 그들은 동란(動亂)을 두려워하며, 그저 태평하게 살아가기를 바라는 희망이 다른 지역보다 강하다. 이 문제에 있어서 베이징과 기타 도시 사람들의 심리적 태도는 대개가 비슷하다. 가령 평등, 자유, 정의와 같은 가치나 이상에 대한 긍정적 인식이 늘 자리하고 있다. 설령 그것들이 어떤 실속을 주지 않더라도 말이다. 그러나 상하이 사람들은 이런 추상적인 가치와 이상 때문에 흥분되지 않는다. 이런 현상은

1930년대 남경로 - 상가가 밀집해 있는 번화한 모습이다.

과거부터 마찬가지이다. 그들의 현실적 이익이 위협을 받지 않는다면 말이다.

　상하이 중산층의 정치적 태도는 더욱 설득력이 있다. 반세기 동안 내우외환과 격정주의가 사회를 뒤흔들던 때 상하이 각계 인사들의 주된 경향은 "상인은 장사를 하고, 학자는 학문을 한다"는 것이었다. 이로써 "사업으로 나라를 구하자", "과학으로 나라를 구하자", "교육으로 나라를 구하자" 등을 제창하며, 애국적 열정과 사회적 책임감을 직업 정신 속에 투영시켰다. 이야말로 의심할 나위 없이 보다 성숙되고 온건하며 합리적인, 중국이 미처 갖고 있지 못했던 이성적 태도일 것이다. 이런 직업 정신과 전문화를 추구하는 태도는 각자의 사업에도 한 몫을 했다. 어떤 연구자가 논하기를, 예전 상하이의 적지 않은 문화인들은 민주와 자유를 숭상하며 독재에 반대하면서도 정당간의 분쟁이나 정치 활동에는 절대로 개입을 하지 않고, 오히려 회피하거나 혐오하는 입장을 보였다고 한다. 즉 어디에도 소속되지 않은 '독립적인 문화인'의 신분으로 사회 활동을 했기 때문에 "정치적으로 직접적인 충격이 비교적 적었고, 그들이 펼치던 문화 사업도 정치적 이유로 중단되는 경우가 적었다. 때문에 상하이 문화는 근대 중국 정치화 과정에서 처음부터 끝까지 문화적 우세를 유지하며, 국내의 격렬한 정치적 변고로 인해 흥망이 급변하는 경우가 비교적 적었다"*고 한다. 오늘날까지 상하이 지식인들의 심층적 문화 심리 속에는 여전히 이러한 요소가 내재되어 있다.

상하이 사람들의 정치적 태도에는 또 다른 측면이 있다. 1920~1930년대의 샹중파(向忠發, 1880~1931. 후베이에서 태어난 노동자 출신으로 중국 공산당에 입당하여 노동 운동을 전개했던 인물)나 구순장(顧順章)으로부터 1970년대의 왕훙원(王洪文, 1934~1992. 장춘차오張春橋, 장칭江淸, 야오원위엔姚文元과 함께 사인방四人幇의 한 명)이나 천아다(陳阿大) 등에 이르기까지 상하이에서도 끊임없이 정치적 인물과 정치적 스타가 나왔다. 그러나 이들은 개인의 이익을 챙기려는 입장에서 마치 주식에 투자하듯 상업적 태도로 정치에 투기하는 성향이 더 많았기 때문에 끝내 정치적으로 무능하다는 평가를 받고 역사의 조롱거리가 되었다.

상업화와 비정치화의 태도는 서로 일치하는 것인데, 상하이 사람들은 그들의 정력과 관심을 생활에 대한 몰두와 집중으로 전환시켰다. 상하이 사람들은 대단히 생활중심적이다. 그들에겐 일종의 투철한 실질 우선 태도가 있다. 백성의 사명은 잘 먹고 잘 입으며 잘 사는 것이라고 생각한다. 따라서 대다수 상하이 사람들은 '편안히 잘 사는

---

* 『근대 상하이 성시연구(近代上海城市硏究)』, 상해인민출판사, 1065쪽.

것'을 중시한다. 이것은 베이징과는 상반되는 것이다. 사람들이 각종 신념과 신앙, 또는 사업을 위해 미혹함을 추구한다면 이것이야말로 '샤저텅(瞎折騰 : 쓸데없는 짓)'이며, '잘 먹고 잘 사는 것'을 달갑게 여기지 않는 태도라고 본다. 상하이의 전문 분야에서 성공한 지식인은 일상 생활에서도 팔방미인에다 만물박사이다. 먹는 것이나 주거의 문제에서부터 요리, 심지어는 복장에 이르기까지 정통하지 않은 것이 없다. 천징룬(陳景潤, 1933~1996. 푸젠성 출신의 수학자)처럼 세상일에 어두운 전문가는 거의 없다. 전에 어떤 상하이 남성 지식인이 텔레비전에 나오는 여자 아나운서의 헤어스타일이나 복장 상의 결함을 조목조목 품평하는 것을 보고 놀란 적이 있다. 또 상하이의 어떤 남자 기자가 각종 옷감의 진위를 분별하는 안목에 매우 놀란 적도 있다. 그가 말하기를 베이징의 시단(西單)이나 왕푸징에서 파는 최고급 옷 가운데 가짜가 적지 않다고 한다. 상하이라면 있을 수 없는 일이다. 상하이 지식인들은 베이징의 지식인들이 가정에서 생각나는 대로 거칠게 또는 세심하지 못하게 행동하는 것을 도저히 이해하지 못한다. 하기야 몇 년 전까지만 해도, 베이징 지식인들은 배추를 먹으며 허풍스런 이야기로 밤을 지새웠으니까…….

상하이의 생활 수준이나 질, 그리고 생활 정취는 아마 국내에서 첫 번째로 꼽힐 것이다. 최근에는 다른 지역의 생활이 경제적으로 상하이보다 앞설지는 모르겠지만 말이다. 상하이에는 전국적으로 최대 규모의 소장가들이 있다. 민간 소장품이 이미 130만 종류나 되며, 사람 수도 10만을 넘는다. 그리고 25개의 가정 박물관이 있다. 상하이에서 가장 발달한 분야는 도시민의 국내 여행업인데 각종 여행사의 수를 헤아릴 수가 없을 정도다. 또한 상대적으로 우수한 사회 공공 서비스와 비즈니스 서비스 망이 구축되어 있다. 근래의 전화 사업이 발전하기 훨씬 이전에 이미 상하이의 공중 전화망은 이미 완벽한 체계를 갖추고 있었다. 반면에 베이징은 상당한 지역이 아직도 공중전화가 부족한 실정이다. 또한 상하이에는 생활 중심의 민간 조직이 자발적으로 형성되어 있는 반면, 베이징에는 주로 이론이나 예술, 정치적 성격의 그룹이 많다. 예를 들어 암 환자 클럽, 유머 클럽, 노인 재즈 악단 등등. 그리고 전국 최고의 생화(生花) 소비와 신문, 잡지 소비층이 형성되어 있다.

생활화는 가정 문화의 발달이란 측면으로도 나타난다. 전통적 요소가 비교적 많은 북방과 내지(內地)에서는 가정의 기능이나 친척 간의 이익과 감정의 연대가 더욱 강하다(가령 동북 지역 대도시의 경우). 그러나 가정 문화의 성장은 대략 1980년대 초 상하이로부터 시작되었다. 1985년부터 상하이 텔레비전 방송국에서 '카시오(Casio)배 가정 노래 자랑'이란 프로그램이 방영되어 크게 유행한 후, 가령 '치마 두른 남편 노래 자랑', '상하이배 연인, 부부, 올케와 시누이, 시어머니와 며느리 등의 커플 오락 대회', '가정 비망록', '가족 오락관'과 같은 가정을 단위로 하는 각종 오락 프로가 속출했다. 베이징의 대중들은 1980년대 말이나 되어서야 비로소 이런 종류의 오락 프로를 받아들였다.

상하이와 베이징 사람들(주로 1980년대 개혁 개방 이래로 베이징에 거주하는 신세대)의 가정 관념을 비교해 보면 상당히 다른 점을 발견할 수 있다. 예를 들어 상하이 사람들은 주로 가정 단위(여인을 포함해서)로 여행을 하는 반면, 베이징 젊은이들의 경우 학교 친구나 각종 친구들끼리 조직된 여행이 많다. 상하이는 비즈니스 지역, 거리, 주부 연합, 오락장 등지에서 조직하거나 거행하는 가정 문화 활동이 주를 이루는 데 반해, 베이징의 경우는 경극 동호회나 댄스 동호회처럼 자발적이고 비가정적인 동년배 간의 집단적 오락이 대부분이다.

쉬량광(許烺光) 선생은 영국과 미국의 서로 다른 가족 관계와 분위기를 비교한 적이 있다. "영국의 가족 관계가 존경과 권위를 특색으로 한다면 미국의 가정은 우정을 기초로 한다. 우정이란 감정과 실속의 기초 위에 건립되는 것이다." 이런 관계는 여타의 생활 영역에도 영향을 끼친다. 즉 '완전히 예절에 구애받지 않고 상식을 뛰어넘는' 미국적 방식을 말한다.[*]

베이징의 생활은 이런 감정과 우정을 중시하며 형식과 예의에 구속되지 않는 특징을 지닌다. 이는 자연스러움을 중시하고 좀 거칠면서도 호방한 북방 사람들의 기질에서 기인한다. 미국적 방식은 이민 사회로서 유럽 사회의 신분 계급적 장애를 깨뜨리고 전통을 탈피하려 했던 결과이다.

시장 경제와 상품 경제가 조성한 세속화는 필연적으로 개인의 이익을 존중한다는 점과 개체 간의 이익, 개체의 이익과 집단 이익의 구분을 의미한다. 중국 사회의 전통적인 집단 본위적 가치관은 점차 개인 본위적 가치관으로 바뀌고 있다. 이것이 상하이 사람들이 '꺼관꺼(各管各 : 자신의 일에만 집중함)' 하는 심리적 가치관의 심층적 원인이다. 그들은 자신에게 방해만 되지 않는다면 다른 사람의 생활 방식을 탓하지 않는다. 많은 사람들이 남의 일에 관심을 갖는 상황일지라도 "꽌눙사스티(關儂啥事體 : 남의 일에 웬 참견이야)"라는 한 마디면 끝이다. 즉 그 말 한 마디로 쓸데없이 남의 일에 관심을 갖는 사람들이 제자리로 돌아가게 하기에 충분하다. 비슷한 말로 '부따지에(不搭界 : 상관없다)', '껀눙부따지에(跟儂不搭界 : 당신이 무슨 상관이야)'라는 한

---

[*] 쉬량광, 『미국인과 중국인(美國人與中國人)』, 화하출판사(華夏出版社), 1990년, 117쪽.

마디면 누구도 참견 못하게 만든다. 한 북방 출신의 작가는 상하이 사람들의 정치 의식, 즉 정치적 경계심이나 대비심은 최강이라고 평한 적이 있다. 어떤 사람의 집 주소를 묻기 위해 그와 같은 부서(또는 교환실) 사람에게 전화를 걸 경우, 상대방은 필히 반나절은 질문을 해대며 결코 쉽게 알려주지 않을 것이라고……. 이런 점은 사실 상하이 사람들이 개인의 권익과 프라이버시를 적극 보호하려고 한다는 차원에서 매우 타당한 점으로 해석된다.

서구화

만약 세계적인 현대화 조류 속에 소위 '서방 주류의 문명' 이라는 것이 존재한다면 이 조류에 뒤늦게 합류한 국가들은 먼저 선진화된 서방의 선진국을 표본으로 삼아 뒤좇는 셈이다. 때문에 서구화를 문명화 혹은 개화라는 말과 동의어로 보는 것도 무리는 아니다.

상하이는 개방적인 국제적 이민 도시로서의 역사와 조계지의 체제 속에서 서양과 중국이 혼재했던 경력을 지니고 있다. 이것이 상하이 사람들로 하여금 내지와는 달리 외래 문화에 대해 관용적인 수용 태도를 형성케 했다. 전통과 현대화라는 척도에서 볼 때 이민이란 상당 부분 현대화적인 요소를 품고 있다. 상하이는 역사적으로 서양의 수출 항구로서, 또 화교 기지로서 명성을 지니고 있다. 1986년 상하이 화교에 대한 현황 조사에 따르면 상하이 시 전체에 귀국 화교, 외국 거주 화교의 가족, 홍콩과 마카오 동포, 외국 국적 중국인의 친척 등이 38만 명이고, 해외 가족까지 합하면 3천 만 명에 달한다고 한다. 이들은 세계 6개 대륙 119개 국가와 지역에 흩어져 살고 있다. 1980년대 이래로 도시의 개혁 개방이란 문제에 대해 상하이 시가 더디게 대처했던 것을 상하이 사람들의 자발적 선택이었다고 한다면, '출국 붐'

은 시종 사회적 조류를 주도하고 있다.

　1990년 7월 1일 제4차 전국 인구 조사에 따르면 외국에서 일하는 근로자와 유학생이 약 22만 7,700명이었고, 그중 상하이 사람이 6만 6,500명이었다. 즉 전체 외국 거주자 가운데 27.9%를 점유하며 전국에서 가장 많았다고 한다. 출국 인원이 만 명을 넘는 도시로는 베이징(4만 8,800명), 푸젠(2만 9,500명), 광둥(1만 8,000명), 장쑤(1만 2,100명) 등이 있다. 상하이의 출국 붐은 수량적인 규모뿐 아니라 유형이나 방식, 경로에 있어서 다층적이고 전면적이며, 또 자비 위주이다. 1988년부터 1991년까지 상하이의 자비 출국 인원은 3만 1,000명에 달하는데, 그 가운데 78% 이상이 일본과 호주로 출국했다. 1987년 이전 자비 유학생에 대한 조사를 보면 청년 근로자의 비율이 청년 지식인보다 높아서 70%를 점유했다. 상하이 사람들이 주로 가는 국가로는 유럽, 미국, 일본, 호주 등을 제외하고도 남미, 아프리카, 오세아니아의 통가, 브루나이, 베네수엘라, 니카라과, 마다카스카르 등이 포함된다. 1980년대 말 유행했던 민요 중에 이런 것이 있었다. "광둥 사람들은 돈이면 무조건 벌려 하고, 베이징 사람들은 무슨 말이든 하고, 동북 사람들은 무슨 일이든 하고, 상하이 사람들은 어느 나라든 간다." 또 어떤 사람은 상하이에서는 두 사람만 있어도 줄을 선다고 했다. 비자를 발급 받으려는 사람들의 행렬, 주식을 사려는 사람들의 행렬처럼 말이다. 회해서로(淮海西路)의 미국 영사관과 일본 영사관 앞에서 비바람을 맞으며 비자를 받으려 장사진을 치고 있는 광경은 상하이의 신종 풍속도이다. 밤을 새워 줄을 서거나 심지어는 긴 의자에 보온병까지 갖춰 놓고 기다린다. 그야말로 군대에서 보초를 서는 듯한 모습이다. 고생을 참고 견디는 인내심과 편안함을 추구하는 열망의 결합이 이렇게 나타난 것이다.

국제 결혼은 출국 붐의 또 다른 지표이다. 1980년대를 통틀어 중국인과 외국인, 또는 화교, 홍콩, 마카오 동포와의 혼인은 17만 건에 달한다. 상하이에서는 1977년부터 1979년까지 국제 결혼 커플이 446쌍이나 되며, 매년 평균 148쌍이었다. 1985년부터 1990년까지는 총 5,503쌍으로 매년 평균 917쌍이나 된다. 그 사이에 이혼한 쌍도 130여 쌍이나 된다. 결혼 상대자의 국가는 1986년에는 14개에서 1990년 38개로 많아졌다. 최근에는 상하이 아가씨와 일본인 사이의 혼인이 현저히 증가했다. 1986년에는 미국인이 71명, 일본인이 40명이었는데, 1990년에는 미국인이 183명, 일본인이 262명으로 일본인과의 결혼이 1986년에 비해 8배나 증가했다. 국제 결혼 가운데 신부가 중국인인 경우가 94%인데, 보도에 따르면 상하이 사람들은 90% 이상이고, 베이징은 85% 정도라고 한다. 최근 외국 여자와 중국 남자의 결혼도 많아졌다. 1990년 상반기에 상하이의 365쌍(홍콩과 마카오는 포함하지 않음) 가운데 99명이 외국 여성으로 27%였다.

상하이와 베이징의 국제 결혼 통계

	1979년	1983년	1985년	1986년	1989년	1990년	1991년
상하이	287		700여	794	900여	1,345	1,700여
베이징		175					736

자료출처 : 『인민일보』, 1988년 1월 11일 ; 「사회」, 1991년 제9기 ; 『북경일보』, 1992년 2월 27일.

이에 대해 상하이 신문은 베이징처럼 애매한 태도를 취하지 않고, 자랑스럽게 "상하이의 사위는 천하에 퍼져있다(上海的女婿遍天下)", "세계 40여 개 국가와 지역에 퍼져 있어 세계의 주요 인종은 모두 있다"고 했다. 상하이의 신문과 잡지는 일본 유학생과 외국 유학생에 대한 보도도 비교적 공평하고 상세하며 믿을 만하다. 즉 노력도 하고 고생도 하며, 성공도 하고 실패도 하지만 대체적으로 정상적인 생활을 하고 있다는 내용이다. 이는 다른 신문들이 이들의 유학 생활은 '고해의 바다'라는 식의 필치로 보도했던 것과는 사뭇 다르다.

가령 광둥의 유행과 문화, 그리고 생활 방식이 주로 홍콩과 타이완을 지향한다면 상하이는 유럽 문화와 역사적 정신적으로 깊은 관계가 있다. 상하이 사람들의 생활 방식 속에는 서양식 유산이 가장 많다. 예를 들면 양식당, 커피숍, 베이커리, 우유, 상점, 버터, 케이크 등등처럼.

근래 민간의 민속 문화에 대한 부흥 정책에 따라 상하이에서도 '새로운 민속'이 생겨나고 있는데, 그 근원은 세 가지가 있다. 하나는 초상을 치를 때 두부 밥을 먹는 것처럼 옛 풍습을 회복하는 것이고, 두 번째는 앞서 언급했던 것처럼 초상집에서 상장(喪章)을 다는 등의 새로운 창조이고, 세 번째는 서양의 풍습을 그대로 이식하는 것이다. 가장 뚜렷한 예로서 성탄절, 발렌타인데이, 만우절 등은 이미 중요한 명절이 되었다. 성탄절의 경우 상하이의 모든 호텔과 상점의 서비스 조직이 총출동하여 성탄 만찬과 같은 각종 명절용 프로그램을 내놓고 요란법석을 떤다. 그러나 베이징에서는 캠퍼스의 대학생들 사이에서 떠도는 신풍조에 불과하다. 커피를 마시고 꽃을 보내는 것도 상하이에서는 이미 일반적인 풍습이 되어 시민들의 생활 속에 깊이 파고들었지만 베이징에서는 소수 상류층의 멋 부리기에 불과하다.

상하이 사람들이 서구 문명을 숭상하고 새로운 유행을 추구하면서 이룩해 놓은 생활 문명 상을 다시 한번 살펴보자.

개혁 개방 이후 상하이에서는 전국 최초로 유행복 패션소가 열렸고, 최초의 개인 변호사와 법률 사무소가 출현했다. 광고 매체가 비교적 발달했고, 또 성숙한 법률 의식과 보험 의식이 자리하고 있었다.

1990년에 벌써 총 2,200만 명이 안전 보험과 교육 보험, 양로 보험 등에 가입했을 정도였고, 1인당 평균 보험 비용도 13위안으로 전국 최고였다. 또한 전체 시의 30%가 넘는 가정이 재산 보험을 들기도 했다. 상하이는 가장 일찍 성(Sex) 연구를 다시 시작하여 1983년에는 '성학연구센터(性學硏究中心)'를 설립했고, 1989년 최초로 전국적인 성문화 실태 조사를 실시했다. 상하이는 솔선수범하여 「청소년 보호 조례」를 반포하고, 노인 보호를 위한 사회적 서비스를 실시했다. 또 결혼 전 신체 검사율이 전국 최고로 1990년 혼인 신고자 중 97.4%나 된다. 기혼 여성 중 피임에 대한 인식 역시 가장 높고(99.7%), 피임자도 많으며(88.7%), 또 피임률도 높아서(82.8%), 전체적 수준은 선진 국가보다 높다. 1979년부터 1989년까지 상하이 113만 3,400쌍의 혼인 신고 부부 중 약 16만 4,800쌍의 부부가 자녀를 낳지 않았다(14.5%). 각종 원인으로 아이를 낳을 수 없는 사람을 제외하고, 출산 능력이 있으면서도 출산을 원치 않는 부부가 전체 가정에서 2~3%를 차지한다. 사실상 1991년 1,300만 인구의 상하이에서 1/3의 구(區)와 현(縣)에서만 인구가 증가되었다. 이는 인구 모형상 선진국 수준에 근접한 것이다.

중국 사회과학원 조사에 따르면 상하이 주민의 질적 수준은 전국 최고이다. 전국 평균 수준은 9.9인데, 상하이는 17.1이다. 베이징이 그 다음으로 16.8이고, 톈진(天津)은 세 번째로 15.3이다. 기타 랴오닝(遼寧), 지린(吉林), 산시(陝西), 장쑤(江蘇), 저장(浙江) 순으로 모두 10이하다.

상하이는 상당히 열악한 생태 환경에 놓여 있지만, 오히려 전국 최고의 평균 수명을 나타냄으로써(1987년 74.46세) 이들의 높은 건강 의식, 의료 보건 제도와 위생 수준을 증명했다. 한 전형적인 예로 교외 지역인 상하이 현의 위생 지표는 이미 WHO가 제출한 '2000년 위생 보건' 지표 규정의 수준에 도달했다. 미국의 워싱턴과 비교할 때 상하이 현의 인구 사망률은 6.5%이고 워싱턴은 9.5%이며, 평균 수명은 상하이 현이 74세로 최근 36년 동안 무려 29.3세나 연장되었다. 워싱턴의 평균 수명은 73.2세로 1980년 이래 24세가 연장되었다.[*]

다음으로는 상하이의 온화함에 대해 살펴보자.

상하이 사람들은 질서와 예절을 중시한다. 아주 더운 여름날이라도 점잖은 상하이 신사들은 복장을 단정히 하고 구두와 양말을 신는다. 앞이 터진 남성용 샌들은 아마도 1980년대 초나 돼서야 베이징(또는 남방)에서 유입된 걸로 보인다. 또한 에어컨이 갖춰진 베이징과 상하이를 잇는 급행 열차 안에서 웃통을 벗고 술을 먹는 경우는 대부분 베이징의 젊은이들이다.

상하이 사람들은 언쟁과 소송을 좋아한다. 그러나 기본적으로 "말로 하지 손을 쓰지 않는다(動口不動手)"는 군자의 풍모를 지키며, 심지어 맹렬하게 한 두 시간 동안 말싸움을 할지라도 절대 손을 쓰지 않는다. 그래서 "동북 사람은 호랑이요, 베이징 사람은 늑대다. 하지만 남방 사람은 순한 양이라네(東北虎 北京狼 南方人是個大綿羊)"와 같은 신민요가 있을 정도이다.

공안(公安) 분야에서 범죄 유형과 지역 간의 관계를 분석한 것이 있는데, 동북 지역은 권총 살인이나 사람을 죽이고 물건을 훔치는 폭력형 사건이 많고, 남방은 사기와 같은 지능형 범죄가 많다고 한다. 가령 푸젠 지역은 사기, 광시(廣西)는 허풍, 허난(河南)과 산둥(山東)은 부녀자와 아동의 인신매매, 윈난(雲南)은 마약 밀수, 그리고 광둥(廣東)은 매춘 범죄가 많다고 한다.

이폴리트 테느는 민주 제도의 수립, 공업 기계의 발명, 풍속의 온순

---

[*] 『문회보(文滙報)』, 1990년 6월 20일.

화를 근대 정신의 3요소로 든 적이 있는데, 그의 말에 따르면 17세기 유럽의 궁정은 여전히 군대와 결투를 숭상해서 루이 13세 때만 해도 결투로 죽은 귀족이 4천 명이 넘는다고 한다. 그러나 문명화된 풍습도 발전해서 루이 14세 때에는 매너를 갖춘 신사라면 여자 하인을 대할 경우라도 모자를 벗어야 예의에 맞는 것이었다고 한다.[*]

상하이 사람들의 '말로 하지 손을 쓰지 않는다' 는 식의 문명적 습관은 근 백 년 동안 서구의 법률적 구속 아래서 서서히 형성된 것이다. 이들이 살아가는 모습을 통해 이런 문명적 풍습의 전통을 쉽게 느낄 수 있다. 이들의 특징, 가령 업무 우선 정신, 직업 존중의 의식, 개인 본위의 태도, 법을 중시하는 관념, 질서와 규칙의 중시, 건강 의식, 가정 관념, 교육과 자녀에 대한 중시, 차림새와 예절에 대한 중시, 온화하고 관용적인 풍습, 생활의 품격에 대한 추구, 새로운 사물을 즐겨 받아들이는 개방적 심리 태도 등은 흔히들 말하는 중산층의 특징이자 상당한 수준의 현대화적 요소이다. 이것이야말로 상하이 사람들이 외국에서도 쉽게 적응하고 성공하는 숨은 요인이다.

4. 대범한 베이징 사람들

상하이 사람들에 대한 관념은 추상적이기는 하지만 누구나 공감하는 어떤 완전한 개념이다. 여기에는 도시에 거주하는 시민이란 관점에서 다양한 사회 계층과 직업에 속해 있는 모든 상하이 사람들이 포괄된다. 그러나 베이징 사람들을 생각할 때는 그들의 전체적인 형상

---

[*] 이폴리트 테느(Hippolyte Taine), 『예술 철학』, 56쪽.

이 매우 모호하다. 즉 서로 다른 모습이 겹쳐 있다는 말이다. 베이징 사람들 하면 차관(茶館 : 찻집)이나 후통(胡同 : 베이징의 전형적인 골목, 뒷골목)에 있는 토박이들부터 정부 관료나 국가 지도자, 홍위병, 쓰우(四五 : 1976년 사인방 시대를 비판했던 청년 운동) 청년들, 고관대작의 자식까지 여러 형상이 떠오른다. 베이징은 남성화된 도시이며, 젊음과 늙음, 보수와 급진적 진보, 고상함과 속됨이 뒤섞여 있다.

앞에서 말한 것처럼 역사상 베이징의 문화는 궁정, 귀족, 사대부 등의 문화와 민간의 시정(市井) 문화 두 측면으로 나뉜다. 원래 베이징이란 도시의 인격은 화북 문화와 전통 문화라는 고도(古都) 문화의 퇴적층 위에 관계(官界)와 학계(學界)라는 두 강력한 코드가 영향력을 발휘하면서 형성되었다. 근세 이후 베이징 토박이들은 만주 통치자들의 문화에 깊은 영향을 받아 겁 없고 용감한 품성을 상실한 채, 온순하고 고상한 기질로 변했다. 건국 후 혁명 문화 체재 속에서 신(新) 베이징 사람들이 들어오면서 신속하게 베이징이란 도시의 주체가 되었다. 이들은 이제까지와는 또 다른 베이징이란 도시의 인격을 창출했고, 베이징에 사는 사람들의 집단적 인격이 새롭게 나아갈 방향을 확정했다. 온유하면서도 고상한 베이징 토박이들(대부분 연령층이 높은)과 활력적이고 진취적이며 대담한 신 베이징 사람들의 모습, 이런 구분이 그렇게 엄밀하다고 볼 수는 없지만 그래도 어느 정도 베이징의 모습을 반영한다. 양자 간에는 분명한 차이도 있지만, 서로 영향을 주고받기도 했다. 그리고 두 진영 사이에 존재하는 광활한 중간 지대에는 다양하고 복잡한 집단적 인격이 존재한다.

신 베이징 사람들, 즉 건국 후 첫 번째로 베이징으로 유입된 이민의 주체는 혁명 간부와 군인, 그리고 새로운 사회를 위해 매진했던 지식인들이다. 이들의 인격적 특징은 도시 환경의 영향보다는 통일된 정치적 환경 아래 형성된 측면이 많다. 이들의 인격은 '두 번째 이민 세대'의 성장과 함께 드러났다. 정치적으로는 '제3세대'로서 1960년대의 홍위병이나 1980년대의 리샹난(李向南, 커윈루柯雲路의 소설「샛별(新星)」에 등장하는 인물) 등은 신 베이징 사람들의 다양한 특징과 기본적인 품성을 잘 드러내고 있다. 1980년대 말 출현한 '베이징의 새로운 면모(新京美)'란 말은 베이징의 신·구 두 문화의 인격이 서로 융합해가고 있음을 의미한다.

정치화

중국의 전통적인 관(官) 위주의 사회 제도와 정치화, 의식화된 생활과 윤리로 인해 중국인들의 정치 중시 경향은 세계 최고 수준이다.

1987년 중국, 일본, 미국 세 나라 고등학생들의 가치관에 대한 비교 연구를 시행한 적이 있다. 예술, 과학, 운동, 사회, 상업, 정치, 교육, 가정, 오락 등 아홉 개 영역에 걸쳐 조사한 결과, 중국 학생들은 정치, 사회, 과학 순으로 우선 순위를 매겼고, 일본 학생들은 사회, 운동, 가정 순, 미국은 오락, 가정, 운동 순이었다. 일본과 미국 학생들은 정치를 각각 일곱 번째와 여덟 번째, 그리고 과학은 여덟 번째와 아홉 번째로 선택했다.[*]

베이징 사람들은 중국인들 가운데서 가장 정치를 숭상한다. 이는 주로 '천자의 발아래(天子脚下)', 즉 정치의 중심이었던 거대한 궁궐이 위치한 특수성에 기인한 것이다. 라오서(老舍)[**]는 베이징의 보통

---

[*] 『당대청년연구(當代青年研究)』, 1988년, 제9기.

[**] 1899~1966, 본명 수칭춘(舒慶春). 「루어투어 샹쯔(駱駝祥子)」 외에 「4대가 함께 사는 집(四世同堂)」, 「찻집(茶館)」, 「임씨네 가게(林氏鋪子)」 등이 있다. 그의 소설은 베이징을 주무대로 하고, 해학과 유머가 풍부하다.

라오서

시민 중에는 많든 적든 '벼슬에 광분하는 성향' 이 있다고 보았다. 관리가 되어 정치를 한다는 것은 중국인들의 삶에 있어서 우선적인 선택 사항이며, 베이징 사람에게 있어서는 더더욱 민첩하게 선택해야 할 사항이다.

'문화대혁명', '홍위병운동' 은 한 세대를 몽땅 혁명적 정치판으로 몰아갔다. 모든 사람들은 '국가의 대사에 관심을 갖도록' 요구 당했고, '7억의 인민은 모두 대비판가가 되었다.' 정치의 광풍이 물러갔음에도 불구하고 정치에 대한 열정과 관심은 여전히 베이징 사람들의 맘속에 가장 많이 남아 있다. 상하이 사람들의 눈에는 대다수 베이징 사람들, 특히 젊은이들은 설령 정치를 업으로 삼지 않더라도 노동자든 자영업자든 도대체 두서가 없고, 어떤 실익도 가져다주지 않는 (혹은 이에 반하는) 정치적 격정에 휩쓸리는 그런 사람들로밖에는 보이지 않는다. 이들은 가치 이성이란 명분으로 그들의 평범한 생활을 승화시키고, 심지어는 형편없이 초라한 것도 숭고하게 만들 수 있다고 믿는, 그런 사람들로 비춰진다.

　정치는 베이징 생활에서는 소금과 같다. 정치가 없다면 베이징의 생활은 무미건조하게 변한다. 정치에 뜻을 둔 사람들에게 베이징은 그야말로 휘황찬란한 격동의 무대이다. 민감한 정치적 감각, 풍부한 정치적 상상, 원숙한 정치적 기교와 야심만만한 정치적 포부로 인해 늘 '정치적 동물'이라 비유된다. 「샛별」이란 글 속에서 용감하게 개혁을 주장하던 청년 정치가 리샹난은 베이징 신세대의 인격을 구성하는 요소를 고급 간부의 자제, 홍위병 출신, 청년 지식인, 그리고 제3세대로 집약했다. 아래와 같은 정치에 대한 대담한 주장은 바로 이런 마음의 소리를 드러낸 것이다.

　　정치는 인류 역사상 가장 더러운 것이기는 하지만 가장 숭고한 것이기도 하다. 문제는 당신들이 어떤 정치를 하는가이다. 모두 말한다. 순결한 애정, 이기심이 없는 어머니의 사랑이야말로 숭고하고 위대하다고. 이것이 숭고하고 위대하다는 점을 부인하지 않는다. 그러나 사실 그 위대함은 정치에 비교가 되지 않는다. 역사상 ― 당신도 봐라 ― 진정으로 수많은 사람들로 하여금, 또 한 세대 한 세대 가장 우수한 청년들로 하여금 자신을 희생토록 한 것은 오로지 정치뿐이다. 정치는 필경 수천만 명의 가장 기본적인 이익과 이상, 그리고 추구를 한데로 모은 것이다. 그래서 인류 역사상 가장 생기 넘치는 에너지를 하나로 모아놓은 결정체라 할 수 있다.[*]

---

* 커윈루, 『샛별』, 인민문학출판사, 251쪽.

1991년 봄 타이완과의 전쟁 분위기가 고조되었을 때 베이징으로 출장을 갔던 남방 사람들은 전쟁에 대한 관심의 정도가 상하이나 광둥을 능가하고 있다는 사실에 무척 놀랐다고 한다. 베이징 사람들 거의 대부분은, 즉 택시 기사, 판매원, 기관의 간부를 막론하고 "모두 나름대로의 견해와 전쟁 문제를 어떻게 처리해야 할지에 대해 분명한 의견을 갖고 있었다. 한 마디로 베이징 사람들은 모두가 정치가였다"는 것이다.

정치의 보편화는 정치화된 사유를 야기하며, 그 특성 중 하나는 거시적이라는 점이다. 즉 문제의 중심에서 혹은 높은 곳에서 아래를 내려다보는, 내지는 넓은 각도에서 좁은 곳을 굽어보는 방식의 사유이다. 상하이와 남방에서의 이론 연구가 실용, 미시, 실현성, 조작성 등에 주목하는 것과 비교할 때 베이징 지식인들은 전체적이고 거시적이며, 전략적이고 대안적인 연구에 특별히 열중한다. 부정적인 측면에서 볼 때 이런 풍조는 소리만 컸지 실질은 없는 학풍을 조성할 수 있다. 국가 기관이나 권력의 중심에 있는 지식인들은 '중앙적' 정보권 내에 있으면서 묵계적으로 '중앙적 사유'를 형성한다. 그리고 자기도 모르게 정치적인 이유로 이론적이고 학술적인 연구의 객관성을 모호하게 만든다.

비슷하게 상하이 작가들의 작품은 왕왕 작은 것에서 큰 것을 말하고, 작은 일이나 일상 생활로부터 깊은 인생의 의미를 담아내려 한다. 그들은 평등한 시각에서 바라본다. 베이징의 작가들, 가령 왕멍(王蒙)*, 장제(張潔)**, 장청즈(張承志)***, 장신신(張辛欣)**** 등은 높은 곳에

---

* 1934년생. 현재 중국을 대표하는 소설가이다. 1956년에 발표한 「조직부로 온 젊은이(組織部來了個年輕人)」란 소설로 우파(右派)로 몰리기도 했다. 1953년 발표한 장편소설 「청춘 만세(青春萬歲)」 이후 100여 편에 달하는 소설을 창작했다.

서 인생을 내려다보며, 사소한 일에 울고 웃는 중생들을 꾸짖는다. 그들은 현실을 초월한 가치를 추구한다.

문화 예술 현상은 베이징에서 가장 손쉽게 사람들의 격정을 이끌어낸다. 중국에서 방영되었던 연속극 「하상(河觴)」이나 「갈망(渴望)」 등은 바로 베이징의 현재를 보여주는 자화상이다. 정치에 대한 베이징 사람들의 참여와 몰입의 정도는 상하이 사람들이 상상할 수도 없을 것이다. 상하이 사람들은 단지 '보기에 좋다', '보기에 좋지 않다'와 같은 평상심으로 연극을 보고 평론한다. 그러나 베이징에서는 정치적 배경, 인간 관계, 지도자의 태도 등 여러 각도에서 작품을 분석, 예측하고 평가하는 가운데 논쟁을 전개한다. 그러면서 이 논쟁 과정에서 다른 사람들의 말과 안색을 살피며, 파란을 일으키기도 하고, 각양각색의 장면을 연출하기도 한다.

정치, 정치적 관심, 정치 활동은 늘 어떤 집단적 행위와 집단적 이익, 그리고 집단의 가치를 지향한다. 어떤 일에 대해 뜨거운 열정을 발휘하며 집단의 가치관을 무엇보다 우선시하는 신 베이징 사람들의 태도는 다른 사람들에게 깊은 인상을 남긴다. 생활의 측면에서는 베이징 사람들이 어떤 규칙을 형성하지 못한 반면, 정치적인 생활에서는 나름대로의 확고한 규범을 지키고 있다고 할 수 있다. 한 외지 청

** 1937년생. 베이징에서 출생한 현 중국을 대표하는 여류 작가이다. 1978년 「숲에서 온 아이(從森林裏來的孩子)」란 소설로 전국 우수 단편소설 상을 획득했다. 주로 사람과 사랑을 주제로 다루며, 작품집 『장제 소설 극본선(張潔小說劇本選)』, 소설 산문집 『사랑은 잊을 수 없는 것 (愛是不能忘記的)』, 소설집 『할머니의 기록(祖母綠)』 등이 있다.

*** 1948년생. 1978년부터 창작 활동을 시작하여 현재는 중국 작가협회 이사를 맡고 있다. 대표작으로 소설집 『장청즈집(張承志集)』, 『청결한 정신(淸潔的精神)』, 시집 『신운의 시편(神雲的詩篇)』, 문집 『장청즈 작품집(張承志作品集)』이 있다.

**** 중앙 희극 학원에서 수학하고 현재 중국 작가협회 회원이자 미국의 소리 '작가 수기'의 문화 평론가로 활동하고 있다. 소설, 번역, 르포 작가로 특히 많은 번역물을 남기고 있다.

년은 일찍이 베이징의 청년 지식인과 청년 정치가의 행위에 대해 '밤과 낮(夜與晝)」(상하이 출신 커윈루의 소설) 을 열 권 쓰고도 남을 것' 이라고 감탄한 적도 있다.

가정의 기능이 축소되고, 집단과 조직의 기능이 대폭 확대되는 것은 현대 사회의 특징 가운데 하나이다. '홍위병 시대' 때부터 베이징 청년들은 군중을 모으고 조직하며, 선언을 하는 등의 조직적 행위에 열중했다. 1980년대에 각종 민간 조직과 기구들이 대량으로 출현한 것도 여기에서 기인한다. 청년들의 이러한 자발적 조직은 상당한 응집력과 친화력을 지니고 있어 회원들은 공동의 신념과 책임감으로 묶여 있다. 여기에는 단체 행위를 중시하는 '충성(忠誠)' (상하이에서의 사회 생활에서는 합리성과 예절을 더욱 중시하지만)이란 가치관이 자리하고 있다. 이것은 전통적이고 세속적인 생활 속에서 '형제간의 의리' 로도 표현된다. 이러한 가치관 아래서 자신의 이익만을 챙기는 사람은 형제라고 할 수 없다. 또한 친구나 집단을 배반하는 사람은 인간도 아니며, 다른 집단에서도 용납되지 못한다. 그저 친구로부터 버림받아 홀로 외톨이가 될 수밖에 없다.

이러한 청년 조직이 서로 감정을 연대하고 증진시키는 방식은 팀을 모아 야유회를 갖거나 모임을 갖는 것이다. 베이징의 이런 회식이나 모임은 통상 함께 노래를 하며 감정을 고조시킨다(상하이에서는 아주 드문 일이다). 노래는 주로 1950년대 유행하던 소련 가곡이나 동요 「우리들의 논과 밭(我們的田野)」, 「노를 저어 나가세(讓我們蕩起雙槳)」이며, 흥이 고조에 달하면 여성 이중창으로 「깊고 깊은 바다(深深的海洋)」를 부른다.

베이징 사람들은 정치와 관련하여 출신이나 학력, 배경 등을 중시한다. 이것은 중국의 정치적 풍토로부터 생겨난 것이다. 1970년대 말,

상하이 아가씨는 배우자를 고를 때 실속을 따져 '하이(海 : 외국과의 어떤 관계가 있는가), 루(陸 : 정치적으로 실속이 있는가), 쿵(空 : 집에 빈 방이 있는가)' 을 중시했다. 이때 베이징 사람들은 여전히 집안의 배경이나 학력 등을 중시했다. 게다가 베이징 상류층의 경우 서로 수준이 비슷한 집안끼리의 혼인은 매우 중요하면서도 필수적이다. 가령 잘 생긴 남자가 자신의 신부감의 외모가 자기보다 많이 처진다고 할 때, 그녀가 누구누구의 딸이라는 것을 알고 나면 그는 곧 내심의 평정을 되찾을 것이다.

사회 생활의 정치화는 필연적으로 상업을 경시하고 민생을 경시하는, 생활과의 괴리를 낳는다. 베이징 사람들의 상업을 경시하는 태도는 서비스 분야와 종업원의 서비스 태도가 낙후되는 주요인 가운데 하나이다. 완고한 귀천의 관념 때문에 베이징의 청년들은 아버지가 '동물이나 키우는 힘든 일' 을 할지언정 (대형 호텔의 경우는 또 다른 이야기지만)서비스 업계에 종사하기를 원치 않는다. 지금 베이징에서 재봉, 구두 수선, 우산 수선, 시계 수리, 열쇠 수리, 솜틀 기사, 아침 식당, 보모 등의 일은 거의 남방 사람들이 담당한다. 특히 장쑤, 저장, 안후이 출신들이 많다. 외지에서 들어와 돈을 버는 아가씨들은 베이징이야말로 돈 벌기가 아주 좋은 곳이라고 한다. "베이징의 큰 거리는 도처가 돈 밭이라, 발에 치이는 게 돈이다. 그런데 베이징 사람들은 허리를 굽혀 주우려고 하지 않는다" 고 한다. 상하이 사람들은 보잘것없는 재주로 먹고 사는 사람들에 대해서도 아무런 편견이 없다. 보통 사람들도 한 가지 재주(가령 음식을 잘 만든다든지, 가구를 만든다든지)만 있으면 오히려 친구나 윗사람에게 존중을 받는다. 하지만 베이징에서는 틀림없이 일고의 가치도 없는 하찮은 재주로 폄하될 것이다.

근래 상품 경제의 발전으로 베이징 사람들의 상품에 대한 의식도 대폭 상승했다. 민간 상업의 뜨거운 열풍 속에서 국영 상업과 전매를 통해 폭리를 취하는 경우도 끊이지 않지만, 그럼에도 불구하고 상업은 가장 시의 적절한 선택이 되었다. 그렇다고 베이징 사람들의 상업에 대한 의식이 건강해졌다고 말할 수는 없다. 왜냐하면 그들은 아직도 큰 돈을 버는 데만 몰두하고 자잘한 돈에는 관심을 두지 않기 때문이다. 즉 박리다매와 같은 장사법에 대해서는 잘 모른다. 때문에 민생과 밀접한 요식업 등은 수년에 걸쳐 발전해왔지만 아직도 질은 떨어지는데, 값은 비싸다. 또 폭리를 취하는 사람에 대한 사회적 비판의 수준도 광저우, 상하이, 우한 같은 대도시에 많이 못 미치고, 심지어는 선양(審陽)이나 하얼빈 등 북방의 도시만도 못하다. 지금껏 베이징에는 광둥의 '차오겅(炒更 : 업무가 끝난 후 저녁 시간에 부업으로 돈을 버는 것)', 상하이의 '파펀(扒分 : 업무 시간 외에 돈을 버는 것)'과 같은 신조어가 출현하지 않았고, 단지 문예계에서 통용되는 '저우쉐(走穴 : 국가 예술 단체에 속한 단원이 외부에서 독자적으로 공연하는 행위)' 정도의 신조어가 있을 뿐이다.

베이징 생활의 정치화를 설명하는 다른 예로 청년 지식인들의 생활 속에서는 상하이의 '차슝차메이(揷兄揷妹 : 문화대혁명 시절 농촌의 생산을 위해 참가했던 청년 부대원들 간의 호칭)'나 청두의 '삐엔꺼삐엔메이(邊哥邊妹 : 문화대혁명 시절 변방의 생산을 위해 참가했던 청년 부대원들 간의 호칭)'와 같은 정감어린 애칭이 별로 없다는 점을 들 수 있을 것이다.

입심과 유머

오늘날 베이징 청년들의 진면목을 표현하는 말로 '칸따산(侃大山 : 달변가)'보다 확실한 것은 없을 것이다. 베이징 사람들의 달변과 유머러스한 천성은 일찍이 알려진 바이다. 그러나 '칸(侃 : 달변)'의 의미는 말솜씨가 좋다는 것과 일치하지는 않는다.

베이징 토박이들은 출중한 말솜씨와 재능으로 과거에는 '징여우쯔(京油子 : 서울 각쟁이)', '쐐핀쭈이(耍貧嘴 : 수다쟁이)'라 불렸다. 샹성(相聲 : 만담)의 발달은 바로 이런 재능의 산물이었다. '칸따산'이란 말은 1980년 중반 신 베이징 사람들의 유행어다. 당시 『북경만보(北京晚報)』에서 전문적으로 이 단어의 연원을 고증한 적이 있는데, '칸(侃, 간)'이냐 아니면 '칸(砍, 감)'이냐의 문제와 '산(山, 산)'이냐 아니면 '산(煽, 선)'이냐의 문제가 논쟁거리였다. 나름대로 일리가 있었지만 최종적으로 '칸따산(侃大山)'으로 하자는 결론을 맺었다. 옛날 베이징의 '쐐핀쭈이'나 상하이의 '추이니우피(吹牛皮 : 허풍쟁이)' 또는 쓰촨 사람들의 '빠이룽먼쩐(擺龍門陣 : 잡다한 이야기꾼)'과는 다른 점이 있다. '칸따산'의 뜻은 주로 시사적인 문제나 정치적인 문제에 편중되어 있다(이 단어는 청년 지식인 계층에서 전파되고 확산된 것이다). 당시 베이징의 신민요 중에 '10억의 인민 중 9억은 달변가, 나머지 1억은 달변가가 되는 중'이라는 가사가 있었다. 이는 당시의 사회 개혁과 이론의 열풍을 단적으로 보여준다. 대학생들은 장난삼아 학생회나 웅변단을 '칸산 협회(侃山協會)' 또는 줄여서 '칸시에(侃協)'라고 했다.

'달변'은 베이징에서는 일종의 능력이자 자부심이었다. 각계각층의 유명 인사들은 나름대로 달변의 고수로 명성을 날렸다. 그들은 고도의 언어적 표현 능력, 특히 현장에서의 즉석 연설이나 표현 능력을 지니고 있었다. 당시로선 대중들의 연설과 변론에 대한 갈망이 많았기 때문에 수시로 이 갈증을 풀어주어야 했다. 마치 배우들이 즉흥적인 연기를 통해 청중과 함께 자신도 자극되어 흥을 끌어올리는 것과 같다. 청중이 많을수록 반응은 더욱 뜨거워지고, 달변도 더욱 발휘된다. 때문에 친구들끼리 하는 작은 규모의 대화 속에서는 격정과 광채가 잘 드러나지 않는다. 그들은 시간을 쓰는 요령을 파악하고 있어, 가령 30분이나 10분으로 시간을 제한하더라도 여유 있고 조리 있게 군더더기 하나 없이 자신의 관점을 명확히 표현하고, 마지막 한 마디는 정해진 시간에 정확하게 딱 맞아 떨어진다. 베이징의 각종 이론적 토론에서 지식인들은 앞을 다투어 말을 하려고 한다. 도도한 웅변의 경지는 그야말로 말이 세상을 놀래주지 못하면 편히 눈을 감을 수 없다고 할 정도로 대단하다. 상하이의 지식인 중에는 이 정도의 칸따산이 거의 없다. 의관을 정제하고, 그야말로 고상하게 서로 양보하면서 발언은 극히 짧게 하는 것이 상하이 사람들이 벌이는 토론회의 전형적인 모습이다. 이것은 말 때문에 생길 수 있는 정치적 위험으로부터 자기 자신을 보호하고, 어떤 때는 자신의 관점이 남에 의해 표절되는 것을 막으려는 것이다.

베이징 사람들이 지니고 있는 언어 능력의 또 다른 특징은 유머이다. 유머란 물론 언어적 능력이지만 인생에 대한 태도와도 관련이 있다.

통속적으로 볼 때 유머란 웃음의 예술로서 크게 보아 재치, 해학, 풍자, 비꼼, 조소, 골계, 황당한 말, 정치 유머, 흑색 유머 등으로 구분된다. 유형별로 다시 나누어 보면 첫째로는 주로 언어 자체의 효과, 즉 해음(諧音 : 글자의 발음을 통해 다른 의미로 해석할 수 있게 하는 방법)이나 헐후어(歇後語 : 표면적 의미 외에 숨겨진 의미를 동시에 담아내는 방법, 은어, 비유 등)를 이용한 재치와 해학의 표현이 있다. 둘째로는 골계(滑稽 : 우스갯거리)와 같은 효과를 발휘하는 것으로 연극 중에 익살스런 연기를 삽입하여 웃긴다거나 바보짓을 하여 얼빠진 체하는 것이 있다. 셋째로는 조소, 황당한 말, 정치 유머처럼 상대를 조롱하고

금기를 범하는 언행을 하는 것, 즉 잘난 체, 비웃음, 건방짐으로 현재의 상식과 법칙을 깨뜨림으로써 황당하고 가소로운 웃음을 자아내는 것이다.

　첫째 유형에서 보이는 언어적 지혜는 주로 베이징의 문화로부터 전래된다. 거의 모든 베이징 사람들은 '쑨런(損人 : 빈정대기)', '떠우(逗 : 희롱하기)'를 할 줄 안다. 가령 어떤 사람이 "얼굴에 주근깨가 마치 찻잎 부스러기 같다"고 했을 때 당신이 "쩐부샹화(眞不像話 : 정말 말도 안돼)"라고 하면 "샹화, 찌우티에짜이챵상러(像畵 就貼在墙上了 : 그림같이 벽에 붙어 있잖아)"라고 되받는다(말의 '화話'와 그림의 '화畵'는 중국어 발음으로 '화'이다. 즉 음이 같은 것을 이용해 재치 있게 되받은 말이다). 또 당신이 "쩐랑런서우부랴오(眞讓人受不了 : 정말 못 참겠네)"라고 하면 당장 "서우부랴오, 예팡부랴오(瘦不了 也胖不了 : 살이 빠져도 안 되고, 쪄도 안 되는데)"라고 한다(참다의 '수受'와 마르다의 '수瘦'의 발음이 '서우'로 같은 점을 이용한 표현이다). "전머빤(怎麽辦 : 어떻게 하지?)"이라고 하면, 그는 "량빤(涼拌 : 차게 무쳐서 먹지)"라고 되받는다(하다라는 뜻의 '판辦'과 섞는다는 뜻의 '반拌'의 발음이 '빤'으로 같은 점을 재치 있게 이용한 표현이다).

　언어의 변화는 여러 측면에서 신, 구 베이징 사람들 간의 문화적 전이와 변화를 잘 보여준다. 기본적인 특징 중 하나로 정치성이 증가되었다는 점이다. 가령 베이징 사투리 속에는 존칭이나 경어가 많은데, '라오(老 : 존칭이나 친근감을 표현하는 접두어)'나 '예(爺 : 할아버지란 뜻으로 존칭을 표현하는 접미어)'가 들어간 단어로 '닌라오(您老 : 어르신)', '예멀(爺們兒 : 어르신들)', '뤨예(兎兒爺 : 어르신)' 등의 명칭이 있다. 오늘날 신조어로 '칸예(侃爺 : 허풍쟁이)', '따오예(倒爺 : 장사하는 아저씨, 정당치 못한 장사라는 뜻이 담겨 있음)', '발예(板兒爺 : 삼륜차로 먹고 사는 사람)', '콴예(款爺 : 돈을 많이 번 사람)' 등이 있고, 심지어는 상대를 부추기고 허풍떠는 사람을 '펑예(捧爺)'라고 한다. '라오(老)'가 들어가는 것으로는 모스크바의 식당을 '라오머(老莫)', 외국인을 '라오와이(老外)', 등소평을 '라오덩(老鄧)', 고르바초프를 '라오거(老戈)', 차이코프스키를 '라오차이(老柴)' 등으로 부르면서 친근감을 표시한다.

골계(滑稽)의 주요한 방식은 자기 비하로 자신을 형편없이 깎아내린다. 베이징 사람들은 일반적으로 상하이 사람들이 유머 감각이 없다고 하는데, 사실 상하이의 유머는 주로 골계 유형이다. 양자 간의 차이는 바로 생활 방식과 인생의 태도의 차이를 나타낸다.

『청년일대(靑年一代)』라는 잡지의 증보판에서 상하이 사람들의 유머를 소개한 적이 있다. 한 은행에 다니는 아가씨를 쫓아다니는 청년이 쪽지 하나를 남겼다. 쪽지의 내용인즉 "존경하는 아가씨. 일년 내내 줄곧 진지하게 저의 감정을 저축했습니다. 언젠가는 많은 이자를 받고 싶습니다. 이제는 그간 푼돈을 모아온 저축을 모두 찾을 때가 되었다고 생각합니다. 청컨대 본전에 이자까지 합쳐서 지불해 주시기 바랍니다만, 이율이 어떨지 모르겠군요?" 서명난에는 '한 경건한 예금자'라고 되어 있었다. 그 아가씨는 멋진 유머가 넘치는 사랑의 화살에 적중되고 말았다. 그러나 베이징의 아가씨였다면 모르긴 해도 이런 종류의 유머에 크게 화를 냈을 거다.

베이징에서 유행하는 유머에도 골계적인 것이 있지만, 매우 의미심장한 뜻이 담겨 있다. 한 청년이 교통 순경에게 붙잡혔다. 도저히 풀려날 방도가 없자, 그는 이렇게 애원했다. "당신의 방귀로 나를 날려(풀어) 주세요!" 구경꾼들은 '와~' 하고 웃음을 터뜨렸고 경찰도 고소를 금치 못했다. 결국 그는 방면되었다. 나중에 이 이야기가 출판되어 대학생들의 『과탁문학(課桌文學 : 책상 위의 낙서 문학)』에 이렇게 쓰였다. "조국이여, 친애하는 나의 어머니여! 나에게 방귀를 뀌어주세요(출국을 의미함)."

오늘날 베이징 유머의 진정한 특징은 정치와 유머의 결합에 있다.

한 상성(相聲) 중에는 이런 대목이 있다. 대머리인 사람이 주변머리를 위로 빗어 올려 대머리를 가리자, 옆에 있던 친구가 이렇게 말했다. "지방에서 중앙을 지원했구먼(地方支援中央)." 그런데 대머리를 가린 머리카락이 흘러내리자 또 이렇게 말했다. "중앙에서 지방으로 전근되었구먼(中央下放地方)."

『북경만보』에 실린 글에는 베이징 미식가들의 우스갯소리가 실린 적이 있다. "광둥 요리는 당 간부도 좋아하고, 일반인들도 좋아한다. 그런데 광둥 요리는 먹기에는 쉽지만, 정말 잘 먹기는 쉽지 않다. 광둥 요리를 먹으려면 신(新) 관념으로 먹어야 한다. 신 관념으로 먹고 일을 해야 사상의 현대화를 잘 할 수 있다." 이 글은 그 화법이 문화대혁명 시절 유행했던 "마오(毛) 주석의 세 편의 글(「인민을 위해 복무한다(爲人民服務)」, 「바이주언을 기념하며(紀念白救恩)」, 「우공이산(愚公移山)」)은 전사들도 배워야 하고 당 간부들도 배워야 한다. 그러나 읽기는 쉽지만 진정 글의 내용대로 실천하기는 어렵다"라고 했던 린뱌오(林彪)의 말을 이용한 것이었다. 사실 1970년대 말에도 유사한 말이 떠돌았다. 「간염 선생(老肝炎)」이란 글인데 내용은 이렇다. "간염 선생! 전사도 걸릴 수 있고 당 간부도 걸린다네. 간염 선생! 걸리기는 쉬워도 치료는 어렵다네……."

베이징은 실로 정치 가요와 정치 유머의 발원지이다.

앞서 소개했던 「10억의 인민 중 9억은 달변가, 나머지 1억은 달변가가 되는 중(十億人民九億侃 還有一億在發展)」이라는 민요는 상황에 따라 변화와 발전을 거듭했다. 가령 '10억 인민 중 9억은 장사를 하고, 나머지 1억은 장사를 준비 중', '10억의 인민 중 9억은 망하고, 나머지 1억은 생각 중', '10억의 인민 중 9억은 도박을 하고, 나머지 1억은 춤추는 중' 등이다.

타이완과의 해상 충돌이 일어난 후 대학생들은 해학적으로 유명한 명언을 새롭게 바꿔 "정말로 괴롭다면 그럼 사담 후세인을 생각해 봐! 너무 힘들다면 다국적 부대를 생각해 봐!"라고 했다.

베이징 사람들의 유머적 품성은 생활 곳곳에 배어 있다. 만약 정치가 베이징 생활의 소금이라면 유머는 조미료다. 뱃속 가득한 세상의 경륜, 입을 열면 청산유수, 끊이지 않는 웃음의 재료, 이것이 베이징 지식인들의 만화적 자화상이다.

"유머로 호감을 얻어내고, 인생을 폭 넓게 관조하며, 혁명의 역사를 통렬히 이야기하고, 단도직입적으로 목표를 이룬다"는 말은 베이징 사람들이 한 세상을 살아가는 방법에 대한 '네 개의 노래(四部曲)'라 하겠다.

호방함

정치, '칸따산'과 유머로는 베이징 남성들의 전모를 그려내기에 부족한 감이 있다. 그들의 또 다른 인격적 특징은 호방함이다. 문약하고 고상한 상하이 남성들과는 매우 대조적인 부분이기도 하다. 이런 강인한 남성미는 중국의 북방에서는 한 번도 기세가 누그러지거나 상실된 적이 없었던 심미적 가치이자 실용적 가치이다.

호방함은 적어도 화끈함과 거침이란 두 요소를 내포한다. 전자에는 활달함, 거리낌 없음, 대국적 안목, 작은 일에 연연하지 않는 생활 태도, 그리고 도의적으로 자신의 이익만을 추구하지 않는 태도 등을 들 수 있다. 인간 관계 속에서는 자신의 득실만을 고려하지 않는 왕초

기질, 인정 많은 정의감, 용기 있는 의리 등으로 표현된다. 베이징 사람들은 한 번 본 사람과도 쉽게 친구가 되어 정감어린 개인적 관계로 발전시킨다. 만약 베이징 토박이라면 금방 '꺼(哥 : 형)', '싸오(嫂 : 형수)', '디(弟 : 동생)', '메이(妹 : 누이)' 등과 같은 호칭으로 친숙함을 표현한다(동북 지방도 이렇다). 그들이 함께 식사를 하자고 하면 절대 그냥 예의상 해보는 소리가 아니다. 만약 신 베이징 사람들이라면 친해지고 난 후 성을 빼고 바로 이름을 부르며(상하이의 경우는 '샤오장小張 : 미스터 장', '샤오리小李 : 미스터 리' 등으로 부른다), 자신의 통즈(同志) 내지는 형제로 생각한다.

대부분의 북방 사람들처럼 베이징 사람들의 가치 체계 속에서 의리와 용기는 대단히 높게 평가되지만, 똑똑함, 교묘함, 뺀질뺀질함, 나약함, 계산적임 등은 말할 가치도 없는 것이다. 가령 상하이 사람들은 남을 조롱할 때 '린부칭(拎不淸 : 흐리멍덩하여 제 앞도 못 가린다)', '쨩(戇 : 멍청하다)' 이라고 하는데, 베이징 사람들은 '커우먼(摳門 : 인색하다)', '샤오신옌(小心眼 : 소심하다)', '샤오자쯔치(小家子氣 : 쫀쫀하다)' 라고 한다. 또 담이 작은 사람을 '쏭휘(鬆貨 : 패기가 없는 물건)', '롼딴(軟蛋 : 겁쟁이)' 이라고 하며, 앞뒤를 너무 살피고 우유부단한 사람은 '미옌꽈(面瓜 : 물렁텡이)' 라고 한다. 베이징 사람 중에도 물론 '똑똑이' 가 적지 않지만 감히 잘난 척 드러내지 못한다. 그렇지 않으면 스스로 외톨박이가 될 뿐이다. 베이징에서는 장모가 사위를 고를 때 인품이 건실한지 아니면 학식이 있는지를 본다. 한 베이징 아가씨가 애인과 헤어졌던 전형적인 사례를 살펴보자. 한 젊은이가 건전지를 사는데 가까운 동네 상점이 아닌 멀리 시내의 상점으로 사러갔다. 그는 나름대로 동네 가게는 물건의 유통이 늦기 때문에 건전지가 오래되어 방전되지 않았을까 우려했던 것이다. 그런데 여자 친구는 그가 너무 쫀쫀하다고 여겼다. "이런 사소한 일까지 그렇게 따지고 든다면 이런 사람과 어떻게 살 수 있겠어요?" 만약 상하이라면 그 젊은 이는 애인이나 장모에게 무척이나 사랑을 받았을 것이다.

베이징 사람들의 이러한 인격적 특징을 근래 베이징의 유행어로 말한다면 '뿌린(不吝 : 쩨쩨하지 않다)', '훠더추취(豁得出去 : 화통하다)'라는 말로 대신할 수 있다. 친구들에게 '터부린(特不吝 : 거칠 게 없다)', '터훠더추취(特豁得出去 : 끝내주게 화통하다)'라는 말을 듣는다면 대단한 칭찬이다. 어떤 때는 '스탸오한쯔(是條漢子 : 진짜 사나이)'라는 말로 칭찬하기도 한다. 글자로만 본다면 아무 것도 거리낄 게 없이 행동하고 친구를 위해 어떤 위험도 무릅쓰는 일종의 대범한 태도를 가리키지만, 다른 한편 건성건성 아무렇게나 하는 행동, 가령 제멋대로 생각 없이 호화스런 연회에 참석하는 것 같은 행위를 의미하기도 한다.

물론 진짜 사나이들은 담배를 피우고 술을 먹고 하는 것이 능사다. 그들은 상하이 남자들이 자신은 "술과 담배와는 담을 쌓았다(煙酒不沾)"라든지 "그런 안 좋은 취미는 없다(無不良嗜好)"라고 표방하는 것과는 다르게 행동한다. 그리고 베이징 여성들도 남편이나 애인이 술이나 담배를 하도록 권하는 경향이 있다(적어도 간섭은 안한다). 그녀들은 술, 담배는 좀 해야 사내답다고 여긴다. 심지어는 여성 호걸도 적지 않고, 공공장소에서 흡연하는 여성도 상하이보다 많다. 베이징 작가인 총웨이시(從維熙)*는 한 글에서 천룽(諶容)**을 주중호성(酒中豪

---

* 1933년생. 1950년부터 작품을 발표했다. 1957년 우파로 몰렸다가 1979년 복권, 「큰 담장 아래의 붉은 목련(大牆下的紅玉蘭)」 등 10편의 주로 노동 개조의 생활을 묘사한 작품을 발표하여 '다창 문학(大牆文學)'의 거장으로 불린다.
** 1936년생. 본명은 천더밍(諶德明)이다. 1980년 소설 「중년이 되면(人到中年)」을 발표하여 명성을 얻었으며, 섬세하고 참신한 예술적 표현을 중시한다.

爽 : 호쾌한 술꾼)이라고 칭했다. 그는 매번 그녀의 도전적 눈빛과 부딪힐 때면 바로 이렇게 응전했다고 한다.

　　한 세상 살아가며 과연 몇 번이나 싸움이 있겠는가. ……술을 앞에 놓고 한 곡조 노래를 부르는 것도 싸움이다. 목숨을 금처럼 아껴 매일같이 보약이나 먹는 겁쟁이들, 평생 겁먹어 봐야 강개하고 장렬한 연극의 한 장면도 엮어내지 못할 것이다.*

이게 바로 베이징 사람들의 모습이다.

이러한 호탕함과 정치적 포부, 거시적 사유, 언어적 재능 등이 서로 뒤섞여 베이징에는 유달리 방탕한 사람이 많다. 사람들을 업신여기며 '나 아니면 또 누가 있으랴!' 하는 식으로 거만을 떨며, 잘난 척 미친 척 거드름을 피우며 말을 해대는 광경, 이것이 바로 베이징 문단의 한 단면이다.

어떤 베이징 여성이 막 이혼한 남편을 조롱했다. "그는 늘 주변의 다른 사람들이 하는 짓은 안목이 짧다고 깎아 내리면서 자신이 생각하는 것은 나라를 위한 일이고, 200~300년 후를 내다보는 거라고 했다. 하지만 자기 집안에서 2개월 후에 일어날 일도 알지 못했다"고…….

물론 베이징에는 진정한 용사도 있고 열사도 있다.

1989년 3월 26일 방년 25세의 청년 시인 하이쯔(海子)가 산해관(山海關) 부근에서 철로에 가로누워 자살한 사건이 시단(詩壇)을 깜짝 놀라게 했다. 그는 9년 동안의 창작 생활 동안 무려 200만 자에 달하는

---

* 『베이징만보』, 1991년 1월 20일.

시, 극본, 소설, 그리고 시 평론을 써냈다. 그래서 '시단의 괴걸'로 신조류 시를 대표한다는 명예를 한 몸에 받았었다. 마치 화가 반 고흐가 해바라기를 좋아했던 것처럼 그의 시혼(詩魂)은 바로 보리밭이었다. 그래서 어떤 사람은 그를 '보리밭 시인(麥地詩人)'이라고 칭했다.

> 보리밭
> 누군간 그대를 바라보며
> 따스함, 아름다움을 느끼리.
> 난 그대의 고통 그 질문 한 가운데 서서
> 그대로 하여 화상을 입었다네.
> 난 태양, 그 고통스런 잎 끝에 서 있네.
>
> 하이쯔 「대답(答覆)」

하이쯔의 사인에 대해 설이 분분했고, 심지어는 굴원(屈原)*, 진천화(陳天華)**, 라오서(문화대혁명 시기 홍위병에게 끌려간 후 거리에서 시체로 발견됨. 그의 사인에 대한 설이 분분함)와 같이 거론되기도 했는데, 비교적 믿을 만한 해석으론 시를 위해 순직했다는 것이다. 그가 죽기 전 친구였던 시인 시촨(西川), 라오무(老木), 뤄이허(駱一禾), 쩌우징즈(鄒靜之) 등 네 명의 시인이 그의 유작을 모으고, 가정을 돌봐주기 위해 모금을 했다. 2개 월 후 하이쯔의 시집을 편집했던 뤄이허가 뇌일

---

* 전국시대 초(楚)나라의 시인으로 간신배의 모함으로 배척당하다 멱라강에 투신 자살. 「이소(離騷)」 등 많은 초사(楚辭)를 남긴 애국 시인이다.
** 1875~1905, 작가이자 혁명가로서 자는 성대(星臺), 호는 사황(思黃)이다. 동경에서 일본 정부의 유학생 탄압에 저항하다 바다에 투신 자살했다. 대표작으로 「맹회두(猛回頭)」와 「세상을 울리는 종(警世鐘)」 등이 있다.

혈로 죽었는데 향년 28세였다.

타이완과의 해상 충돌이 있었던 그 무렵 백 명이 넘는 청년들이 쿠웨이트 대사관에 모여 다국적군으로 이라크 전쟁에 참전할 것을 요구했다. 이는 베이징 사람들이나 할 수 있는 일이다.

베이징 청년들에게도 상하이 사람들이 '자타이싱(軋臺型) 혹은 추펑터우(出風頭), 비예먀오터우(別苗頭)'라고 하는 '파펄(扒份兒 : 잘난 체 하기)' 경향이 있다. 문화대혁명 당시 이것은 거리에서의 힘 겨루기와 충돌을 의미했다. 1970년대 이후에는 '기세 겨루기'가 주류를 이루었는데, 일종의 어떤 추상적인 논란거리를 가지고 누가 더 객기(客氣)를 많이 부리는지를 겨루었다. 이때 복장, 행동, 기세 등의 요소가 종합적으로 섞여서 효과를 발휘하는데, "객기가 있는지 없는지는 미황(米黃)을 보면 된다"는 말이 있었다. 아마도 미황색(노르스름한 색깔) 풍의 옷을 말하는 것이 아닌가 생각된다. 1930~40년대에 있었던 "똑똑한지 아닌지는 청색 옷을 입었는가에 달렸다"라는 말과 비슷한 경우인 것 같다.

상하이 사람들이 유행을 좇고 잘난 척하는 것과 다른 점은 '객기'란 어떨 때는 '반조류'를 의미하기도 한다는 사실이다. 가령 깃이 없는 원형 셔츠를 입고 파티에 간다면, 이것은 생각이 없는 짓이 아니라 '객기'인 셈이다. 최건(崔健 : 조선족 출신 록 가수. 중국의 젊은이들로부터 폭발적인 인기를 얻었던 인물)이 록 음악을 연주하면서 온몸에 이것저것 달고 휘황찬란한 무대 복장을 한 일반 가수들과 반대로 낡은 군복에 바지단도 제멋대로인 복장을 했던 것도 일종의 '객기'이다. 베이징의 사교 장소나 공공 장소에서 차림새로 사람을 판단해서는 안 되는 경우가 종종 있다. 평범한 얼굴에 형편없이 우스꽝스러운 차림의 사람이 있다면 유명한 예술가나 감독, 혹은 대단한 지식인이거나 부잣집 자식일 가능성이 많다. 그들은 자신의 명성과 재능, 그리고 사회적 지위로 사람들을 오만하게 멸시하고, 자신들의 안목과 기세를 통해 우월감을 드러낸다. 그들은 속으로 이렇게 말하고 있다. "내가 유명 상표를 입지 못한다고? 다만 내가 입고 싶지 않은 것뿐이다." 그들을 자세히 살펴보면 미녀들이 뒤를 졸졸 따라다니는 것을 곧 발견하게 될 것이다.

호방형 인격은 호탕함 외에 거칠고 소탈한 내면이 있다.

이런 '거침없는' 태도에는 일상 생활 속에서의 자연스러움과 소탈함, 애써 꾸미지 않는 장점이 있다. 그러나 가정 생활이란 측면에서 본다면 자연스러움이나 소탈함이라기보다는 단순하고 데면데면한 것으로 봐야 할 것이다. 가령 적지 않게 돈을 쓰기는 하는데 생활 수준은 별로인 모습으로 나타난다. 발달한 정신 문화와 초라한 물질 생활의 대조는 가정 생활과 사회 생활 속에서 분명히 드러난다. 꼼꼼하지 않고 정교하지 않은, 즉 큰 사발로 술을 들이켜고, 덩어리째 고기를 뜯어먹으며, 이를 잡으면서 여유롭게 한담을 나누는 고풍식 태도는 화북 지역 농촌 문화의 오래된 풍습이기도 하지만 신 베이징 사람들의 안마당 문화와도 관련이 있다. 혁명 문화와 군대 문화 아래서 안마당에서 지내는 사람은 단순하고 거친 생활 속에 '귀족' 이었다.

베이징 사나이들의 이런 호방한 의리와 같은 고전적, 인문적 기질 속에는 동시에 규칙을 지키지 않는 자의적이고 산만하며, 매사에 대충대충 자세하지 않는 성향도 함께 있다. 그들은 안목이 넓고 포부도 크며 비교적 높은 집단적 소질을 지니고 있어 달변가나 허풍쟁이, 그리고 동에 번쩍 서에 번쩍하는 활동가와 선동가는 많았다. 하지만 진지하고 믿을 만하며 착실한 관리자형 인재는 적다. 그들은 시끌벅적한 큰일에는 열중하지만 발아래의 일이나 신변의 작은 일은 돌아보지 않는다. 그래서 거시적 논의나 원대한 계획들이 말이나 글로 허다하게 발표되지만 현실화되기는 어렵다.

　상하이 사람과 비교해서 시간과 효율성에 대한 의식은 더욱 차이가 난다. 그들은 온갖 정사를 처리하느라 건망증이 심하다. 그들의 약속 시간에 대한 관념은 "친구가 오지 않아도 흩어지지 않는다"는 식의 정감과 우정으로 대신하는 경향이 있다. 기차를 타고 단체로 여행을 할 때였는데, 출발 시간이 다 되어도 베이징 친구들은 기차역 밖에서 여전히 희희낙락 잡담을 하면서 늦게 오는 친구를 기다리는 것이었다. 정말로 탄복할 만한 일은 어떤 일을 당해도 황망해 하지 않는 '장군의 풍모'였다. 기차가 출발한 후 알게 된 사실은 안절부절 못하던 우리 몇 사람을 제외하곤 그들 모두 차를 타지 못했다는 것이다.

　그들은 규칙보다는 의리를 더욱 중시한다. 일상생활에서 적당한 규칙 위반, 상식을 벗어나는 행동은 오히려 남자로서 용기나 개성을 표현하는 방식이며, 특히 여성의 관심을 끌 수 있다. 하지만 정치 생활에 있어서는 이렇게 규칙을 갖고 함부로 장난치지는 않는다.

2

상하이의 맛, 베이징의 맛[*]

* 『북경문학』, 1988년 제6기에 실렸던 글

■ **왕안이**(王安憶, 1954~) ■

난징에서 출생하여 1955년 모친을 따라 상하이로 이주했다. 1980년대의 주요 소설가 가운데 한 명으로 대표작으로는 「주루중 거리(逐鹿中街)」, 「홍콩의 정과 사랑(香港情與愛)」, 「장한가(長恨歌)」, 「사실기록과 허구(紀實與虛構)」, 「근심의 시절(憂傷的年代)」 등이 있다.

먼저 이 글에서 이야기하려고 하는 '맛'에 대한 전반적인 내용을 설명하고, 이어 '상하이의 맛'과 '베이징의 맛'에 대해 소개를 한 후, 끝으로 '상하이의 맛'과 '베이징의 맛'이 여러 작가들의 글 속에서 성공적으로 표현되었거나 그렇지 못했던 원인을 살펴보는 식으로 이 글을 쓰고자 한다. 이 글의 목적은 세간의 오해를 불식시키기 위함이다.

첫 번째 문제는 몇 마디로 간단히 해결할 수 있을 것이다. 여기서 말하는 '맛'이란 단순히 해를 '타이양(太陽)'이라고 하는가 아니면 '라오얄(老陽兒)'이라고 하는가, 2인칭 너를 '니(你)'라고 하는가 아니면 '눙(儂)'이라고 하는가, 3인칭 그를 '타(他)'라고 하는가 아니면 '이(伊)'라고 하는가, 논다는 말을 '완(玩)'이라고 하는가 아니면 '자오러쯔(找樂子)' 또는 '바이샹(白相)'이라고 하는가, 그리고 멍청한 사람을 부를 때 '얼바이우(二百五)'라고 하는가 아니면 '스싼디옌(十三點)'이라고 하는가의 문제가 아니다. 또한 사합원(四合院 : 베이징의 전통 가옥)의 아줌마나 석고문(石庫門 : 상하이 중심부에 집중적으로 분포하는 집합 주거 유형)의 닝보(寧波 : 저장성의 오랜 역사를 지닌 항구 도시) 아줌마, 푸둥(浦東 : 상하이의 신시가지로서 금융의 중심지) 아줌마의 문제도 아니다. 바로 베이징과 상하이, 이 두 지역의 삶, 이상, 가치 관념, 소위 문화라고 하는 것의 문제이다. 그래서 '맛'이란 말에 대해 잠시 '문화'라는 말을 빌려보고자 한다.

이제 두 번째 문제로 넘어가 보자.

상하이와 베이징은 중국에서 규모가 가장 큰 도시들인데 본질적인 차이가 있다. 역대 왕조들의 수도였던 베이징은 평민의 세계와 귀족 관료의 세계를 명확하게 구분한다. 그중 귀족 관료의 세계는 일체의 권리, 문화, 교육을 포괄하고 있다. 이곳의 문화에는 무수한 자료가

상하이 중심부에 집중 분포된 전형적인 석고문 주택

담겨 있는데, 무엇보다도 한족(漢族) 정권이 정통이라고 여기는 유교 문화를 꼽을 수 있다. 이것은 몇 천 년 동안 한번도 쇠하지 않았던 유구한 문명이다. 이 고도(古都)에서는 수시로 성대한 행사가 거행되었는데, 복잡한 예의 절차와 웅장한 형식은 의심할 나위 없이 황족 문화를 배양했다.

청나라 말기의 정권은 강제적으로 외래 민족의 문화를 가져와 베이징 세계에 밀어 넣었다. 승상들은 조정에서 천하를 관장하고, 황족과 귀족들은 각지에서 바친 음식을 먹으며 하루도 쉬지 않고 베이징의 문명을 키워냈다. 라오서(老舍)는 이렇게 묘사했다.

청나라 말기 몇 십 년 동안 만주인들의 생활은 한인들이 바친 곡식을 먹고, 한인들이 바친 돈을 쓰는 것 외에는 온종일 일년 내내 예술에 빠져 있었던 것 같다. 왕으로부터 병사에 이르기까지 그들은 모두 '얼황(二簧)', '단쉬옌(單絃)', '다구(大鼓)'를 연주하고 시조를 읊을 줄 알았다. 또한 물고기를 기르고 새나 강아지를 키우며, 꽃을 심고 귀뚜라미 싸움을 즐겼다. 그들 중에는 심지어 명필이나 화가, 시인도 있었고, 유머와 같은 이목을 즐겁게 하는 '귈츠(鼓兒詞 : 산문으로 된 이야

유명했던 경극 명가

기와 운문으로 된 노래로 구성된 중국의 독특한 창극. 우리의 판소리와
비슷하다. 송나라 때 시작되어 베이징, 톈진을 중심으로 북방에서 유행
함' 도 할 줄 알았다. 그들의 오락이 바로 생활 예술로 변한 것이다.

신해혁명은 봉건 제국과 귀족들의 몰락을 가져오면서 베이징에 감
상적 애조의 분위기를 보태었다. 그리고 이러한 문화는 오랜 시간에
걸쳐 베이징 시민들의 지배적인 정서가 되었다. 이렇게 해서 베이징
은 아름다운 도시가 된 것이다. 마치 라오서 선생이 "가장 사랑스럽
고 평화로운 중국에서 가장 사랑스럽고 평화로운 도시 베이핑(北平)
에는 역대의 지혜와 심혈로 세운 호수와 산, 궁전, 사당, 절, 가택과 정
원, 누각, 그리고 갖가지 색으로 용을 그린 담장이 있다. 그리고 아름
드리 고목, 길게 늘어진 버들, 백옥 같은 돌다리에 사계절 꽃망울을
터트리는 화초가 있다. 게다가 맑고 간결한 언어, 온화한 예의, 성실

한 장사, 느릿느릿 여유로운 발걸음, 그리고 궁정에서 공연되는 가극들이 있다"고 묘사한 것처럼 말이다.

상하이는 어떤가? 400년 전 한 작고 황량했던 어촌, 아편전쟁의 포성이 울리고 중국이 백기를 들자 몇몇 외국의 떠돌이들이 간단한 짐을 들고 갈대가 무성한 상하이탄(上海灘 : 탄은 여울, 즉 얕고 돌이 많아 배가 다니기 위험한 곳)으로 흘러들었다. 불어오는 밤바다의 바람은 그들의 뱃전을 스치고, 사공들의 노래는 밤하늘의 별과 달의 짝이 되었다. 그 후 땅이 포기한, 땅을 버린 오갈 데 없고 기상천외한 떠돌이들이 흘러들었다. 그들은 가진 것이 하나도 없었기 때문에 이 모험가들의 낙원으로 들어와 자신의 운을 시험해보고자 했다. 이곳은 기댈 곳 없는 세계요, 장사꾼, 공장주, 그리고 조계지의 경찰소로 가득했다. 깜깜한 장막이 쳐진 속에서 한 걸음도 내딛기 어려웠다.

속칭 '빠이라오터우쯔(拜老頭子)' 란 말은 조직에 든다는 뜻인데, 이때 상하이는 '청홍방(青紅幫)' 같은 민간 비밀 조직의 천지였다. 당시 거대한 조직의 두목이었던 황진룽(黃金榮)의 집사를 맡았던 사람의 기억에 의하면 엄청나게 많은 사람들이 그의 휘하에 몰려들었다고 한다. 그런데 아이러니하게도 정작 황진룽 자신은 정식으로 조직에 들어본 적이 없다. 집사의 말에 따르면 조직의 규정에는 정식으로 가입하지 않으면 '쿵쯔(空子 : 무소속)' 로 간주되어 별도로 조직을 열어 조직원을 모을 수 없다고 한다. 그러나 황진룽은 이런 규칙에 상관치 않고 '청방(青幫)' 조직 중 '대(大)' 자를 붙이는 장(張) 두목이나 차오(曹) 두목과 호형호제하면서 다른 사람들한테는 자칭 '대' 자보다 한 획이 더 많은 '천(天)' 자를 붙였다고 한다. 그는 부하를 거둘 때 향을 피우는 등의 거추장스러운 의식을 벌이지 않고, 그저 가입서 위쪽에 '황진룽 선생님(黃金榮 老師)' 아래쪽에 'ㅇㅇㅇ 삼가 올림' 이라고 써서 제출하면 그만이었다. 그는 돈에 욕심이 많아 돈을 내고 자신을 선생으로 모시기만 하면 오는 사람을 막지 않고, 다다익선이라고 생각했다. 그래서 그를 따르는 무리가 2~3천 명에 달했다고 한다.

이런 점에서 볼 때 이 세계에는 어떤 법도 없었다. 당시 자료에 의하면, 황진룽과 두웨성(杜月笙) 전에는 건달들의 사회적 지위라고 해야 별 것이 없었다. 두웨성의 사부를 보면 당시로선 대단한 거물

두웨성, 장샤오린 등은 상하이탄에서 명성이 높았다.

이었지만, 사실 천후궁(天後宮 : 마조媽祖를 모시는 사당. 마조는 '뿌리根'를 상징하며 고향을 의미) 일대에서 빨간 나무 꼬챙이를 대나무 통에 던져 넣는 장난감으로 아이들의 코 묻은 돈이나 훔치고, 또 부근 주민들의 결혼식이나 초상집에서 강제로 몰이꾼 같은 일을 맡으며 잔치밥이나 얻어먹던 인물이었다. 그러나 황진룽과 두웨성 시대에 이르러서는 상하이탄에서 천하를 휘두르는 존재가 된 것이다. 다시 말해 베이징에는 예술이 널리 퍼졌고, 상하이에서는 건달들이 주름잡았던 것이다.

많은 사람들, 심지어 상하이 사람들조차 상하이는 고상한 도시라고 여긴다. 프랑스 조계의 서양식 건물들과 나무로 우거진 거리, 와이탄(外灘)의 고전적 건물, 외국 선원들이 드나들던 클럽의 재즈 음악, 카페에서 서양 옷을 입고 서양 말을 하는 종업원들…… 이런 유럽적

20세기 초, 와이탄은 건물과 패션 등에서 서양식 풍격이 나타나기 시작했다.

풍미는 확실히 상하이에 격조를 더해 주었다. 그러나 이렇게 겉만 번드레한 상하이뿐만 아니라 겉과 속이 꽉 찼던 유럽인들조차도 유구한 문화적 전통을 지닌 베이징 사람들의 눈에는 그야말로 천박한 것으로 비춰졌다.

린위탕 선생의 「베이핑에서의 세월(京華煙雲)」이란 글을 보면 한 베이징 출신 노(老) 철학자가 서양 영화를 보다가 갑자기 자리에서 벌떡 일어나 관중들을 향해 소리치는 대목이 나온다. "저 서양 여성을 보라. 상반신은 젖가슴이 다 보일 정도인데도 가리지 않고, 하반신은 별볼 것도 없는데 오히려 가리려 한다. 위는 외투도 없고 아래는 바지도 없다."

또 다른 노 선생도 "서양 사람들은 정교한 물건을 제조하지만, 이는 단지 그들이 정교한 기술자임을 나타낼 뿐이다. 그들은 중국의 농부보다 한 단계 낮고, 지식인보다는 두 단계가 낮다. 그저 상인들에 비해 한 급 정도 높을 뿐이다. 그러니 이런 민족에게 고등 문화가 있다고 볼 수 없고, 정신 문명이 있다고 볼 수 없다"고 했다.

근본이 없는 상하이 사람들은 현대적이다. 그들은 이런 외래 물건을 배척하지 않고 고상하고 영광스럽다고 본다. 베이징 사람들은 이런 현대적인 상하이 사람들을 린위탕 선생이 아래에 묘사한 것처럼 상하이의 기독교 가정 출신 여학생과 같이 여긴다. "그녀는 앉아 있을 때 마치 남성처럼 다리를 떤다. 학교에는 후친(胡琴 : 얼후二胡와 비슷한 중국의 전통 악기)도 없다. 하지만 매번 침실에서 경극 몇 마디를 흥얼거리다가 손가락으로 무릎장단을 쳐보기도 하고, 후친 가락을 흥얼대기도 한다……."

유럽의 문화는 저속한 상하이의 땅으로 들어와 기묘한 결합의 결과를 낳았는데, 이 결합은 상하이의 여러 측면에서 표출된다. 가령 상하이 말 중에는 늘 외래어가 섞여 있다. 그리고 이 외래어는 일종의 떠돌이의 은어가 된다. face(얼굴)는 이 사람의 '판스(番斯)'가 좋다 혹은 안 좋다 등으로, colour(색)는 이 물건은 '커라(克臘)'하다, 또는 이번 일은 매우 '커라'하다 등으로 사용된다. 또 chance(기회)란 말은 지금까지 제대로 이 말을 써볼 기회가 없던 상하이 사람들 사이에서는 일종의 은어 같은 형태로 남아있다. "찬스를 만나다"라는 뜻으로 '훈챵쓰(混槍司)' 또는 '쫭챵쓰(撞槍司)'라고 한다. 가령 아가씨에게 구애하는 것을 "쫭타더챵쓰(撞她的槍司 : 그녀에게 찬스를 구하다)"라 하고, 일본에서 아르바이트를 하며 유학하는 것을 "추궈훈훈챵쓰(出國混混槍司 : 출국하여 찬스를 잡다)"라고 한다.

상하이는 기회의 세상이다. 하룻밤에 부자와 가난뱅이가 뒤바뀌기도 한다. 선완싼(沈萬三)이라고 하는 한 쑤저우(蘇州) 사람이 커다란 오아석(烏雅石)을 주워 엄청난 부자가 되었다는 말도 있다. 또 상하이로 도망을 온 어떤 상인이 집 몇 채를 빌려 상하이로 피해 온 사람들에게 하숙을 쳤다. 그곳의 투숙객들 대부분은 상당한 현금을 지니고 있었지만 상하이에 오래 머물며 투자할 생각도 없었고, 그렇다고 몸에 지니고 있자니 강도를 만날까 걱정도 되는 그런 상황이었다. 이런 사실을 알고 그는 투숙객들에게 돈을 빌려 금, 은, 동, 주석, 철과 같은 광물과 안료를 대량으로 매점했다. 1년 후 값이 폭등하여 그는 엄청난 돈을 벌었다고 한다. 어느 해인가는 상장한 어떤 고무 회사의 주식 가격이 상당히 좋아서 많은 사람들이 투자를 했는데 갑자기 주식 값이 폭락해 가산을 탕진한 사람들이 부지기수였다고 한다.

베이징 사람들은 '사랑'을 생각나게 한다. 그들은 "나는 베이징을 사랑합니다"라고 한다. 반면에 상하이 사람들은 '기회'를 생각나게 한다. '사랑'이란 단어는 상하이에 어울리지 않는다. 베이징의 귀족들은 먼 옛 시절이 있어 회상할 수 있지만 상하이 사람들에게는 단지 눈앞의 일이 있을 뿐이다. 치열한 생존 경쟁 속에서 실리를 구하려는 마음이 갈수록 커져가며 감정적 유희를 즐길 조금의 여유도 없다. 그래서 베이징은 인문의 세계이고, 상하이는 실리 추구의 전쟁터이다.

공리(功利)의 세계 상하이는 이주자와 유랑자들 속에서 베이징 사람들 부럽지 않을 사업가를 만들어냈다. 그러나 라오서 선생은 「이마(二馬)」라는 글에서 라오마(老馬)라는 인물을 통해 이렇게 이야기한다. "돈을 버는 정도(正道)는 관리가 되는 것이다. 장사를 하고 피땀을 흘려 돈을 벌어봐야 장래성도 없고, 대단할 것도 없고, 속될 뿐이다." 동시에 손재주로 밥을 벌어먹는 기술자들도 상하이로 모여 들었다.

그러나 라오서 선생의 『정홍기의 후예들(正紅旗下)』*이라는 글에서 푸하이(福海)라는 인물을 묘사한 대목을 보면 이러하다. "쯔줴(子爵)에게 시집을 간 딸, 쥐링(佐領 : 만주 팔기 중 관직의 하나)의 부인 가문에서 며느리가 된 큰 누나는 나에게 이렇게 당부했다. 푸하이가 칠장이라는 사실을 시어머니에게 말하지 말라고." 이에 따르면 기술자라는 사실을 얼마나 부끄러워하는지 알 수 있다. 그러나 상하이에서는 기술이 없으면 장사도 할 수 없고, 먹고 살 수도 없다. 그래서 상하이의 공리적 태도는 과학과 기술 문명을 이끌어냈다. 다만 불행한 것은 중국이 봉건주의 통치하에 있었기 때문에 상하이의 과학과 기술 문명이 제대로 발전하지 못했다는 사실이다. 상하이의 비극은 바로 이런 불완전함에서 비롯되었다.

상하이 사람들의 이상이 돈을 버는 것이라면 베이징 사람들의 이상은 관리가 되는 것이다. 해방 이후 몇 십 년 동안 사유 재산이 없어지고 생산 자본은 모두 국가로 귀속되었다. 이로써 상하이 사람들의 돈을 벌겠다는 이상은 제약되었고, 이 꿈은 자신만의 안정을 바라는 심리로 변화되었다. 베이징 사람들의 관리가 되겠다는 욕망은 몇 십 년 동안 공공의 도덕을 강조하는 교육 아래 점차 소멸되어 일종의 '천하는 하나' 라는 낭만적 이상으로 상승되었다.

문화대혁명 초기 베이징 시민들의 주공격 대상은 상층 관료주의자들이었고, 상하이 사람들의 경우는 상대적 부유층들이었다. 상하이 사람들의 이러한 정서에는 정치적 기준이나 정책적 한계가 없었다.

---

* 정홍기는 만주 팔기(八旗) 가운데 하나를 말함. 라오서의 미완성 자전적 소설로서 1898~1901년 사이 베이징을 무대로 만주인 후예들이 역사적 격동기를 어떻게 살아갔는가를 그렸다. 이 소설을 통해 라오서는 베이징의 토박이로서 만주인들의 영혼과 행태, 그리고 그들만의 독특한 생활 방식에 대한 각성과 변화의 과정을 이야기하고 있다.

부자라면 당시 자산가든 작은 업주든, 유명한 개업 의사든, 또 근검절약을 통해 재물을 모은 보통 회사원이든 모두 복수의 대상이요 몰수의 대상이었다. 이처럼 서로 다른 모순 심리 속에는 비록 인생관은 달랐지만 똑같은 실의(失意)의 심리가 담겨 있는 것이었다.

세 번째 문제는 작가에 관한 이야기다. 베이징에는 상하이보다 작가가 많다. 그들에게는 오랜 세월 이미 모두에게 공인된 문화적 도구와 무기가 있다. 상하이의 작가들은 이런 측면에서 극빈자이다. 이 점에 대해 특별히 하고 싶은 말이 있다. 어떤 한 역사 시기에 있어서 상하이는 신흥 도시이자 조계지의 국제적 관계로 인해 자본주의적 요소가 일찍 발생하고 발전하였다. 그리고 주민들의 유동도 무계획적이고 비통제적이었기 때문에 비교적 일찍이 안정과 자유를 찾아 생활하기에 좋은 곳이 되었다. 이렇게 많은 문화적 인사들을 흡인하여 중국 신문학의 절반을 차지하게 되었으나 우수한 문학가들이 운집했다고 해서 상하이에 문화가 있다는 말을 할 수는 없다.

먼저 이야깃거리를 살펴보면 상하이에서 크게 성행했던 이야기 중에 인성(人性)과 격조(格調)를 띤 옛날을 그리워하는 그런 이야기는 없다. 베이징은 2천년의 오랜 역사가 있기에 추억할 만한 일들이 많지만, 그에 비해 상하이의 백 년은 일순간에 불과하다. 이로 인해 상하이의 이야기는 목전에서 발생한 것뿐 사람들에게 풋풋한 인정감을 주기에는 부족하다.

바이시옌융(白先勇)* 이란 작가는 상하이에 대한 이야기를 많이 썼

---

* 1937년생. 1958년 첫 번째 소설 「진다 할머니(金大奶奶)」를 발표했고, 1965년 이후 미국에서 활동하며 단편소설집 『적막한 17세(寂寞的十七歲)』, 『타이베이 사람(臺北人)』, 장편소설 「싹(孽子)」 등을 발표했다. 특히 동서양의 창작 기법을 조화시켜서 역사의 흥망과 개인의 삶이란 주제를 주로 다루었다.

는데, 나름대로 고향에 대한 추억과 옛일을 그리는 정서가 담겨 있다. 하지만 이는 한 파산한 소작인이 옛날의 장원(莊園)을 그리워하는 것과 마찬가지다. 장아이링이 쓴 상하이의 이야기는 서산으로 넘어가는 해를 바라보는 여인의 처량함과 한스러움으로 가득하다. 실의는 영원한 주제이고, 석양의 풍경은 아름다운 한 폭의 그림이 된다. 베이징과 비교해 볼 때 이익을 놓고 다투는 경쟁의 장으로서 상하이의 새로운 사람들과 새로운 이야기들은 확실히 저속하고 천박해서 음미할 것도 없고 인생의 깊은 맛도 존재하지 않는다.

다음으로 언어의 문제를 보자. 라오서 선생이 '따뜻한 예절을 갖춘 간결한 언어이다'라고 예찬할 정도로 베이징 후퉁에서 사용되는 언어는 그것을 그대로 글로 옮겨도 아무런 무리가 없을 정도로 훌륭하다. 그러나 상하이의 말은 그렇지 않다. 중국에서 북방 언어를 공식적인 서면어(書面語)로 삼고 있는 탓도 있지만, 무엇보다 상하이의 말 자체에 가장 큰 원인이 있다. 즉 상하이의 언어는 비속하고 거칠며, 순화되지 못한 말이 오랫동안 누적되어 점잖지 못하다. 상하이의 속어는 각지에서 들어온 것이기 때문에 어떤 것은 불량배의 세계로부터 생긴 것도 있고, 어떤 것은 조계지의 서양인들 밑에서 놀던 사람들의 말도 있다. 앞에서 언급한 괴상한 외래어의 예 말고도 사람이나 물건의 외형을 상하이 말로는 '마이샹(賣相)'이라고 하는데 사람을 물건처럼 취급하는 의미가 담겨 있다. 또 부수입을 '와이콰이(外快)'라고 하는데 여기에는 투기적 뉘앙스가 있다. 친구를 사귀는 것을 '가펑여우(軋朋友)'라고 하고, 제법 격조가 있거나 능력이 있다는 말을 '쉐터우(噱頭 : 익살, 술수)'라고 한다. 헐후어에도 늘 저속한 빈부의 관념이 들어있다. 가령 내용은 있는데 실속은 없고, 쓰자니 마땅치 않고 버리자니 아깝다는 말로 "거지한테 썩은 게를 주고 먹으라 하지만, 그래

제사(製絲) 공장 여공들의 출근 모습

도 아직 먹을 만은 한데(叫花子吃蟹子 隻隻 鮮)"라는 말이 있다. 생각하건대 많은 선배 작가들은 상하이에 대해 글을 쓸 때면 꼭 이런 문제에 봉착했을 것이며, 아울러 이를 극복하기 위해 많은 노력을 기울였으리라고 본다.

장아이링은 비교적 성공적인 사례를 제시했다. 그녀의 언어는 세련되고 고상해서 지역적 색깔이나 개성이 완전히 제거되었다. 그래서 그녀의 평범하면서도 담백한 언어 속에서 개개의 인물들은 훌륭하게 묘사되고, 언어적 장애 역시 제거되었다.

당시 제사(製絲) 공장 여공들의 민가를 들어 보자.

송이송이 치자 꽃이 피었네.
꽃무더기는 상하이를 향해 남쪽으로 가고
상하이에서는 다시 와이탄(外灘)을 향해 남쪽으로 가네.
제사 공장 언니들 예쁘게 단장했는데
짧게 자른 앞머리에 짧은 소매 셔츠
분홍색 바지에 살색 양말
한 쌍의 푸른색 나비 무늬 신발
왼손에는 금반지요,
오른손에는 작은 도시락
배 위에 어떤 사람 언니에게 묻는다.
"무슨 반찬이 들었나요?"
"별 거 없어요. 부침개에 두부국, 그리고 밥이죠."

신 상하이의 새로운 민가로서 신흥 도시에 신흥 시민들의 득의양양함과 세속적 생기발랄함이 가득하다. 반면에 베이징의 민가를 보자.

작디작은 꼬마가
문지방에 걸터앉아
울면서 떼를 쓰며 색시를 달라하네.
색시를 달래서 뭘 하게?
등불을 켜주고, 얘기도 해주고
등불을 꺼주고, 놀아도 주고
일찍 일어나 머리도 빗겨 주고……

소박하면서도 고상한 표현은 차치하고라도 오랜 세월 쌓여온 다정한 말처럼 간결한 인생의 깊은 맛이 담겨 있다.

베이징과 상하이의 비교에 있어서 무엇보다도 우선 되어야 할 대목이 있다. 그것은 바로 (작가, 독자, 비평가를 포함해서)문화인에 대한 것이다. 사실 문화인들은 모두 하나의 문화 영역, 즉 사대부의 유학 사상이 배양하고 만들어 놓은 그 문화의 영역 안에 속해 있다. 그래서 베이징과 상하이의 차이를 생각할 때 우리는 보통 베이징의 정통적인, 그리고 우리가 익숙하게 떠올리는 바로 그 '문화' 라는 것을 떠올린다. 그리고 상하이의 저속하고 신흥 계급적이며 역사성이 없는, 격조 높은 문화가 없는 그런 '문화' 에 위화감을 느낀다. 그리고 이런 문화 앞에서 우리는 판단력을 잃고 어찌할 바 모르거나 새로운 심미 의식도 만들어내지 못한다. 게다가 앞서 말한 바 있지만 해방 이후 생산 자본 소유제의 개혁과 공공 도덕을 강조하면서 두 도시의 문화적 상황은 더욱 복잡해졌다. 상하이 사람들의 안정추구적 심리는 인문적

1845년의 황포 강변

예술 상상력과 기질, 천하가 하나라는 이상과 위대한 도덕성이나 사명감, 그리고 낭만성이 가득한 격정을 감소시켰다. 이런 상황은 우리를 더욱 곤혹스럽게 하여 결국은 상하이를 더욱 무관심과 방치의 대상으로 만드는 데 일조했다.

황포(黃浦) 강변에 정겹던 노래는 이미 기선의 뱃고동 소리로 바뀌었고, 외국 식민 통치자들은 중국 땅의 온갖 재물을 갖고 돌아갔다. 세상을 돌아다니던 떠돌이들은 편안히 살면서 즐겁게 일하고, 깡패 무뢰한들은 양복을 걸치고 구두를 신고 고상하게 변했으며, 동전 한 줄 달랑 들고 짚신을 신은 채 이곳으로 흘러왔던 촌사람들의 이야기는 비천했던 과거지사가 되었다. 그리고 안정과 실익을 추구하는 시민을 남겼다. 우리는 불행하게도 평범한 시민으로 태어남으로써 조

1940년대의 황포 강변

상의 뜨거웠던 피는 이미 혈관 속에서 차갑게 식고 말았다. 지난 백
년 동안의 상하이는 짧은 꿈같기만 했다. 그 꿈은 아름다운 몽환의 기
억을 남겼고, 지금도 장강은 여전히 동쪽으로 흘러가고 있다.

1988년 3월 17일 상하이에서

3

베이징 사람과 상하이 사람*

* 이중톈의 『독성기(讀城記)』에 실린 글

■ 이중톈(易中天, 1947~) ■

후난 창사(長沙) 출신으로 1981년 무한대학(武漢大學) 졸업 후 문학 석사를 취득하고 무한대학과 하문대학(廈門大學)에서 교수를 역임했다. 문학, 미학, 예술, 심리학, 역사학 등을 연구하여 「문심조룡 미학사상 논고(文心雕龍美學思想論稿)」, 「예술 인류학」 등의 논저를 발표했다. 최근에 『중국인에 대한 단상(閒話中國人)』, 『중국의 남자와 여자(中國的男人和女人)』, 『베이징에 대한 기록(讀城記)』, 『사람에 대해 평함(品人錄)』 등을 출간했다.

베이징 사람들이 살아가는 법은 철학적이고, 시적이다. 중국의 철학은 일종의 인생 철학으로 결코 논리적 추리가 아닌 인생의 체험 속에서 다가온다. 체험은 오직 시로써만 표현되며, 생활은 시가 되어야 예술성을 띠게 된다. 베이징 사람의 생활이 예술성으로 충만한 까닭은 그들이 항상 시를 짓는 데 있다. 혹자는 늘 꿈을 꾸기 때문이라고도 하는데, 시를 짓는 것과 꿈을 꾸는 것은 일맥상통하는 것이기도 하다. 둘 사이에 차이가 있다면 꿈은 주로 악몽이고, 시는 주로 아름답다는 점일 것이다. 베이징 사람들의 생활은 달콤한 꿈과 서사시의 한가운데에 있다. 이것이 그들로 하여금 실질적이지 못하고 호방한 성품을 갖게 하거나 분명한 자기 의견 없이 그저 두루두루 원만함을 지니게 했다. 베이징 사람들은 유들유들한 면이 있으나 천박하지는 않으며, 속된 기질도 있지만 고상함도 있다. 심하게 빈정대는 말이라도 거기에는 역사적인 근거가 있고, 또 아무리 밑바닥의 소시민이라 해도 나름대로 지혜나 학식이 엿보인다. 심지어 처세술조차도 자체가 철학적 시이기 때문에 가장 처세적 처신 속에서도 그 속셈이 드러나지는 않는다. 처세술이 드러나지 않을 뿐만 아니라 천진난만하기까지 하다. 베이징 사람들은 궁극적으로 오랜 문명의 정통적 계승자이다. '썩어도 준치'라고, 어찌 그들의 가치를 폄하할 수 있겠는가!

상하이 사람은 두 얼굴을 가지고 있다. 그들의 생활은 세속적이고 실제적이며, 계산적이고 안전 제일주의이다. 그들은 오직 생계와 생활의 문제에만 몰두하며, 그 외에는 눈을 돌리려 하지 않는다. 그들은 회사의 직원으로, 시민 사회의 일원으로 살아가기 때문에 모든 것이 그대로 드러나고 작은 일에 온 마음을 기울인다. 그들은 직설적으로 "눙지쑤이(儂幾歲 : 당신 몇 살입니까)?"라고 묻고, 적나라하게 "허쏸 부허쏸(合算不合算 : 이익이 되나 안 되나)?"이라 따지고 드는 방식으로

오래전 상하이의 광고 중 하나이다.

자신들의 생각을 고스란히 드러낸다. 다른 지역 사람들을 '와이디런(外地人)'이나 '샤샤런(鄕下人 : 시골 출신)'이라고 비난할 때는 서슴없이 가난과 촌스러움에 대한 멸시를 드러낸다. 친구 사귀는 것은 '가펑요우(軋朋友 : 관계를 맺다)', 책임지지 않는 것은 '차란우(拆爛汚 : 책임을 전가하다)', 겉모습을 중시하는 것은 '츠마이샹(吃賣相 : 얼굴로 먹고 산다)', 있는 척 가장하는 것을 '카이따싱(開大興 : 잘 나가는 척하다)'이라고 한다. 이런 말에서도 저속함이 가득하고 고상함이란 찾아볼 수 없다. 남을 욕하는 말도 듣기가 거북살스러운 데 반해 베이징 사람들의 욕은 가히 예술적이라서 웃지 않고는 배길 수 없다. 상하이의 여가·오락도 상하이의 시민들을 쏙 빼닮은 탓에 상하이에는 별반 놀러갈 만한 곳이 없다. 그저 빽빽한 건물과 길만이 뒤얽혀 있는 가운데 많은 사람들이 크고 작은 가방을 들고 아무런 표정도 없이 분주히 오고갈 뿐이다.

결론적으로 상하이에서는 한 점의 시적 정취도 찾아볼 수 없다. 상하이는 지금껏 시와는 담을 쌓고 살았고, 상하이의 시인들도 나름의 세계를 형성하지 못했다. 그런 상하이에 이제는 복고의 바람이 불고 있다. 오래된 집, 낡은 아파트, 문패, 동네 골목 입구에 A.D. 1930년이라고 새겨진 글자, 나팔꽃 그림이 있고, 커다란 나팔이 달려 있는 구식 유성기, 까만색 레코드판, 메이런터우웨(美人頭月 : 미인의 머리 위

저우쉬옌의 테이프 자켓

에 달이 있는 문양) 상표, 머릿기름이 담긴 유리병, 염분이 든 탄산수, 사리원(沙利文) 제품의 과자…… 이런 물건들이 상하이 사람들의 향수를 불러일으킨다. 심지어 상하이 유선 음악 방송 광고도 1930년대 풍으로 만들어 중간에 저우쉬옌(周璇)의 사진을 넣고 밑에는 간체자이기는 하지만 '모던한 유행가 종일 방송, 도시적 유행 감각이 가득한 방송(全天播放摩登流行 全面展示都會時尙)'이라고 써 있다. 이제 상하이 사람들도 베이징 사람들처럼 꿈이라는 것을 꾸기 시작했다. 원앙금침 속 아련한 꿈을 말이다. 그러나 그들의 꿈은 시적이지 않다. 베이징 사람들의 회상이 시적 정취로 가득한 것과는 다르다. 상하이에 아름다운 추억이 뭐 있으랴! 또 추억한다 한들 뭐가 있겠는가! 잘 차려입은 신사 숙녀의 차림새는 100여 년만의 속성품에 불과하다. 근본도 없고 안목도 높지 못한 상하이는, 그래서 경지(境地)가 없는 풍도(風度)만 있고 깊이가 없는 교양만 있다고 하는 것이다. 역사라고 해 봐야 100년 남짓이 전부인 상하이는 유구한 세월을 자랑하는 베이징과 비교가 되지 않는다.

그렇다고 베이징 사람들이 상하이 사람들을 당연히 깔봐도 좋다는 뜻은 아니다. 베이징 사람과 상하이 사람들 사이에는 미묘한 기류가 있다. 상하이 사람들은 스스로를 대단하다 여기기 때문에 대부분의 외지인들을 우습게 본다. 그러나 베이징 사람들은 비교적 관대하기 때문에 외지인들을 특별히 깔보지 않는다. 다만 상하이 사람들만은 유독 대단치 않게 여기는데, 그래서 상하이 사람들이 베이징에서 들을 수 있는 최고의 평가는 "당신은 상하이 사람 같지 않군요"라는 말이다.

베이징 사람들의 이런 태도는 사리에 맞지 않다. 그렇다. 상하이 사람들이 결점이 있듯이 베이징 사람들이라고 결점이 없겠는가? 그들은 호탕하지만, 그것은 종종 난폭함으로 변하기도 한다. 그들은 평화롭지만 그것은 대체로 평범함으로 변한다. 그들은 달관(達觀)적이지만 이로 인해 적극적인 부탁을 하지 못한다. 그들은 유머러스하지만 이것이 잘못 사용되면 말 많은 수다쟁이처럼 된다. 베이징 사람들, 그들은 무결점의 완벽한 사람들이 아니다. 예를 들어 베이징에서 길을 물을 때 만약 먼저 '따예(大爺 : 손윗사람인 아저씨)'라고 하지 않으면 돌아오는 대답은 "쯔걸 자오취바(自個兒找去吧 : 알아서 찾아가슈!)"처럼 불친절하고 남을 배려치 않는 태도를 맞게 될 가능성이 많다. 그리고 베이징 사람들이 가장 자부하는 예의와 호방함 역시 허풍이나 가식으로 변할 수 있다. 한 친구가 베이징 사람들에 대해 이렇게 이야기한 적이 있다. 베이징 사람들은 원래 친절하고 호방하지 않습니까. 그래서 3분만 만나면, 그리고 의기투합이 되면 금세 당신의 어깨를 툭 툭 치면서 '꺼먼(哥們 : 형제)'이 되잖습니까. 또 베이징 친구의 집에 놀러가서 허풍스런 이야기로 노닥거리다 식사 시간이 가까워지면 정색을 하며 식사를 하고 가라고 붙잡는데, 만약 당신이 가야 된다고 하면 막 화를 내면서 "가다니, 친구! 자넬 위해서 그릇까지 다 씻어 놨구만"이라고 말합니다. 그래서 당신이 진짜로 밥을 먹고 가려고 하면, 귀찮아하면서 "자네, 날 곤란하게 만드는구만"이라고 할 겁니다. "아니, 설거지 해놓았다면서?"라고 하면, "설거지야 했지, 그런데 국수를 안 사왔네!"라고 할 겁니다.

상하이 사람들은 다르다. 그들은 쉽게 다른 사람과 친구가 되지 않는다. 낯선 사람과 접촉할 때는 냉담하기까지 해서 마치 귀신을 대하듯 조심스럽게 멀리 한다. 깍듯한 예절과 겸손함 뒤에는 두려워함과 경원시함이 있는 듯한 느낌을 받는다. 그래서 상하이 사람과 친구가 되기란 쉽지 않다. 하지만 일단 친구가 되면 믿을 만하고 죽을 때까지 신의를 지킨다. 상하이의 친구들이 있는데, 평소 우리들은 '다른 일은 잊고 의기투합에 열중한다.' 그러다 어떤 아쉬운 부탁을 해도 결코 외면하지 않는다. 그들은 실언이 거의 없다. 한 상하이 친구(친구의 친구이기는 하지만)는 나를 돕기 위해 세 번이나 시간을 내어 만나주고, 매번 약속 시간에 정확히 나왔다. 상하이에서 행해지는 비즈니스를 통해 볼 때 그들에게는 시간과 약속을 잘 지키는 태도가 몸에 배어 있다. 이건 상업 사회에서 신용을 중시하고 협약을 지키는 전통과 무관치 않다.

상하이 사람들에겐 외지인들이 상상도 못할 정의감이 있다. 일반적으로 상하이 사람들이 비교적 작은 일에 겁을 많이 낸다고 하는데 이것이 정의감이 없다는 의미는 아니다. 사실 그들은 지나치게 똑똑해서 시비에 대해 누구보다 분명하게 판단을 하지만, 단지 그것을 말하려고 하지 않을 뿐. 그들만의 다른 방식으로 표현한다. 문화대혁명 당시 린뱌오(林彪) 도당의 무수한 주구(走狗)들에 대항하다 핍박을 당한 적이 있었는데, 비판 대회에서 돌아올 때 매번 어떤 사람이 따뜻한 물로 세수를 시켜주었다. 바로 상하이 출신의 쉬지사오(許繼劭)라는 사람이었는데, 평소 나와는 친분이 두텁지 않은 사이였다. 나중에 그의 말에 따르면 평소 나에 대해 나쁘게 생각하지 않았던 터라 비록 모두들 나를 피하고 접촉하기를 두려워했어도 자신만은 뜨거운 물로 나의 억울함을 씻어주려 했다는 것이다. 그는 지금껏 말과 행동을 조심하면서 정치에 대해서는 어떤 의견도 제시하지 않았던 사람인데도 말이다. 20년 후 그는 내게 말했다. "당신은 그때 사실 우리 전체 젊은 이들을 대신해서 고난을 받았던 겁니다." 또 그가 나를 도와줬던 것은 개인적 감정이 아닌 정의감에서 비롯된 것이라고 했다. 상하이 출신 청년이었던 왕옌중(王衍中)은 '혁명 군중'들이 영화를 통해 교육을 받고 있을 때(불량 인물로 낙인찍힌 사람들은 이런 기회도 없었다) 몰래 내 방으로 숨어들어와 비밀 정보나 중앙의 문건 혹은 길가의 소문을 알려주는 방식을 택했다.

누가 상하이 사람들은 '불평등한 일을 보고도 칼을 뽑아 도와주지(路見不平 拔劍相助)' 않는다고 했는가! 방법이 다를 뿐이다. 사실 상하이 사람들도 베이징 사람들처럼 많은 장점을 갖고 있다. 예를 들어 본바탕도 좋고, 품위도 훌륭하며, 문화와 교양도 있다. 상하이와 베이징은 결국 중국의 대표적인 두 도시이다. 게다가 영웅호걸들이 모여 있는 곳이니 남보다 월등한 점이 어찌 없겠는가. 하물며 상하이 사람들은 베이징 사람들에게 없는 장점이 많다. 검소함, 근면함, 신뢰성, 시간을 준수하는 습관, 효율을 추구하는 태도, 신성한 직업 정신, 계약 관념, 그리고 직업적 도덕심 등등. 다시 말해 상하이 사람들은 비록

'외지인을 얕보는' 악명을 지니고 있지만, 적어도 베이징 사람들을 무시하지는 않는다. 그래서 베이징 사람들이 그들을 얕보는 것은 온당치 못하다.

베이징 사람들과 상하이 사람들의 장단점을 비교하는 것은 재밌는 화제 거리다.

베이징 사람들이 가장 귀하게 여기는 것은 귀족 정신이다. '귀족 정신' 이란 무엇인가? 천두슈(陳獨秀, 1879~1942, 안휘 회녕 출신으로 5·4 신문화 운동의 선도자로서 초기 중국 공산당의 핵심 인물)의 「삼가 청년들에게 고함(敬告靑年)」이란 글을 보면 "독립심과 용기를 갖추는 것이 귀족적인 도덕이다"라고 했다. '귀족주의' 라 함은 고상한 인격과 이상, 고귀한 정신과 기질, 그리고 고아한 심미적 정서를 가리킨다. 그중 인격이 가장 중요하다. 그래서 귀족 정신은 가문이나 혈통과 무관하며, 신분과 지위와도 무관하다. 위기의 상황에서 몸을 세워 저항했던 조귀(曹劌)*는 비록 관직이 없는 신분이었지만 귀족 정신이 있었던 것이고, 적진에 포로로 잡힌 와중에 쾌락에 빠져 조국인 촉(蜀)나라를 잊었던 유선(劉禪 : 유비의 아들)은 비록 황제의 자식이었지만 귀

---

* 춘추시대 때 제(齊)나라가 노(魯)나라를 침공하려 하자 노나라의 장공(莊公)이 결사 항전을 다 짐했다. 그러자 조귀는 장공을 만나 "어떤 작전으로 제 군사를 대적하실 겁니까?" 라고 물었다. 그러자 장공은 "나는 사람들을 잘 대해 주고 나 혼자 차지하지 않고 모두 나누어 주겠소" 라고 했다. 그러나 조귀는 "그거야 작은 은혜를 베푼 정도이니, 그것으로 백성들이 목숨을 걸고 제와 싸우려 들지는 않을 겁니다" 라고 했다. 그러자 장공은 "나는 평소 하늘과 조상신에게 제사를 올릴 때도 과장되고 사치스럽게 하지 않았으니 하늘도 나의 성심을 이해하고 제를 물리치도록 도와줄 것이오" 라고 했다. 조귀가 다시 말했다. "그걸로 신뢰를 받을 수 있다고 보지 않습니다. 아마 하늘도 도와주지 않을 것이고, 백성들도 믿지 못할 겁니다." 장공은 잠시 생각을 하더니 "나라에는 매년 많은 소송이 있소. 그때마다 대소를 불문하고 나는 신중하게 그리고 공평하게 처리해 왔소" 라고 했다. 이 말을 들은 조귀는 "소송에 있어서 대소를 막론하고 백성들의 이익을 꼼꼼히 고려하셨다니, 그와 같은 방법으로 백성들의 일을 처리하신다면 제와 일전을 치르셔도 될 것입니다" 라고 했다. 이후 과연 노나라는 제나라의 군대를 무찔렀다.

족 정신과는 인연이 없는 것이다.

사실 세련과 고상함이 상하이의 분위기인 것처럼 귀족 정신은 베이징의 영혼이라고 할 수 있다. 이 때문에 베이징은 비로소 중국에서 가장 호방한 도시가 될 수 있었고, 이제껏 독립적인 사고를 하며, 그러한 사고를 제대로 표현할 줄 아는 도시가 되었다. 이로 인해 5·4운동과 신문화 운동의 발원지가 될 수 있었으며, "베이징 사람은 어떤 말이라도 감히 할 수 있다(北京人什么話都敢說)"는 정신을 품을 수 있었다. 심지어는 베이징 사람들의 수다스러움조차 짜증나지 않고 오히려 사랑스러울 때가 있다.

바로 이런 정신이 베이징으로 하여금 비록 저속하더라도 타락하지는 않게 했다. 베이징의 저속함은 왕왕 독특한 욕, 가령 '야팅(丫挺 : 멍청하다)'이나 '사B(傻B : 바보)' 같은 거리의 욕으로 표현되기도 한다. 베이징은 과학 기술이나 문학 예술도 일류지만 욕도 일류다. 만약 그들과 욕으로 시합한다면 아마 이길 사람이 없을 것이다. 하지만 이것 때문에 욕쟁이 도시로 전락하지는 않았다. 왜냐하면 베이징의 영혼인 귀족 정신이 있기 때문이다. 베이징 사람들은 욕을 해도 멋지게 하고, 욕으로 일가를 이루고, 교묘하게 또 예술적으로 욕하며, 심지어 욕을 예술의 경지로 승화시켰다.

당연하겠지만, 귀족 정신은 하루아침에 이루어진 것이 아니다. 이것은 오랜 시간의 배양과 축적을 필요로 한다. 더욱이 취미의 배양과 생성은 하루 만의 노력으로 되는 것이 아니다. 견실한 문화적 기초와 웅장하고 든든한 정신적 자산을 갖추지 못하면 '사이비 귀족'이 생산될 뿐이다. 마치 상하이의 겉멋만 든 신사처럼 말이다. 베이징은 마침 이런 조건을 갖추고 있었기 때문에 상하이 사람들을 얕잡아 보는 것이다. 베이징 사람들이 상하이를 보는 시각은 영국인들이 미국을 보는 것처럼 뼈대 있는 가문의 자손이 근본도 모르는 평민을 보듯 한다(현재는 상하이 사람들이 똑같은 태도와 시각으로 선전深圳 사람들을 바라본다). 결국 상하이가 '문화의 사막 지대'는 아닐지라도 유구한 역사와 깊고 두터운 문화적 기초라는 점에서 볼 때 베이징의 발뒤꿈치조차 바라볼 엄두를 내지 못하는 위치에 있는 것이다.

귀족 정신은 취할 수 있는 것이지만 귀족적 기질은 취할 수 없다. 더구나 오늘날 베이징의 지식인에게서 풍기는 사대부적 기질도 취할 수 없는 것이다. 취할 수 있는 것은 그 사람의 인격이고, 현실의 삶에서 풍겨나는 태도는 어찌할 수 없다. 이런 사대부적 기질은 반(半) 농촌적 문화와 전통적 기풍을 지키는 젊은이와 노인에게서 느낄 수 있는 것과 같다. 베이징의 어느 지식계 간행물을 보면 이런 느낌이 아주 농후하다. 전통이란 물론 귀중하고 전원 도시도 아름답다. 하지만 이것들은 봉건 사회와 분리될 수 없는 관계에 놓여 있다. 또 다른 측면에서 본다면 오늘날 베이징에는 오히려 전원 도시와 같은 정감도 별로 없다. 베이징의 학술계도 이제는 상당히 경박하다. 가령 대단히 경박한 사람이 사대부 기질을 주장한다면 어떤 꿍꿍이가 있지 않을까 하는 의심을 면키 어려울 것이다. 베이징의 건축물 중에는 양복에 전통적인 수박 모자를 쓴 듯한 어울리지 않는 것이 있다. 베이징의 어떤 인사가 귀족파의 위엄이나 사대부 기질을 내세운다면 마치 쿵이지(孔乙己 : 루쉰의 작품에 나오는 주인공으로 낙후한 봉건적 사대부 의식에 사로잡힌 인물)가 긴 두루마기를 벗으려 하지 않았던 것 같은 느낌을 받을 것이다. 하지만 만약 그 두루마기가 자신의 치부를 숨기기 위한 것이라면 더욱이나 감히 추켜세우지 못할 일이다.

이건 꼭 기우만은 아니다. 사실 "군자의 은택도 다섯 세대면 끊긴다(君子之澤 五世而斬)"고 한다. 영원한 귀족이란 없고, 영원불멸은 없다. 장자(莊子)로부터 아큐(阿Q : 루쉰의 작품에 나오는 주인공. 신해혁명 무렵 낙후한 봉건 사상을 한 몸에 지닌 전형적인 중국 농민의 모습)까지 그 오랜 세월도 어떤 때는 한 걸음의 가까운 거리일 수 있다. 사실 적지 않은 베이징 사람이 아큐 정신을 지니고 있다. 가령 '얼굴을 때려 붓게 하여 살찐 사람인체 하는' 허세는 그들이 전문이다. 앞서 여러 차례 언급한대로 베이징 사람들의 결점은 허식, 체면치레, 겉치레, 허세, 그리고 과장된 이야기 등등이다. 그들이 그렇게 중시하는 예절에도 허세가 스며 있다. 소위 "나귀가 자빠져도 다리는 남아 있다(倒驢不倒架)"고 하듯이 나귀가 자빠져 떨어져도 건너던 다리는 남는 법이다. 귀족 정신은 사라져도 그 기질은 남게 되며, 자칫 천박한 비닐봉지로 포장되기 십상이다. 의심할 바 없이 쌍방 간의 모순적 대립은 변화를 낳는다. 숭고함은 우스개로 변하고, 용감함은 거칠음, 교묘한 지혜는 유들유들함, 또 호방함은 대충 대충, 귀족 정신마저 불량한 작태로 변한다. 이것이 베이징 사람들이 두려워해야 할 점이다.

베이징 사람들과 상반되게 상하이 사람들이 중요시 하는 것은 신사적 풍모가 아닌 이성적 정신이다. 설령 그들이 신사적 풍모를 중히 여긴다 하더라도 그 내력이 분명치 않다. 비록 저열한 것을 가장한 것이 아니더라도 최소한 급조된 것이라 볼 수 있다. 따라서 약간은 경박하고 유동적이라 그들의 이성적 정신이 진정 추구하는 실제와는 거리가 멀다.

상하이에서는 이성적 정신이 스며있지 않은 것이 없다. 버스를 탈 때만해도 베이징의 방식은 이렇다. 일제히 우르르 몰려 타고 나면 차장이 버스 위에서 외치는 소리가 들린다. "어느 분이 이 노인에게 자리를 양보하시겠습니까. 여러분 한 분이 양보하는 것은 어렵지 않습니다. 자리에서 일어서기만 하면 됩니다." 과연 효율적인 것일까? 오로지 개개인의 자각에만 의존하는 것이다. 상하이의 방식은 출발역에 '좌석줄(坐隊)'과 '입석줄(站隊)'을 설치한다. 그리고 직장에서 퇴직한 사람에게 안내원을 맡겨 앉을 사람과 설 사람을 오로지 선착순으로 구분한다. 이러면 누구나 똑같이 평등하다. 가령 특별히 고려해주어야 할 장애 노인이 있다면 '좌대'의 맨 앞에 서게 한다. 이렇게 베이징의 방식은 도덕심에 의존하고, 상하이는 과학성에 의존한다. 전자는 인정에 따른 예절에 기본하고, 후자는 이성적 정신에 기초한다.

자전거에 사람을 태우는 것은 원래 법규에 위반되는 짓이다. 하지만 출퇴근길에 아이들을 태우지 못하게 하면 애나 어른이나 지각을 하게 되기 때문에 부득이 융통성을 발휘해야 한다. 베이징의 방식은 보고도 못 본 체하는 것이고, 청두의 방식은 허점을 파고드는 것이다. 원래 교통 규칙은 '뒷자리에 앉히지 못한다'는 것이지 '뒤에 업지 못한다'는 것은 아니니까, 업으면 되지 않느냐는 식이다. 상하이의 방식은 대단히 지혜롭다. 시간과 장소를 정해 그 시간 그곳에서는 취학 전 아동을 태울 수 있도록 했다. 이렇게 하면 안전도 확보할 수 있고, 현실적 문제도 해결할 수 있으니 의심할 나위 없이 이성적인 방법이다.

이성적 정신으로 인해 상하이 사람들은 공중 관리나 각종 업무 때 질서가 정연하고, 가능하면 합리적이고 공평하도록 애쓴다. 선착순으로 번호표를 주고 순서대로 호명함으로써 먼저 온 사람이나 줄을 선 사람들이 우선권을 가질 수 있도록 보증한다. 표를 살 때나 비자수속을 할 때도 모두 이렇게 한다. 이것이 힘으로 밀고 들어가거나 어떤 관계를 빌미로 뒷문으로 들어가는 식보다 훨씬 합리적이다.

상하이 사람들의 이런 이성은 바로 '실용적 이성'이다. 실용적 가치에 기초하여 실용적 서비스를 실현한다. 이로써 상하이 사람들은 더욱 많은 실익을 얻을 수 있다. 하지만 모든 일이나 관계를 실용적 관점에서만 처리하다 보면 이성은 타산적인 것으로 변하게 된다. 이것이 바로 상하이 사람들이 조심해야 할 부분이다. 이 때문에 상하이 사람은 사람이든 물건이든 실용성과 실효성, 그리고 타산에 맞는지 안 맞는지를 따진다는 인상을 주게 된다. 가령 친구를 사귈 때 대부분의 베이징 사람들은 느낌을 중시한다. 느낌이 좋다면 당신이 어떤 사람인지 상관치 않고 '꺼먼(哥們 : 형제)'이 된다. 그러나 상하이는 대부분 실효성을 따져 이 사람이 쓸모가 있는지 없는지를 살핀다. 만약 이용 가치가 있다면 온갖 정성을 다 쏟아 사귀려 하고, 이용 가치가 없다면 겸손하게 사양하며 멀리 한다.

그렇다고 베이징 사람들이 특별히 상하이 사람들을 무시할 이유는 없다. 상하이 사람들이 이기적이고, 소심하고, 모리배 기질이 있고, 계산적이고, 의리 없고, 사귈 만하지 못하다고 한들(물론 전부 그런 것도 아니지만) 무슨 상관이 있는가! 상하이 사람도 꼭 당신과 사귀어야만 하는 것도 아닌데 말이다.

베이징 사람들의 상하이 사람들에 대한 이런 태도는 아마도 진부한 전통 관념 때문일 것이다. 바로 사람을 차별하는 '사농공상(士農工商)'의 관념 때문이다. 베이징은 '사농'의 도시이고, 상하이는 '공상'의 도시다. 이런 관점에서 높고 낮음의 차이를 따지는데, '사'에서 지위가 가장 높은 것이 관리이고, '상'에서 지위가 가장 낮은 것이 소상인이다. 베이징에는 관리가 구름같이 많고, 상하이에는 상인들이 몰려있다. 그러니 베이징이 상하이를 무시하는 것이다. 생각해 보라! 어디 관리가 아래 직원을 예쁘게 봐주는 게 있는가 말이다. 만약 상하이가 광저우(훨씬 더 시장 같은 도시)처럼 얌전히 소리 없이 숨어서 소곤 소곤 처신한다면 또 모를까! 상하이는 오히려 '위대한 상하이'가 되었고, 베이징에 비해 모든 점에서 더 낫다. 이런 점이 바로 베이징 사람들의 심기를 편치 못하게 한 것이다.

베이징 사람들이 못되게 구는 연유가 무엇인지 이제 명확해졌을 것이다.

4
매혹적인 베이핑

■ **린위탕**(林語堂, 1895~1976) ■

푸젠 룽시(龍溪) 출신으로 본명은 허러(和樂), 나중에 위탕(玉堂)으로 다시 위탕(語堂)으로 개명했다. 1912년 상하이 성요한대학(聖約翰大學)을 졸업하고 청화대학에서 교수를 역임했다. 미국과 독일에서 유학한 후, 1923년 북경대학과 북경여자사범대학에서 교수를 역임했다. 1924년 『어사(語絲)』를 비롯한 『논어(論語)』, 『인간세(人間世)』, 『우주풍(宇宙風)』 등의 잡지에 참여, '자아를 중심으로 한 한적한 격조(以自我爲中心 以閑寂爲格調)'의 소품문을 제창했다. 말년에 홍콩 중문대학에서 교수를 역임하다 홍콩에서 사망했다. 대표작으로는 『베이핑에서의 세월(京華煙雲)』, 『생활의 발견(生活的發見)』, 『중국인(中國人)』 등 많은 소품문집이 있다.

베이핑(北平 : 베이징의 옛 이름)과 난징을 비교함은 일본의 교토(京都)와 도쿄(東京)를 비교하는 것과 같다. 베이핑과 교토는 모두 고도(古都)이다. 사방이 역사성이 농후한 신비와 마력으로 둘러싸였다. 난징이나 도쿄와 같은 신도시에서 찾아볼 수 없는 것들이다. 난징(南京 : 1938년 이전)과 도쿄는 똑같이 현대화된 도시이자 진보와 공업주의, 그리고 민족주의의 상징이다. 하지만 베이핑은 어떤가? 오히려 낡은 중국의 영혼과 문화, 그리고 고요함, 즉 순탄하고 평온한 생활을 상징하며 이러한 삶의 조화는 베이핑의 문화를 가장 아름다운 경지로 끌어올렸다. 동시에 베이핑은 도시 생활과 농촌 생활의 조화를 담고 있다.

한 사람에게 물어 보라. 그가 베이핑과 난징 두 도시에 대해 잘 알고 있는 중국인이라면 둘 중 어떤 도시를 더 좋아하는지를. 필경 그는 이렇게 대답할 것이다. "베이핑이야말로 가장 살고 싶은 도시다." 누구를 막론하고(중국인, 일본인, 유럽인을 불문하고) 베이핑에서 1년 이상 살아본 적이 있다면 결코 다른 도시에서 살고 싶지 않다고 할 것이다. 왜냐하면 베이핑은 그야말로 보석과 같은 도시로 꼽히기 때문이다. 파리와 비엔나를 제외한 세계 어디를 가더라도 베이핑에서처럼 철학을 가까이 하고, 자연과 문화, 그리고 생활 자체를 만끽할 수 없기 때문이다.

베이핑은 마치 마음이 넓은 노인과도 같은 폭 넓고 숙성된 인격을 지녔다. 도시란 사람처럼 서로 다른 품격을 지니고 있는데, 어떤 도시는 천박하고 편협하여 괴팍하게 따지는 것이 많고, 어떤 도시는 도량이 넓어 차별이 없다. 베이핑은 위대하고 도량이 넓다. 이 도시는 고대와 근대를 포용하면서도 자신의 본질을 바꾸지 않았다.

하이힐을 신은 젊은 아가씨들과 나막신을 신은 만주족 귀부인들이 사이좋게 길을 걸어도 베이핑은 전혀 개의치 않는다. 나이 지긋한 화가가 희고 긴 수염을 기른 채 젊은 대학생들이 사는 아파트 정원을 지나도 마찬가지다.

베이징 여행사의 거대한 현대식 건물 뒤편에는 좁은 골목이 늘어서 있다. 그곳에 마치 천 년 전과 같은 생활이 있다고 해도 누구도 신경 쓰지 않는다. 협화대학(協和大學)에서 멀지 않은 곳에는 골동품 가게가 모여 있다. 여기저기서 골동품 상인들이 물담배를 피우며 옛날 방식으로 장사를 하지만, 뭐라고 하는 사람은 아무도 없다. 자기가 입고 싶은 대로 입고, 자기가 좋아하는 술집에 가고, 자기의 취미를 즐기고, 또 아름다운 사랑을 추구하든 진리를 추구하든, 제기를 차든 바이올린을 켜든 누구도 신경 쓰지 않는다.

베이핑은 거대한 고목과 같아서 토양 깊이 뿌리를 박고 자양분을 빨아들인다. 수많은 곤충들이 그 그늘 아래나 나뭇잎, 가지에 깃들어 살아간다. 이 곤충들이 어찌 이 나무의 거대함을 알겠는가! 얼마나 빨리 성장하는지, 또 뿌리를 뻗은 땅속이 얼마나 깊은지, 다른 가지에는 어떤 곤충이 사는지 어찌 알겠는가! 베이핑에서 사는 일개 주민, 그가 어찌 이 오랜, 그리고 거대한 베이핑의 역사를 말할 수 있겠는가!

누구도 베이핑의 전모를 다 안다고 할 수 없다. 10년쯤 살다 보면 간혹 골목길에서 괴팍한 노인을 발견할 것이다. 한 연로한 화가가 배를 드러내 놓고 커다란 나무 아래 대나무 의자에 앉아 부채를 든 채 달콤한 꿈에 젖어 있는 모습, 제기차기 고수가 머리 위로 높이 제기를 차올려 등 뒤로 발을 들어 신발 바닥으로 제기를 받아내는 모습, 검객들의 무술 모임, 아동들의 연극 학교, 택시 기사를 하는 만주족 황족 후손의 모습, 황제 시대 때의 관리의 모습 등에서 말이다. 하지만 인생의 한(恨)을 모르는 사람은 그런 노인의 모습을 좀 더 일찍 만나기

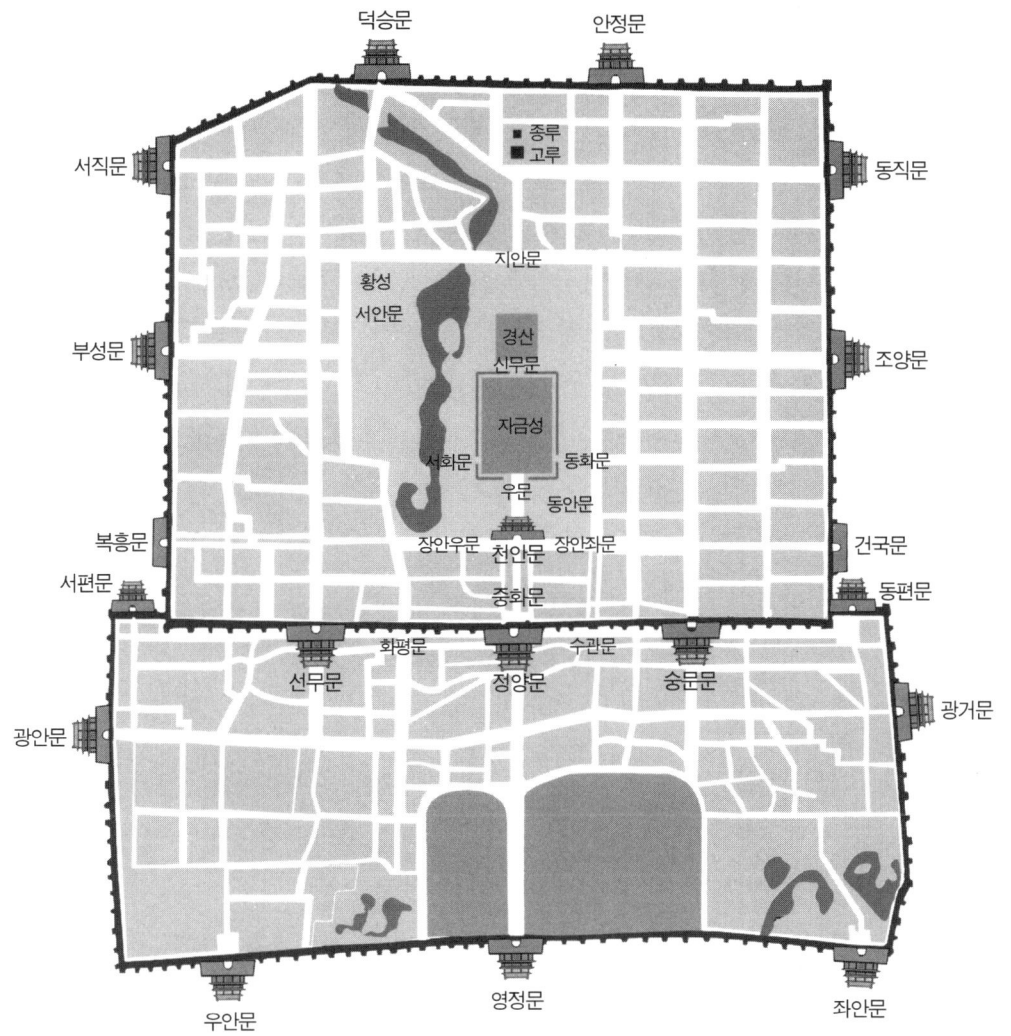

덕승문
안정문
서직문
동직문
종루
고루
지안문
황성
서안문
경산
신무문
부성문
조양문
자금성
서화문
동화문
복흥문
우문
동안문
건국문
서편문
장안우문
천안문
장안좌문
동편문
중화문
화평문
수관문
선무문
정양문
숭문문
광안문
광거문
우안문
영정문
좌안문

베이징의 성문 배치도

란 쉽지 않다.

베이징에는 "안쪽에 아홉 개, 밖에 일곱 개, 황성에 네 개의 문이 있다(裡九外七皇城四)."

내성(內城)의 아홉 개 문은 명나라 영락제(永樂帝) 때 베이징을 개수할 때 확정한 것이다. 남쪽에서 동으로 선무문(宣武門), 정양문(正陽門 : 전문前門), 숭문문(崇文門), 동쪽의 남에서 북으로 조양문(朝陽門 : 원나라 때 제화문齊化門), 동직문(東直門 : 원나라 때 숭인문崇仁門), 북쪽에 안정문(安定門), 덕승문(德勝門), 서쪽에 서직문(西直門 : 원나라 때 화의문和義門), 부성문(阜成門 : 원나라 때 평칙문平則門)으로 배열되었다.

외성의 일곱 개의 문은 명나라 중엽 이후 동서의 장방형으로 신축했는데, 동편문(東便門), 서편문(西便門), 광거문(廣渠門), 광안문(廣安門), 영정문(永定門), 좌안문(左安門), 우안문(右安門) 등이다.

황성의 네 개 문은 천안문(天安門), 지안문(地安門), 동안문(東安門), 서안문(西安門)이 있다.

보석과 같은 도시, 베이핑은 일찍이 누구도 본 적이 없는 그런 보석과 같다. 여기에는 황금색과 자주색, 그리고 남색으로 장식된 왕손들의 저택 지붕, 궁전, 정자, 대로가 있다. 서쪽 성에는 선무문(宣武門) 거리가 있는데 폭이 대략 180미터나 된다. 자금성 앞쪽 동서로 난 두 길이 연결되는 천안문(天安門) 거리의 폭은 300미터 이상이다. 베이징 외성(外城) 남문(南門) 교외로 난 큰길 양끝이 천단(天壇)과 선농단(先農壇)이다. 이곳은 황제들이 제사를 지내고 풍년과 태평성대를 기원하던 사당이다. 중국인들의 건축 미술에 대한 관념은 높고 웅장한 것이 아니라 황궁의 지붕이 낮고 넓은 모양을 하고 있는 것처럼 고요하고 맑다. 이는 황제 이외에는 누구도 2층 이상의 집을 지을 수 없었기 때문이며, 이로써 황제의 권위를 드러내려 한 것이다.

중앙의 큰길을 따라 베이핑을 관찰하면 먼저 끝없이 연결된 아치형 성문을 지난다. 그런 다음 자금성의 궁전에 이르게 된다. 여행객들은 쪽빛 하늘 아래 찬란히 빛나는 황금색 기와를 얹은 궁궐의 지붕을 만나게 될 것이다. 그야말로 장관이다.

하지만 베이핑이 놀라운 도시가 된 것은 번잡한 시내 부근에 살아도 조용하고 한적한 즐거움을 누릴 수 있다는 생활 양식 때문이다. 생활비는 적게 들면서 아주 편안하게 지낼 수 있다. 관료와 부자는 큰 술집에서 즐기고, 가난한 운전사도 동전 두 개면 기름 넣은 식초 간장을 사고도 향을 넣은 안주도 추가할 수가 있다. 어디서든 고깃집과 술집, 또 찻집이 바로 근처에 있다.

자유롭게 아주 자유롭게 공부하고, 오락이나 취미 생활을 만끽하며, 도박이나 정치적인 생활도 추구할 수 있다. 간섭하는 사람 없고 신경 쓰는 사람도 없다. 뭘 입건 뭘 하건 참견이 없다. 이것이 베이핑의 폭넓음이요, 세계화이다. 성현과 범죄자가 친구가 되기도 하고, 노름꾼, 학자, 화가, 정치가 모두 마찬가지이다. 당신이 하고픈 대로 하면 된다. 만약 황제가 되고 싶으면 황궁 안 용상으로 가서 배회를 하며 오전이나 오후 내내 시간을 소모하면 제왕의 환상을 충분히 가질 수 있고, 또 실현할 수도 있게 한다.

만약 시인이라면 몇몇 공원에서 적당한 장소를 골라 이리저리 돌아다니며 산책할 수도 있고, 아니면 찻집에서 오후 내내 시간을 보낼 수도 있다. 또 소나무 아래 의자에 기대 앉아 있거나 등나무 침대에서 비스듬히 누워 있어도 된다. 이렇게 해도 작은 푼돈이면 충분하다.

십찰해 후해

만약 여름날 오후라면 십찰해(什刹海)*에 놀러가는 것도 괜찮다. 반은 밭이고 반은 연꽃 연못인데, 거기서 일하는 사람들과 뒤섞여 편안함을 만끽할 수 있을 것이다. 고약을 파는 차력사, 얼굴의 가면을 순식간에 바꾸는 기예인들의 공연을 즐길 수도 있다. 서직문(西直門) 쪽으로 나가 왕가 집안 거리를 거닐다가 시원한 그늘 아래 있는 피서산장(避暑山莊)**에 가서 잠시 쉬어도 무방하다.

사방은 시골집이요 보리밭인데, 그곳에는 옷을 걸치지 않은 거지들이 길가에서 동냥을 하고 있는 모습도 보인다. 그들과 한담을 나눌 수도 있고, 아니면 눈을 감고 잠을 청하는 가운데 음악같이 점점 다가오다 등 뒤로 사라지는 구성진 소리를 들을 수도 있다. 만생원(萬牲園)***, 속칭 삼패자(三貝子) 화원으로 들어가면 서직문(西直門)의 밖이다. 물론 피서산장에서 이태리식 궁전의 유적을 관람하며 회상에 잠길 수도 있다.

---

* 베이징 북해 후문(北海 後門)에 위치한 것으로 전해(前海)와 후해(後海)로 구성된 경치가 아름다운 지역이다. 주위에 많은 왕부(王府)와 화원이 있는데, 특히 공친왕부(恭親王府)와 순친왕부(醇親王府)가 아름답다.

** 원래 이름은 승덕(承德) 피서산장(避暑山莊) 혹은 열하(熱河) 행궁(行宮)이라 한다. 하북성(河北城) 승덕 북쪽에 위치한다. 청나라 강희(康熙) 42년(1703)에 시작하여 옹정(雍正) 시대에 걸쳐 건축되다가 건륭(乾隆) 황제 때 다시 증축하여 총 90년에 걸쳐 완성되었다. 크게 궁전 구역과 정원 구역으로 나뉜다.

*** 원래는 청나라 황실 정원이었다가 청나라 말 농업 시험지(試驗地)로 사용, 부설 동물원을 증설했다. 현재의 베이징 동물원이다.

거리에서 기예를 파는 이들의 공연을 볼 수 있었다.

피서산장으로 가는 도중 한나절을 다 보낼 수도 있는데, 전원의 아름다운 풍경을 만끽하면서 옥천(玉泉 : 옥천산이라고도 하며, 베이징 근교의 향산香山, 만수산萬壽山과 함께 3대 산으로 꼽힘)에 잠시 들러 볼 수도 있다. 그곳에는 대리석으로 만든 표지 탑이 있고, 거기서 오후를 편안히 보내도 된다. 짙푸르고 차가운 샘물에 발을 담가도 좋고, 혹 멀리까지 간다면 서산(西山)에서 여름을 보낼 수도 있다.

베이핑에서 가장 감동적인 것은 위대한 성인이나 철학자, 대학 교수도 아닌 그저 인력거꾼인 평민들의 삶이다. 시산에서 피서산장까지는 약 8킬로미터 정도 되는 거리인데, 인력거를 타면 1위안이면 충분하다. 싸다고 여기겠지만, 그래도 정말 괜찮은 유람이 될 것이다.

사실 아주 유쾌하지만은 않겠지만…… 인력거꾼과 기분 좋게 길 위에서 한담을 나누다보면 그들의 불행한 인생 이야기 속에서 해학과 웃음을 발견할 수도 있다. 간혹 이상하게 여길 수도 있겠지만 말이다.

돌아올 때는 아마도 밤 시간일 텐데, 혹 남루한 옷차림의 인력거꾼을 만날 수도 있다. 그는 유머러스하면서도 고상하게 웃는 얼굴, 그리고 숙명적인 인생관으로 당신에게 자신의 고단한 인생사를 풀어 놓을 것이다. 만약 인력거꾼이 너무 늙어서 힘들 것이라는 생각에 중간에 내리려 한다면 그는 고집스럽게 당신을 집까지 모셔다 줄 것이다. 혹 당신이 중간에 내리면서 차비를 모두 지불한다면 그는 놀라운 마음에 신음에 가까운 탄성을 지를 것이다. 당신이 그에게 베푼 작은 온정은 그로선 평생 받아본 적이 없는, 그런 고마운 일이 될 수 있을 것이다.

5

북경성에 대한 생각들*

* 『북경만보』, 1985년 11월 11일 ~ 12월 26일에 게재되었던 글

1. 시(市)와 성(城)

오늘 저녁 전문(前門)의 누각과 덕승문의 누각을 파내고 아홉 개의 성마저 모두 없애버린다면 베이징이란 명칭을 부를 때 어느 누가 뒤에 '성(城)'이라는 글자를 붙이겠는가! 유독 혼자만 이 '성'이라는 글자를 '베이징' 뒤에 붙여서 부른다면 과연 지나친 완고함을 드러내는 것일까. 아니면 베이징 토박이의 티를 내는 것일까. 만약 사람들이 이렇게 생각한다면 내 의도와는 완전히 어긋난 것이다.

먼저 이 '성'이라는 글자부터 이야기 해보자.

'시(市)'라고 하면 좀 더 당당하고 위엄이 있어 보인다. 원래 '시'는 행정적 구획이지만 내 생각에는 중앙과 지방이라는 구분이 있는 듯하다. '시'라는 말을 들으면 어떤 행정국이나 행정부처가 생각난다. 그러나 '성'하면 구름다리나 제단, 인산인해로 붐비는 동안시장(東安市場)의 광경, 큰 사탕, 후루(葫蘆 : 과일에 설탕물을 입혀 굳힌 과자)며 작은 금붕어 같은 것들이 떠오른다. 그래서 '성'이라는 글자가 내 정서에는 더 어울리는 것 같다.

나는 양괄(羊管兒)의 골목에서 태어나 줄곧 동직문(東直門) 일대에서 컸다. 18세에 자전거로 통주(通州)를 가본 것 말고는 이 북경성의 범주를 벗어나 본 적이 없다. 이제 76세의 나이, 평생 세상을 떠돌며 10여 개 국가의 수도를 다녀보았지만 이 북경성만한 곳이 없었다.

이런 점에서 북경성에 대한 나의 수다 중에 들을 만한, 혹은 쓸만한 점이 있으리라 보고 이제부터 북경 '성'에 대해 말해 보겠다.

옛 베이징을 거론하자면 좀 망설임이 있다. 베이징이 나빠졌다고 하면 혹 비판을 당하지 않을까 해서이고, 베이징이 좋아졌다고 하면 누가 트집을 잡지나 않을까 해서이다. 사실 좋으면 좋은 것이고 나쁘

베이징 성밖 풍경

면 나쁜 것이지만, 좋은 것을 나쁘지 않다 하고 나쁜 것을 좋다한들
어떻겠는가. 그리 복잡하게 생각할 필요는 없다.

시대는 앞으로 흐르는 것이라서 옛날 수동 모터가 전동 모터로 바
뀌고, 다시 현재는 전자계산기로 변했다. 이렇게 보면 우리의 삶도 종
전처럼 그렇게 한가롭지만은 않게 되었다. 그래서 대부분의 일들이
간편함을 추구하게 되었다. 예의범절을 갖출 때도 옛날 같으면 머리
를 조아리고 안부를 여쭈면서 두 손을 모아 절을 했지만, 이런 행동은
시간을 잡아먹는 일로 오늘날에는 머리만 끄덕이고 만다. 간편한 것
은 나도 찬성이다. 따라서 나도 그렇게 고루한 사람은 아닌 셈이다.

모든 것을 다 거론할 필요도 없이 단지 '문화적인 언어' 만 보더라
도 세계 어느 나라도 베이징 사람들이 사용하는 문화적 언어에 상대
가 되지 않는다. 누군가에게 부탁할 때 '라오쟈(勞駕 : 발걸음을 시키다,

후루를 파는 상인

폐를 끼치다'라고 했고, 선물을 보낼 때는 '페이신(費心 : 괜히 귀찮게 해드렸습니다)', 길을 비켜 달라고 할 때는 '제꽝(借光 : 신세를 지다, 미안합니다)', 남이 돈을 쓰게 할 때 '포페이(破費 : 금전상의 손해를 입히다, 돈을 쓰다)'라고 했다. 감사하다는 '시예(謝)' 한 글자만 보더라도 풍부함과 깊은 고려가 담겨 있음을 알 수 있다.

요즘은 좋아졌다고 하면서 뭐든지 '시우(修 : 고치다, 수리하다)'라는 말로 처리한다. 오늘날 수다스러운 베이징 사람들조차도 '시예시예(謝謝 : 감사합니다)'란 단 한 마디로 끝난다. 온종일 라디오에서 설교하는 정부의 말을 들어 보라! 얼마나 창피한가. 한마디로 소림사의 승려가 간단한 체조도 제대로 하지 못하는 꼴이다.

이런 현실을 놓고 볼 때 베이징의 오랜 토박이로서 어찌 상심의 눈물을 흘리지 않겠는가 말이다.

2. 베이징의 말

1950년대에는 순수한 베이징 말을 듣기 위해 샹성 대회를 찾아가거나 아니면 예성타오(葉聖陶)* 선생과 친구 옌원징(嚴文井)**을 초대하기도 했다. 지금은 경극에서 말고는 대부분 푸퉁화(普通話 : 오늘날 중국의 표준말)를 사용한다. 아쉽지만 어쩔 수 없는 것이다. 현재의 베이징은 몇 배나 커져서 온 지역 사람들이 다 모여들어 살기 때문에 진정한 옛 베이징 사람들은 오히려 '소수 민족' 이 되었다. 만약 베이징 사투리로 말을 한다면 알아들을 수 있는 사람이 얼마나 될까. 책으로 인쇄해도 아마 주석을 달아야 할 것이다. 무대에서 공연하는 것을 관객이 알아듣지 못한다면 아무런 재미도 없을 뿐만 아니라 쓸데없는 일이 되고 만다.

그래서 이 글에서도 옛 베이징 말을 쓰지 못하는 것이다. 그저 이것저것 섞어서 쓸 수밖에⋯⋯. '화따(花搭)!' 라는 단어가 무슨 뜻인지

---

* 1894~1988, 본명은 사오쥔(紹鈞)이다. 1914년 문언소설을 『토요일』 이라는 잡지에 게재하기 시작하여 이후 『신조(新潮)』, 『소설 월보(小說月報)』, 『문학 순간(文學旬刊)』 등에 작품과 논문을 발표했다. 1922년 첫 번째 단편소설집 『격막(隔膜)』, 1923년 중국 최초의 동화집 『허수아비(稻草人)』, 1928년에는 장편소설 『예환지(倪煥之)』를 발표했다.

** 1915~, 본명은 옌원진(嚴文錦)이다. 중학교를 졸업한 후 베이징 도서관에서 일을 하며 작품 활동을 시작해 많은 동화를 창작했다. 대표작으로는 「난난과 털보 아저씨(南南和胡子伯伯)」, 「기러기와 비둘기(大雁和鴨子)」 등이 있다.

모르는 사람이 있을 수 있는데, '칭이써(靑一色 : 한 가지로 일관하다)'라는 말과 반대의 의미, 즉 이 글에서 나는 베이징 말과 푸퉁화를 섞어 쓰겠다는 말이다.

베이징 말은 말의 등급을 가장 중시한다. 얼마 전 남쪽 지방에서 좀 버릇없는 아이가 나를 보러 왔다. 그런데 갑자기 나더러 "니 지쑤이러(你幾歲了 : 몇 살이세요?)"라고 묻는 거였다. 이 말을 듣고 대단히 불쾌했는데, 내 손에 들려 있는 인형에게 그렇게 물었을까? 중학교에 들어갈 나이쯤 되면 "스지쑤이라(十幾歲啦 : 열 몇 쯤 되었니?)"라고 묻고, 어른에게 물을 땐 "뚜어따니엔지(多大年紀 : 연세가 어떻게 되셨습니까?)"라고 해야 한다. 간혹 중년쯤 된 사람들이 '꾸이껑(貴庚 : 연세)'이라 하고, 연세가 높으신 노인에게는 '까오서우(高壽 : 춘추)'라고 묻기도 하는데, 이건 너무 점잖은 말이라서 좀 일반적인 표현을 쓰는 것이 좋다고 본다.

베이징 말에 싼스 '라이'(三十 '來' : 삼십 '쯤')란 말과 싼스 '지'(三十 '幾' : 삼십 '몇')란 표현이 있는데, 싼스 '라이'는 27~8세 정도로 곧 30세가 된다는 의미이고, 싼스 '지'는 30세를 넘은 것을 말한다. 정도를 표현하는 데도 등급이 있다. 적어도 세 등급이 있는데, 예를 들어 '팅(挺 : 매우)'과 '띵(頂 : 대단히)'은 발음이 비슷하지만 한 등급의 차이가 있다. '팅'은 문언문(文言文)에 '포(頗 : 자못)' 정도이다. 칭찬하는 말로서 가장 정도가 낮은 등급으로는 '뿌라이(不賴 : 나쁘지 않다)'란 말이 있는데, 요즘 말로 '하이커이(還可以 : 쓸만하다)'와 같다. 대명사 '워먼(我們 : 우리들)'과 '짠먼(咱們 : 우리들)'의 사용에도 주의를 기울여야 한다. '짠먼'은 일반적으로 상대방도 포함하며, '워먼'은 포함하지 않을 때가 있다. 따라서 "너희들은 상하이 사람이고, 우리들(워먼)은 베이징 사람이다. 우리들(짠먼)은 모두 중국 사람이다"라고 하는 것이 올바르다.

베이징 말의 최대 특징은 완곡한 표현에 있다. 요즘 상점의 판매원들이 하는 말이 부드럽지 못하다고 탓하는데, 그래도 사는지 마는지 신경도 안 쓰는 것보다는 낫다. 얼마 전까지만 해도 카운터 쪽으로 고개만 돌려도 점원이 뛰어와서 "어떻게 오셨습니까?" "어떤 물건이 마음에 드십니까?"라고 물었다. 그리고는 물건을 살 것 같지 않아도 부담을 가질 필요가 없다는 듯이 "마음대로 구경하세요. 안 사셔도 됩니다"라고 했다.

완곡함은 '따오위(導語 : 본론을 꺼내기 전에 인사치레로 하는 말)'에 주로 나타난다. 요즘이야 직설적으로 말을 주고받기 때문에 쓸데없는 정력을 낭비하지 않는 좋은 점이 있기는 하지만, 어떤 때는 불쑥 던지는 말 한마디가 사람을 깜짝 놀라게 하기도 한다. 예를 들어 상대방이 당신이 누군가를 만나려 하는 것을 알고는, 그 사람이 지금 자리에 없다면 "니차이쩐머저(你猜怎么著 : 어떻게 오셨습니까?)"라고 먼저 말을 꺼낸다. 그리고 본론으로 들어가기 위해 "웨이, 수어쩡거더(喂, 說正格的 : 실례합니다, 실은……)"라고 한다. 즉 당신이 진지하게 다음 말을 받아들이기를 바라는 것이다.

완곡함은 어투에서도 잘 나타나는데, 오늘날 자전거를 탄 사람이 행인에게 길을 양보 받으려 할 때 벨도 울리지 않고 그냥 밀고 들어오면서 기껏 겸손한 척 하는 말이 "카오비얼(靠邊兒 : 옆으로 비켜요)"이다. 내가 젊었을 때는 최소한 "제광(借光 : 실례합니다. 미안합니다)"이라고 했다. 좀 말주변이 있는 사람은 "제광" 대신 "젠선니(濺身泥 : 진흙 튑니다)"라는 말을 덧붙인다. 행인을 배려해서 옷이 더러워질까 걱정하는 것이다. 이런 행인에 대한 자상한 배려는 단순히 "제광"이란 말보다 더 효과가 있다.

베이징 말 중에 어떤 단어는 쓰임이 절묘하다. 요즘 친구 딸이 점점 예뻐져 칭찬할 때면, 보통 "장더 뚜어 피아오량(長得多漂亮 : 예쁘게 생겼네!)"이라고 한다. 베이징 말은 이것보다 더 기교를 부려, 먼저 "여!(喲 : 탄식하는 소리. 문장 끝에 쓰여서 소망이나 권유의 어감을 나타냄)라고 하면서 놀라움을 나타낸다. 그런 후 "챠오니 쩌꾸이뉘 무양 뚜어 수이링아(瞧您這閨女模樣兒出落得多水靈啊 : 이 아가씨 자태가 갈수록 예뻐지는 것 좀 보게나!)"라고 한다. 비교하면 '장더(長得)'는 좀 고정적이란 느낌을 주는 반면에 '추뤄(出落)'는 발전 중이라는 뜻이 담겨 있다. 따라서 이 다음에는 더 예뻐지겠단 말이 된다. '수이링(水靈)'은 정적인 형태(이목구비의 단정함)말고도 고상하고, 예쁘고, 달콤하고, 여린 등과 같은 뜻을 지니고 있다는 의미다.

명사 뒤에 '얼(兒)' 자를 덧붙이는 것은 베이징 말의 가장 큰 특징인데, 정말 베이징 본고장의 말인지 아닌지를 판가름하는 기준이 된다. 작고하신 번역가로서 푸레이(傅雷)* 선생은 언어의 마술사였다. 1950년대 그의 원고를 받아 본 적이 있는데, 번역된 글이 엄정하면서도 유창하고, 문장 부호 하나도 세밀하게 고려하여 하나의 허점도 찾아볼 수 없었다. 그런데 그의 특징은 상하이 사람들이 즐겨 쓰는 베이징 말로 번역을 한다는 점이었다. 누군가의 말로는 그가 자신의 원고를 한 글자도 고치지 못하게 하면서도 원고 속에 '얼' 자의 사용에 대해서는 쉽사리 수정했다는 것이다.

영어의 관사처럼 이 '얼' 자의 용법은 쉽게 파악되지 않는다. 대체로 '얼' 자에는 '샤오(小 : 작다, 하찮다)'의 뜻이 있고, 종종 귀엽다는

---

* 1908~1966. 문학 번역가이자 문예 평론가로 로맹 롤랑의 『장 크리스토프』, 『베토벤의 생애』, 『미켈란젤로 평전』 등 총 34권이나 되는 역서를 남겼다. 문화대혁명 기간에 수난을 받고 사망했다.

뜻도 있다. 그래서 '샤오하이(小孩 : 꼬마)'라는 단어에는 '얼'자를 붙이지만, '따런(大人 : 어른)'이란 단어에는 붙이지 않는다. 양복을 입은 성인이 나이든 척 거드름을 피우는 것을 비꼬아, "허, 니 청러거 샤오따럴라(喝, 你成了個小大人兒啦 : 허, 애늙은이가 다 되었네)"라고 한다. 또 학교, 공장, 종루(鐘樓), 관공서처럼 덩치가 큰 사물에는 '얼'자를 붙이지 않는다. 한편 '마루(馬路 : 큰길)'에도 '얼'자를 붙이지 않지만 '저우 샤오따올(走小道兒 : 골목으로 가다)'이나 '쫜거왈(轉個彎兒 : 모퉁이를 돌다)' 등에는 붙인다. 어렸을 때는 태양을 '라오열(老爺兒 : 햇님)'이라고 했는데, 이는 친근함을 표현하기 위해 의인화한 것이다. 노인에게 "니 선즈꿜 커잉랑아(您身子骨兒可硬朗啊 : 옥체 건강하신지요?)"라고 하는데, "선티 하오 아(身體好啊 : 건강하시지요?)"보다 존대와 완곡함이 더 담긴 말이다.

베이징 말이라고 전부 흥미진진한 것은 아니다. 베이징 사람들이 길가에서 하는 욕은 정말로 대단하다. 내가 어렸을 때 학교에서는 매년 겨울 구제 사업 전에 먼저 학생들을 빈민가 일대로 파견해서 조사를 한 후, 가난의 정도에 따라 다른 등급의 구제 물품 수령증을 발급했다. 한번은 나도 조사에 참가한 적이 있는데, 뒷골목을 들어서자 꼬마들이 비호처럼 집으로 뛰어 들어가 알리는 것이었다. 우리가 그 집으로 들어가 보니, 세상에! 엄동설한 침대에는 이불도 없고 몇몇 사람은 방구석에 웅크리고 있었다. 당연히 1급 증서 발급 대상이었다. 문을 나서다 혹시나 하는 마음에 마당 쪽에 짚을 쌓아 올린 화장실을 살폈다. 이럴 수가! 두 개의 의자 위에 층층이 새 이불이 쌓여 있는 게 아닌가! 그래서 우리는 여주인에게 방금 건넸던 1급 증서를 내놓으라 했다. 그녀는 처음에는 상냥한 말투로 애원을 하더니 통하지 않을 것 같자, 시뻘건 배를 드러내 놓으며 문턱을 가로막고는 한 15분 동안을

1940년대 동교민항의 모습

내내 욕을 해대는데 그야말로 입에서 나오는 대로 조상서부터 사돈에 팔촌까지 일순간에 동물, 식물이 되어버렸다.

차오위(曹禺)의 희극 「일출(日出)」이라는 작품의 제3막 중에 기방 (妓房)을 묘사한 부분을 보면 한 젊은이가 하는 욕이 있다. "워 자오니 양하이쯔 메이피꾸얄(我教你養孩子沒屁股眼兒 : 똥구멍도 없는 자식이나 길러라. 즉 죽으라는 의미)"이라고 하는데, 정말 지독한 욕이다.

하지만 베이징 말은 남을 헐뜯는 표현에 있어 아주 절묘하다. 쌍소리 를 전혀 하지 않고도 절묘하게 욕을 하는데, 욕을 먹을 당시에는 별로 기분 좋지 않은 정도지만 곱씹어 보면 한 반년 간은 속이 끓어 오른다.

어느 해 겨울이었다. 눈이 내린 후 자전거를 타고 동교민항(東交民 巷)을 지나다 빙판길에 그만 미끄러져서 옆 자전거와 부딪칠 뻔했다. 그러자 그는 나를 힐끗 째려보면서 "거참, 여기서 자전거 연습하지

말라니깐!" 하는 것이었다. 한마디로 내가 자전거를 탈 자격이 없다는
것이었다. 한번은 귀가 도중 급한 일이 있어서 뛴 적이 있었다. 그러
자 누군가 "뭐야! 초상났어?"라고 하는 것이었다. 정말 지독한 저주
였다. 물건 살 때 좀 깎자고 들면 주인은 째려보며, "그냥 가쇼!"라고
한다. 듣는 사람은 얼마나 울화가 치밀겠는가!

3. 길거리 상인들의 외침

1920년대 베이징에 머물던 영국 시인 오스왈드 스티브는「베이징
의 소리와 색깔(北京的聲與色)」이란 글을 쓴 적이 있다. 그 글에서 당
시 거리와 골목을 떠돌던 행상들이 손님을 끌기 위해 사용하던 각종
소리를 길거리 관현악대로 묘사하면서 어떤 것이 관악이고 현악이
며, 또 타악인지를 구분했다. 그는 특히 거리를 떠돌던 이발사의 손에
들려 있던 족집게 모양의 '티에쉬옌(鐵絃 : 쇠고리 악기)' 소리를 좋아
했다. 한 가운데 철판을 대서 튕기면 높은 금속성의 소리가 나는데,
서양의 악사들이 쓰는 띵인차(定音叉 : 소리굽쇠. 포크 모양으로 소리를
조율하는 데 사용하는 악기)와 같다. 이 밖에 포목상들이 흔드는 '뽀랑
꾸(撥啷鼓)', 보석상들의 '샤오꾸(小鼓) 등의 소리도 좋아했다. 물론
가위나 칼을 가는 사람들의 외침도 포함된다. 그가 놀란 것은 모든 악
기가 나름대로의 상징을 지니고 있어서 주부들이 집안에서 소리를
듣고는 어떤 장사꾼이 동네에 왔는지를 안다는 사실이었다. 최근 베
이징 인민 방송국에서 베이징 뒷골목의 소리를 주제로 만든 교향시
를 방송한 적이 있었는데, 매우 흥미로웠다.
아쉬운 점은 언어의 장벽 때문인지 그 서양 시인은 단지 기악만 감

상했다. 하지만 진짜 내
세울 만한 것은 성악 분
야이다. 베이징 길거리
의 각종 장사꾼들이 외
쳐대는 호객 소리 말이
다. 「면포 장사(賣布頭)」
나 「전업(改行)」 등과 같
은 샹성을 들어본 적이
있다면 당시 장사꾼들이
외치던 호객 소리의 경
지에 감탄을 금치 못할
것이다. 넘치는 활기, 탁
트인 목청, 재치 있는 말
솜씨, 분명한 발음, 그리
고 적절한 가사와 재빠
른 두뇌 회전으로 현란
하게 임기응변의 진수를
보여 준다.

거리를 떠돌다가 그 자리에서 바로 이발을 해주었다.

내가 어렸을 적에는 일년 내내 비가 오나 눈이 오나 골목 안에는 아침부터 저녁까지 장사꾼들의 외치는 소리가 끊이질 않았다. 이른 아침 찬거리를 파는 장사꾼들의 소리가 들린다. "따미저우야(大米粥呀 : 쌀죽이요!)", "여우자궈(꾸이)더(油炸果(鬼)的 : 튀긴 찹쌀떡이요!)" 다음에는 야채와 꽃을 파는 이들이 나타나서 지게에 담긴 물건을 하나도 빠트리지 않고 외쳐댄다. 때로는 멋진 목소리로 손님을 끌어 모으기도 한다. 낮이 되면 더 들끓는다. 만물상과 각종 수리상들이 짐을 풀

만둣국 지게를 메고 다니면서 즉석에서 만둣국을 끓여 팔았다.

고 각양각색으로 물건들을 전시한다. 밤이 되면 장사꾼들의 소리는
더욱 멋지다.

　"훈툰웨이이~ 카이궈(餛飩喂~ 開鍋 : 만둣국이요~ 끓여 드립니다!)" 밤

늦게 인력거를 끄는 사람이나 도박을
하는 사람들을 위해 밤참을 파는 소리
인데, 남방의 '탕위옌(湯圓 : 알심이
탕)' 과 비슷하다. 베이징에서는 "이발
지게에는 온갖 물건이 가득하다"고들
한다. 사실 만둣국 지게도 똑같다. 지
게 한쪽 끝에는 여러 개의 작은 서랍이
한 줄로 매여 있고, 그 안에는 만두피,
만두소, 보조 재료 등의 각종 반제품
상태의 원료가 담겨 있다. 지게 다른
쪽에는 냄비가 걸려 있다. 불을 지피면
냄비 안에 물이 금세 끓어오르고, 즉석

설탕물에 담근 탕위옌을 파는 장수

에서 만두를 빚어 국을 끓여 먹는다. 여기서 특히 만두피는 얇아야 하
고 소는 많아야 한다.

　이런 장사꾼들의 고함 중에서도 나는 생국수를 파는 사람들의 소
리가 유독 좋다. 그 소리는 중후하며 가사는 소박하다. "잉미옌~ 뽀보
(硬麵~餑餑 : 생국수요~ 아주 쌉니다!)" 단순하게 무엇을 파는지만 알리
고, 조금도 과장이나 수식이 없다. 한밤에는 간식 파는 사람만 있는
것이 아니다. 노래 상자를 파는 사람도 있다. 아주 추운 날 낡은 유성
기와 레코드판을 등에 지고 다니는데, 대부분은 경극이나 따구(大鼓)
음악이 담긴 레코드다. 이야기도, 그렇다고 노래도 아닌 서양인들의
우스개를 들은 적이 있었는데, 처음부터 끝까지 웃기는 이야기뿐이
라서 듣기에 얼마나 피곤했는지 모른다. 정말로 짜증났던 것은 성리
(勝利 : RCA 레코드) 회사의 상표였다. 한 마리 개가 커다란 나팔 모양
의 스피커 앞에 앉아 있는데, 귀를 쫑긋 세우고 레코드를 듣고 있는

거리에서 판을 벌려 점을 봐주고 있다.

것이 한 마디로 불쾌했다.

　야밤에는 늘 '샤오바(小鈸 : 작은 징)'를 치고 다니는 맹인들이 있었는데, 이는 타악기에 속한다고 볼 수 있겠다. "쑤안링꽈(算靈卦 : 신통한 점 봐드립니다!)"를 외치며 다녔는데, 이 소리를 들으면서 "자기 운명이나 점 쳐 보시지!"라고 생각했다. 그리고 거지도 있었다. 지금 생각해 보면 거지들의 구걸은 정말 처량했다. 슬프게 떨리는 소리였는데, 먼저 높은 목청으로 "싱하오적~ 라오예~ 타이(아이)타이(行好的~ 老爺~ 太(哎)太 : 맘씨 좋은~ 어르신~ 마님!)"라고 외친 후 (너무 굶주려 숨쉬기도 어려운 것처럼) 간신히 저음으로 "여우 나 잉판~ 잉차이~ 상워 디얼츠바(有那剩飯~ 剩菜~ 賞我點兒吃吧 : 남은 밥이나 식은 음식 있으면 좀만 줍쇼)"라 했다.

　계절에 따라 장사꾼들의 물건도 달랐다. 봄이 오면 먼저 크고 작은 금붕어 장수가 나왔다. 특히 올챙이 장수에게 호감이 갔는데, 첫째로는 저렴했기 때문이다. 적은 돈으로도 살 수 있는 데다가 10여 마리씩

그릇에 담아주었다. 둘째로는 갖고 놀다가 그 후에 꿀꺽 먹어 버릴 수도 있었기 때문이다. 다만 올챙이가 내 뱃속에서 어찌 청개구리로 변하지 않는지 이상할 뿐이었다. 여름이 되면 수박과 얼음 가루로 만든 '쉬예화라오(雪花酪 : 빙수)' 장수가 나왔고, 가을이면 가을 하이당(海棠 : 해당의 열매)을 팔았다. 감 장수의 소리는 간단한 것과 복잡한 것 두 종류가 있었다. 간단한 것으로 "츠러미더 따스쯔(吃了蜜的大柿子 : 달콤한 감 드세요)." 솔직히 이걸로도 충분

장난감 장수

하지만 어떤 장사꾼은 목청을 팔려는 듯 가사를 더욱 흥미진진하게 고쳐서 노래를 뽑는데, 마치 가극처럼 대사와 노래를 뒤섞는다. 겨울이 되면 "후룰깡짠더(葫蘆兒 剛蘸得 : 후루에요! 방금 설탕을 발랐어요)"라는 소리가 출현한다. 당시 베이징의 겨울은 지금보다 훨씬 더 추웠다. 등교할 때면 콧물이나 눈물이 흘러 얼어붙을 정도였다. 그래서 호주머니에 잔돈푼이라도 있기만 하면, "카오바이수와, 쩐러후(烤白薯哇, 眞熱乎 : 군고구마요, 따끈따끈합니다!)"란 소리를 듣고는 하나 사먹지 않을 수가 없었다. 손으로 들기 어려울 정도로 뜨거운 고구마를 소매에 넣고 추위를 녹이다가 학교에 도착하면 꺼내어 한 입에 먹어치우곤 했다.

장사꾼들의 호객은 일종의 입으로 하는 광고였다. 그래서 그들의 방법은 아주 다양했다. 수수깡으로 만든 장난감 장수는 "샤오완열 싸

산리훙 장수

이훠더(小玩藝兒 賽活的 : 장난감이요, 진짜 살아있는 것 같아요!)"라고 외
쳤다. 먹거리를 파는 어떤 장사꾼은 "찌고 또 튀겼습니다. 공짜로 튀
겨 줍니다. 호박 속을 넣고 면피로 싸서, 찌고 또 튀겼습니다!"라며
조리 과정을 세세히 설명하기도 한다. 간단하게 "오향에 삶았어요,
튀긴 두부요!"라고 하는 이들도 있다. 어떤 것은 "밤처럼 단 고구마
요!"라든지 "배보다 맛있는 무요!" "얼음처럼 투명한 후루!"처럼 비
유법을 사용하기도 하고, 산리훙(山裡紅 : 산사山楂) 장수는 줄로 자홍
색의 과자를 엮어서 몸에 가득 걸치고는 "찌우성 량꽈라(就剩兩掛啦 :
두 줄밖에 안 남았습니다!)"라 하며 희극적으로 손님을 끌기도 했다.

　처음 외칠 때 어떤 장사꾼은 가늘고 높은 소리로, 어떤 장사꾼은 낮
고 무거운 소리로 외쳤다. 어렸을 땐 높은 소리로 외치다 갑자기 낮은
소리로 바꾸는 그런 소리를 몹시 무서워했다. 아마도 '허예까오(荷葉
糕 : 연잎으로 싼 찹쌀떡)' 장수가 애들을 잡아 간다는 말을 들었기 때문

거리의 장사꾼의 희극적인 외침 소리에 주변은 항상 사람들로 북적거렸다.

일 것이다. 꼬마들을 유괴해서 팔아먹는다고 했기 때문에 유달리 무서워했던 것이다. 이들은 먼저 날카로운 소리로 "이빠오 탕라이!(一包糖來!: 달콤한 찹쌀떡이요!)"라고 외친 후, 최소한 8할 정도 낮춘 목소리로 나지막이 "허예까오"라 했다. 이런 방식으로 외치는 장사꾼으로 '차오마이피(蕎麥皮 : 메밀 껍질)'를 파는 사람들도 있었다. 한번은 어떤 장사꾼이 등 뒤에서 "어이!(嘞)"하고 소릴 쳐서 깜짝 놀라 자빠졌는데, 내가 다시 일어나자 낮고 무거운 저음으로 "차오마이피"라고 하는 것이었다.

무엇보다 특출난 것으로는 압운까지 넣은 소리이다. 소설 「등산의 동쪽(鄧山東)」에 이렇게 압운을 넣어 호객을 하는 튀김 장수에 대해 쓴 것이 있다. 그리고 무 장수 중에는 "여우부캉라이 여우부라, 량쿤뤄보 이거따(又不糠來又不辣 兩捆蘿蔔一個大 : 속이 꽉 차고 맵지 않아요. 두 단에 동전 한 닢이요!)"라고 외치는 이도 있다. 여기서 '따(大 : 크다)'는 원래 동전 한 닢을 말한다. 심지어 거지들도 유들유들하게 빠른 박자로 외쳐댄다. "맘씨 좋은 아주머니, 과자 하나만 주셔도 충분합니다. 아무리 둘러봐도 주실 과자가 없으시면, 남은 밥 한 그릇 나눠줍쇼."

이제 북경성에는 이런 소리가 남아있다. "삥궐~ 싼펀(氷棍兒~ 三分 : 아이스께끼~ 3전이요!)" 외치는 모양으로 봐선 5전 짜리를 3전쯤으로 깎아준다는 것 같지만 원래 3전짜리다. 이런 희극적인 장사꾼들의 외침 예술은 결코 없어지지 않을 것이다.

4. 베이징의 어제

1940년대 영국의 한학자(漢學者)에게 왜 중국에 와보지 않느냐는 질문을 한 적이 있다. 그는 대답했다. "저는 마음속에 당나라 왕조 때의 중국을 영원히 간직하고 싶습니다"라고. 나는 중국은 이제 오랜 골동품 가게가 될 수 없다고 말했다. 지난 가을 런던을 방문했을 때 노점상이 가득했던 케임브리지 시장에 뉴욕식의 쇼핑센터를 짓는 것을 보았다. 본래의 오랜 풍모가 사라진 것이다. 그리고 편안한 느낌도 없었다. 따라서 국가나 도시란 시대의 흐름에 맞춰 변모해 나감으로써 더는 오랜 골동품점이 될 수 없음을 생각해 본다.

옛 시절을 그리워만 한다고 자칫 오해가 있을까 해서, 먼저 거시적 관점에서 베이징의 어제를 말하고자 한다. 본뜻은 온고지신(溫故知新)에 있는 것이다.

먼저 내가 가장 잘 아는 '동성(東城)'부터 얘기해 보자. '동직문'에 대해 말하자면 당시 도로는 현재의 1/4 정도 너비였고, 비포장에 얇게 돌로 한 층을 덮은 정도였다. 그 길을 걸으면 발이 꽤나 아팠다. 또 바람이 불면 흙모래 때문에 눈을 뜨지 못했고, 일단 비가 내리면 질척하고 흥건한 도로를 걸어 귀가해야 했다. 우리가 살던 방은 그래도 견딜 만했다. 비가 샐지언정 무너지지는 않았으니 말이다. 그렇지 않았다면 내가 지금까지 살아 있겠는가? 그래도 비만 내리면(기억으로는 1년에 족히 1개월은 내렸다) 집안에 있는 국수 반죽 그릇서부터 법랑 세숫대야, 심지어는 요강까지도 전부 깨끗해질 정도였다. 처음에는 방울방울 새다가 비가 많이 내리면 주룩주룩 흘러내릴 정도다. 더 형편없는 경우에 처한 사람은 매번 비가 내리면 몇 칸씩 무너져 내려 몇 식구가 죽기도 했다.

그때는 또 걸핏하면 계엄이었다. 성문을 닫으면 그 누구도 통행이 금지되었으며, 거리의 가로등은 향촉불보다 어둡고, 골목 안은 암흑천지였다. 한번은 바느질로 살아가는 노부인이 솜 보따리를 껴안고 길을 가는데, 한 악당이 가죽옷인 줄 알고 빼앗으려고 했다. 노부인이 손을 놓지 않자 그 악당은 무력을 썼고 노부인은 힘이 없었다. 다음날 그 흉수의 머리가 잘려 전신주에 걸렸다.

「용수구(龍鬚溝)」란 작품에 나오는 수돗물에 관한 묘사에서 나는 무척 감동받았던 적이 있다. 그 시절 평민들은 우물물이나 마실 정도였는데, 그것도 쓴 것과 단 것의 두 종류가 있었다. 그 후에는 물차가 집까지 배달을 해주었는데 물을 뽑을 때 나는 소음이 오히려 듣기 좋았다. 우리 집은 바퀴 하나 달린 손수레를 만들어 물을 담을 두 개의 석유통을 싣고 우물가까지 끌고 가서 물을 퍼 와야 했다. 거기다 물을 퍼오는 것도 공짜가 아니었다.

근래 베이징에서는 똥 푸는 사람 보기가 힘들어졌다. 당시에는 동단(東單) 일대의 서양 사람들과 부자들을 제외하고는 대부분 재래식 변소에서 볼 일을 봤기 때문에 도처에 똥을 푸는 사람들이었다. 똥은

당시에는 재래식 변소를 사용했기 때문에 똥을 푸러 다니는 사람들이 있었다.

귀한 것이었다. 그래서 똥을 둘러싼 패권과 물을 둘러싼 패권이 나타났다. 각각의 구역이 나뉘어 있었는데, 간혹 구역 때문에 다툼이 벌어지는 경우도 있었다.

쓰레기로 말할 것 같으면 온 거리가 쓰레기 천지였지만 어디에도 쓰레기장은 없었다. 북경성에서 두 지역의 이름은 특별히 아름다운데, 한 곳은 호국사(護國寺) 옆의 '백화심처(百花深處 : 온갖 꽃이 만발한 그윽한 곳)' 와 다른 한 곳은 내가 등교하는 길에 꼭 지나야 했던 '팔보갱(八寶坑 : 진귀한 보물이 담긴 굴)' 이었다. 그런데 웃기는 것은 이름과는 달리 이 지역에는 쓰레기가 유달리 많이 쌓여 코를 쥐어 잡고 지나야 했다.

내가 초등학교 1~2학년 무렵 베이징에 전차가 생겼다. 처음에는 '북신교(北新橋)' 에서 동단까지 운행했다. 출발할 때 운전사가 멋들어지게 박자에 맞춰 벨을 울렸기 때문에 '딩당처(叮噹車 : 땡땡차)' 라고 했다. 처음 전차를 타 본 것은 빙신(氷心)* 누님의 남동생이 극구 청해서였다. 북신교에서 차에 올라 얼마 안 갔는데, 옆에 있는 사람이 속삭이는 소리를 들었다. "잘못하다 전차에서 전기에 감전되면 장님이 될 꺼야!" 나는 그 소릴 듣고 무서운 나머지 동단까지 가는 표를 끊었음에도 십이조(十二條)에서 바로 내리고 말았다. 그때 일을 생각

---

* 신문학 운동 시기 단시(短詩) 형식의 인생에 대한 소감을 주제로 많은 시를 남겼다. 대표작으로 「초인(超人)」, 「별빛(繁星)」, 「춘수(春水)」 등이 있다.

'딩딩처' 라 불리는 전차가 새로운 교통수단으로 등장했다.

하면 좀 찜찜하다. 내가 얼마나 겁쟁이였는지를 보여주는 일이라서…….

　1950년대는 세균과의 전쟁을 치르느라 베이징에서 개를 기르지 못하게 했는데, 이 점은 정말 마음에 들었다. 어려서 매일 새벽 우유 배달을 했었는데, 빈 우유병을 수거할 때면 늘 개가 물려고 덤벼들었다. 그래서 다른 사람의 집을 방문할 때는 항상 문을 두드리고는 먼저 몸을 숨기는 버릇이 있었다. 성질 사나운 개가 집안에서 튀어 나올까봐 말이다. 1945년 독일 나치가 사용하던 각종 형벌 도구를 본 적이 있는데, 가장 무서웠던 것은 열여덟 마리의 사나운 개를 풀어 사람을 무자비하게 물어뜯도록 하는 것이었다.

　그때는 문을 나서면 늘 거지를 만났다. 늙은 거지, 어린 거지 할 것 없이 모두 주린 배를 움켜지고 나와 구걸하는 모습에 동정심을 가졌지만, 어떤 거지들은 전문적으로 공포스런 방법을 쓰기도 했다. 사패

Chine — Mission des Jésuites
Mendiant et son petit-fils

일정한 거처없이 거리를 떠돌며 구걸을 하던 거지들의 모습을 많이 볼 수 있었다.

루(四牌樓)의 한 상점 앞에서 30살 쯤 되어 보이는 온통 흙을 뒤집어
쓴 거지가 큰 못으로 자신의 팔을 대문 틈에 박고 동냥을 주지 않거나
성에 차지 않으면 그 자리서 가지 않고 계속 버티는 것이었다. 하지만
훨씬 많은 거지들은 주로 자신의 몸을 더럽게 하는 방법을 썼다. 진흙
을 뒤집어 쓴 원숭이처럼 사람들 뒤에 바짝 붙어 선다. 야박한 사람들
은 동냥을 주지 않은 채 떨어지라고 소릴 치기도 하는데, 일반적으로
빨리 동냥 푼이나 던져주고 만다. 그런데 조금만 가면 또 한 무리가
달라붙는다.

한편, 또 다른 방법으로 장타령을 하는 부류가 있다. 어느 집에 결혼
이나 돌, 집주인의 승진, 아들의 졸업 등 경사가 있는 집 대문 앞에 대
나무 판때기를 들고 장타령을 한다. 역시 동냥을 주지 않으면 가지 않
는다. 그런데 끝내 동냥을 하지 못하면 가사를 바꿔 '앙가(秧歌 : 북방
의 농촌에서 유행하던 민간 가무의 일종)'를 부른다. 예를 들어 경사가 있

형을 집행하기 위해 사형수를 끌고가고 있다.

는 집 문전에서 "문을 들어서니 온 집안에 기쁨이라, (이렇게 야박해서야)바지를 저당 잡히고 전등도 저당 잡힐 걸!" 이건 완전히 악담이다.

공포스러운 방법을 쓰는 거지보다 더 악질은 '궈따처더(過大車的 : 사형수)'이다. 나도 막 중학교에 입학할 무렵 한 번 본 적이 있었는데, 며칠 밤을 잠을 못 이룰 정도였다. '따처(大車)'는 천교(天橋)로 사형수를 끌고 가는 두 마리 말이 끄는 지붕이 없는 수레를 말하는데, 그때 그 수레에는 세 명의 호한(好漢 : 사형수)이 앉아 있었다. 각각 등 뒤에 '자오쯔(招子 : 팻말)'가 걸려 있었는데, 죄명 위에는 빨간 동그라미가 그려져 있었다. 옆에는 무장한 간수가 있었는데 아마도 사형 집행인이었을 것이다. 호한들은 원래 무서울 게 없는 법인지라, 길에서 알아들을 수 없는 노래를 고래고래 불러댔다. 그러다가 과자 가게나 식당 앞을 지날 때면 고래고래 고함을 치며 수레에서 내려와 술과 고기를 내놓으라고 협박을 한다. 그러곤 실컷 먹고 노래하며, 한바탕 난리를 친다. 몇 시간 살지도 못할 인생이니 달라는 대로 줄 수밖에.

그 당시에는 '경찰(警察)'을 '순경(巡警)'이라고 했는데, 늘 인력거 꾼들과 다투는 광경을 보았다. 인력거를 제 자리에 놓지 않으면 끌지 못하게 깔개를 뺏어 가버렸다. 또 영국인이 관리하는 보안대가 있었는데, 사복 차림의 정탐대로서 주로 사람을 잡는 일을 했다. 나도 그들에게 곤혹을 치룬 적이 있다. 그 후로는 빨간 완장을 찬 헌병이 생겼다. 무엇보다도 악랄한 건 '따뼝(大兵 : 일반 병사를 말하며 치우빠丘八라고도 함)'이었다. 왜냐하면 허리춤에 권총을 차고 다녔기 때문인데, 동안시장(東安市場)에 있었던 길상극장(吉祥戲院)을 때려 부수던 광경은 영원히 잊지 못할 것이다. 차 탁자에서부터 걸상까지 전부 다 아래층 연못으로 집어 내던지는데, 나를 데리고 갔던 친척이 황망히 나를 안고 창문을 넘어 도망 나왔다. 그때부터 나는 경극과는 인연을 끊었다.

위에서 말한 것들은 동성(東城)만의 모습이 아니었다. 당시 베이징의 진정한 암흑 세계는 남성(南城)에 있었다. 1950년 기생들의 정신 개조를 취재한 적이 있는데, 그때서야 비로소 팔대 후퉁(八大胡同 : 관음사 남쪽의 매춘 여성이 집단적으로 모여 있던 지역. '팔대부八大埠'라고도 한다)이 얼마나 인간 지옥이었는지 알게 되었다. 난 줄곧 시(市) 부녀연맹이 어째서 이런 잔혹한 잔재들을 정리하지 않는지 이상하게 여겼는데, 실은 젊은 여성들로 하여금 지난 시절의 베이징을 이해하고 당시 여성들이 얼마나 잔혹한 세월을 살아 왔는지 알게 하려는 것이었다.

5. 베이징 사람들의 직업

·

매번 동사대가(東四大街)와 북신교(北新橋)를 지날 때면 50년 전 이 곳의 모습을 회상하곤 한다. 점포들은 사회 변화에 따라 적지 않게 사라졌지만, 어떤 것들은 방법과 역할을 바꿔 꾸준히 이어오기도 했다.

건축에 있어서 구조물을 세우는 일은 베이징에서는 대단히 전문적인 분야이다. 1950년대 무렵 기차에서 한 70세쯤으로 보이는 노동자를 보았는데, 그는 이화원(頤和園)에 불향각(佛香閣)을 세우는 데 골격을 만드는 일을 했었다고 한다. 지금이야 고층 건물이 너무 많아서 이런 일쯤이야 별 거 아니겠지만, 50~60년 전 베이징에서는 큰 건물이었다. 그땐 이런 직업을 '다펑(搭棚 : 천막을 친다는 뜻)' 이라고 했다. 길흉사를 치를 때 천막을 치거나 여름에 부잣집에서 정원에 차양을 세우는 것에서 유래한 듯하다.

이런 게 바로 기술이다! 몇 수레의 통나무와 새끼줄, 그리고 의자를 싣고 와서는 전문가들은 반나절도 되지 않아 사합원(四合院 : 베이징의 전통 주택) 한 채를 천막으로 덮어 버린다. 그 천막 아래서 상황에 따라 며느리를 얻기도 하고, 초상을 치르기도 한다. 그리고 일이 끝나기를 기다렸다가 몇 명이 다시 와서는 집 위로 올라가 한 시간도 되지 않아 전부 걷어낸다. 그리고는 통나무, 의자와 끈 등을 종류별로 나누어 일사불란하게 큰 수레에 다시 담아서 끌고 간다.

완전히 소멸된 직종들은 대부분 미신과 관련된 것들이다. 가령 향촉이나 제사용 종이 장수 같은 것 말이다. 예전에는 북신교에서 사패루(四牌樓)까지 많은 가게가 있었다. 당시 일년 내내 한도 끝도 없이 향을 살랐는데, 평소에는 집안에서 향을 피우다가 매월 1일과 15일에는 사당으로 가서 피웠다. 그믐달 23일에는 부엌의 조왕신(竈王神)에게 고사를 올리며 향을 피웠고, 8월 15일에는 튈예(兎兒爺 : 중추절에 달에 제사 지내거나 어린이의 장난감 따위로 사용하는, 토끼 머리에 사람 몸을 한 진흙 인형)에게 고사를 지내며 향을 피웠다. 청명(淸明)이 되면 집집마다 제사용 종이를 사서 한 장에 몇 개의 구멍을 뚫어 동전을 만들었다. 거기에 금종이와 은종이를 '위엔빠오(元寶 : 말굽형으로 된 은자)'처럼 붙여서 죽은 사람이 저승에서도 이 돈으로 잘살기를 기원했다. 또 '차오퍄오(鈔票 : 종이돈)'가 있었는데 위쪽에 '저승 은행'이라고 인쇄된 것으로 얼마짜리든지 모두 있다. 이것은 무덤가로 가져가 사르는데, 이를 사르며 하늘과 땅에 소원을 빈다. 그믐달 조왕신에게 드리는 고사는 더 화려하고 볼 만하다. 조왕신에게 뇌물을 바쳐 '하늘에는 좋은 이야기를 고하고, 땅에는 평안을 지켜주도록' 기원했다. 그리고 마치 조왕신은 하늘에 오르는 기술이 없는 양 대신해서 종이 사다리를 태웠다. 게다가 말린 완두콩을 태우며 그의 말에 먹이를 주는 것이라고 했다. 어려서 조왕신 고사를 지내면 바로 화로 잿더미로 달려가 구워진 완두를 뒤져 먹곤 했는데, 그 맛이 일품이었다. 하지만 먹고 나면 입 주위서부터 심하게는 얼굴 반이 재로 뒤덮였다.

지금은 초롱이나 연을 만드는 고수들이 공예 미술가가 되었지만, 그 당시에는 종이 탑을 만드는 사람도 있었고, 그것을 파는 상점도 여기저기 있었다. 초상을 치를 때 행여 죽은 영혼이 저승에서 살 집과 교통 수단이 없어서 곤란을 겪을 것을 대비해 종이 집과 종이 수레, 종이 말 등을 접었다. 어떤 경우는 몇 명의 종이 사람을 만들기도 했다. 7월 우란절(盂蘭節 : 7월 보름날 조상에게 제사를 지내는 것) 때는 종이배를 만들어 망자가 저승에서 고해의 바다를 건너 빨리 서방 극락으로 왕생하기를 기원했다. 이때는 먼저 수수깡으로 틀을 만들고 색종이를 붙이는데, 공정이 진행될수록 더욱 세밀해져 사람이나 말을 오려 붙일 때는 거의 실물과 같다. 하지만 시간이 되면 일거에 살라버리는데, 어떤 때는 큰길가에서 태우기도 했다.

이제 결혼과 초상에 대한 이야기를 해 보겠다. 먼저 결혼식은 당연히 집안에서 다 알아서 처리했기 때문에 정작 신혼 부부는 신혼 첫날밤에야 만날 수 있었다. 정혼을 할 때 남자 측에서는 여자 측에 거위를 담은 광주리와 술독을 보냈다. 짐을 나르는 동안에 거위는 큰길에서 광주리 사이로 목을 빼고 고래고래 울어댄다. 신부 측에서는 밖으로 나오지 않고 먼저 거위 울음소리를 몇 번 듣다가 거위가 크게 울어대면 반응한다. 이에 앞서 여자 측은 먼저 남자 측에 혼수를 보냈다. 찻주전자, 화장품, 요, 이불, 청소 도구, 병, 빗, 화장대에서부터 각종 가구까지 모두.

그때는 교통 경찰도 감당하기가 어려웠다. 신부를 맞는 꽃가마나 초상을 치르는 상여는 모두 큰길로 다녔다. 상여는 적어도 8개의 멜대로 받쳤는데, 남색의 짧은 마고자를 입은 장정들이 들쳐 멨다. 혹 규모가 큰 것은 관 위에 커다란 지붕을 얹어서 많을 때는 64명이 메기도 했다. 앞쪽 집사들의 대오가 반 리나 늘어서기도 했다. 신부를 맞는 꽃가마는 보통 8명이 짊어졌는데, 앞쪽에 집사가 얼마나 떠들썩하게 했는지 말도 못한다. 그리고 칼과 창, 도끼 등을 들고 가는데, 여자 집에 도착하면 여자 쪽은 문을 꼭 잠그고 일부러 열지 않았다. 그러면 집 밖에서 징과 북을 두드렸는데, 안에서는 골탕을 먹이려고 이 곡 저 곡 악사가 시끄럽게 연주하게 했다. 당시엔 훤한 대낮에 집사들이 왜 나무 등(燈)을 들고 갈까 이상하게 여겼는데, 나중에 인류학을 배우고 나서 포로 혼인 제도의 유습임을 알게 되었다.

1930년대 연경대학(燕京大學)을 다닐 때 교무처장이셨던 메이이치(梅貽琦) 선생의 결혼식은 특별히 꽃가마를 사용해서 당시 교내에 많은 관심을 끌었었다.

그때 나는 수의를 파는 가게 앞을 지나는 것을 굉장히 무서워했다. 죽은 사람에게 염을 할 때 입힐 옷을 전문적으로 파는 곳으로서 양 끝에 연꽃 수가 놓인 베개와 위에 구슬을 박은 모자 등이 있었다. 민간의 노래 중에 관을 파는 가게를 노래한 것이 있다.

> 짝짝이를 치면서 큰 걸음을 내딛네.
> 한 걸음씩 내딛어 관 파는 가게에 이르렀네.
> 관 가게 주인 솜씨가 보통이 아니라 큰 관, 작은 관 없는 게 없다네.
> 망자(亡者)를 입관하면 뛰어가지 못하리.

그때는 마땅히 할일이 없는 사람들이 주로 하던 직업이 있었다. 다른 사람을 대신해서 곡(哭)을 하는 것인데, 길가에 상여가 나오면 앞쪽에 늘 이런 사람들이 있었다. 목을 움츠리고 팔짱을 긴 채 슬프게 통곡을 한다. 아마도 상주가 안배를 했을 것이다. 나보다 10~20살 정도 어린 사람도 이런 광경은 필히 보았을 것이다. 지금에 와서 이 웃기면서도 슬픈 일을 회고해 보면 사회의 진보는 사람들을 우매하지 않게 변화시키고, 또 우매함 때문에 지출했던 쓸데없는 낭비도 감소시켜 왔음을 알 수 있다. 21세기의 사람들이 또 현재의 우리를 돌아본다면 과연 어떤 부분이 우매하고 낭비적일까?

6. 편리함

서비스의 질을 논할 때 편리함을 공급자에게 줄 것인가, 아니면 소비자에게 줄 것인가 하는 문제에 봉착한다(당연 둘 다를 만족시키는 것이 가장 좋은 것이겠지만). 이는 사실 매일 부딪히는 문제다. 예를 들면 옛날에는 우유 배달이 문 앞까지 갔다. 지금은 매일 새벽 줄을 서서 받는다. 작년에는 우유 표를 팔았다. 바쁘거나 비가 내려 우유를 찾으러 갈 수 없으면 그 표는 나중에 쓰면 되었다. 그런데 지금은 시한이 지나면 표를 사용하지 못한다. 결국 우유를 파는 사람은 이익이지만 우유를 받아야 하는 사람은 귀찮게 된 것이다.

문화대혁명 후기 간부 학교에 가기 전 폐품장에 몇 번 가본 적이 있었다. 약탈한 후 남은 것 중 그래도 쓸만한 찌꺼기들을 자전거로 실어 날랐다. 폐품을 사는 사람들 입장에서는 당시 물건을 몰래 빼돌려 불법으로 파는 것은 타도되어야 할 행위임을 알고 있었기 때문에 여간 까다롭지 않았다. 이건 안 사고, 저건 필요하지 않고, 정말 물건을 내던져버리고 오고 싶을 정도로 화가 났지만 그래도 그러면 안 될 것 같아 부득이 실어 올 수밖에 없었다.

예전에는 폐품을 사 거두는 방법도 교묘했다. 절대 모두 현금으로 바꾸지는 않았다. 예를 들어 '환양취덜더(換洋取燈兒的 : 성냥을 주고 등잔을 바꾼다)' 란 성냥으로 낡은 옷이나 신문을 바꾸는 것을 말한다. '환펄더(換盆兒的 : 그릇으로 바꿔주는 사람들)' 는 길가에서 지게 위에 새 그릇을 담아 놓고 외친다. 그럼 주부들은 낡은 것을 새 것으로 바꾸는데, 어떤 때는 두세 개로 하나를 바꾸기도 하고, 돈을 좀 더 보태기도 했다. 요즘은 집안에 맥주병들이 쌓여 있지만 바꿔주는 곳이 없다.

베이징의 식당에 대해 말하면, 당시(1950년대를 포함하여) '탸오허쯔차이(挑盒子菜 : 도시락 주문)' 가 생각난다. 누구네 집에 손님이 올 경우 식당에 주문만 하면 바로 두 개의 상자에 넣어 음식을 배달해 주었다. 물론 식당의 요리사를 직접 집으로 청해 음식을 장만할 수도 있었

당시의 그릇 수선장이들은 상당한 기술을 가지고 있었다.

다. 그땐 돈만 있으면 참 편리했다. 지금은 돈이 있어도 예전과 같지 않아 간혹 아주 고민스러울 때가 있다.

내가 어렸을 때는 동네를 지나는 수선장이가 셀 수 없이 많았다. 지금은 접시가 깨지면 그냥 버리지만 예전에는 그렇지 않았다. 지게 양끝에 각각 작은 징과 망치를 매달아 '쨍그랑~ 쨍그랑~' 소리를 내며 다니는 냄비나 그릇 수선장이가 있었다. 이들은 기술이 대단했는데, 냄비나 그릇이 심하게 깨졌어도 조각조각 맞춘 후 접착제로 붙이고, 활처럼 생긴 틀을 당겨 그것을 연결시키고 벌어지지 않게 했다. 고고학적 발굴을 하는 사람들이 출토물을 보수하는 데 전념하는 것을 볼 때마다 저건 그릇 수선장이들이 전공이라는 생각을 하곤 한다.

상점들의 상술도 뛰어났다. 한번은 친구와 그의 어머니와 함께 동사패루(東四牌樓)에 있는 동승상(東昇祥)으로 옷감을 사러 간 적이 있었다. 친구의 세 살짜리 동생이 함께 갔었는데, 상점 주인은 우리를 맞이하고 점원은 그 어린 동생을 데리고 위층으로 올라갔다. 옷감을 다 사고 위층으로 올라가 보니 점포 안의 어린 아이들이 그 꼬마 동생을 데리고 기차놀이를 하고 있었다. 알고 보니 위층에는 각종 장남감이 있었는데, 모두 고객의 아이들을 위해 준비해 놓은 것이었다. 이렇게 하니 어른들은 마음 놓고 물건을 고를 수 있었던 것이다.

작년 독일에서 한 시립 도서관을 가본 적이 있었다. 큰 방으로 들어가 보니 서너 살 정도의 꼬마들이 각각 아동용 그림 동화책을 들고 여기저기 흩어져 있었다. 그들은 주부들과 함께 온 꼬마들로서 주부들이 편하게 책을 볼 수 있도록 전담자가 아이들을 맡아 주는 것이었다. 이렇게 하니 아이들도 어려서부터 책을 보는 취미를 가질 수 있게 되는 것이었다. 참 좋은 아이디어라 생각하며 예전 동승상 상점이 생각났다.

요즘은 이사하는 것이 참 힘든 일이다. 기관에 있는 사람이면 차도 빌릴 수 있고, 또 친구들의 도움을 받을 수도 있다. 하지만 그 외 사람은 여간 골치 아픈 일이 아니다. 이전에는 전문적인 포장 이사 업자가 있었다. 전체 이사 비용을 계산하고, 또 요구에 따라 안전한 운반을 보장한다. 주인은 단지 새 집에서 책상은 여기, 침대는 저기 하고 손짓만 하면 된다. 이사가 끝나면 화분 하나도 깨지지 않는다.

그때는 자기가 발품만 팔면 조금 먼 도매상으로 가서 물건을 싸게 구입할 수 있었다. 나는 늘 과일을 사러 과일 도매 시장으로 갔는데, 소매 가격보다 많이 저렴했다. 그런데 조심하지 않으면 속을 염려가 있기는 했다.

1983년 어느 날 미국에서 교외의 한 메론 농장을 지나갔다. 별 흥정 없이 점잖게 1달러로 큰 것 3개를 살 수 있었는데, 계산을 해 보니 슈퍼마켓에서는 1달러로 반 개도 살 수 없었다. 그래서 과일이나 채소를 살 때, 만약 베이징에서도 산지로 직접 간다면 물건의 운송비 부담도 줄이고 소비자도 저렴하게 구매할 수 있지 않을까 생각해 보았다.

1930년대의 유리창(琉璃廠) - 이곳에는 골동품을 비롯해 문방사우, 고서적 등 고풍스런 물건들을 주로 판매한다. 우리의 인사동과 비슷하다.

　외국에서 벼룩 시장을 볼 때마다 베이징 덕승문(德勝門)의 새벽 시장이 생각났다. 주로 중고품을 팔았는데, 듣기로는 그곳 물건들이 장물이라고도 했다. 하기야 새벽 시장은 동이 트기 전에 열리기 때문에 장물을 팔기 쉬울 수도 있을 것이다. 거기서 몇 번 속아 본 적도 있는데, 한번은 값도 아주 싸고 반짝거리는 구두를 샀다. 그런데 사가지고 와서 몇 발짝도 안 걷고 그만 터져버리고 말았다. 알고 보니 가죽이 터진 곳을 본드로 붙이고 진흙으로 평평하게 바른 다음, 그 위에 구두약을 감쪽같이 발라 놓은 것이었다.

　가장 그리운 것은 당연히 헌책방인데, 융복사(隆福寺)와 유리창(琉璃廠), 특히 연하창전(年下廠甸)이 생각난다. 읽기도 하고 사기도 했으며, 적지 않은 책을 서서 보기도 했다. 그곳은 지식인들의 만남의 장소이기도 했다. 1950년대 바진(巴金)*이 베이징에 왔을 때 내가 늘 모시고 동안시장의 헌책방을 구경 다녔다. 그의 집에는 70여 개나 되는 책꽂이에 책이 가득 있었는데(현재는 대부분 베이징 도서관에 있다), 거의가 그런 헌 책방에서 구입한 것이다.

언젠가 베이징에 다시 헌 책방이 생기길 희망한다. 소개장도 필요 없고, 또 거주증이 없어도 들어갈 수 있는 곳 말이다.

7. 베이징의 구획과 거리의 이름

세계적으로 베이징처럼 네모반듯하고 균형감 있게 설계된 도시는 본 적이 없다. 바둑판처럼 반듯반듯한 도시에 사는 게 습관이 되어서인지 다른 곳에 가면 늘 길을 잃고 헤맨다. 한번 살펴보자!

자금성(紫禁城)을 중심으로 아홉 개의 문이 대칭으로 놓여 있고, 앞쪽에는 천안(天安), 뒤에는 지안(地安)이 있으며, 동서로 난 쪽문은 축구장의 양 모서리에 해당된다. 북성(北城)에는 종루(鐘樓)와 고루(鼓樓), 그리고 사방으로는 각각 천(天 : 하늘), 지(地 : 땅), 일(日 : 해), 월(月 : 달)에 제를 지내는 네 개의 제단이 있다. 도로는 동단(東單)과 서단(西單)으로 연결되고, 남지자(南池子), 북지자(北池子)라는 연못이 있다.

---

* 본명은 리페이간(李芾甘)이다. 5 · 4운동을 계기로 새로운 사상에 눈을 떠, 1923년 난징과 상하이에 올라와 혁명 운동에 참가했다. 1926년 프랑스로 유학, 귀국 후 유학 중에 집필한 「멸망」을 발표하고, 그 후 3부작 「집(家)」, 「봄(春)」, 「가을(秋)」을 발표했다. 항일 전쟁 동안에는 충칭(重慶)과 구이린에서 「추운 밤(寒夜)」 등을 집필했고, 제2차 세계대전 후 작가협회 부주석 등의 공직에 있었으며, 문화대혁명 때에는 격렬한 비판을 받기도 했다. 14권의 『바진 문집』, 5권의 『수상록』, 26권의 『바진 전집』이 있다.

전체적으로 굽은 길이 거의 없기 때문에 몇몇 굽은 길은 '잉타오 셰제(櫻桃斜街)', '리톄과이 셰제(李鐵拐斜街)', 종고(鐘鼓) 옆쪽에 '옌타이 셰제(煙袋斜街)'처럼 모두 이름을 붙였다. 후퉁(胡同)의 경우는 첫째 골목에서부터 열두 번째 골목까지 번호를 매기기도 했다. 수많은 골목길이 얽히고설킨 뉴욕과 달리 베이징은 12개씩 편성되어 거의 예외 없이 이에 따라 번호를 붙여 이름을 지었다. 가령 샹얼 후퉁(香餌 : 향기로운 미끼 골목), 스취에 후퉁(石雀 : 돌 공작 골목)처럼 상당히 운치 있게 이름을 붙인 곳도 있다.

상하이의 이마로(二馬路)에 사오빙(燒餅 : 구운 떡류)이나 여우탸오(油條 : 밀가루 튀김)를 파는 '얼둬열(耳朶眼兒)' 골목이라든가 런던의 빅벤(시계탑) 거리처럼 베이징이 아니더라도 그럴 듯한 거리 이름들이 있기는 하다. 그러나 이런 풍취 있는 거리명은 그저 한두 개에 불과하다. 베이징은 도처가 형상화된 지명들인데, 특히 '쥬다오완(九道灣 : 여러 번 굽이진 지역)', '주간샹(竹竿巷 : 대나무 숲이 있는 지역)', '웨야(月牙 : 초승달처럼 굽은 지역)', '볜단(扁擔 : 멜대처럼 생긴 지역)'처럼 지형을 따서 지은 이름은 썩 어울린다. 가령 동단에 있는 골목길 중 입구가 약간 굽어서 '양웨이바 후퉁(羊尾巴胡同 : 양꼬리 골목)'이라고 했는데, 이름이 얼마나 생동감 있고 상상력이 풍부한가!

나는 어려서부터 베이징 후퉁의 이름 유래를 즐겨 고찰했는데, 고찰의 깊이를 더해가면 갈수록 이 도시의 설계는 애초부터 대단히 훌륭한 것이었다고 생각하게 되었다. 전체적인 배치가 균형감이 있을 뿐만 아니라 서민들의 생활과 관계되는 시내의 설계는 대단히 주도면밀하고 질서정연하다. 동사(東四)에는 돼지 시장, 서사(西四)에는 양 시장, 남성(南城)에는 꽃 시장과 마늘 시장, 그리고 북성(北城)에는 등(燈) 시장과 비둘기 시장이 배치되어 있다. 보기에도 당시 베이징 상가의 구성은 마치 오늘날의 백화점처럼 구역별로 각각의 기능을 지니고 있음을 알 수 있다. 양 시장 거리에 바짝 붙어서 '양러우 후퉁(羊肉胡同 : 양고기를 파는 골목)'이 있다. 즉 하나의 생산 라인이 있어서 이쪽에서는 도살하고 저쪽에서는 판매를 한다. 얼마나 합리적인가! 내가 중학교를 갈 무렵 돼지 시장 거리에서는 야밤에 돼지를 도축했는데, 내가 첩보대에 체포되어 '바오팡 후퉁(報房胡同)'에 구류되어 있을 때 밤새도록 돼지의 비명을 들은 적이 있다.

수도였기에 대부분의 골목에는 문부(文部) 관청으로 '태복사(太僕寺)', 무부(武部) 관청으로 '화약국(火藥局)'이나 '병마사(兵馬寺)' 등이 있었다. 그리고 관리를 선발하는 '공원(貢院)', 군사 훈련을 관장하는 '교장(校場)', 곡식을 관리하는 '해운창(海運倉)'과 '녹미창(祿米倉)'이 있었고, 내가 살던 곳은 종전의 '형부가(刑部街 : 검찰청)'와 그리 멀지 않았다. 그래서 많은 애국지사가 거기서 재판을 받거나 사형을 당하는 것을 자주 목격했다.

어떤 골목은 사찰의 이름으로 불렸다. '백의암(白衣庵)', '노군당(老君堂)', '관음사(觀音寺)', '사반사(舍飯寺)' 등으로 그 가운데 '백탑사(白塔寺)'나 '백림사(柏林寺)' 등은 아직도 남아 있다.

어떤 골목의 이름은 그곳에 사는 사람들의 사회적 계층에 따라 지어지기도 했다. '하공부(霞公府)', '공왕부(恭王府)'는 황제의 친족이 살던 곳이고, '왕대인(王大人)', '마대인(馬大人)'은 높은 관료들이 살던 곳이며, '사가(史家 : 사씨 집안)'나 '위가(魏家 : 위씨 집안)'처럼 부자들이 사는 곳도 있었다.

그때 베이징은 필연적으로 많은 공방(工房)이 있었다. 수공예가들은 집단 거주를 했는데, 벽돌 공장, 투구와 갑옷 공장, 철공소 등과 같이 부근에 모두 모여 살았다. 공방 외에 규모가 더 크고 공예의 수준도 더 높은 공장들도 있었다. 유리창에서는 각양각색의 유리병을 대량으로 만들었고, 고루 옆의 '주종창(鑄鐘廠 : 범종 주조 공장)'은 당시로선 오늘날의 '서우강(首鋼 : 수도 철강)'이나 마찬가지였고, 거기다 공예 미술까지도 담당했다.

또 이름은 평범해 보이지만 내력은 평범치 않은 것도 있었다. '부우가(府右街)'에 있던 '달자영(達子營)'으로 말할 것 같으면 내력이 있는 곳이다. 청나라 때 건륭 황제는 신강(新疆)에서 향비(香妃)를 얻어 함께 궁으로 데리고 왔다. 그런데 그녀는 늘 이맛살을 찌푸리며 근심에 젖어 어떤 부귀영화로도 풀길이 없었다. 그때만 해도 황제는 모든 일을 맘대로 처리할 수 있었기 때문에 궁궐 밖에 위구르족의 민속적 냄새가 물씬 나는 달자영을 만들었다. 그리하여 향비가 집을 그리워 할 때면 궁궐 담장 너머 이곳을 바라볼 수 있게 했다고 한다. 이 인공적 고향이 그녀의 향수를 풀게 했는지는 모르겠지만!

중화민국 초기 위안스카이(元世凱)는 베이징에서 가짜 공화 정부를 세웠다. 그래서 베이징의 많은 거리는 중화민국 역사의 흔적이 남아 있다. 특히 오늘날 신화사(新華社) 본관이 있는 '국회가(國會街)'가 대표적인 예일 것이다. 야심가 위안스카이는 그곳에서 각종 방법으로 공화정을 파괴하는 일을 저질렀고, 차오쿤(曹錕)*도 선거에 당선되기 위해 뇌물을 쓰느라 바빴다. 1950년대 초기 나는 구자루(口字樓)에서 몇 년간 일을 하면서 당시 참의원과 중의원 양원이 어디에 있었는지 늘 알고 싶었다. 그래서 그때 의원들이 무(武)로 문(文)을 대신하여 지팡이

---

* 1862~1938, 직계 군벌의 영수, 자는 중싼(仲珊)이다. 1894년 청일전쟁 때 조선에 참전 후 위안스카이에게 투항하여 그의 황제 즉위를 적극 도왔다. 1923년 10월 뇌물로 총통의 자리까지 오른 이후 1924년 제2차 직봉(直奉) 전쟁 때 패배하여 연금되었다가 1926년 평위상(馮玉祥) 군대에 의해 석방되었고, 1938년 5월 톈진에서 병사했다.

와 벼루를 내던지고 벌였던 형편없는 싸움의 흔적을 찾고자 했다.

8. 화려한 등(燈)

명절은 한 민족의 풍습과 흥취를 가장 집중적으로 표현한다. 서양의 성탄절, 부활절, 추수감사절과 같은 명절은 대부분 종교적 색채를 띠고, 어떤 것에는 역사적 흔적이 남아 있기도 하다. 명절은 개개인의 어린 시절 기억 속에서 분명 아주 특별한 위치를 차지할 것이다. 가난한 집에서도 성탄절에는 오색으로 깜박이는 전구로 장식한 트리를 만들고, 아이들은 자상한 산타 할아버지가 보낸 선물을 양말 속에서 찾을 수 있었다. 성탄절 날 새벽부터 아이들은 동네 집을 다니며 문 앞에서 노래를 부르고 용돈을 얻기도 한다.

내가 어렸을 땐 각 명절마다 나름의 풍습이 있었다. 5월 단오에는 앵두와 종자(粽子 : 찹쌀떡)를 먹고, 뺨에 '왕(王)' 자를 그리면 오독(五毒)을 피한다고 했다. 단추에는 한 줄로 각종 무늬가 있는 장난감을

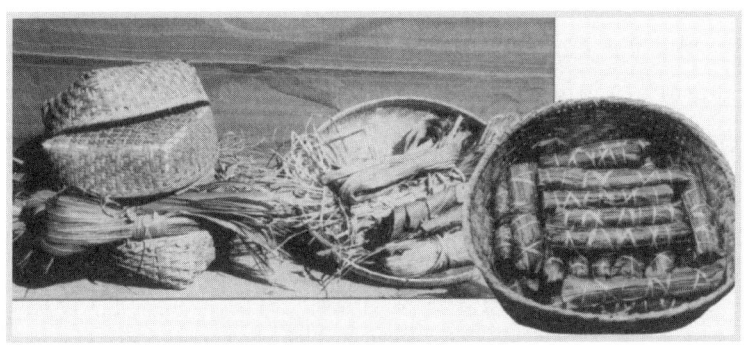

종자 - 단오날에 먹는 음식으로 대나무 잎이나 갈대 잎으로 찹쌀을 싼 후 끈으로 원추형이나 베개 모양으로 동여 맨 다음 찌거나 삶는다.

중추절에는 토끼를 만드는 풍습이 있다.

달았다. 뽕나무 오디라든지 호랑이 무늬 등이었는데, 모두 헝겊 조각을 꿰맨 것들이었다. 그때는 그 명절이 고대의 시인 굴원(屈原)과 무슨 관계가 있는지도 몰랐다. 칠월절(七月節)에는 연꽃 등을 걸었는데, 얼마나 아름다운 명절이었는지! 8월 중추절에는 아무리 가난해도 월병을 먹고, 진흙을 반죽하여 색을 붙인 토끼를 만들었으며, 9월 등고절(登高節)에는 꽃떡을 먹었다. 등고절은 타향을 떠도는 나그네들에게 가장 고향을 그리게 하는 명절이자 중국인의 민족적 특색이 가장 잘 드러난 명절이었다. 즉, 근본을 잊지 않게 하는 것이었지만 그래도 가장 기다려지는 건 연말, 즉 지금의 춘절(春節 : 설)이다.

어느 나라 어떤 명절도 우리의 설처럼 그렇게 야단법석을 떨지는 않을 것이다. 어렸을 때는 큰 상점의 경우 1개월 동안이나 문을 닫았다. 평소에는 휴가도 없고, 있다 하더라도 교통이 오늘날처럼 편리하지 못했기에 점원들은 집에 갈 수도 없었다. 그러다가 춘절 휴가 한 달 동안 대부분의 점원들이 고향을 찾는다. 상점 주인과 고향에 가지 않는 점원들도 상점을 휴업하고 신나게 놀고 편안히 쉬었다.

새해 흥이 가장 고조에 이르는 때는 말할 것도 없이 '상원절(上元節 : 정월 대보름)' 이다. 상원절은 '등절(燈節)' 이라고도 하는데, 1월 10일부터 법석을 떨기 시작하여 15일까지 즐겼다. 꽃등은 가히 진정한 예술품이다. 둥근 것, 네모난 것, 팔각형 등등 누구도 예외 없이 각양각

등절에는 갖가지 모양의 등을 만들어 매달았다.

색의 종이, 비단, 유리 따위로 만들어진 것을 샀다. 아주 사치스럽고 커다란 궁등(宮燈)도 있고, 또 각종 동물의 모양을 본뜬 양등(羊燈 : 양 모양의 등), 사자등(獅子燈 : 사자 모양의 등)도 있다. 양등은 전체적으로 하얀 벼 이삭을 붙이고 머리 부분은 흔들리게 했다. 그 밖에도 관청에서 사용하는 대형 종이등인 '기사풍(氣死風)' 이란 것이 있었다. 이 등은 전체에 오동나무 기름을 칠하고 이것저것 장식을 단단하게 붙여서 어떤 바람에도 떨어지지 않게 만들었기 때문에 '바람을 잡는다' 는 뜻을 갖게 되었다.

뉴욕 5번가의 네온사인은 오색찬란하기로 유명한데, 여기에 각종 전자 장치를 이용하여 변화무쌍한 모습을 연출한다. 하지만 주로 상업적인 선전을 목적으로 하기 때문에 어떤 문화적 내용은 찾아볼 수 없다. 베이징의 화등(花燈 : 꽃등)에는 마치 이화원의 긴 복도 대들보와 기둥에 그려진 그림처럼 『삼국지』, 『수호전』, 『홍루몽』 등의 이야

주마등을 구경하는 아이들 모습 - 현대적 영화관이 생기기 전 재미있는 볼거리를 제공해 주었다.

기를 그림으로 장식한 것도 있다. 거기에는 어떤 연극인이 칼과 창을 잡고 휘두르는 모습도 있다. 난 어렸을 때 주마등(走馬燈)을 제일 좋아했다. 안에 촛불을 붙이고, 가운데 축이 돌아갈 수 있게 수수깡을 끼워 만든 것이다. 등 옆쪽에 뚫어 놓은 구멍으로 안을 들여다보면 마치 회전 무대처럼 손오공이 보이다가 눈을 돌리면 저팔계가 나오고, 그 뒤로 사오정이 따라 나온다. 지금도 주마등에서 보았던 아내를 무서워하는 남자의 광경이 기억에 생생하다. 그 남자는 땅에 꿇어 앉아 있는데 정수리는 꼬마들 머리처럼 머리칼이 한 줌만 남아 있고, 옆은 여자 애들의 머리처럼 두 갈래로 빗어 올렸다. 그리고 전족을 한 여인이 손에 몽둥이를 들고 한 대 한 대 그 남자의 머리를 때린다.

등은 상점에겐 가장 흡인력 있는 광고물이다. 그래서 정월 대보름이 되면 모든 점포들은 멋진 등을 내다 거느라 법석을 떨었다.

1960년대 초, 설날 때면 창전(廠甸)에 시장이 열렸다. 그리고 정월 15일 북해(北海)에서는 밤 꽃등 놀이가 벌어졌다. 당시 꽃등을 감상하면서 이런 생각을 했다. 그래! 지난날 뒤죽박죽 엉망이던 일들은 지워 버리고 아름다운 시절의 즐거운 놀이를 다시 되살린다면 시민들의 생활이 어찌 여유로워지지 않겠는가!

9. 오락 거리(遊樂街)

베이징의 매력은 단순히 '흡인력'이라는 말로는 부족하다. 그보다 더 미치도록 마음을 사로잡기 때문이다. 1930년대 북경대학에서 교수를 하면서 『현대 중국 시선(現代中國詩選)』이란 책을 출판했던 한 영국 작가가 1940년 런던에서 나에게 한 말이 있다. 베이징을 떠난 후에도 줄곧 자신이 살던 베이징 집의 방세를 내고 있다고…… 그는 베이징에 대한 사랑을 버리지 않고 언제든 돌아갈 날을 손꼽아 기다리고 있다고 했다. 팔순의 나이가 되어버린 이 작가는 베이징에서 단지 몇 년을 살았을 뿐이지만 자신의 자전적 기록인 『한 심미가의 기억록(一個審美者的回憶錄)』이란 책에서 많은 분량을 할애해 베이징에 관한 기억을 적고 있는데, 그 글은 책 전체에서도 가장 감동적인 부분이다.

그의 마음을 그토록 사로잡은 것은 어떤 특별한 곳이나 경치가 아니다. 바로 도시의 오래된 분위기였다. 내가 외국에서 몇 년간 유랑하던 때를 돌이켜 볼 때, 나는 무엇을 가장 그리워했던가. '떠우절(豆汁兒 : 콩국)' '파까오(扒糕 : 메밀묵)' '뤼다꿜(驢打滾兒 : 좁쌀로 만든 경단)' 아니면 배가 불룩한 주전자로 따라주던 '미엔차(麵茶 : 기장으로 만든 쌀죽)' 그리고 훈제한 '자꽌창(炸灌腸 : 튀긴 소시지)' 이런 것들은 모

찻집에서 경극을 감상할 수 있었다.

두 길가 노점에서 먹던 것으로 융복사가 아닌 낙악묘(樂嶽廟)에 있는 것들이었다. 이런 맛깔스런 간식들을 생각하면 귓가에는 '덜덜덜~' 돌아가던 환풍기 소리, 불을 지피려 돌리던 송풍기 소리가 들리는 듯하다. 그리고 '지잉~ 지잉~' 징을 치며 원숭이를 끌고 다니던 약장사와 마술사가 판을 벌이고, 이쪽 천막에서는 바오싼(寶三 : 1949년 이전 천교天橋 지역의 유명한 길거리 예인藝人인 천교팔괴天橋八怪 가운데 씨름놀이로 이름을 날렸던 인물)이 씨름을 하고, 저쪽에서는 윈리페이(雲裏飛 : 천교팔괴 가운데 한 사람으로 만담적 창극으로 유명했다)가 상성을 한다. 또 몇 걸음 올라가면 이 찻집에서는 경극의 노래 가락이 들려오고, 저쪽 핑수(評書 : 민간 오락 중 하나로서 주로 찻집에서 손님에게 소설을 실감나게 읽어 주는 것을 말함) 천막에서는 「요재지이(聊齋志異)」(청나라 포송령蒲松齡이 모은 문언文言 소설집. 주로 민간에서 전해지는 기이한 이야기를 담고 있다)의 귀신 이야기를 읽어 주고 있다. 꽃 파는 지역 옆으로는 새 시장이 있고, 땅에 벌여 놓은 조롱 안에는 토끼나 다람쥐들이 있었다. 나의 어린 시절 사당 근처의 장터는 낙원이자 학교였다.

근래 어디엔가 골프장을 짓는다, 미국식 디즈니랜드를 짓는다 하지만 이런 것들은 서양 사람들에게 집 근처에도 널려 있을 텐데 누가 비행기를 타고 멀리 이곳까지 오겠는가? 가령 내가 자장면을 좋아한다고 해서 자장면을 먹으러 뉴욕까지 갈 필요가 있을까? 뉴욕에 가서 내가 먹을 건 햄버거다. 따라서 외국 여행객을 끌어 들일 수 있는 것은 민족 고유의 특색이 담긴 것이지 억지로 이식한 문화는 아니다.

듣기로는 베이징에 음식 거리를 만든다고 하던데 필경 여행객을 염두에 둔 발상일 것이다. 하지만 음식을 찾아 먹는 것은 결코 여행객의 최대, 아니 유일한 목적은 아니다. 그들은 우리들의 고유한 놀이를 더욱 체험하고 싶어 한다. 그들과 대동소이한 영화관이나 극장

카오야 - 베이징을 대표하는 음식으로 '페이킹 덕' 이라는 이름으로 세계에 알려져 있다.

이 아닌, 특색 있는 민간 예술의 공연을 말이다. 이런 것들이야말로 '카오야(烤鴨 : 오리 구이)' 보다 훨씬 깊고 오래도록 인상을 남길 것이다.

작년에 독일의 프랑크푸르트를 방문했는데 솔직히 도시의 모습은 현대화된 여타 도시와 별반 차이가 없었다. 3일을 묶는 동안 지금까지도 잊을 수 없는 추억을 남긴 것은 라인 강변에서 우연히 만난 사육제장에서 벌어진 화려한 장터였다. 마술사들이 작은 북소리에 맞춰 공연을 하고 있는데 긴 의자에 걸터앉아 구경하는 광경이 볼 만 했다. 꼬마들은 가지각색의 풍선을 들고 이리저리 뛰어다니고, 어른들은 종이로 만든 고깔모자를 쓰고 있었다. 우리는 강가에 깔개를 깔고 앉아 막 익힌 프랑크푸르트의 명물 소시지를 먹었다. 도처가 화려한 빛깔이요, 즐거움이 가득한 시끌벅적함이었다. 나는 멀리 라인강을 바라보며 생각했다. '고도의 산업화를 이룬 독일도 여전히 전통적인 장터를 보존하고 있구나!' 동시에 여행객을 끌어 들이려면 베이징에도 곡예와 서커스를 중심으로 하는 오락 거리가 있어야겠다는 생각도 했다.

10. 베이징이라는 도시의 품격

1928년 겨울, 나는 처음으로 베이징을 떠나 멀리 광둥으로 가게 되었다. 떠날 무렵 한 동창이 검은 운동화를 신고 있는 내 모습을 보고 는 자신의 가죽 구두를 내주었다. 그리고는 "신어라! 발바닥에 신이 없는 것도 안돼 보이지만, 남방에 가서 우리 베이징 사람들 체면은 구 기지 말아야지!" 하는 것이었다. 시간이 흘렀지만 항상 그 친구의 말 을 기억했다. 베이징 사람들의 체면을 구겨서는 안 된다. 정말 한 시 민의 명예심이 담겨 있는 그런 말이다.

미국을 여행할 때 어떤 도시에 이르면 간혹 그곳에 사는 인사(人士) 가 손수 운전을 해가며 안내를 해주곤 한다. 1979년 필라델피아에서 한 친구를 우연히 만난 적이 있는데, 그녀는 너무도 친절하게 우리를 데리 고 다니며 시내 곳곳의 명승지와 독립 전쟁 시기의 유적을 보여 주었 다. 우리가 감사를 표하자 그녀는 의미심장한 말을 했다. "저는 몇 대에 걸쳐 여기 살았어요. 저는 이 도시를 사랑하고 자랑스럽게 여깁니다. 여러분에게 이런 위대한 도시를 소개할 수 있어서 저도 기쁩니다."

1983년 싱가포르를 방문해 도시 관광을 할 때였다. 젊은 가이드가 관광버스 운전사 옆에 서서 두 손을 입에 나팔처럼 대고 소리쳐 안내 했다. "현재 여러분들이 보시는 것은 싱가포르의 도시 건설 광경입니 다." 말하는 기세가 자못 자부심으로 충만해 보였다. 쉬지 않고 도로 변의 건축물을 가리키며 "영국 식민지 시대 때, 저것은 원래…… 현 재는……"이라고 이야기하는 이 청년에게서 자신의 조국을 대단히 자랑스럽게 여기고 있음이 느껴졌다.

사람에겐 사람의 인격, 국가에는 국가의 품격이 있듯이 일개 도시 에도 도시의 품격이 있는 법이다. 근래 베이징은 점잖은 말 쓰기, 가 래침 뱉지 않기 등과 같은 운동을 전개하고 있다. 물론 위대한 도시의 고상한 품격을 수립하기 위한 것이다. 베이징은 확실히 평범한 도시 는 아니다. 세계가 주목하는 역사적인 도시이며 10억 인구의 첫 번째

쇼윈도이다. 그리고 우리 민족이 과연 희망이 있는지, 얼마만큼의 가능성이 있는지를 가늠하는 지표이기도 하다. 공중 장소에서 시민들에게 주의를 알리고 재촉할 때 과거에는 주로 '군자자중(君子自重 : 군자 여러분 자중하여 주십시오)!' 이라고 썼다. 상당한 함축적 의미가 담긴 네 글자이다.

객관적으로 볼 때 베이징의 변화는 확실히 놀랄 만큼 크다. 몇 년 새 얼마나 많은 주택을 지었는가 말이다! 그러나 일부의 시민의식 수준은 이런 물질적 변화에 한참 못 미친다. 내가 살고 있는 건물만 놓고 보더라도 내부는 현대화된 설비를 갖추고 있으면서도 완공된 지 2년 만에 아래층 문은 이미 자전거에 의해 산산조각이 났고, 수리를 해도 계속해서 망가지고 있다. 다른 12층짜리 건물의 경우 원래는 복도마다 전등이 있었는데, 전구를 빼가고 전선을 뽑아가 지금은 한마디로 암흑 천지가 되어버렸다. 누군가 적극적으로 청소 당번 표를 만들어 놓으면 며칠도 안 되어 없어지고 만다. 마음씨 좋은 사람이 자발적으로 계단을 청소하면 청소가 끝나자마자 바닥에 수박씨를 뱉으며 올라가는 사람이 있다. 조금의 미안한 감도 없이 계단을 형편없이 더럽히고 마는 것이다.

1949년 이후 우리는 이 오랜 도시를 환골탈태시켰다. 지금 볼 때 환골(換骨 : 도시 건설)만도 쉽지는 않은 일이었다. 낡은 성벽을 잘라내고 고층 빌딩을 한 층 한 층 쌓아 올렸다. 하지만 탈태(奪胎 : 사회 기풍과 시민 정신의 개혁)는 더 어려운 것 같다.

하지만 탈태야말로 도시의 품격을 결정짓는 핵심 요소이다.

6

후퉁(뒷골목)의 문화 *

• 촬영 예술집 『후퉁의 몰락(胡同之沒)』 서문

■ **왕청치** (汪曾祺, 1920~1997) ■

장쑤성 가오여우(高郵) 출신으로 1943년 곤명서남연합대학(昆明西南聯合大學) 중문과를 졸업한 후 중학교 교사와 역사박물관 직원을 지냈다. 1949년 인민해방군에 참가했으며, 1950년 『북경문예(北京文藝)』 편집을 맡았고, 이후 『설설창창(說說唱唱)』, 『민간문학』 등의 편집장을 역임, 1962년부터 베이징 경극 극단 연출을 맡았다. 선종원(沈從文)의 영향을 많이 받았고, 소설집으로 『해후집(邂逅集)』이 유명하다.

베이징은 정사각형으로 된 한 모의 두부와 같다. 도시 안에는 큰길이 있고, 후퉁(胡同 : 골목)이 있는데 큰길과 후퉁은 모두 정남(正南), 정북(正北), 정동(正東), 정서(正西)로 나 있다. 베이징 사람들의 방위 감각은 대단해서 과거 인력거를 끄는 사람들이 모퉁이를 돌 때면 "동쪽으로 갑니다!", "서쪽으로 갑니다!"라고 외침으로써 행인들과의 충돌을 피했다. 그들의 방위 감각이 얼마나 뛰어난지를 알 수 있는 것으로, 노인 부부가 잠을 자는데 아내는 남편이 바짝 붙어 있는 게 싫어 "남쪽으로 좀 가욧!"이라고 했다는 이야기가 있다. 이런 표현은 베이징이 아니고는 찾아보기 힘들다. 만약 휘어 있는 도로라면 그것이 휜 길임을 꼭 나타낸다. 가령 '옌따이 셰제(煙袋斜街 : 담뱃대처럼 굽은 길)', '양메이 셰제(楊梅斜街 : 버드나무나 매화 가지처럼 휘어진 길)'처럼 말이다. 큰길이나 골목길은 베이징을 조각조각 네모나게 잘라 놓았다. 이런 반듯함은 베이징 사람들의 생활뿐만 아니라 사상에까지도 영향을 끼쳤다.

'후퉁'이란 말은 몽고말이다. 원래 뜻은 우물이라고 하는데 정확한지는 모르겠다. 후퉁 이름에는 각종 유래가 있다. '동단(東單) 싼탸오 후퉁(三條胡同 : 세 번째 골목)', '동사(東四) 스탸오 후퉁(十條胡同 : 열 번째 골목)'처럼 숫자를 붙인 것과 '피쿠 후퉁(皮庫胡同 : 가죽 창고 골목)', '시신쓰 후퉁(惜薪司胡同 : 땔감과 연탄을 보관하던 골목)'처럼 궁궐에서 보관하던 물건에서 이름을 딴 것도 있다. 또 유명한 사람이 살았던 골목은 '우량다런 후퉁(無量大人胡同)', '스라오냥 후퉁(石老娘胡同 : 산파 할머니 골목)'과 같이 그 이름을 따기도 했다. '다야바오 후퉁(大雅寶胡同)'의 원명은 '다야바 후퉁(大啞吧胡同 : 벙어리 골목)'인데, 아마도 그 골목에 벙어리가 살아서 그렇게 불렸던 것으로 보인다. '왕피 후퉁(王皮胡同)'은 성이 왕씨인 피혁장이가 살았던 데서 유래한

베이징의 전통적인 골목길 모습

이름이고, '왕광푸 후퉁(王廣福胡同)'의 원래 이름은 '왕과푸 후퉁(王
寡婦胡同)'이다. 같은 직업 종사자들이 모여 있던 경우도 있다. '서우
파 후퉁(手帕胡同 : 손수건 골목)'은 손수건을 팔던 곳이고, '양러우 후
퉁(羊肉胡同)'은 아마 양고기를 팔았던 곳으로 추정된다. 또 골목의
형상에서 이름을 딴 경우도 있다. '가오이보 후퉁(高義伯胡同)'은 원
래 '거우웨이바 후퉁(狗尾巴胡同 : 개꼬리 골목)'이고, '샤오양이바오
후퉁(小羊宜寶胡同)'의 원명은 '양웨이바 후퉁(羊尾巴胡同 : 양꼬리 골
목)'이다. 이 두 골목은 형태가 개의 꼬리나 양의 꼬리와 흡사했기 때
문에 붙여진 이름이다. 하지만 '다뤼사마오 후퉁(大綠紗帽胡同)'처럼
유래를 알 수 없는 경우도 있다.

후퉁 중 어떤 것은 '둥쫑부 후퉁(東總布胡同 : 동쪽 포목 상가 골목)'
이나 '티예스쯔 후퉁(鐵獅子胡同)'처럼 넓은 곳도 있다. 이런 골목의
양 쪽은 대개가 '자이먼(宅門 : 주택가)'인데, 오늘날까지 집들이 다닥
다닥 붙어 있다. 어떤 골목은 귓속같이 좁다는 '얼둬옌 후퉁(耳朶眼胡

베이징에는 셀 수 없을 만큼의 다양한 형태의 후퉁이 있다.

同)' 처럼 좁기도 하다. 그러면 베이징에는 도대체 얼마나 많은 후퉁이 있는가? 베이징 사람들은 "유명한 것은 3,600여 개쯤 되고, 이름 없는 것은 셀 수도 없다"고 한다.

후퉁은 큰 길로 연결되는 도로의 망으로 시내와 가깝기 때문에 기름이나 달걀 등 소소한 용품을 사기에 편리하다. 그러면서도 먼 것처럼 느껴지기도 한다. 이곳에는 시끌벅적함이 없이 늘 조용하기 때문이다. 가끔 지게를 진 길거리 이발사의 징소리(족집게처럼 생겼는데, 쇠봉으로 되어 있어 긁으면 '징~' 하는 소리가 난다), 칼 가는 사람들의 작은 북소리(열 개 정도의 쇠판대기를 엮은 것인데, 흔들어 소리를 낸다), 점치는 맹인(지금은 없다)이 부는 피리 소리, 이런 소리가 있을 뿐이다. 이런 소리로 인해 골목길이 시끄러워지는 것이 아니라 오히려 적막감이 더해진다.

후퉁과 사합원(四合院)은 한 몸이다. 골목 양 쪽에는 사합원이 줄지어 있다. 후퉁과 사합원은 베이징 시민들의 주거 방식이자 그들의 문

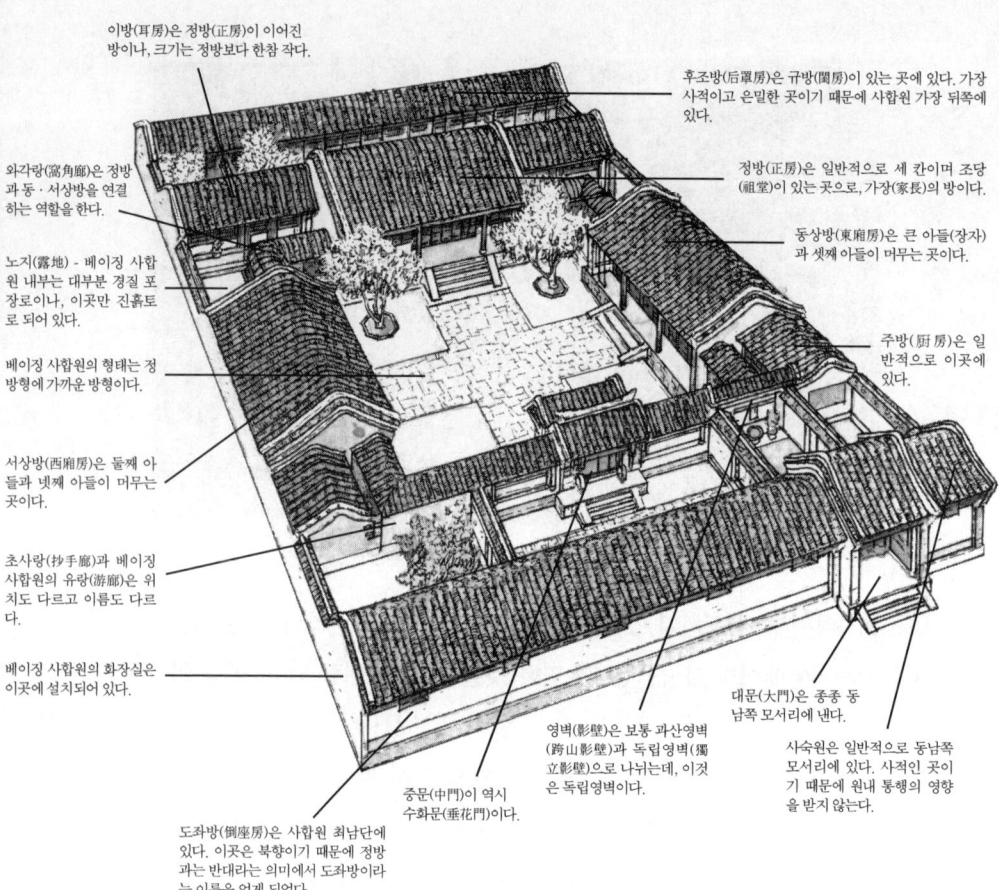

이방(耳房)은 정방(正房)이 이어진 방이나, 크기는 정방보다 한참 작다.

와각랑(萵角廊)은 정방과 동·서상방을 연결하는 역할을 한다.

노지(露地) - 베이징 사합원 내부는 대부분 경질 포장로이나, 이곳만 진흙토로 되어 있다.

베이징 사합원의 형태는 정방형에 가까운 방형이다.

서상방(西廂房)은 둘째 아들과 넷째 아들이 머무는 곳이다.

초사랑(抄手廊)과 베이징 사합원의 유랑(游廊)은 위치도 다르고 이름도 다르다.

베이징 사합원의 화장실은 이곳에 설치되어 있다.

후조방(后罩房)은 규방(閨房)이 있는 곳에 있다. 가장 사적이고 은밀한 곳이기 때문에 사합원 가장 뒤쪽에 있다.

정방(正房)은 일반적으로 세 칸이며 조당(祖堂)이 있는 곳으로, 가장(家長)의 방이다.

동상방(東廂房)은 큰 아들(장자)과 셋째 아들이 머무는 곳이다.

주방(厨房)은 일반적으로 이곳에 있다.

도좌방(倒座房)은 사합원 최남단에 있다. 이곳은 북향이기 때문에 정방과는 반대라는 의미에서 도좌방이라는 이름을 얻게 되었다.

중문(中門)이 역시 수화문(垂花門)이다.

영벽(影壁)은 보통 과산영벽(跨山影壁)과 독립영벽(獨立影壁)으로 나뉘는데, 이것은 독립영벽이다.

대문(大門)은 종종 동남쪽 모서리에 낸다.

사숙원은 일반적으로 동남쪽 모서리에 있다. 사적인 곳이기 때문에 원내 통행의 영향을 받지 않는다.

베이징 사합원의 구조

화 형태이다. 베이징의 시민 문화라 함은 바로 이 후퉁 문화를 의미한다. 즉 베이징 문화의 가장 핵심적인 문화 요소는 아닐지라도 중요한 것 중에 하나임은 틀림없다.

후퉁 문화는 일종의 폐쇄 문화로 볼 수 있다. 주민들 대부분이 토박이들로 이사를 원치 않고, 한 곳에서 몇 십 년을 산 사람부터 심지어는 몇 대를 살아온 사람도 있다. 매우 낡은 집과 집터, 허물어진 담장에 비가 오면 새고, 게다가 큰 비라도 내리면 집이 무너지는 소리가 들리는 집, 이것이 후퉁에 있는 집들이다. 그래도 이들은 그 소굴을 버리지 않고 '집은 비록 낡았지만 만금의 가치가 있다'고 생각한다.

사합원은 상자와 같다. 베이징 사람들이 보는 이상적인 집은 '독채 대문과 정원'이 있는 곳이다. 그리고 그들은 이웃을 중시하여 '먼 친척은 이웃사촌만 못하다"고 생각한다. 이웃 간에 무슨 일이 있을 때는 가령 초상이나 결혼이 있으면 부조금을 보내고 기쁨과 슬픔을 함께 나눈다. 이렇게 하지 않으면 예의에 어긋난다고 여기지만

사합원의 문짝에는 문잠(門簪), 문빗(門鐶), 포엽(包葉) 등의 장식이 있고, 문 앞에는 마석(馬石), 말뚝(拴馬樁), 포고석(抱鼓石)이 놓여 있다.

평소에는 별로 왕래가 없다. 이웃 간의 바둑친구끼리 한 판을 벌이거나, 또 술친구끼리 '따지우깡(大酒缸 : 커다란 술독에 네모난 판자를 얹어서 술 탁자처럼 사용하는 대폿집)'에서 한 사발씩 술을 마시기도 한다(따지우깡에서는 술 두 동이를 한 잔으로 삼는데, 이것을 '한 개―個'라고 말한다). 또는 새를 키우는 동호인들은 서로 약속이나 한 것처럼 새 초롱을 들고서 천단(天壇)의 성벽 아래나 옥연담(玉淵潭)으로 '후이냐오(會鳥 : 새 초롱을 한 곳에 걸어 두고 새들이 서로 예쁘게 우는 것을 배우게 하거

각자의 새 초롱을 들고 '후이나오'에 참석하기도 한다.

나 시합하는 모임)'에 참석하러 가기도 한다. 이 외에는 "각자 자기 집 앞의 눈을 쓸 뿐 다른 집 기와에 내린 서리는 신경 쓰지 않는다"는 말이 있다고 한다.

베이징 사람들은 쉽게 만족하는 성격이라 생활에 있어서 물질적인 욕구가 높지 않다. 지낼 집이 있으면 족하고, 절인 무가 있으면 더는 바랄 게 없다. 썩힌 두부에 간장 몇 방울이면 시집간 딸 가족을 초대할 수도 있고, 말린 작은 새우와 절인 배추가 있다면 최상이다! 옛날 국자감(國子監)에서 하급 관리를 지내며 육윤상(陸潤庠)과 왕서(王埗) 등의 시중을 들었던 한 노인을 알고 있는데, 그 분은 "어디를 가 봐도 베이징만한 곳이 없지. 또 베이징의 절인 배추야말로 비할 데 없이 맛있다니깐, 맛의 신(神)은 분명 베이징에 있어!"라고 한다. 지금까지 '맛의 신'이 무엇인지 알아내지는 못했지만, 베이징 사람들의 배추에 대한 애정과 자신감이 어느 정도인지 이해할 만하다. 베이징 사람들 개개인이 평생 먹은 배추를 쌓으면 아마 북해공원의 백탑(白塔) 높이는 될 것이다.

베이징 사람들은 시끌벅적한 것을 좋아하지만 쓸데없는 참견은 좋아하지 않는다. 그들은 늘 사건의 밖에서 냉정하게 관찰하고 처신한다. 베이징은 민주 운동의 근원지로서 민국 이래로 늘 학생 운동이 있었다. 학생 운동을 주도하는 학생은 '나오쉬예성(鬧學生 : 운동권 학생)' 이라 하고, 학생 시위대를 '궈쉬예성(過學生 : 거리로 나온 학생)' 이라고 한다. 즉 자신과는 무관한 일이다.

베이징 후퉁 문화의 핵심은 '인(忍)' 으로, 분수를 지키며 상황에 순응하는 처신을 가리킨다. 라오서 선생의 「찻집(茶館)」이란 소설에서 왕리(王利)가 내뱉은 "난 평생 착한 백성으로 살아왔다"라는 말은 바로 대부분 베이징 시민의 심정을 나타낸다.

내 소설 「8월의 태양(八月驕陽)」을 보면 문화대혁명에 관한 대목이 있다.

"도대체 원칙이 있는 거야, 없는 거야? 그래도 난 평생 선량하고 착한 백성으로 살아오면서 공중 도덕과 법을 지켰단 말이야. 그런데 지금은 모든 게 엉망이 돼버렸어. 눈앞에 뵈는 건 '황토비가 내린 것처럼' 한마디로 동서남북을 분간하기도 어렵단 말이야!"

"쓸데없는 일에 너무 마음을 쓰네. 아무튼 상점에서 빵쯔미옌(棒子麵 : 옥수수 국수)을 파는 거야, 안 파는 거야?"

"팔지!"

"그러면 됐네. 빵쯔미옌을 팔면 된 거지……."

내가 사는 건물 안에서 한 젊은이가 사소한 일로 엘리베이터 아가씨의 뺨을 때린 일이 있었다. 어떻게 여자를 때릴 수 있는지 우리는 몹시 화가 났다. 나는 나보다 나이가 많은 두 베이징 사람에게 말했다 (그들은 후퉁에 살다가 이사 온 '반첸후[搬遷戶 : 이주재]' 였다). 정의감을 갖고 그 젊은이가 아가씨에게 사과하도록 해야 한다고 말이다. 그러자 이 두 사람은 이렇게 대답했다. "사과하게 한다고요? 별 방법이 없으니 그냥 참읍시다! 가난해도 참아야 하고, 부자라도 참아야 한다.

잠이 오지 않아도 일어나지 말고 자는 척해야 한다'고 하지 않습니까?" "잠이 오지 않아도 일어나지 말고 자는 척한다"는 이 말, 정말 절묘한 말이다! 잠이 오지 않아도 괜히 쓸데없는 참견으로 일을 시끄럽게 하지 말고 자는 척해라! 베이징 사람들, 정말로 대단한 처세이다!

지금 베이징의 후퉁은 쇠락하고 몰락하는 중이다. 몇몇 집들이 아직 남아 있기는 해도 대부분의 집은 이미 다 망가졌다. 어떤 곳은 집의 기초가 이미 주저앉았고, 거의가 집의 기반이 드러난 정도다. 어떤 사합원의 대문 밖에는 이미 원형을 잃은 말고삐를 매던 돌, 말을 탈 때 밟던 돌들이 남아 있어 잃어버린 옛 시절의 영화(榮華)를 기록적으로 보여주고 있다. 이젠 물을 떠올릴 수 없는 우물, 모서리가 다 닳아 빠진 돌 바둑판은 우리를 슬프게 한다. 석양에 부는 가을바람에 낙엽은 흩날리고, 황량한 살풍경 속에 생기라곤 찾아 볼 길 없다.

이런 후퉁의 사진을 보면 옛날이 그립고 또 처량하기도 하다. 하지만 어쩔 수 없는 일이다. 상품 경제의 크나큰 조류 아래 후퉁과 그곳의 문화는 하루아침에 사라지고 말 것이다. 마치 시안(西安)의 하마릉(蝦蟆陵)*, 난징(南京)의 오의항(烏衣巷)** 처럼 한두 개의 명목만 남아 보는 사람으로 하여금 애처로운 심정으로 쓸쓸히 배회케 할 것이다.

안녕, 후퉁이여! 1993년 3월 15일

---

* 창안(長安) 동남쪽. 현재의 교통대학(交通大學) 일대의 지명으로 한나라 때 동중서(董仲舒)의 묘이다. 그의 문인들이 이곳을 지날 때 존경의 뜻으로 말에서 내렸다 하여 하마릉이라고 한다. 한나라 무제(武帝)가 부용원(芙蓉園)으로 행차할 때 이곳에서 말에서 내렸다 하여 하마릉이라는 설도 있다. 당나라 때는 기녀들의 집단 거주지였다고 한다.
** 부자묘(夫子廟) 서남쪽 수십 미터 부근의 작은 골목으로 원래는 동진(東晉) 때 명사 왕도(王導)와 사안(謝安)의 거처가 있던 곳이었다. 이들이 오의(烏衣 : 검은 옷)를 즐겨 입어서 오의항이라고 했다 한다.

7

베이징의 꿈

1931년 여름부터 나는 베이징에서 살았다. 한 3~4년 정도 떠나 있던 시간을 빼고는 거의 간지(干支)가 한 번 돌 정도의 시간이 흘렀다. 과연 어떤 애증의 감정이 있을까? 재삼, 재사 생각해 보니 미련으로 남는 것

은정교 아래로 보이는 후해(後海)

들이 적지 않다. 이런 감정은 예전부터 갖고 있었는데, 대략 1920년대 후반쯤이었을 것이다. 그때 나는 통현(通縣)에서 사범학교를 다니다 베이징으로 왔다. 임대옥(林黛玉 : 홍루몽의 여주인공)이 베이징으로 왔던 그 길로 들어와 조양문(朝陽門)을 지나 곧바로 서쪽으로 걸었다. 앞으로 동사패루(東四牌樓)와 저시대가(豬市大街 : 돼지시장 거리)를 통해 '추이화 후퉁(翠花胡同)'으로 들어왔다. 서쪽 입구를 나와 서북 방향으로 보이는 북경대학 홍루(紅樓)의 웅장함이 나를 놀라게 했고, 또한 은정교(銀錠橋) 남쪽에서 서쪽으로 걸어가다 멀리 바라보면 끝이 보이지 않는 호수가 자리하고 있는데, 이 또한 장관이다. 도시 안에 산수화 같은 아름다운 곳이 있으리라곤 생각지도 못한 일이다. 사범대를 졸업하면 외지나 벽촌으로 가서 교사를 해야 했기 때문에 그때 보았던 베이징은 마치 하늘나라 같았다. 북경대학의 홍루를 드나들면서 후해(後海) 연안에 거처를 정한다는 것은 꿈에서도 감히 생각지 못했던 일이었다.

몇 년 전 나는 기회라는 것에 대해 글을 쓴 적이 있었다. 기회와 사람의 인생은 밀접한 관계가 있지만, 그렇다고 사람이 어찌 손을 쓸 수도 없다는 내용이었다. 왜냐하면 이미 지나가 버린 일은 고칠 수가 없

연경대학 정문

고, 또 다가올 미래의 일은 알 수가 없기 때문이다. 이 알 수 없음에 의지하여 난통현을 떠났고, 뜻밖에도 홍루를 출입하고 후해에 집을 마련할 기회도 얻게 되었다. 베이징에서 생활한 시간은 길었다. 세상의 풍파도 겪었고 또 즐거운 일도 있었다. 그야말로 '24사(二十四史 : 중국 24개 왕조의 역사)'처럼 방대한 이야기인지라 글로 이루 다 표현할 도리가 없지만, 베이징에 관해서만 이야기한다면 그래도 비교적 나름의 깊은 이해가 있었다고 본다. 이해라 함은 늘 감정과 얽혀 있는 법인데, 이 감정이 바로 '애정'이다. 쉽게 말하자면 대체로 많은 부분이 좋았다고 느꼈다는 것이다. 이런 느낌들을 정리해 보면 인상 깊었던 것으로 대략 세 가지 정도를 들 수 있겠다.

첫째는 문화적 분위기가 농후하다는 점이다. 여러 가지 할 말이 너무 많아 뚜렷한 몇 가지만 말해 보겠다. 우선 학교가 많다. 대, 중, 소로 위로는 세계적 명성이 있는 북대(北大 : 북경대학), 청화(淸華), 연경(燕京) 등의 대학이 있고, 아래로는 나름대로 중요한 역할과 기능을 지닌 유사 학교들이 있다. 이렇게 베이징은 큰 거리든 작은 거리든 학교가 자리하고 있다. 학교가 많음으로써 쉽게 떠올릴 수 있는 장점으로는 공부를 하는 사람이 많다는 것이고, 또한 오늘날에도 맹모(孟母 : 맹자의 어머니)가 있다면 이웃을 고르는데 그렇게 힘을 들이지 않아도 된다는 장점도 있을 것이다. 그리고 지식인이 많다. 이 중에는 물론

왕궈웨이(王國維)[*], 루쉰(魯迅), 천인커(陳寅恪)[**] 같은 고명한 학자가 상당수 포함된다. 책이 많다는 점도 빼놓을 수 없다. 도서관, 개인 소장, 서점, 길거리 좌판 등 어디서나 책을 쉽게 볼 수 있다. 우리는 늘 서향(書香)에 대해 말한다. 각종 고금과 국내외 도서를 비롯하여 선본(善本 : 간행 연도가 이르면서 상태가 좋은 책), 보급판, 목각본, 인쇄본 등, 물론 퇴폐적인 것은 빼고 이러한 책

청화대학의 전신인 청화학당

들의 냄새를 코로 맡으면 향기야 다르겠지만 공통적으로 우리에게 미치는 영향이 있다. 즉 책을 가까이 하면 날이 갈수록 저속함은 사라지고 문향(文香)이 더해지는, 소위 "외면과 내면이 모두 아름답게 빛난 후에야 군자라 할만하다"는 효과를 볼 수 있다는 것이다. 아울러

---

* 1877~1927, 장쑤성의 사범학교에서 철학을 강의하고, 니체의 영향을 받았다. 사(詞)와 송·원대의 회곡을 연구했으며, 신해혁명이 일어나자 뤄전위(羅振玉)를 따라 일본으로 망명한 후 경학(經學), 사학(史學), 금석학(金石學)의 연구에 몰두하여 고자료의 정리에 공헌했다. 특히 뤄전위와 함께 갑골문(甲骨文)을 정리하고 복사(卜辭)의 연대를 고증하여 갑골 문학의 기초를 세웠다.

** 1890~1969, 일본에서 유학을 하다 1905년에 귀국한 후 상하이 복단공학(復旦公學)에서 공부했다. 1910년 다시 유럽으로 유학하여 독일 베를린대학과 스위스 취리히대학에서 언어학을 연구하고, 1913년 다시 프랑스 파리 고등정치학교에서 경영학을 연구했다. 1918년 미국 하버드대학에서 범문(梵文)을 연구하다 1921년 다시 독일 베를린대학에서 범문과 아시아 고문자 연구를 진행했다. 1925년 귀국하여 청화대학에서 교수를 역임했으며, 특히 역사언어 연구 분야의 대가로 교수의 교수로 칭송되었다.

문(文)과 관련된 물품이 참 많다. 책 외에 서화의 비첩이나 문방사우 등등을 도처에서 볼 수 있다. 좀 고상하게 살아보기 위해 당신의 집에 장식을 할 생각이라면 유리창에 가면 된다. 서예 작품을 구하려면 뤄푸칸(羅復堪)을 찾아가고, 또 도장을 새기려면 장위예청(張樾丞)을 찾아 가면 된다. 비용도 얼마 되지 않고 며칠이면 건네받을 수 있다. 끝으로 멋진 사람과 멋진 일이 많이 생긴다. 공원에 가서 찻집을 지나다 보면 남녀가 섞여 앉아 곤곡(崑曲)*을 부르는 소리를 듣게 될 것이다. 어느 길 어느 골목을 가더라도 길을 잃었을 때 지나가던 베이징 토박이들에게 물어 보면 아마도 당신을 손수 목적지까지 안내할 것이다. 그것도 아주 즐겁게 말이다(요즘이야 대부분 말로 설명하는 정도겠지만……).

두 번째는 역사적 유적이 많다는 점이다. 유적이 뭐 그리 좋은가? 내 경험에 의하면 세월의 무상함을 달랠 수 있는 어느 정도의 위안이 된다. 설령 소동파(蘇東坡)가 "내일은 알 수 없다"고 했다지만 궁궐의 기둥과 초석을 어루만지며 옛적 화려함을 생각해 볼 수는 있는 것이다. 베이징의 경우는 옛 유적으로 궁전뿐만 아니라 명사(名士)와 그들의 거처도 있다. 선남(宣南)**만 하더라도 몇 십 군데나 있다. 연애담으로 유명한 사람의 경우에는 훨씬 더 쉽게 그리움의 감정을 불러일으킨다. 예를 들자면 티예스쯔 후퉁(鐵獅子胡同)에는 전원부(田畹府 : 명나라 세도가 전원의 거처)가 있는데 문 앞을 지날 때마다 진원원(陳圓圓)

---

* 곤산강(崑山腔) 또는 곤강(崑腔)이라고도 하는데 강소성 곤산(崑山)의 위량보(魏良輔)가 명나라 가정(嘉靖) 시기(1522~1566)에 시작한 것으로 피리, 소(簫), 생황(笙簧), 비파(琵琶) 등의 악기로 반주한다. 18세기 중엽 이후 퇴조했다.
** 베이징 남성(南城)의 선무(宣武) 지역은 850년 전 원나라의 수도 대도(大都)를 세울 때의 근원지로서 베이징 문화의 근원지이자 문화의 발상지라고 할 수 있다.

에 대한 생각을 아니할 수 없다.* 이런 감정은 인지상정이다. 인생이
란 원래 이런 것이다. 나는 세속적인 사람이다. 이런 세속성은 나의
인생 바로 그 자체이다. 솔직한 감정을 억지로 감추지 않는다면 어찌
인생의 아픔이 없다고 하겠는가!

　세 번째 종류는 인정미가 넘친다는 점이다. 다른 도시, 특히 신흥
도시와 비교할 때 베이징 사람들, 그중에서도 베이징 토박이(정도에
따라 두 부류가 있는데 만주인 출신과 만주인은 아니지만 오래 거주한 사람
으로 나뉜다)와 함께 지내거나 사귄다면 훨씬 더 친절함과 따스함을
느끼게 될 것이다. 아마도 이 점은 그들이 마치 자신처럼 남을 대하
고, 또 도와주는 것을 기쁨으로 여기기 때문이다.

　하나 덧붙이자면 일상적인 것으로 먹거리와 의복을 들 수 있겠다.
베이징에는 오랜 명성이 있는 것이 많아 어느 정도 씀씀이가 있게 마
련이다. 그런 만큼 믿을 만하고, 확실히 좋은 품질을 자랑한다. 이 점
에 대해 정호(鄭顥), 주희(朱熹), 육구연(陸九淵), 왕수인(王守仁)과 같은
도학가(道學家) 선생님들은 별것 아닌 것으로 보겠지만, 유심(唯心)적
입장에서 유물(唯物)적 관점으로 생각을 바꾸어 보면 크게 힘들이지
않고 자신이 원하는 물질을 얻는다는 것이 대단한 일이 될 수도 있음
을 느끼게 된다. 오랜 체험에 따르면 베이징에는 비록 명성을 얻지는
못했어도 오래되어 훌륭한 것들이 많다. 나는 후해 북쪽 연안에 사는
데 서쪽으로 가면 작은 시장에서 '따마이저우(大麥粥 : 쌀죽)'를 사먹

---

* 명나라 말 명장 오삼계(吳三桂)는 베이징에서 세도가 전원의 기녀인 진원원에게 첫눈에 반해, 난세
에 세를 얻으려던 전원(田畹)으로부터 그녀를 넘겨받는다. 그러나 숭정(崇禎) 황제의 명을 받고 북방
요새인 산해관(山海關)으로 파견된 오삼계는 아쉬움 속에 진원원과 이별한다. 그러다 이자성(李自
成)의 농민군이 북경으로 입성하자 이를 막기 위해 북경으로 향하던 그는 이자성의 장수인 유종민
(劉宗民)이 진원원을 가로챘다는 소식을 듣고, 이에 격분한 나머지 청나라에 투항하여 이자성의 군
대를 공격한다. 애인을 빼앗긴 원한으로 이민족의 선봉으로 변절한 것이다. 이후 청의 중원(中原) 통
일에 큰 공을 세운 오삼계는 진원원과 재회하여 여생을 함께 보냈다고 한다.

을 수 있고, 동쪽으로 가면 대호로(大葫蘆)에서 달게 절인 무를 살 수 있다. 저녁에는 집안에 앉아 수레를 끌고 동네를 다니는 장사꾼한테서 양머리 고기를 살 수도 있다. 비싸지 않으면서 맛도 기가 막히게 좋다. 다른 도시에서는 경험할 수 없을 것이다.

좋은 곳이 좋기는 하지만 그것은 반드시 정감으로 승화되어야 한다. 애정 말이다. 감정이 마음속에서 촉발된다는 '시대서(詩大序)'(『시경(詩經)』「모시대서(毛詩大序)」를 말함)의 가르침에 따라 글로써 표현한 적이 있다. 그러니까 지금부터 20여 년 전 「봄날의 추억들(春明碎影)」이란 제목으로 12수의 5언 절구를 쓴 적이 있다. 사람, 사건, 시절, 장소 등을 소재로 했는데, 당연히 모두 그리운 것들을 추억하는 시였다. 그리움, 이것이 이토록 중요하게 여겨지는 까닭은 다시는 있을 수 없기 때문이다. 게다가 20년이 지난 오늘에는 더 하지 않겠는가! 앞에서 언급했던 네 가지 장점들이 설령 완전히 사라지지는 않았겠지만 그렇다고 또 남은 건 얼마나 되겠는가! 이렇게 본다면 나의 감정은 애정에서 아쉬움으로 변했다고 할 수 있다. 생각해 보니 확실히 그렇다. 아쉬움에 대해 말하고자 하면 한두 가지가 아니겠지만, 한 가지만 들자면 당연 인생의 노년에 가장 원하지만 얻을 수 없는 것, 바로 몸과 마음이 하나로 안식을 취할 수 있는 곳이라 하겠다. 그럴만한 곳이야 찾아보면 많이 있겠지만 옛 베이징은 그중에 한 곳이었다. 외진 곳 작은 골목 안, 담장 밖에서 대추나무 한 그루 바라보이는 작은 마당이야말로 아주 좋은 안식처이리라. 나는 오래도록 이런 소원을 마음속에 담아 왔다. 『봄날의 추억들』 속의 「깊은 골목에 깃든 가을(深巷之秋)」이란 시가 바로 그 증거이리라.

매미 소리 점점이 잦아드니

가을바람 불어 올 시절이리.

구불구불 골목길 깊고 깊은 마당

담장 끝에는 빠알간 대추 열매

　이런 작은 마당이란, 요즘은 상상 속에서나 가능한 것이 되었다. 상상과 꿈속에 매달리다가 나는 정말로 작은 정원 하나를 마련하고야 말았다. 시내에서 멀지 않은 곳이라 교외 숲속의 새소리도 들린다. 집은 사합원의 형태가 아니어서 빈터가 많아 두세 그루의 대추나무를 심을 수도 있다. 베이징 토박이라면 작은 대문을 갖추고 창문가에 대추나무를 심어, 붉게 물든 가을의 정취를 느낄 수 있는 모습이라야 비로소 맞는 것이다. 물론 여주인이 없어서는 안 된다. 「부생육기(浮生六記)」*에 나오는 진운처럼 수려하고 다정하며 또 지혜로워야 할 것이다. 그런 다음 나의 "서향이 있는 작은 마당에서 함께 황혼을 맞는다"는 구절을 "대추나무 서 있는 작은 마당에서 함께 황혼을 맞는다"라고 고치면 환상은 현실이 될 수 있을 것이다. 이렇게 말하고 보니 비웃음을 면치 못할지도 모른다는 생각이 든다. 멍청이의 어리석음이 끝내 광(狂)적으로 변했다고 불쌍히 여기고 한탄하기도 하겠지만 나도 할 말은 있다. 말이 앞섬으로써 그것은 헛된 꿈에 불과하며, 실현될 수 없는 꿈이라는 것도 알고 있다. 비록 실현될 수 없을지라도 그래도 말이라도 하고 싶은 것이 단지 그 이유라고 말이다. 옛 베이징의 생활을 실로 잊어버릴 수 없을 뿐이라고……

---

* 청나라 수필가 심복(沈復)이 지은, 먼저 죽은 아내 진운(陳芸)에 대한 절실한 그리움과 화가로서의 자연에 대한 깊은 애정 등을 담은 수필.

8

베이징 사람들의 음주 문화

■ **쑤푸싱** (蕭復興 1947~) ■

허베이성 창현(滄縣) 출신으로 베이징에서 성장했다. 1963년 베이징 소년 작문 대회에서
「한 폭의 초상화(一幅畵像)」로 입상한 후, 1966년 중앙희극학원에 합격했으나 문화대혁명
으로 입학하지 못했다. 1968년 북경대학 황삽대(黃揷隊)에 참가 「사진(照相)」 등의 작품을
발표하고, 1978년 「인민일보」에 「옥 조각의 기록(玉雕記)」, 1979년 『비의 꽃(雨花)』에 「칼의
노래(劍之歌)」란 보고문학을 발표했다. 1982년에는 교수를 역임하고 같은 해 중국 작가협
회 베이징 분회에 회원이 되었다. 「국제대사와 그의 아내(國際大師和他的妻子)」, 「바닷가의
작은 집(海河邊的一間小屋)」 등의 보고문학 작품이 대표적이다.

베이징 사람들은 술 마시기를 즐긴다.

여름이 되면 남녀노소를 불문하고 맥주를 마신다. 요즘은 주로 생맥주를 마신다고 한다. 그들은 맥주를 마실 때 '자(粢 : 시끌벅적함)'를 중시하며, 마치 나귀처럼 호방하게 베이징 사람들의 기상을 마신다고 생각한다. 때문에 그들의 맥주 축제는 으리으리하다. 축제에서는 맥주 마시기 대회를 여는데, 고무공처럼 배가 불룩 나올 때까지 마셔대며 게처럼 입가가 거품으로 가득해도 끝까지 마시기를 멈추지 않는다.

베이징 사람들의 음주는 대단하다. 오로지 음주를 위한 음주이며, 이를 통해 자신의 성격과 감정을 드러내고자 한다.

베이징의 일반 사람들은 집에서 술 마시는 것을 중시한다. 이 점은 남방, 특히 상하이와는 사뭇 다르다. 상하이 사람들은 손님을 주로 식당으로 청해 술을 마시면서 손님에 대한 존중의 뜻과 대범함을 나타내려 한다. 반면에 베이징 사람들은 당신을 진정한 친구로 생각할 경우 식당으로 가는 일은 하지 않을 것이다. 집으로 초대를 해야만 비로소 한 가족처럼 여기는 것이다. 돈을 아끼려고 한다거나 식당의 술값이 비싸서가 절대 아니다. 친절함과 진심 때문이다. 베이징 사람들은 집을 가장 신성한 장소로 여기고, 친한 친구에게 최후로 제시하는 비장의 카드가 바로 집이다. 그렇다고 상하이 사람들의 집에 비해 넓은 것도 아니다. 설령 상하이 사람들의 집 중에서도 좁은 안방, 아니 그보다 더 비좁아도 베이징 사람들은 집으로 친구를 초대해 술자리를 벌인다. 따라서 집으로 초대되었는가, 아니면 식당으로 초대되었는가는 베이징 사람들의 친구에 대한 친밀감과 믿음의 정도를 가늠할 수 있는 잣대가 된다.

친구를 집으로 청해 함께 한 잔 하게 되면 일반적으로는 주부가 부엄으로 가서 손수 여러 가지 안주를 만든다. 그 맛이 식당만은 못하더라도 중요한 것은 정이다. 게다가 양을 충분하게 해서 더는 먹을 수 없을 정도가 되어도 접시나 그릇이 비어서는 안 된다.

집에서 술자리를 할 때는 모름지기 각종 술이 완비되고 또 충분해야 한다. 술상에 똑같은 술만 내놓아서는 안 된다. 백주(白酒 : 빼갈), 과주(果酒 : 과일 술), 맥주에서부터 심지어 아이들이 마실 음료수까지 모두 갖추어야 한다. 마치 수류탄을 모아 놓은 것처럼 각종 술병을 술상에 늘어놓고, 호기를 부려가며 손님의 기를 죽이고 오늘 제대로 한번 마셔보자는 듯 한바탕 거나하게 진을 펼친다.

만약 응접실이 좁으면 술상을 침실에 놓고 침대에 앉아서 마신다. 주인은 조금도 숨길 것이 없다는 듯 자신의 집을 모두 드러내 놓고, 진한 우의를 표한다. 마시다 취하면 그대로 주인집 침대에 엎어져 거하게 잠을 잔다. 손님이 자기 집처럼 굴어야 베이징 사람들은 오히려 편안해 하고 당연하다고 여긴다.

베이징 사람들은 술 권하는 것을 중히 여긴다. 한 잔 가득 채우고, 잔을 비우면 곧바로 또 가득 따른다. 게다가 자신이 모범을 보여 먼저 단숨에 잔을 비움으로써 우정의 진실함을 표현함과 동시에, 쓸데없는 이야기는 하지 말고 당신도 단숨에 잔을 비우도록 한다. 그들의 음주는 통쾌하고 호방하다. 집에서 마실 때는 이해득실을 논하지도 않고 어떤 거래적인 대화도 하지 않아야 한다. 만약 이해를 따지고 사업적인 이야기가 필요할 때는 집에서 술자리를 만들지는 않는다. 그래서 베이징 사람의 집에서 술자리를 하게 되면 그들의 순박하고 고전적인 분위기를 마시는 것이며, 담백하고 순리대로의 진실한 정감과 우정, 그리고 순수함이 담긴 술은 몸속으로 들어가면서 메마른 마음의 밭을 촉촉이 적셔주는 것이다. 이때는 위축되었던 정신을 뜨겁게 불태워, 진정으로 술에 흠뻑 취하게 된다.

베이징 사람들의 술자리는 몇몇이 취해 고꾸라지지 않으면 절대 술자리를 접지 않는다. 설령 당신이 주인집 양탄자와 침대보에 오물을 토해 놓더라도 말이다. 주인과 손님이 통쾌하게 흥겨운 분위기에 젖어들고, 이래야만 멋지게 한잔 잘 했다고 느끼며, 또 손님에 대한 접대가 잘 됐다고 여긴다.

베이징 사람들의 음주는 이토록 호방한 가운데서도 교활함이 있다. 손님에게 술을 권하며 온갖 달콤한 말로 유혹할 줄도 알고, 교묘한 말로 자극할 줄도 알며, 또한 호방한 말로 스스로 감정에 도취될 줄도 안다. 이런 과정 속에서 결국에는 모두가 몽롱하게 술에 취해, 혼자 중얼거리다가 머리를 떨군 채 잠들어 아무도 말이 없게 되면 비로소 술자리는 끝난다. '첨언밀어(甛言蜜語 : 달콤한 말)', '화언교어(花言巧語 : 교묘한 말)', '호언장어(豪言壯語 : 호방한 말)', 자언자어(自言自語 : 중얼거림)', '불언부어(不言不語 : 아무 말 없음)', 이를 가리켜 술자리의 다섯 가지 경지라 한다.

베이징 사람들의 음주는 '인생살이의 길은 좁아도 술의 길은 넓음(人間路窄酒杯寬)'을 중시하고, '세상의 공명은 만 리 밖의 일이요, 내 맘은 한 잔 술에 있음(功名萬裏外, 心事一杯中)'을 중시하며, '차가운 술은 위를 상하게 하고, 뜨거운 술은 간을 상하게 하나, 술이 없으면 마음을 상하게 한다 ― 최후의 한 방울이 더욱 중요함 ; 술은 청탁을 불문하고 가짜 술이라도 없으면 안 됨(冷酒傷胃, 熱酒傷肝, 無酒傷心 ― 最後一點尤爲重要 ; 甚麽酒都行, 哪怕是假酒, 但不能沒酒)'을 중시한다.

9

베이징 사람들*

*『베이징 ; 성과 사람들(北京 ; 城與人)』에 실린 글

■ **자오위옌** (趙園, 1945~) ■

허난(河南) 위씨(尉氏) 출신으로 중국 현 당대문학 연구자이다. 북경대학 문학과를 졸업하고 현재 중국사회과학원에 재직 중이다. 주요 작품으로 『땅의 아들 ; 향촌 소설과 농민 문화(地之子 ; 鄕村文化與農民文化)』, 『베이징 ; 성과 사람들(北京 ; 城與人)』이 있다.

베이징 사람

  베이징에는 세 종류의 공간적 범주가 있다고 한다. ─ 여기서 말하는 베이징은 북경성 지역과 성밖 큰 거리 및 그 일대를 가리킨다. 얼마 전 류사오탕(劉紹棠)*이 '북경 향토 문학'을 제창했는데, 그의『향토(鄕土)』** 1집에 수록된 작품들을 보면 베이징 교외의 향촌을 많이 묘사했다. 원래 순천부(順天府 : 청나라는 명나라의 제도를 답습하여 행정 구획을 나누었는데, 아편전쟁 직전 베이징의 순천부를 수도로 삼았음)가 관할했던 향촌 역시 '베이징'이다. 그러나 베이징 교외의 향촌과 베이징에서 관할했던 기타 현 지역의 문화는 이 글의 논의 범위에는 들지 않는다. 베이징 문화, 베이징 지역(북경성 지역에만 한정하지는 않는다)의 방언 문화, 베이징 지구의 성내와 향촌의 문화 교류는 대단히 의미 있는 과제로서 연구자의 관심을 끈다.

  여기서 언급되는 '경미소설(京味小說 : 베이징 문화를 주로 다룬 소설류를 말함)'로 가령 덩유메이(鄧友梅)***의 작품에서 주로 묘사되는 공간적 범주가 옛 성 안의 지역(동성東城, 서성西城, 숭문崇文, 선무宣撫 등 네 지역)에 속한다. 옛 성 안의 지역, 가령 원래의 북성(北城)과 남성(南

---

* 1936~1997, 13세부터 창작을 시작하여 15세에 명성을 얻은 신동 작가로서 청소년 시기 작품인 「푸른 가지 푸른 잎(靑枝綠葉)」, 「중추절(中秋節)」 등은 참신하고 생기발랄한 농촌과 자연을 묘사했다. 이후 강함과 부드러움이 조화된 향토문학 체계를 세우고 '중국적 기상, 민족적 관념, 지방적 특색, 농촌적 제재'라는 기치로 향토 문학의 일가를 이루었다.

** 류사오탕 편,『향토』, 인민문학출판사, 1984. 9월, 베이징 제1판.

*** 1956년 「벼랑에 서서(在懸崖上)」라는 글을 발표하여 명성을 얻었으나 문혁 때 우파로 몰려 고초를 당하고, 1976년 복권되어 문단에 복귀했다. 이후 「타오란팅 이야기(話說陶然亭)」, 「담배 종지(煙壺)」 등 민속적 색채가 강한 작품을 발표했다.

城)[*]에는 베이징에 살면서 동화된 외지인들이 대부분이다. 청대(淸代)의 문헌에 따르면 베이징의 (문화 수요를 포함해서)소비 수요로 인해 많은 예술인, 장인, 농민들이 유입되었는데, 장인들 대부분이 장저(江浙) 출신들이었다. 현재의 베이징 토박이 가운데 이런 이주민의 후예가 얼마나 될지, 누가 확실히 말할 수 있겠는가! 왕안이(王安憶)의 글「대류장(大劉莊)」, 「나의 내력(我的來歷)」에서는 상하이 사람들의 뿌리를 묘사했는데, 그야말로 정통 상하이 사람이라고 인식되는 상하이 사람들 가운데 정말 상하이에 뿌리를 둔 사람은 거의 없다. 진짜 상하이 본토박이라고 한다면 아마도 그 지역 작은 어촌 어부들의 후예일 것이다. 베이징은 원대(元代) 이후로 번영했지만, 원, 명, 청 삼대를 걸쳐 수차례 동란을 겪으면서 베이징 사람들의 진정한 뿌리는 아마도 대부분 향촌에만 남겨져 있을 것이다.

호적법상의 베이징 사람들(베이징 토박이, 신 베이징 사람)의 정체성에 대한 진정한 규정을 찾아본다면, 생활의 측면에서 베이징 사람으로서의 신분증은 실제 생활 속의 모습일 것이다. 이 점에서는 이들이 호적에 등재되어 있는가 등재되어 있지 않은가 보다는 문화적인 척도를 적용해야 할 것이다. 린하이인(林海音)의 전기에 따르면 "린하이인은 민국 8년에 출생했는데, 원적은 타이완이다. 하지만 어려서 부모를 따라 베이징으로 이주하여 그곳에서 성장하고 교육을 받고 일하고 결혼했다. 그래서 그녀에게는 베이징의 색채가 아주 짙다. 때문

---

* 「북경화 초탐(北京話初探)」에 다음과 같은 기록이 있다. 옛 북경성의 구역은 지금의 4개 구역인 동성구(東城區), 서성구(西城區), 숭문구(崇文區), 선무구(宣武區)를 포함하는데, 베이징 사람들은 통상적으로 베이징을 각각 동성, 서성, 남성, 북성으로 나눈다. 동성은 지금의 동성구, 서성은 지금의 서성구이지만, 남성은 지금의 숭문구와 선무구인 외성(外城)을 가리키며, 북성은 지금의 동성과 서성의 고루(鼓樓)를 기준선으로 그 이북 지역이다.

에 어떤 사람은 그녀를 '베이징 사람보다 더 베이징 사람 같다'라고 할 정도였다." 이러할 진대 그녀를 '베이징 사람'이라고 한들 무슨 문제가 있겠는가.

놀라운 점은 베이징 문화의 동화력이다. 「정홍기의 후예들(正紅旗下)」이라는 작품에 교동(膠東) 출신의 왕 사장이 나오는데, "(그가)막 베이징에 왔을 때 만주인들의 복장과 차림새, 깍듯한 예절, 그리고 말소리 등이 모두 어색했고, 이상하게 들렸다. 심지어는 반감이 들 정도였다. 또한 명절 마다 꼭 특별한 음식을 차려 먹어야 하고, 외상을 져서라도 챙겨 먹어야 한다는 생각과 태도를 이해할 수 없었다. 더욱이 새장을 들고 신선이나 된 듯 어슬렁거리는 모습은 더욱 마음에 들지 않았다. 그러나 나이 서른이 되자 스스로 종달새를 감상하고, 그들과 함께 새 기르는 경험담을 나누며, 반나절씩 한담을 나누게 되었다. 그럴수록 그들과 더욱 가까워지고 진지한 대화를 나눌 수 있게 되었다……" 베이징은 이렇게 이주자들을 동화시키고 있었다. 이것이 바로 일종의 '풍교(風敎 : 교화)'이다. 베이징은 수준 높은 문화로 외지인들을 귀화시키고 있었다. 문학 작품 속에 드러난 위와 같은 실례는 베이징 문화가 어떻게 베이징 사람들을 만들어 가는가에 대한 과정을 보여준다. 베이징으로의 귀속감이 서서히 형성되면서 왕 사장으로 하여금 "고향이 그리워질수록 더욱 베이징에 남아 살고 싶었다. 베이징은 마치 뭔가에 홀린 듯 나도 모르는 사이에 베이징을 좋아하게 만드는 마력을 지닌 듯하다. 베이징의 향토적 감성은 이렇게 길러진다. 이런 변화가 베이징에서 발생하는 것은 거의 불가항력적인 것이다"라고 토로케 했다.

'베이징 사람의 정체성' 문제보다는 한 차원 아래지만 또 하나의 논쟁거리가 되는 개념으로 '베이징 시민의 정체성' 문제가 있다. 류신우(劉心武)* 는 『종고루(鐘鼓樓)』** 라는 작품에서 사합원이나 베이징 사람들의 직업적 성향에 대한 고찰과 함께 베이징 시민에 대해 다음과 같이 장황한 묘사를 한 바 있다.

여기서 말하는 시민이란 광의의 시민이 아닌 '토착' 적 성격을 가진 시민을 가리킨다. 즉 적어도 삼대 이상 베이징에 거주하고, 베이징의 '하층 사회' 를 구성하는 가장 보편적인 주민들 말이다. 좀 더 정확하게 표현한다면 첫째, 정치적 지위상 간부의 범주에 속하지 않는다. 둘째, 경제적으로 수입이 적은 계층이다. 셋째, 총체적인 문화의 관점에서 저급 문화의 범주에 속한다. 넷째, 전체적인 직업적 특징으로 본다면 도시 서비스업계에 속하며, 공업 분야로 말한다면 기술성이 좀 떨어지는 육체 노동적 요소의 비중이 좀 더 큰 쪽을 말한다. 다섯째, 거주 지역으로 보아서 베이징 시내의 아직 개발이 덜 된 크고 작은 뒷골목과 집단 거주 지역에 산다. 여섯째, 생활 방식은 상대적으로 전통적 색채가 많이 남아 있고, 일곱째, 거주 상태로 보아서 베이징의 기타 주민에 비해 안정성(한 곳에서 오래 살려고 하는 측면)이 높다……

이런 특징들의 근거는 근래의 상황에 입각한 것이고, 라오서가 묘사했던 1930~40년대와는 딱 맞아 떨어지지는 않을 것이다. 그 범주

---

* 1942년생. 1958년부터 작품을 발표하기 시작하여 1977년 「담임 선생님(班主任)」, 「애정의 지위(愛情的位置)」, 「깨어나라, 동생들이여(醒來吧弟弟)」 등을 발표했다. 감수성이 강하고 이성적인 논리성이 풍부한 사회성 소설을 다량 창작했다.

** 류신우의 첫 번째 장편소설. 1982년 어느 날 베이징의 종고루 일대에서 발생한 사건을 서술하고 있다. 독자들에게 당시의 사회 생활의 다양한 측면을 제시하고 있는데, 서로 다른 조건과 태도, 그리고 언행을 통해 1980년대 초 베이징 시민 사회의 복잡한 모습을 그렸다.

를 다시 한번 더 한정한다 하더라도 베이징 시민들은 러시아의 작가들이 묘사했던 세습적 계급성이 많은 '소시민'과는 여전히 다르다. 류신우가 규정했던 '하층 사회'는 자신의 개인적 관심 차원에서의 범주일 뿐이다. 라오서가 묘사했던 가장 베이징적인 시민은 '중산층', 즉 장따꺼(張大哥)라든가 소양권(小羊圈)의 치(祁)씨 집안 사람들, 찻집 주인 왕리파(王利發)와 같은 사람들이다. 이런 중산층의 인물들이 설령 라오서 자신이 이해하고 있던 '시민'의 개념과 일치하지는 않을지라도(물론 그는 하층 사회로 묘사했다) 이들을 훨씬 더 의미 있게 '베이징 사람의 정체성'을 나타내는 중심으로 삼았고, 베이징 시민의 표준 형상이자 이상형으로 묘사했다. 베이징이 미국처럼 '중산층'의 일거수일투족이 사회적으로 중대한 영향을 끼치는 문화적 역량을 지녔다고 이야기할 수는 없다. 하지만 라오서는 창작의 전성기에 중산층 시민들을 통해 어느 정도 베이징 시민들 속에 내재되어 있던 베이징 문화의 일부를 표현했고, 이에 대한 충분한 근거도 제시했다. 이에 따라 베이징을 소재로 했던 라오서의 작품들은 모두 베이징 문화를 묘사한 것이며, 「이혼(離婚)」, 「4대가 함께 사는 집」, 「정홍기의 후예들」, 그리고 단편소설 「오래된 가게(老字號)」 등과 같은 작품을 통해 베이징 문화에 대한 개괄과 비평을 집중적으로 담아냈다고 할 수 있다.

중산층 외에 라오서가 묘사했던 베이징 사람들로는 뒷골목의 하층 시민 가운데 비교적 저속하지 않는 부류, 가령 소양권의 공동 거주민들이나 「정홍기의 후예들」 속의 '나'의 가정 등과 같은 것이 있다. 그가 작품을 통해 베이징 문화의 전통을 제시하려던 의도는 덩유메이가 작품에서 보여 주었던 것과 비슷하다. 그의 작품 속에는 류신우가 묘사했던 그런 뒷골목의 거친 청년들은 없다. 천젠궁(陳建功)의 「약을 찾아서(找藥)」나 왕청치(王曾祺)의 「안락거(安樂居 : 소설 속의 작은 식당 이름)」에서 묘사했던 하층 시민들도 골목 사회에서는 비교적 교양이 있는 부류였다. 서로 다른 선택은 서로 다른 의도와 연계된다. 사회 문제의 제기를 목적으로 하는 것과 문화적 양상의 제시를 목적으로 하는 것, 각각 그 취사선택에 있어서 다를 수밖에 없다.

기왕 선택한 내재적 척도(목적)에 따라 묘사된 '베이징 문화' 자체 는 정리와 선택의 결과이며, 그 안은 나름대로 '베이징 문화'에 대한 이상화가 있는 것이다. '베이징 문화'는 일종의 문화 가치의 계통이 며, 문화 개념이자 문화 이상이다. 문화의 발굴을 목적으로 하는 경미 소설에 있어 인물의 이상화와 표본화(어떤 때는 인격화된 문화 개념에 가깝기도 하다)는 피할 수 없다. 사람에 대한 묘사나 관념이 그 안에 담 기게 되는 것이다. 작가에 의해 문화의 대표, 문화의 표본으로 선택된 '베이징 사람들'은 베이징 중의 베이징이 아닐 수 없다. 즉 그들은 베 이징 사람들 중에서도 특정 부류에 속하며, 베이징 시민 사회 속에서 도 특정한 집단이다.

인류는 자신의 문화적 환경을 창조하고, 동시에 그 창조의 결과를 받아들임으로써 스스로 문화의 창조물, 즉 하나의 거대한 '범주'에 속하게 된다. 개인이 문화를 받아들이는 가운데 행하는 선택은 당연 히 사람에 따라 다르다. "숲이 크면 온갖 새가 있다(林子大了 什么鳥兒 都有)." 하나의 성(城 : 문화적 범주)은 문화적 역량을 모든 사람들에게 베풀지만 그 문화를 선택하고 받아들이는 사람에 따라 결과는 다르 게 나타난다. 하지만 신기한 점은 품성이 서로 다른 사람들로부터 어 렴풋하게나마 하나의 성(문화적 범주)이 갖고 있는 공통점을 찾아낼 수 있다는 사실이다. 「4대가 함께 사는 집」에서 옛 성으로서의 풍모는 첸(錢) 시인의 '게으르고 산만함'으로 표현되고, 치루이쉬안(祁瑞宣)

의 '자연스러움과 고상함' 그리고 '급하지도 느리지도 않은' 모습으로 표현되며, 관샤오허(冠曉荷)의 '유유자적하고 한가로운' 모습으로 표현되었다. 첸 시인과 그를 팔아먹은 관샤오허는 자질구레한 점이 적지 않은 인물들이다. 이 자질구레함이 첸 시인에게 있어서는 인물 그 자체였고, 관샤오허에게는 궤짝에 붙은 장식물처럼 그 부분만 집중적으로 빛나는 것이었다. 라오서는 등장 인물에게 베이징의 색깔을 입힘에 있어 그 인물에 투영된 구체적인 인성(人性)의 빛과 그림자를 세밀히 포착하여 등장 인물의 도시적 성격과 도시의 인격을 하나로 조화시켜 작품의 경지를 확대시키고 있다. 뒤에 나온 어떤 번화한 도회지도 이처럼 오랜 문화적 생명력, 이처럼 견고하고 두터운 문화적 연륜, 이처럼 안정된 문화 성격을 형성할 수 없을 것이다. 또 베이징처럼 사람들에게 강한 '규정성'을 띨 수도 없고, 베이징의 시민들같이 도시 문화를 계승한 시민들을 보유할 수도 없을 것이다.

이미 보편적으로 베이징 시의 상징으로 되어 있는 사합원이나 후퉁은 결코 베이징의 전부가 아니다. 후퉁 문화는 단지 베이징 문화 가운데 가장 역사성이 있고, 특징이 있는 것의 하나일 뿐이다. 후퉁 문화는 나름의 한계가 있고, 경미소설의 작가들도 이 점에 대해 분명히 알고 있었다. 그들이 후퉁 문화의 한계를 명확히 안다면 경미소설의 한계도 명확히 알 것이다. 그들이 '베이징 사람'이런 비교적 큰 개념을 사용할 때도 결코 그것이 모든 것을 다 포함하고 있다고는 생각지 않았다. 다만 가능한 것을 다 나타냄으로써 '베이징 사람'이란 개념의 표본이나 샘플을 제공하려 했을 뿐이다.

위와 같은 논의가 있어야만 비로소 전체를 종합할 수 있다. '베이징 사람'이란 갈수록 상징화되어, 심지어는 이런 단어에 대해 이질감을 느낄 수도 있다. 마치 그 의미가 작가들의 붓 아래서 너무 확대 팽

창되는 것같이 느껴진다. 우리는 이 지점에서 단지 경미소설 속의 베이징 사람에 한정할 뿐이다. 그래도 '팽창'을 피하기는 어렵다. 종합은 표본을 찾고, 또 이상적 형태를 모색하기 때문이다. 따라서 나는 나의 고찰이 정확하고 전면적인지는 결코 자신할 수 없다. 사람이란 얼마나 복잡한 존재인가! 내가 분명하게 알 수 있는 것은 다음의 글에서 내가 내린 결론마다 당신은 백 가지, 천 가지의 예외를 제기할 수 있다는 사실이다.

예의 문화

베이징 토박이는 예의가 참 바르다. 이 점에 있어 '예의의 나라'의 '으뜸 지역'으로 손색이 없다. 통상 이 '예의 바름'에 대한 이야기 뒤에는 예의가 사라져가는 세상 인심의 풍조에 대한 개탄이 뒤따르게 마련이다. 이것은 꼭 나이 든 사람들만의 정서는 아니다. 새로운 문화의 건설 속에 사라져가는 문명을 애도함에 있어 현대인의 넓은 도량을 보여주어야 할 것이다.

예의 문화는 베이징이 갖는 매력의 중요한 원천이자, 베이징 사람들이 지닌 모습 가운데 중요한 일면을 구성한다. 그들의 외면적 모습이자 내재적 기질이기도 하다. 라오서는 일찍이 베이징에는 "심부름꾼이나 장사꾼조차도 나름의 풍모가 있다"고 자부심을 감추지 않았다. 그의 작품 속에 등장하는 상인들은 점잖음을 잃지 않았고, 근교의 농민도 베이징의 예의 문화의 교화를 받아 다른 곳 농민들의 기질과는 사뭇 달랐다. 예의범절은 새들에게도 미친다. "새 기르는 사람을 깔보지 마라. 이들도 옛부터 법도를 따져왔다!(한사오화韓少華의 소설

「훙디옌커(紅點頦 : 소설 속 주인공 이름)」에서)" 베이징은 그래도 베이징이다. 설령 사기꾼이 사기를 쳐도 멋들어지고 예의범절이 깍듯하다. 「나우(邪五)」(덩유메이의 소설. 청나라 말기 몰락한 귀족 자제 '나우'의 비극적 인생을 묘사한 작품)에서 주인공에게 사기를 친 사람이 바로 베이징식 사기꾼이다. 루쉰의 『신편고사(新編故事)』 가운데 「고사리를 캐다(菜薇)」라는 작품에 나오는 강도도 얼마나 베이징적인가! 베이징식 예의의 활용이 얼마나 절묘한가!

베이징 사람들의 예의범절은 만주족, 즉 팔기인(八旗人)*의 문화와 연관이 있다. "노인은 어려서부터 베이핑에서 자라 팔기인들로부터 보고 들으면서 각종 예의범절을 배웠다(「4대가 함께 사는 집」)." 한족도 예의범절에 대한 유구한 전통이 있는데, 베이징 시민들이 오히려 팔기인으로부터 '예의범절'을 배워야 하다니! 가령 앞에서 언급했던 왕 사장이나 먹고 살기 위해 베이징으로 왔던 샹쯔(祥子 : 라오서의 소설 「루어투어 샹쯔」의 주인공), 또는 베이징 근교의 농민들에 대해 베이징의 예의 문화는 전통 사회의 폐쇄성으로 인해 오히려 더 큰 동화력을 지니게 되었다. 문화란 마치 도자기를 빚는데 사용하는 물레처럼 사람의 형상을 만들어 가는 힘이 매우 크다. 사람들이 말하는 '습성에 젖는다', '보고 듣는다', 더 오래된 말로는 '지엔(漸 : 점차, 서서히)'이라는 말이 모두 이런 의미이다. 풍조에 의해 사람이 만들어시고, 사람에 의해 풍조가 만들어진다. 그 다음에는 어떤 훈련도 필요 없이 문화 환경에 의해 교화된다. 이것이 고도로 발전된 전형적인 향촌 사회이다.

예의 문화의 기능은 사람들로 하여금 문명이 없던 황야를 탈바꿈

---

* 청조(淸朝) 창업에 공로가 있는 사람으로 만주족 8기, 몽고족 8기, 한족 8기로 조직한 군대. 팔기는 그 군기의 빛깔로 각 군을 구별하는 데서 이른 말. 이 말이 나중에는 만주족을 뜻하게 됨.

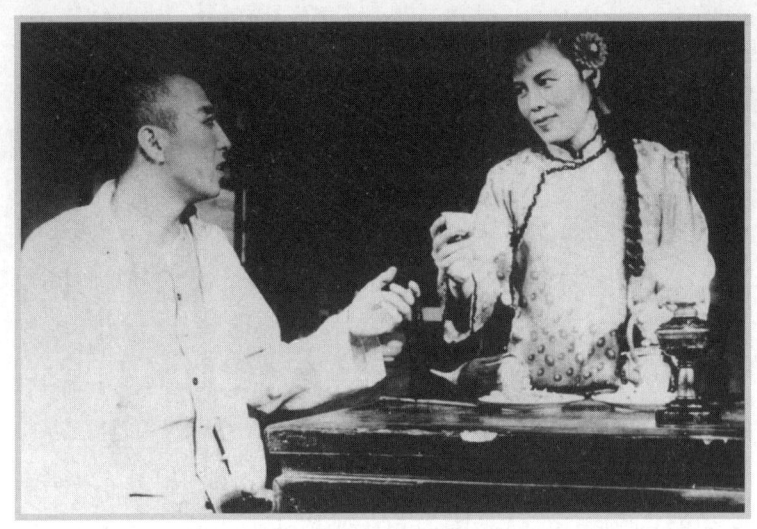

루어투어 샹쯔의 한 장면

시켜 농업 문명의 궤도로 들어서게 했다. 그리고 이것은 통치 철학과 통치술이 되어 효율적으로 백성들을 길러 날카로운 뿔과 예리한 이빨을 없애고, 온순하게 자신의 분수를 지키게 만들었다. "사람이란 욕심이 있게 마련이고, 욕심이 있는데 얻지 못하면 억지로라도 구하지 않을 수 없게 된다. 그런데 구함에 있어서 욕망의 한계가 없기에 싸우지 않을 수 없다. 다투면 세상이 혼란스러워지고, 혼란에 이르면 모두가 궁벽해진다. 그러기에 앞 시대의 성인들은 혼란을 싫어하여 예의 제도를 만들어서 한계를 분별했다(『순자荀子』「예론편禮論篇」)." 향촌 사회의 성숙한 관리와 백성들은 이 '편(分 : 분수)'을 분명히 했다. 베이징 말에 '잉펀(應分)'이란 분수를 지키고 선을 넘지 않으며, 과분한 생각과 욕심을 부리지 않는다는 뜻이다. 이것은 사람으로서 지켜야 할 기본 원칙이다. 그리하여 '예의'는 일상 생활 속의 모든 사고와 행위의 영역으로 들어왔다. 자기가 맡은 사회적 본분에 충실하며, 사회와 대중이 인정하는 생활 규범에 따름으로써 사회의 안정과 정상적인 상태가 유지된다. 사람에게서 '분수'는 사회적 지위(사회적 윤리 질서 속에서의 위치)를 가리키는 것이지 사회적 직업을 가리키는 것은 아니다. '분수를 지키는 것'이 현대적인 직업적 요구를 담고 있는 것은 아니며, 무조건적인 직업 도덕으로 변화되지도 않는다. 여기서 말하는 '분수'는 선천적이고 사회의 강제적 배분에 의해 이루어진 것이며, 사회 체제 속에서 개인으로서 지정된 지위와 역할을 말한다. 그래서 '잉펀', '서우펀(守分 : 분수를 지킨다)'이라고 하는 것이다.

사람들이 각자 맡은 역할을 담당하는 것은 권력자들이 바라는 바다. 습관화되고 교화되는 가운데 그것은 '본능'이 된다. 외제차 기사인 샤오추이(小崔)는 따츠빠오(大赤包)에게서 모욕을 당하고도(따츠빠오는 갑자기 그의 뺨을 심하게 후려쳤다) 되받아치지 않았다. "베이핑(北平)은 망했지만 베이핑의 예절과 교양은 아직도 샤오추이의 몸에 남아 있었다(「4대가 함께 사는 집」)." 당신은 아마 샤오추이의 '답답함'에 슬퍼하고 분노하겠지만, 한편으로는 사람의 자제력 또한 진화의 결과가 아닐까라는 생각을 할 것이다. 보통 사람들의 예의 그 영역으로 들어가면 의미는 더 복잡해지며 평범한 사회학적 판단으로는 간단히 해결되지 않는다. 베이징 사람들은 '체면'을 지극히 중시한다. 라오서는 이 '핵심 단어'로 사기가 애시중시하는 인물들을 그렸다. "리쓰(李四)는 젊었을 때 아주 체면을 차리는 사람이었을 것이다(「4대가 함께 사는 집」)." "회족(回族)인 진쓰(金四) 또한 얼마나 체면치레를 하던 사람이었는지!(「정홍기의 후예들」)", '체면'은 사람의 풍채와 차림새의 아름다움을 나타낸다.

「나의 한평생(我這一輩子)」*에서 실의에 빠지기 전 나의 체면과 「정홍기의 후예들」에서 젊은 팔기인 후손인 푸하이의 체면이 바로 이러하다. 이 인물들은 베이징 사람들 중에서도 멋진 인물들이다. 멋진 인물들은 사람들에게 기쁨을 준다. 왕청치의 작품에서는 고구마 장수도 속되지 않고 나름대로 깔끔하면서 체면을 지키고 있다. "군고구마 장수는 아주 말쑥했다…… 허리는 곧게 펴져서 심지어는 조금 뒤로 제쳐 진 듯하기도 했다. 정말 깔끔했다! 청색 윗도리에 하얀 옷소매, 허리에는 인조 가죽으로 된 앞치마를 두르고 고구마를 굽는 난로 뒤에 서있는 모습은 정말 멋있었다. 그 깔끔함만 보아도 그가 구운 고구마는 필히 밤처럼 맛있을 거라는 믿음을 주었다(「안락거」)"

　　이런 풍채를 내보일 수 있는 것도 베이징의 예의 문화가 한몫을 한 것이다. "예의는 의식 절차에 따른다"는 말이 있다. '예(禮)' 란 글자는 원래 종사한다는 뜻이다. 풍(豊)은 제기(祭器)를 가리키고 시(示)는 일종의 의식을 가리킨다."** 의식에 일단 능숙해지면 입신의 경지에 이를 수 있다. 앞에서 말한 외제차 기사인 샤오추이를 예를 들면 예의는 습관적인 억제이다. 하지만 문화가 더욱 성숙된 베이징 사람일 경우는 단순한 몸가짐, 행위에서 더 나아가 전체적인 예의의 예술화를 의미한다. 이것이야말로 이상적인 경지에 오른 것이다. 「정흥기의 후예들」에서 큰누이에 대해 묘사하기를 "그녀의 굵지 않은 허리는 항상 예쁘고 꼿꼿했으며, 몸을 낮춰 인사할 때도 허리를 굽히지 않아 점잖고 우아했다. 가끔 웃을 때만 허리를 조금 굽혔는데 숨을 못 쉴 듯이 순진하고, 가

---

* 청나라 말기 자존심이 강한 보통 중국인 푸하이(福海)의 비극적 인생을 담은 소설이다. 아무리 올바르게 살려 해도 어쩔 수 없는 혼탁한 세상, 심지어 사랑하는 아내마저 믿었던 친구와 도망간다. 종이 바르는 기술을 익혔지만 청나라가 망하고 민국이 되자 소용없게 되었다. 또 경찰이 되었지만 오히려 가난하고 힘없는 사람들에게 만행을 저지른다. 정의가 없고 원칙이 없는 고해의 세상을 살아가는 푸하이의 인생 역정을 통해 작가 라오서는 당시 혼란한 사회상을 고발하고 있다.

** 페이샤오퉁(費孝通), 『향토 중국(鄕土中國)』, 52쪽.

련하게 보일 정도였다." 작가가 이 인물에 대해 칭찬과 함께 귀여움을 느끼고 있음을 알 수 있다. 푸하이 둘째 오빠의 인사법은 훨씬 더 예술적이어서 그 형식을 감상하느라 내용을 잊을 정도다. "그는 인사를 가장 보기 좋게 했다. 먼저 사람을 똑바로 쳐다보고는 머리를 숙인 채 급히 두 걸음 다가선다. 인사 받을 사람 앞에 서서 두 손을 무릎에 대고 앞쪽 다리에는 힘을 주고 뒤쪽 다리는 힘을 빼며, 나아가고 멈추는 동작과 함께 인사말과 인사가 이루어진다. 예의바

청말 중국인들의 인사법

르고 친절한 목소리로 '둘째 숙모님 안녕하세요?' 라 하고 나서 천천히 다리를 펴고 허리를 세우면서 가슴을 편다. 두 팔은 수직으로 늘어뜨린 상태에서 두 손을 약간 뒤로 모으고, 두 발을 나란히 옆으로 가지런히 한다." 매번 이런 인사를 받는 노부인은 허리를 굽혀 납례하면서 속으로 "내 아들도 이렇게 예의바르면 얼마나 좋을까!" 라고 생각했다. 큰 누이와 둘째 오빠는 모두 원숙한 팔기인이었다. 행동이 예의바를 뿐만 아니라 매우 품위 있고 자연스러워서 예의를 차리는 번거로움과 불합리함, 그리고 인간 본성의 억제라는 부정적인 면을 잊게 할 정도였다. 라오서는 푸하이에 대해 상당히 많은 묘사를 했다. 「찻집」의 주인 왕씨는 움직이는 예의 백과사전이자 장사꾼을 대표하는 예의의 대가라고

할 수 있다. 완벽함이라는 측면에서 능가할 수 있는 사람이 없었다. 때문에 그의 예의범절은 그 자체로 풍자적인 의미까지도 드러냈다.

한사오화(韓小華)*는 「사오관자 전기(少管家前傳)」에서 젊은 집사의 섬세하고 주도면밀한 예의범절을 묘사할 때 역시 라오서와 비슷한 감상적 태도를 보였다. 이 멋진 인물 역시 푸하이와 같이 동작에 절도가 있고, 하나하나의 언행에 법도와 분수가 있었다. 그럼에도 극히 자연스러워 어떤 구속(전통 사회에서 사람으로서 갖춰야 할 기본적인 사상 경지)도 있어 보이지 않았다. 이런 경지에 이르면 예의도 예술이 된 것이다. 기술에서 예술까지, 극히 인공적인 것에서 자연적인 경지에 이르기까지 아주 능수능란한 처세 태도가 사람들로 하여금 그것을 전혀 느끼지 못하게 할 정도까지 도달하면 이때 예의는 그 사람의 일부가 되어 천의무봉(天衣無縫)하게 된다.

외적인 규범화가 생활 속에 자연스럽게 스미는 것은 예의의 내재화 과정이다. 이것이야말로 예의범절을 처음 만든 사람의 최초의 소망이리라. 이런 기준에서 보면 큰누이와 둘째 오빠는 완벽한 정도까지는 이르지 못했다고 할 수 있다. 그 소설에서 별로 주목받지 못했던 인물 ─ 아버지는 주인공만큼 멋있지는 않았지만 우직한 면이 많았고, 예의 문화가 사람에게 무엇을 요구하고 있는지를 더 잘 나타냈다. 아버지에게 있어서 예의는 사교상의 민첩하고 깔끔한 응대로 나타나는 것이 아니고, 성품으로부터 자연스럽게 배어나와 양미간에 드리워진 평온함으로 표현된다. 많은 지면을 할애하지는 않았지만 간결한 묘사는 더욱 생동감 있게 느껴진다.

---

* 1933년 생으로 중국 작가협회 회원이다. 1947년부터 작품을 발표해 1960년대 초 「서곡(序曲)」으로 성공을 거두고, 산문 중심의 창작 활동을 펼쳤으며 보고문학과 소설도 창작했다.

사람이 말을 걸면 부드럽게 작은 목소리로 두어마디 대답하고, 물어보는 사람이 없으면 조용히 얼굴에 웃음을 띠며 온종일 말없이 있었다. 매번 고모가 위세를 부릴 때도 온 집안이 떠들썩해서야 비로소 다가가 웃으면서 물으셨다.

"누님, 제가 도와 드릴까요?"

"네가?"

고모는 마치 낯선 사람 대하듯 죽 훑어보면서 "너는 생각도 하지 않고 말을 하니? 생각해 봐라. 네가 할 줄 아는 게 뭔데?"라며 핀잔을 준다.

아버지는 웃으면서 잠깐 생각을 하더니 쮀링(佐領)과 찬링(參領)이 물러서는 것처럼 뒷걸음으로 물러난다.

여기에는 따뜻함, 운명에 대한 순종, 그 순종으로부터 얻어진 마음의 안일과 화해가 있다. 그리고 예절화된 삶의 태도와 마음의 상태가 담겨 있다. 외적인 행위 규범은 보편적 심리에 영향을 주고 끊임없이 조절되어 점차 안과 밖이 일치되고 겉과 속이 조화를 이루는 경지에 도달한다. 겉에서 속으로 또한 속에서 겉으로 상호 작용하며, 이로부터 인격과 인생의 경지가 형성된다. 오랜 도시적 평화와 안녕은 바로 개개인에게서 발생한 위와 같은 변화 과정에 의해 형성된 것이며, 이 지점에서 '예의'는 베이징과 베이징 사람들을 가꾸고 만들어가는 데에 참여한다.

살아오면서 사람들의 비판을 받아 왔던 예의 행위도 있기 때문에 상황에 따라 달리 해석될 필요가 있다. 예의는 밖으로 표현되는 행위로서 사람이나 인간 관계에 따라 그 속마음이 여러 가지로 다를 수 있다. 베이징 사람들은 사교에 있어서 인정에 대한 세심한 관찰과 배려를 지니고 있기 때문에 사람들로 하여금 커다란 '매력'을 느끼고, 또 그리

위하게 한다. 예의는 심지어 개인의 심적 욕구와 인간 관계에 있어서 화해를 추구하려는 욕구로부터 출발했을 가능성이 있다. 때문에 겉으로 보이는 '순수한 형식' 속에는 풍부한 감정적 내용이 담겨 있다.

이 대목에서 주인공이 변방 지역 민족의 예의 행위에 대한 감정적 체험을 다룬 왕멍(王蒙)의 「잡색(雜色)」이란 작품이 떠오른다.

> 이런 아름답지만 천편일률적인 예의범절은 다른 때라면 차오첸리 (曹千裏)로 하여금 번거롭고 시간 낭비라는 느낌을 들게 할 수 있었 다…… 그러나 지금 하늘과 땅이 뒤죽박죽 뒤섞이고 홍수와 태풍의 한 가운데에 서 있는 이 시절, 마음은 텅 비고 언제 이 혼란이 끝날지도 모 르는 이때에 안부를 묻고 또 묻는, 악수를 하고 또 하는, 그리고 떠들썩 하고 소름끼치는 듯 온통 혼란으로 가득 찬 외부 세계의 영향을 전혀 받지 않은 듯한 허싸커족(哈薩克族)의 대대로 내려온 예절, 그 오랜 인 정미는 차오첸리의 얼었던 마음을 풀어주고 충만케 했다. 삶은 여전히 삶이 아닌가!

그의 다른 작품 「이리*에서(在伊犁)」에서도 위구르, 카자흐 족과 베이징 사람들 간의 유사한 사교 방식 속에서 체험한 삶의 따뜻함을 묘사했다. 이것은 또한 타향 사람이 베이징 사람들에게서 느끼는 것이기도 하다. 이 작품들을 읽으면서 작가의 이리 문화에 대한 인식, 예를 들면 예의 문화와 언어 예술에 대한 인식은 베이징 문화의 영향을 상당히 받은 것으로 생각된다. 수준 높은 교양을 갖춘 지식인이 타향을 고향으로 생각하는 것이 어찌 우연이겠는가!

---

* 신강 위구르 자치구 서북 지역에 있는 지명.

왕멍이 그린 인물 형상과 비슷하게 라오서도 이런 지식인의 모습을 그린 적이 있다. 한 지식인이 곤경에 빠진 상황에서 베이징 근교 어떤 농민 가정의 '예의 바르고' '따뜻한' 접대를 받는 대목에 이르러, 그의 베이징 문화에 대한 지나친 격정적 비평 태도가 조금은 동요되었던 듯하다. 왜냐하면 이것도 '중국인, 중국 문화'이기 때문이다.

베이징의 언어에 담긴 이러한 예의가 아니었다면 베이징 방언의 예술성도 없었을 것이다.* 예를 들면 덩유메이(鄧友梅)의 작품「두 마리 고양이 그림(雙猫圖)」의 "감사합니다, 있다가 봐요, 감기 걸리지 않게 옷 따뜻하게 입으세요!(多謝了你, 回見你那, 多穿件衣服別著了涼你哪)"나 「베이징 사람 얼진궁(北京人 二進宮)」**의 "제가 한 얘기 또 듣고 싶으시다구요?(你這位還想聽我說)", "여기서 들으시겠다구요? 그러세요(你在這兒聽是不)", "또 헛 방망이를 휘두르셨죠, 그러셨죠?(你又棒錘了不是 : 바보 같은 짓을 했죠?)"와 같다. 경어와 완곡한 표현, 그리고 말투를 완곡하게 하는 의문문 형태도 상대를 배려하는 인정과 분수를 지키는 인간 관계가 담겨 있다. '예의'는 일상 언어와 언어적 환경에 담겨 있고, '세상 물정'도 그 속에 있다. 언어 습관에 배어 있는 예의 풍속보다 더 보편화된 것은 없을 것이다.

앞서 '세상 물정'과 '분수'를 언급했는데, 예의 행위가 사람 간의 교제 방식이 될 때 그 속에는 감정이 실려 있고, 이는 인간 관계에 대

---

* 샤오간(蕭乾), 「북경성에 대한 기억들, 베이징 방언(北京城雜憶, 京白)」 중 "베이징 방언은 분수를 아주 중시 한다", "베이징 방언의 최대 특징은 간곡한 표현에 있다" 등을 논한 부분 참고.
** 명나라 목종(穆宗)이 죽자 황후 이염(李艶)은 태자의 나이가 어린 까닭에 부친 이량(李良)에게 전권을 주고 태자를 보위토록 했다. 그러나 이량은 황후를 궁에 연금하였다. 이에 서연소(徐延昭)와 양파(楊波) 두 원로 대신이 두 번이나 목숨을 걸고 궁에 들어가 이량의 음모를 알렸다. 그리고 양가(楊家)의 군대로 이량을 제압하여, 황후를 보호하고 태자가 보위를 잇도록 했다는 내용을 극화한 것.

한 저울질 및 자기 행동에 대한 제약으로 나타난다. 사람들이 비판하는 허례허식의 '허(虛)'도 앞에서 말한 요소의 복잡성에서 말미암는다. 예의 행위는 왕리파의 「찻집」이란 작품 속에서 단순한 접대 행위나 진심어린 관심과 배려로 나타난다. 즉 진실과 허위가 모두 뒤섞여 그것을 구분하기란 쉽지가 않다(심지어 예절을 행하는 본인조차도 진실인지 거짓인지를 구분하지 못한다). "아시다시피 만주인 출신 노부인들은 체면을 중요시하잖아요. 그래서 무슨 새로운 먹거리가 있으면 이웃들에게 맛보게 해요. 이는 그들의 성의이자 예의죠(「루루바 후퉁 9번지(轆轤把胡同九號)」)".

친절에도 절도가 있어야 예의에 부합된다. 베이징 사람들의 예의 문화는 이 점에서 향촌적인 인정과 다르다고 할 수 있다. 여기에는 '펀(分 : 한계)'이 포함되어 있다. 교제하되 한계를 분명히 하는 가운데 인류 진화 과정에서의 자아 완성을 형성해 간다. 이 점에서 민감함과 섬세함의 정도는 통상 어떤 한 민족 문화의 성숙도를 재는 척도가 된다. 여기서 진화를 위해 지불했던 대가와 그 과정에서 잃는 것에 대해서는 거론하지 않겠다.

'체면'은 예의바른 몸가짐에 있는 것이 아니다. 이 글자의 핵심은 자존심과 인간의 자중자애함이다. '체면'은 다른 사람에게 보여지는 모습에 더욱 관심을 두며, 다른 사람의 긍정적 시선을 얻어야만 비로소 자기 자신에 대한 평가가 성립된다. 향촌 사회에서는 줄곧 환경에 대한 반응과 사회의 시선을 중요하게 여겨왔다. 다른 사람의 시선에 관심을 갖는 '체면'은 분명 자존심에서 나온 것이다. 샹쯔가 모욕을 받을 때 제일 고통스럽던 것은 애써 지키고자 했던, 그리고 그로 하여금 자부심을 느끼게 했던 '체면'의 상실이었다. 베이징 토박이들이 극히 자중 자애하는 것은 예의 문화의 가르침 때문이다. 우스바오(烏

世保)는 절망 속에서 스스로에게 세 가지 질문을 했다. 첫째는 "고생을 할 수 있을까?"였고, 둘째는 "분을 참을 수 있을까?"였으며, 셋째는 "분노는 참을 수 있겠지만 체면이 깎이는 것도 참을 수 있을까?"였다(「담배 종지(煙壺)」). 세 번째 질문이 제일 절망적이었다. 고생도 할 수 있고 분노도 참을 수 있지만, 체면이 깎이는 것은 도저히 참을 수 없는 문제였다. 「설창꾼(鼓書藝人)」은 어떤 의미에서는 인간이 존엄성을 위해 몸부림치고 싸우는 이야기라고 할 수 있다. 그 당시 사회적으로 천한 대우를 받던 예술인의 존엄성 문제는 아주 민감했다. 어떤 사람은 중국 문화를 서방 국가의 '죄악의 문화(罪感文化)'와 구별지어 '치욕의 문화(恥感文化)'라고 한다. 아마도 루스 베네딕트(Ruth Benedict)의 일본 문화에 대한 논의에서 힌트를 받았을 것이다. 치욕을 아는 것은 용기이다. 하지만 선비는 죽을 수는 있어도 치욕을 당할 수는 없다. 정파(正派) 베이징 시민들은 이 점에 있어 대부분 '선비의 태도에 가깝다'고 할 수 있다.

시민의 자중 자애함에는 그들의 가치관과 인생 신조가 포함되어 있다. 반은 문화의 영향이요, 반은 경험에 의한 것이다. 라오서와 기타 경미소설가들이 이와 유사한 감정을 묘사할 때 그들의 붓 끝에는 정중함이 깃들어 있었다. 형편이 어려워 기예를 팔아 생계를 유지하는 샤오원(小文) 부부는 아주 자연스럽게 비굴하지도 않았고 거만하지도 않았다. 그들은 천한 직업을 갖고 살아가지만 스스로를 경멸하지도 천하게 여기지도 않았다. 스스로를 그렇게 대할 수 있는 것은 아무나 할 수 있는 일이 아니다. 사람들 앞에서 자신들의 자존심을 지키며 아주 태연한 모습이었는데, 그 정도가 희롱하려는 사람에게 위압감을 줄 정도였다. 「타오란팅 이야기(說話陶然停)」에서 노인들은 변덕스런 그 세월에 "각자의 위치에 서서 자신들의 기예 연습에만 몰두했다. 평소보다 더하지도 덜하지도 않았다. 모든 것이 어제, 그저께, 그 그저께와 다를 것이 없었다." 이런 자중함은 특정 상황에서 사람의 존엄, 아부하지도 않고 되는 대로 살지도 않으며 위압에도 동요하지 않는 굳건한 절개를 나타낸다. 작가들을 경이롭게 여기게 했던 것도 바로 이런 뼛속에서 우러나오는 '존귀함'이었다. 기예인(技藝人)의 자존심은 직업의 전통에서 훨씬 더 많이 이루어진 것이다. "돈이 아무리 많아도 보잘것없는 기예라도 있는 것만 못하다." 이것은 서민, 영세 수공업자, 기예인의 신조이다. 그들의 자존심 역시 이런 직업적 존엄성 위에서 성립된다. 「담배 종지」라는 작품의 한 대목을 보면, 장사하는 사람은 "웃는 얼굴이 부를 가져다주고 적당한 장소를 찾으면 판을 벌여 광대 짓을 하지만", "기예를 파는 사람은 자기의 능력으로 밥벌이를 하기에 매사 진지하고 고집이 세며 자존심도 강하다"고 했다. 이것이 전통 사회 속의 기예인들의 성격이다. 라오서와 왕청치는 이런 성격의 인물을 생동감 있게 묘사했다.

라오서의 붓 아래서 멋진 모습으로 그려진 사람들은 대부분 자신감과 자존심을 먹고 사는 사람들이었다. 자존심은 또한 그들의 기질과 기품에 깊이 배어 있다(심부름꾼과 소상인들도 나름대로 기품이 있었다). 자존심은 사람을 고귀하게 만들고 시민의 인생 경지를 높인다. 사람들이 느끼는 베이징 사람들의 기품도 여기서 유래된 것이다. '오래된 가게'의 체면이 없어진 것이나(라오서의 「오래된 가게」) 운송업자 사쯔룽(沙子龍)의 체면이 땅에 떨어진 것(라오서의 「단혼창(斷魂槍)」)* 모두

---

* 1935년 작으로, 단혼창이라는 창법의 고수인 사쯔룽이라는 무인의 삶을 묘사한 작품. 중국의 전통적인 운송업인 표국(鏢局)을 운영하던 주인공은 기차의 출현으로 자신의 존재 가치가 없어진 시대 상황 속에서 자신의 기예를 전수하기보다는 죽어서 관속으로 갖고 가겠다는 극단적인 전통주의자로서의 태도를 보인다.

'체면'과 '존엄'은 전통 상업과 기예로 생계를 꾸리는 업자들의 비극상을 한층 더 심화시켰다. 그리고 문학적으로 슬프고 애처로운 분위기를 한층 고조시켰다. 시민 인물의 경우 이 '존엄'과 '자존심'은 이들 문화의 치명적 병증인 저속한 아첨 기질로부터 벗어나게 도와주었다. 예를 들어 「4대가 함께 사는 집」이란 작품에서 류스푸(劉師傅)의 위엄과 샤오원 부부의 의젓하고 우아한, 그리고 존엄성 있는 태도와 예의범절은 오랜 도시 베이징의 우아함에 존귀함을 더해 주었다.

　베이징 사람들의 자존심은 '베이징 사람이라는 의식'과 연계되어 있다. 그들은 자신들을 소중히 여길 뿐만 아니라 속해 있는 도시도 소중하게 여긴다. 이는 자신들의 존엄성을 확대시켰고, 또한 베이징 사람들의 문화적 성격과 풍도의 일부가 되었다. 언뜻 보기에 예의 문화와 관련 없어 보이지만 실은 예의 문화의 전통에 제약을 받는다. 토박이 베이징 사람들이 자부심을 느끼는 것도 다른 지역의 사람에 비해 더 예의가 바르기 때문이다. 치라오저(祁老者)가 일본군이 베이징으로 진격해 들어오는 와중에도 환갑 잔치를 치르는 것은 바로 "세상이 아무리 어지러워도 우리 베이핑 사람은 절대 예절을 잊어서는 안 된다"는 이유 때문이었다(「4대가 함께 사는 집」).

　예로부터 '세상의 중심'에 있다고 자부하던 고대 화하(華夏) 민족이 문화적 우월감으로 주변 민족들을 바라보던 것처럼 베이징 도박이들도 이와 같은 문화 중심적 의식을 답습하였다. 그리하여 착하고 열성적인 장따꺼(張大哥)도 라오리(老李)를 가엽게 생각하지 않을 수 없었다. 왜냐하면 "장따꺼가 보기에 베이징 외에 다른 지역 사람은 모두가 시골 사람이었다. 톈진, 한커우(漢口), 상하이, 심지어 파리와 런던도 모두가 시골이었다(「이혼」)." 이러한 과장적 우월감은 폐쇄성에서 유래된 것이다. 강북(江北 : 장강 북부) 사람들보다 우월하다고 생각하는 상하이 사람들이나 분지(盆地)의 우월감을 갖고 있는 쓰촨 사람들이나 모두 마찬가지다. 이것은 향촌 사회의 보편적 심리이다.

라오서의 작품에 등장하는 베이핑 사람들이 가지고 있는 문화적 긍지는 매우 컸다. 바이쉰장(白巡長)은 "베이핑을 사랑하고, 자신이 베이핑의 경찰이 될 수 있다는 사실을 자랑으로 여겼다." 치루이쉬안(祁瑞宣)은 늘 "자신이 베이핑에서 태어난 것을 긍지로 여겼다. 모든 국민이 국어라고 떠받드는 말을 할 수 있고, 황제가 건축한 궁정의 종묘를 공원처럼 드나들 수 있으며, 진본 서적을 보고 또 가장 정통한 언론을 들을 수가 있었다(『4대가 함께 사는 집』)." 라오서 스스로도 이러한 문화적 긍지가 없었다고 할 수 있을까! 이 소설에서는 이러한 자부심이 흘러넘쳤다. '베이핑 사람'에 대한 자부심으로 텐진스러운 과장적 어조도 아끼지 않았다. "태평세월 거리의 상점과 노점, 그리고 과일 가게에는 오직 베이핑 사람들만이 알아볼 수 있는 과일들을 진열했다." "베이핑의 국화는 종류가 다양하고 모양도 신기해서 천하제일이라고 할 수 있다." 베이징 사람들의 문화적 긍지는 감염력이 매우 커서 「베이핑에서의 세월(京華煙雲)」*의 작가는 외지인임에도 불구하고 무심결에 이런 생각을 갖고 있었다. 주목해야 할 점은 교양 있는 베이징 사람일수록 다른 지역 사람들에 비해 지역 문화의 편협함이 적다는 것이다. 이는 어쩌면 민족적 긍지감 혹은 민족과 나라를 구분하지 않는 '서울 사람(京城人)'의 공통된 특성에서 나온 것이 아닌가 싶다.

향촌 사회에 살면서 게다가 향촌 사회 중에서도 모범 지역에 살고

---

* 린위탕이 1938년 8월부터 1939년 8월까지 파리에 체류하면서 영어로 쓴 소설. 영문 제목은 『Moment in Peking』. 베이핑의 청(曾), 야오(姚), 니우(牛) 세 가문이 1901년 의화단 운동(義和團運動)서부터 항일전쟁 시기까지 30여 년간 겪었던 일들을 통해, 중국 현대 사회의 역사적 동란을 그린 작품. 서방 세계에서 커다란 반향을 일으켜 노벨 문학상 후보로 추천되었던 소설이다.

있는 베이징 사람들에게 결코 등급 의식이 없지는 않았다. 예의가 상대와 장소에 따라 구별되는 가운데 전통 사회의 뿌리 깊은 등급 의식과 인격상의 문화적 편견을 가지고 있다. 토박이 베이징 사람들은 상업적 경쟁 속에서 권세를 따지는 경향은 적었지만 다른 권세, 즉 신분(이것 역시 일종의 '형식'이다)을 중요시했다. 이를테면 출신과 직업에 대한 차별 대우(같은 직종 내에서도 스승 관계를 따지고 출신을 따짐) 같은 것을 들 수 있다. 「종고루(鐘鼓樓)」에 나오는 인물들은 이런 이유로 '따차후(大茶壺 : 차 사업으로 떼돈을 번 벼락부자)'의 아들을 멸시하고, ……몰락한 우스바오(烏世保)가 항상 자기가 '타싸리하판(它撒勒合番 : 만주 팔기 가운데 하나인 정백기正白旗 우烏씨 집안의 시조)'의 후손임을 잊지 않고, 감옥에서도 '만주족 후예'의 신분을 잃지 않으려 했다(「담배 종지」). 우스바오가 병 안에 그림을 그리고, '고월헌(古月軒 : 법랑에 채색을 하여 구운 도자기. 제작자의 성이 古+月, 즉 호胡라서 고월헌이라는 설이 있다)'을 구울 당시에는 예인(藝人)이 천민 신분이라 내성(內城)에 거주할 수 없었다.

하층 사회라고 결코 평등한 것은 아니다. 힘을 파는 인력거꾼이라고 어찌 평등할 수가 있겠는가! "같이 지옥에 있어도 머무르는 층이 다르다(「루어투어 샹쯔」)." 독재 사회에서는 몇 천 년 동안 정교하게 짜여진 등급세가 이어지면서 권세를 숭배하는 것(적어도 권세에 대한 경외심)이 보편적인 사회 심리가 되었다. 그래서 항상 '귀족의 꿈을 꾸는 소시민들'이 있었다. 베이징의 시민들도 예외가 아니었다. 베이징 토박이로서 모범 시민이었던 치(祈) 노인조차도 샤오양쥐옌(小羊圈) 후통에는 집집마다 등급이 있다고 생각했다. 그래서 이웃의 집단 거주민을 "별로 존중하지는 않았다. 왜냐하면 마당을 갖고 있는 사람들은 이들과 같이 취급될 수 없기 때문이었다." 그리고 나머지 다섯 개

울안의 사람들도 등급을 매겼다(「4대가 함께 사는 집」). 하지만 유의해야 할 것은 치 노인이 등급을 나누는 기준이 경제적인 지위가 아니라 '품격'이었다는 점이다. 그는 점잖은 사람을 좋아했고 덕행을 중요시했다. 그래서 가난에 쪼들려 사는 시인과 궂은일을 하는 리쓰를 존경했다. 이런 인물을 존중하는 것은 실제 인정과 도리에 맞는 것이고, 형식주의 입장에 상대되는 것으로서 시민들의 형식주의와 상호 보완적인 역할을 한다.

평등 의식은 바로 여기에서 나타난다. 예의 문명으로부터 출발하여 자존자애의 태도를 지닌, 경미소설 속에 그려진 오랜 도시의 시민들에게서는 소박함과 평등감이 더욱 풍부하게 나타난다. 전통 사회에서는 상업에 종사하는 사람을 경멸했다. 따라서 소설에 등장하는 시민들이나 소설을 쓴 작가가 상인과 수공업자를 존중하는 것은 평등감에 속한다. 왕청치의 「저녁 식사 후에 생긴 일(晚飯後的故事)」이라는 작품에서 주인공은 경극을 배우고 상업에 종사한다. "품팔이로 생계를 유지하는 것과 자그마한 장사를 하는 것은 체면 깎이는 일이 아니다! 이웃들은 그를 업신여기지 않는다." 이런 견해도 전통 사회에서 뿌리를 내렸다.

예의 문화와 위에서 언급한 평등 의식을 가진 베이징 시민은 경미소설에서 농민과 각별한 관계를 가진다. 장따꺼는 세상 물정을 모르는 지식인 노리를 '소박한 시골 사람'으로 보았고, 샤오양쥐엔의 치씨 집안 사람들은 원칙적으로는 시골 사람인 베이징 교외의 농민 창얼예(常二爺)에게 친근감을 느꼈다. 베이핑 사람들의 교양은 향촌과의 거리를 멀게 했다. 그리하여 시골 사람들은 그들의 오래된 기억을 일깨워줬고, 시골 사람들의 언어와 행동은 그들의 기쁨을 자아냈다. 베이징의 안과 밖은 차이가 있지만 그들도 창얼예처럼 같은 중국의 향촌에 속한다. 이러한 깊은 정신적 연계는 베이징 시민들로 하여금 잘난 체하는 상하이 사람들보다 향촌에 더 친근감을 느끼게 했다. "오랜 도시 생활 속에서 그들은 대지의 색상과 기능을 잊어버린 지 오래다…… 그들은 온몸에 진흙을 묻히고 좁쌀과 수수를 들고 있는 창얼예를 보고, 비로소 사람과 땅의 관계를 인식하고 예의와 소박함에 대해 새로운 흥분을 느끼게 되었다." 그 우직함과 소박함에 대한 호감은 문화적인 우월감과 '원초적 순수성(本眞)'의 상실에 대한 그리움에서 나온 것이다. 산과 들판의 산뜻함을 느끼면서 또 그 속에서 동심(童心)을 느낄 수 있는 사람이야말로 전통 사회에서 더욱 교양 있는 부류에 속했다. 치씨 집안 사람들도 '과도한 문화적 취향'으로 인해 창얼예를 어린애 보듯 하였다. 라오서도 같은 느낌으로 창얼예의 형상을 그렸다. 가장 소박한 인물은 아니겠지만 극히 친절한 인물로서 대지주 집안 사람들이 류(劉)씨 할머니를 보는 것과 다르고, 근대 상업 도시에서 사는 사람이 시골 사람을 보는 관점과도 다르다. 평등의식은 사람에 대한 심미적 평가 속에 존재한다. 땅과의 관계는 예의 문화에 의해 단절되었지만 예의 문화의 교양에 의해 심미적으로 연계되었다. 생활 논리는 이렇게 복잡다단하다.

나는 할 수 있는 한 베이징의 예의 문화 속에 매력이 존재하는 각각의 측면을 언급했다. 이러한 것들은 막연한 분화 비판에 의해 오랫동안 무시되어 왔다. 미처 언급을 못했지만 베이징 사람들의 문화적 성격을 이해함에 있어 중요한 부분이 있는데, 바로 베이징 사람들의 예의 문화가 갖고 있는 풍자성과 부정적 측면이다.

전통 문화에서 '예의'는 형식이 내용보다 중요했다. 봉건 사회 말기에 와서는 전례에 없을 정도로 형식에 치중했다. 그리하여 형식만 있고 내용은 없는 가운데 각종 기이한 현상이 일어났다. 청나라 말엽부터 민국 초기의 야사를 보면 포복절도할 만큼 웃기는 이야기들이 많다. 예를 들면 조문 간 사람이 곡할 줄만 알았지, 종종 곡이 끝난 후 죽은 사람이 누군지도 모르는 일이 비일비재했다고 한다. 예절의 형식적 측면만을 강조한 결과이다. 황제 앞에서 치르는 시험에서도 오직 글씨체만을 중시해서 "글씨체의 좋고 나쁨만 보고 등수를 나누었다"고 한다. 이것 또한 형식이 내용을 뛰어 넘는 극단의 예이다. 이러한 것들은 말세의 현상으로서 팔기인들의 예절 습관이 까다롭고 번거롭게 된 것과 관련이 있다. 경성의 귀족들은 예의로 위엄을 나타냈고, 소시민들은 관리들을 가까이 하면서 그들을 따라 흉내를 냈기 때문에 지나친 형식 편중의 경향이 다른 지역보다 훨씬 심했다.

청나라의 전성기 때는 봉건 문화의 정수가 잘 발휘되었지만 쇠퇴기에 이르러서는 봉건 문화의 변태적이고 기형적인 모습들, 그리고 각종 황당하고 불합리한 것들이 극치에 다다랐다. 때문에 청나라 멸망의 희극성이 더욱 심화되었다. 이런 지경에 이르자 백성들도 비정상적으로 이런 상황을 대하게 되고, 그 결과 「관청에서 벌어진 일(官場現形記)」이나 「20년 동안 보았던 기이한 일들(二十年目睹之怪現象)」과 같은 작품들이 세상에 나오게 되었다. 이런 작품들은 전통 사회 속에서 심화된 형식주의를 들춰내어 공허한 봉건 문화, 즉 예의 문화의 부정적인 측면을 폭로하였다.

라오서는 특히 베이징의 예의 문화 속에 담겨있는 시(詩)적인 면을 잘 묘사했다. 이런 문화에 대한 풍자성도 남달랐는데, 이것은 베이징 문화가 갖고 있는 부정적인 면에 대한 자각적 비판 의식의 발로였다. 「찻집」의 쑹얼예(松二爺)를 비롯하여 이 외에도 작품 도처에서 비슷한 풍자와 조소가 나타난다. "장따꺼는 아들이 성실하고 꼼꼼히 예의를 차릴 줄 아는 게 신통했다. 그의 청탁과 손님 접대는 예술의 경지로 승화되었다.""이런 부류의 사람들이 선물을 주고 부조금을 보내는 것은 인정의 극치였고, 선물을 보내고 손님을 초대하는 것은 사람의 도리였다(「이혼」).""하지만 지나치게 예를 차리는 것은 오히려 인정이 박해서가 아니었을까.

풍자에 있어서 예의는 종종 '체면'과 연관되어 있다(라오서의 항일전쟁 시기 극작품 중의 하나로 「체면의 문제(面子問題)」라는 작품이 있다). 치 영감이 어려운 시기에도 생일 잔치를 벌이겠다고 고집했던 것이나 "난 진짜 노예가 될지언정 선생으로 불리기를 바래. 허위는 문화에 꼭 필요한 장식물이란 말이야!""진정한 베이핑 사람이라면 체면을 유지하기 위해서 약간의 체면을 버리기도 한다(「4대가 함께 사는 집」)"는 치 루이펑(祁瑞豊)의 외침에서 침통함을 읽어 내지 못할 사람이 누가 있겠는가! 팔기인의 문화는 형식의 극단화를 더욱 중시했다. 팔기 귀족의 허세는 이미 무너졌지만 여전히 위엄과 겉치레에 신경을 쓰고 이것을 목숨처럼 여겼다. 게다가 망국으로 접어들수록 예의범절은 더욱 복잡해지고 '겉치레'는 심리적 보상이 되었다. 큰 할머니가 살림살이에 쪼들리면서도 비싼 큰 오이와 앵두를 사려고 한 것은 "오로지 기세와 겉치레를 과시하려 했기 때문이다.""기세와 신분은 연계되어 있기 때문에 꾸미지 않으면 안 된다(「정홍기의 후예들」)."나우는 가난에 쪼들리면서도 예의를 따졌다. "그는 썩어도 준치라고, 찢어시게 가난하면서도 가난의 멋을 추구했다."이 정도의 증상이라면 아마 뼛속까지 깊이 박힌 병이라 할 수 있다. 이런 심리의 배경에는 중국식의 집단의식, 즉 남의 시선을 먼저 살피는 습성이 깔려 있다.

위엄과 겉치레를 중시하는 사고방식에서는 몸가짐의 아름다움도 장식으로 간주된다. 「정홍기의 후예들」에 나오는 큰언니는 완벽한 아름다움을 가진 것으로 묘사된다. 일거수일투족이 "너무 예쁘고 신분에 맞았다." 하지만 그 아름다움은 오히려 처량하여 동정심을 자아낸다. 왜냐하면 타고난 재능을 쓸모없는 예의와 인간 교제에 허비했기 때문이다. 이러한 사고방식에서 더욱 불쌍한 것은 여성들이다. "이러한 생활 예술은 평소 집안에서 늘 실천하는 가운데 연습되었다가 비교적 큰 모임에서 드러내게 된다. 애기의 삼일 잔치나 한달 잔치를 할 때나 마흔이나 쉰 생일 잔치를 할 때 그 자리가 바로 예술 표현의 대회 장소이다. 결혼식과 장례식 때는 더욱 특별하게 연출해야 한다. 웃음소리의 높낮음과 인사의 정도가 적절하고 눈치 있고, 조리 있으며 분수에 맞아야 한다." 가치가 있는 사람과 없는 사람의 인생, 인간의 아름다움과 이런 아름다움의 의미 없는 소비, 예의가 사람을 만들고 또 인성을 억압하고 박해하는 것 등등. 작가의 마음은 복잡하지 않으려야 복잡하지 않을 수가 없다.

라오서는 장톈이(張天翼)와는 달랐다. 그는 풍자를 할 때도 부드러움과 너그러움을 잃지 않았다. 이는 그의 스타일이었지만 베이징, 베이징 사람, 그리고 베이징 문화에 의해 절제된 측면도 있었다. 「정홍기의 후예들」을 보면 가족 잔치에서 서로 양보하는 장면을 묘사한 대목이 있다. '술자리'는 간단했지만 자리에 앉는 예의는 조금도 틀림이 없었다. "상석에 앉으세요!" "말도 안됩니다! 천만의 말씀입니다!" "그렇게 안 앉으시면 다른 사람들은 앉지 못합니다!" 둘째 오빠가 이에 동조하여 "빨리 앉으세요, 음식이 다 식습니다"라고 소리치자 그제야 비로소 주변의 요구에 못이기는 듯 자리에 앉았다. 인정이 넘치는 광경이지만, 여기에는 습관적인 허위가 들어 있다. 역시 전통 사회의 예의와 풍속이 연출하는 희극적인 장면이다. 이런 장면을 묘사할 때 라오서도 약간의 풍자적인 성격을 띠었지만, 장톈이의 비판적이고 잔혹에 가까운 농담에는 미치지 못했다. 좀 길지만 장톈이의 글을 옮겨 비교해 보자.

화여우팅(華幼亭)은 한편으로는 환영하며 품에 안으려는 두 손을 피하면서 연신 몸을 뒤로 빼려 했다.

"아! 천만의 말씀입니다. 저는 지웡(季翁)보다 한 항렬 낮습니다. 어찌 감히……"

"당신이 나보다 한 항렬이 낮다구요?"

"지웡, 제 얘기 잘 들어 보세요." 그는 또 한 발자국 물러섰다. "류따(劉大) 선생 아시죠?"

"류따 선생이요? 못 들어 봤는데요, 어느 류따 선생이신지?"

"음, 이게 어떻게 된 것인가 하면요, 류따 선생은 저의 숙부와 동갑이시니까, 따져보면 연세로는 숙부뻘이시죠. 또 왕성싼(王省三)을 가르친 적도 있으신데 왕성싼은 본 적 있으시죠?"

"모르겠는데요."

"아, 맞아요. 아마도 본 적이 없을 거예요…… 왕성싼과 딩쟈샹(丁家祥)은 의형제를 맺었는데, 딩쟈샹은 정씨 집안 족보로 치자면…… 둘째 류씨 할아버지의 조카 손자가 되죠. 그러니깐 따지고 보면…… 지웡은 저보다 딱 한 항렬 윕니다."

숙부와 조카 둘은 삼시 어리둥절하더니, 다시 잡아딩겼다. 심부름꾼은 공손히 옆에 서서 두 사람을 계속 주시하고 있었다. 마치 그들이 달아나기라도 할 것처럼. 냉채가 담긴 접시 몇 개가 상 위에 나란히 놓여 있었고, 그 위를 파리가 날아다니며 핥고 있었다.

「도시에서(在城市裏)」

그들은 아웅다웅하면서 서로 꾀를 쓰고 있다. 힘을 쓰며 완강하게 서로 양보하려 들지도 않는다.

당대의 경미소설에는 이와 유사한 내용이 적지 않다. 「종고루」의 결혼식 장면에도 구식 예법에 대한 풍자가 집중적으로 담겨 있다. 두 세대의 작가 모두 지식인의 성격과 시민 성격의 선명한 대조를 통해, 이러한 문화 환경에 처해 있는 지식인이 느끼는 난처함과 곤혹스러움을 나타냄으로써 베이징 사람들의 문화적 전통이 고쳐져야 한다는 절박감을 강조했다.

이성적 태도

'이성적 태도'라는 말에 대해 독자들은 어쩌면 이 글을 쓰는 작가가 너무 침소봉대하는 것이 아닌가 하고 생각할지도 모른다. 하지만 경미소설 속의 베이징 사람들은 확실히 중국인의 어떤 표본으로 간주될 수 있다.

시민과 농민은 모두 천성적으로 현실주의자들이다. 물론 이 개념은 어느 정도 저급한 의미에서 그렇다. 그들 생활의 세속적이고 물질적 성질, 그들이 대면하고 있는 생존과 관련된 구체적 일상들, 그들이 처한 사회 속에서 오래도록 쌓여온 경험과 상식, 그리고 교양과 지식 수준의 한계 등은 생존 문제에 있어 현실주의를 중시하도록 했다. 치씨 집안 사람들이 농민인 창얼예가 말하는 농촌 생활과 농사 이야기를 흥미진진하게 듣는 까닭은 그것들이 생명과 밀접하게 연계된 가장 현실적이면서 가장 현실에 가까운 문제이기 때문이며, 그들의 현실주의적 성격과 맞아 떨어지기 때문이다. 살기 위해 먹건, 식도락으로 먹건 살아간다는 문제에 있어 장난이란 없는 것이다. 이것이야말로 평범한 사람들의 생활이며, 그 안에 그들의 진리가 있다. 베이징 토박이들은 먹고 입는 데 들어가는 비용을 '자오꾸(嚼穀 : 곡식을 씹는다는 뜻에서 생활비라는 의미를 지님)' 라고 하는데, 얼마나 현실적이고 정곡을 찌르는 말인가!

경미소설 작가들은 그들의 작품에서 이런 현실을 추구하는 태도를 감상하기보다는 지식인들의 공허하고 현학적인 태도를 조롱했다. 소시민들의 삶은 작가들로 하여금 생명의 소박함과 견실함을 느끼게 했다. 여기에는 지식인들에 의해 잊혀졌던(또는 상실되었던) 원초적인 삶의 체험이 있다.

시민들의 후손은 가장 세속적인 세계 속에서 계몽되었다. 나우와 쒀치(索七)의 후대뿐만 아니라 「입체교차교(立體交叉橋)」 속의 허우(侯)씨 집안 아이들까지도 말이다. 이 세계가 품고 있는 넘치는 경험과 상식은 무궁한 세대의 인생 교훈으로 쌓여 있어서, 후통 사회를 나서기 전에는 이것들을 뛰어넘어 갈 수 없다. 쒀치의 후손인 진위바오(金玉寶)는 오빠의 처지와 자신을 비교한 후 결국 자신을 선택했다(덩유메이의 「쒀치의 후손(索七的後孫)」). 허우씨 집안의 라오얼(老二) 역시 형과 형 세대 사람들과 비교하는 속에서 자신을 선택했다(「종고루」). 그들의 인식에 왜곡된 점도 있었겠지만, 그래도 시민들이 일반적으로 갖는 통상적인 인식의 길을 따라갔다. 여기에는 사변 철학도 형이상학도 없다. 오직 직접적인 삶이 있었을 뿐이다. 인식 활동은 매 단계마다 현실적인 것, 즉 의식주로 집중되었다. 물론 그들은 이로 인해 현실적이고, 동시에 사소한 일에도 얽매이는 스타일로 변모되었다. 뭐라 하건 그들은 가장 현실에 근접하고 또 믿을 만한 경험에 의해 만들어 졌다.

경미소설 자체는 풍부한 인생 경험을 담고 있다. 「나의 한평생」이라는 작품을 보라! 작가에 의해 수집된 경험들은 가히 수를 헤아릴 수 없는 크고 작은 인물들이 한평생을 통해 쌓아 이룬 것들이다. 이런 경험들은 결코 겉으로 드러나는 의미만을 가지고 있지는 않다. 소설 속의 인물인 '내'가 '삶의 진리'를 말할 때 그 이면에는 조롱의 말투도 담겨 있다. 하지만 이 역시 삶의 경험에서 나온 것이며, 그 안은 소시민의 인생과 사회 그리고 역사에 대한 통찰력으로 채워져 있다.

경미소설의 작가는 장엄한 필치로 소시민들의 자존심을 묘사했고, 또 같은 방법으로 현실을 중시하는 이성적 태도도 묘사했다. 다른 작가들과 비교할 때, 그들에겐 지식인들의 세상 물정에 어두운 진부함이 없어 보인다. 쑤수양(蘇叔陽)의 「원명원 이야기(圓明園閒話)」에서 노동자 출신의 장기 상대가 장기를 두는 이치로 인생의 이치와 처세를 말하는 대목이 나온다. 그는 평범한 사람들의 소박한 정치적 지혜로 문혁 중에 죄수로 몰렸던 한 교수를 깨우쳐 준다.

이 양반! 꽉 막히셨네. 양 차(車)가 길목을 막고 있어서 당신의 차, 마(馬), 포(包)가 꼼짝 못하고 있지 않습니까! 다 다음 수를 보셔야지. 당신도 나름대로 능력이 있잖아요. 원래 능력이라고 하는 것은 비록 뱃속에 숨어 있어도 썩지 않는 법이라, 언젠가는 펼칠 날이 있는 거요. 안 그래요? 당신 차를 빼버리면 전화위복이 되잖아요! 세상일도 마찬가지랍니다. 장기 한 판처럼 말이죠. 그러니 뭐 그리 잔뜩 인상을 쓰고 이맛살을 찌푸릴 것까지 있겠습니까!

베이징 사람들은 오랜 세월 동안 세상의 변고를 겪어 왔기 때문에 조용한 가운데서 세상을 꿰뚫어 볼 수 있게 되었다. "다 다음 수를 본다"는 지혜가 그들로 하여금 태풍의 한가운데에 처해서도 초연함을 잃지 않게 한 것이다. 이런 태도 때문에 베이징의 학생 운동이 격렬할 때도 냉정하게 방관했던 것이고, 또 세상이 격변하는 세월 속에서도 지혜로운 안정감을 잃지 않을 수 있었던 것이다.

이성적 태도는 일상생활 속에서 더욱 잘 나타난다. 「종고루」에 나오는 젊은 주방장은 부모가 돌아가셨는데도 집안 청소를 하고는 "묵묵히 당의 간부가 할 일을 정해주기를 기다리고 있었다." 작가는 후통 사회에 소속된 한 청년의 '냉정함'과 '침착함'을 보여주고 있다. 현실적이고 냉정한 태도는 이 평범한 인물에 존경심을 불어 넣는다. 같은 소설에서 열애 중인 아가씨에 대한 대목이 있다. 상대방이 손목시계를 사주려하자 이를 허락하면서 "당신 그렇게 돈이 많아요?"라고 묻는다. 정말 꾸밈없이 그대로를 드러냈다. 여기까지 쓰면서 작가도 극히 조롱을 절제했다. 물질이 갖는 가능성, 생존 조건의 냉엄함, 보이지 않는 계산 등은 이 문화권의 문화이며, 그 자체는 결코 저속한 것이 아니다. 베이징 토박이들의 고상한 즐거움을 찾는 태도가 과연 조건에 대한 치밀한 계산식 태도와 별개의 것일까?

시민적인 현실 추구 모습에는 풍자성도 있다. 「종고루」에서 쉬예(薛)씨 가문 사람들이 며느리로 들어 올 사람에게 "하늘이 얼마나 높고 땅이 얼마나 두터운지 알아야 하고, 또 하늘과 땅의 분수를 헤아리고 상황을 판단할 줄 아는 사람이어야 한다"고 요구하고 있다. 현실성에 대한 풍자는 애정과 관련된 상황에서 더 많이 활용되었다.*

---

* 같은 소설에서 이렇게 말했다. "사랑! 판시우야(潘秀娅) 그녀는 이 단어로 어떤 생각도 해본 적이 없다. 그녀의 머리 속에는 오직 '상대(對象)'라는 개념만이 있다. 그녀와 쉬예지웨(薛紀躍)는 결혼 상대를 찾는 과정에서 '나는 당신을 사랑합니다'라는 간단한 말을 서로에게 단 한 번도 해본 적이 없었다. 그들은 그저, '난 만족해(樂意)'라고 할 뿐이었다." — 실제적인 어떤 문제의 해결에 대한 '만족'일 뿐이다. 그녀는 결혼하려 한다. 그녀는 시집간다. 그리고 집안을 이루어 살아간다. 단지 이것뿐이다.

……다른 일반적인 짝을 찾는 사람들처럼 쌍방이 서로에게 호감을 느끼고, 함께 공원을 걸어 다니는 횟수가 늘어나면서 함께 앉아 있는 시간이 걷는 시간보다 많아지게 된다. 그리고 점점 대화를 나누면서 신체적 접촉의 단계로 접어든다. 접촉의 최초의 단계에 서로 손목을 붙잡고 상대의 손목시계를 바라본다. 물론 시간을 알려는 것이 아니다. 상대의 시계를 바라보며 묻는다. "무슨 상표지? 얼마짜리야? 누가 사 준 거지? 시간은 잘 맞나?"

그들은 '실리'를 추구하며 생활의 이상은 실제적인 타산으로 가득하여 모든 곳에서 실리를 따진다. 인류는 자신을 인식하고 또 세계를 인식하며 궁극적으로 진리와 구체적 생존을 추구하는데, 몇 천 년을 소비했다. 분명 근근이 배를 채우는 정도의 생활에 만족할 수 없었을 것이다. 실리를 추구하는 것 역시 후퉁의 새로운 시민과 그들의 후손들의 문화적 특징일 것이다. 이미 보았겠지만 위에서 언급했던 인물과 「안락거」에 나오는 오랜 주객들의 정신적 측면은 서로 다르다. 지금까지도 즐거움을 찾는 베이징 사람과 더더욱 실리를 추구하는 베이징 사람들이 있어 왔다. 쉬디산(許地山)의 「춘타오(春桃)」라는 작품은 솔직히 경미소설이라고 보기에 부족한 점이 있지만, 소설 속 춘타오는 후퉁의 전형적인 주민이다. '생존'이라는 대주제로 인해 고상함을 즐길 여유도 없고 또 고상함이 무엇인지도 모르는 하층 시민이요, 무식한 사람이다.

경험의 축적으로부터 처세의 요령을 얻는다. 농민과 비교하여 도시민들은 확실히 교활하다. 치씨 집안 사람들의 자아 의식은 이 점에서 현실성에 잘 부합된다. 농민의 천진함은 환경의 단순함과 폐쇄성으로 인한 몽매이다. 시민의 성격을 형성한 또 다른 조건은 황성(皇城)

이라는 영역이다. 세상 물정은 천진함과 상극이다. 라오서의 소설에 나오는 장 따꺼는 시민들이 갖고 있는 세상 물정의 집대성자이다. 열정적으로 다른 사람을 도와줄 때도 이런 세상 물정에 밝은 점을 십분 활용한다. 희한한 것은 이런 세상 물정이 결코 열정을 소멸시키지 않는다는 사실이다. 장 따꺼는 총명한 사람일 뿐만 아니라 그의 사람됨은 예술적이기까지 하다. 「찻집」에서의 왕 사장은 장 따꺼 보다도 더욱 생동적인, '예술' 그 자체로 묘사된다. 그의 처세술은 그를 머리부터 발끝까지 예술적으로 만들었다. 덩유메이가 그린 작은 상점의 주인들, 그리고 금죽헌(金竹軒)의 인물들은 어느 누구도 이런 총명함을 갖추지 못한 사람이 없다. 세상 물정에 밝으면서도 열정적이고, 남다른 기지를 깊이 감추고서도 후덕하며, 일을 처리하는 방식에 있어서는 자연스럽고 여유로우면서도 시원스럽다. 소위 '베이징 스타일'이란 것이 바로 이렇게 형성된 것이 아니겠는가! 여기서 유의해야 할 점은 이런 시민들의 처세술이 결코 시정잡배의 교활함과는 같지 않다는 것이다. 이들은 '세상의 흐름에 따르면서' 스스로를 지키되 남에게 해를 끼치지 않는다. 이것은 결코 간과할 수 없는 차이다. 덕행에 있어서 이런 세상 물정에 밝은 점과 상반되는 것이 서생(書生)과 같은 세상 물정에 대한 어두움이다. 이것은 어리석음(교활하게 계산된 어리석음)이 아니다. 차라리 장따꺼처럼 열성 속에 시민적 천진함이 있는 것이지, 세상 물정에 대한 어두움으로 인해 천진함이 메말라버린 것으로 보이지는 않는다. 이것은 또 지극히 세속적이면서도 고상한 예이다. 위에서 언급된 인물들이 작품 속에서 혐오감을 불러일으키지 않고 오히려 사랑스럽기까지 한 이유가 바로 여기 있다.

  수도에서 살면서, 더욱이 온갖 세상풍파로 변화무쌍한 세월을 헤쳐 오면서 그들은 세상 물정에 밝아지지 않을 수 없었다. 「나의 한평생(我這一輩子)」의 주인공은 말한다. "나는 이 한 마디만 할 뿐이다. 이 국민들, 관리들, 군인들, 경찰들, 선량한 시민들, 모두 '하찮은 사람들이다!' …… 이런 '하찮은 사람'들 속에서 산다는 것은 서로가 그럭저럭 응대하며 살아가는 것일 뿐이지 어떤 '진실'을 추구해서는 안 된다는 사실을 나는 분명히 안다." "영양가가 없다면, 잊지 말아라! '탈스(湯兒事 : 별로 중요하지 않은 일)'임을!" 어떻게 얻은 세상 물정의 깨달음인가! 이들 시민의 세상 물정에 대한 깨달음 속에는 온갖 일에 대한 경험과 이를 통해 느낀 비분강개가 있다. 이미 철저하게 파악했기에 또 어찌할 수 없는 것이다. 전제 정치 아래 소시민들은 스스로 보잘 것 없음으로 인해 그들이 단지 만들어 낼 수 있었던 것은 세상 물정에 대한 깨달음이었다. 이 소설은 1인칭으로 사회의 불공정한 시련을 받는 사람들, 세상 물정을 알아감으로 인해 소멸해가는 사람들의 이야기를 전하고 있다.

이 소설에서 주인공들이 겪는 곤궁과 근심, 몰락도 그리 가슴 아프지만은 않다. 왜냐하면 그들은 결국 그러한 경험을 통해 세상 물정을 깨닫게 되기 때문이다. 그리고 그 과정에서 드러나는 것은 사회 곳곳이 썩어들어 가고 있는 위태로운 모습이다. 그러나 우리는 목도하고야 만다. 이렇게 만들어진 세상 물정에 대한 이해는 참된 지혜가 아니고, 오히려 참된 지혜를 희롱하는 것일 뿐임을. 세상 물정은 주인공의 순수한 품성을 부식시킨다. 농민이었던 샹쯔는 농민으로서 지니고 있던 본래의 맑고 순수한 마음을 잃고, 구차하게 살아간다. 그리고 이로써 자신을 말살하고 사회에 순응한다. 사람을 이렇게 망가뜨리는 경험과 세상 물정을 만들어 내는 곳이 바로 사회이다.

실질과 경험을 추구하는 이성적 태도는 시민(중국인)들이 신앙에 빠지는 것을 방해했다. "마치 신이 존재하듯 신을 받든다"거나 "삶도

1930년대 정안사의 묘회

알지 못하는데 어찌 죽음을 알려고 하는가"와 같은 생각은 공자의 세상에 대한 이해이고, "믿으면 있는 것이고, 믿지 않으면 없는 것이다"는 보통 시민들의 이해 방식이다. 세속적 인생에 집착하는 사람들은 본질적으로 '비종교적'이다. 청나라 때 필기소설(筆記小說 : 문언문으로 된 중국의 전통 소설)에 따르면 베이징에는 사찰이 매우 많았다 한다. 관련 기록에 의하면 사찰에서 거행하는 종교 행사란 종교를 구실로 하는 시민들의 오락 활동이었나. 신을 보신다는 명분 아래 사람들은 자신들의 즐거움을 찾았다. 베이징 토박이들의 각종 종교성 행사를 보면 세속적 즐거움으로 가득하다. 이런 것들은 도처에서 볼 수 있는 희극적 현상이다. 「담배 종지」에서 베이징의 정월 대보름 묘회(廟會)의 시끌벅적함을 묘사한 대목이 있다. 법고 소리와 바라 소리가 시끄럽게 울려 퍼지고, 각종 등촉(燈燭)과 명월(明月)이 서로 환히 빛난다. "베이징 전체가 그야말로 환락의 세계로 변해, 이 명절이 본시 저승 세계를 넘어가는 망자를 위해 지내는 것임을 망각케 한다." 중국인이나 언어적 유머감이 결여된 사람들일지라도 이것이 무엇을 말하고자 함인지 알 수 있을 것이다. 여기에는 역사적으로 유구한 민간의 지혜가 담겨 있어 굳이 더 설명할 필요가 없다.

전통 사상 문화 속에 담겨 있는 관용(유가와 도가가 서로 보완하거나 불가와 노자 사상이 병존하는), 발달된 상대주의 사상 요소, 이론적 사유의 모호함(사유 그 자체는 물론 그것을 표현하는 방식에 이르기까지) 등은 국민의 성격에 영향을 끼쳤다. 그래서 쉽게 용납하고 뒤섞이면서, 근본적인 의문을 끝까지 규명하려 하지 않는다. 쉽게 변통하지만 고집스럽게 밀고 나가는 자세는 없다. 긍정적인 의미의 서양식 종교적 편견이 형성되기란 쉽지 않다. 얻는 것이 있으면 잃는 것도 있는 것과 같이 편견을 형성하는 데 작용하는 최소한의 진지함조차 결여되어 있고, 끝까지 파고드는 광적인 열정과 이론적 철저함도 드물다. 통달과 달관은 시민 생활에 있어서 자아 보존의 수단이 되어 뒤로 한 발 물러서서 자신만을 지키려는 소극적인 성향만을 형성했다.

시민들은 사회적 지위와 소속된 사회의 문화 전통으로 말미암아 스승이 없이도 자아 변통식으로 상황에 맞춰 어디서든지 자신의 평안을 구하려는 자아 보전식 순응 철학을 발전시켰다. "나는 세상의 인재(人材)와 인재가 아닌, 그 사이에 있으련다." "나를 '소(牛)'라고 하면 '소'라 하고, '말(馬)'이라고 하면 '말'이라 할 것이다"와 같은 처세의 방법 말이다. 이런 사람들 중에서 어떤 사람들(가령 장 따꺼와 같은 사람들)은 계산적이지 않은 인격적 요소들을 자기화했다. 실제 삶을 살아가는 생존 방식과 지켜야 할 교양 때문에 그들은 결코 장자(莊子)가 형용했던 '지인(至人)'이나 '진인(眞人)' 또는 '신인(神人)'처럼 물질로부터 초연하게 '소요유(逍遙遊)'를 할 수 없다. 그들은 단지 세상에 순응하는 가운데 스스로 수준은 높지 않지만 나름대로의 '자유', 비록 성인이 교훈으로 남긴 "마음이 하고픈 대로 해도 법도에 어긋나지 않는다(不踰矩)"는 자유에 부합되지는 않을지라도 진정한 자유의 대용품으로서 '자유'를 획득한다. 장따꺼와 같은 시민들이 말하는 성현들의 엄연한 '도(道)'는 사실 도의 대용품일 뿐이다. 그들은 통상 사회 속에 이론적 주장이 없는 '질서파'로서 기존 질서를 순순히 받아들이고 권위도 받아들이며, 인간 세상의 존비와 귀천의 윤리적 질서를 받아들인다. 이렇듯 분수를 지키고 자기를 낮추는 처세의 대가로 안전을 보장받는다. 만약 난세라면 더욱 신분을 낮춰 세상과 거취를 함께함으로써 자신을 사람들의 무리 속에서 소멸시킨다. 시민들의 이성적 태도나 그들의 현실주의는 이런 측면에도 집중되어 있다.

장자 철학은 자연에 대한, 또한 사회에 대한 적응의 문제를 논했다. 시민에 의해 발휘된 것은 (시류에 따르고 세상에 적응하는)인간의 사회에 대한 적응이었다. 그 속에는 중국식의 숙명론과 운명론이 박혀 있다. "함께 술을 마신 사람이 토끼 머리를 샀는데, 늘 한탄을 하는 것이었다. '그때는 토끼 머리가 하나에 5전이었는데, 두 귀가 모두 달렸었다!' 라오뤼(老呂)가 듣고는 말했다. '그게 언제 때 이야기인데? 그걸 말해 봐야 아무 소용없어! 그냥 토끼 머리만 있어도 훌륭한 거야'(「안락거」)." 라오뤼는 정말 현명하다. "어찌 할 도리가 없으면 그저 그 운명을 받아들이는 것이 지극한 덕이다(『장자』-「인간세(人間世)」)"라고 했다. 이렇게 할 수 있는 데는 사람들의 미신이 있다. 귀신에 대한 미신 외에 더 보편적인 미신이다. 샹쯔는 이 점에서 베이징 사람으로서의 자격을 갖추지 못했다. 그는 너무 자신의 노력과 검소한 인내를 믿었다. 샹쯔와 비슷한 불행에 처했어도 「나의 한평생」에 나오는 주인공은 훨씬 현명했다. "……나의 시운이 좋지 않으면 그냥 순경이나 하면 되는 것이지, 그게 나의 잘못은 아니다. 사람이 어찌 하늘보다 높을 수 있겠는가!" 이 도리는 성숙한 시민에게 있어서 "밥이나 먹을 수 있으면 된다"는 간단명료한 이치와 같다. 그들의 신조는 "운명이 8 척이면 1장을 넘으려 해서는 안 된다." "한 발 뒤로 물러서면 인생의 폭이 한 없이 넓어진다(「쉮치의 후손」)"와 같다. 그들은 인생의 고락을 운명으로 돌린다. 따라서 베이징 토박이들이 라오나 샹쯔와 같은 융통성 없는 부류를 인정하지 않는 것에는 이유가 있는 것이다. 그들은 기본적으로 "세월의 변화는 개인이 막을 수 없고, 자신의 팔로 넓적다리를 자를 수 없으며, 죽도록 세월과 힘들여 싸워 봐야 자기만 힘들 뿐이다(「나의 한평생」)"라는 생각을 가지고 있다.

순응은 자신을 보호하는 것이다. 베이징 사람들에게 있어 순응은 일반적인 사람들이 여러 가지 복잡한 생각으로 고통스러워하는 것과는 달리 도리를 벗어나지 않음으로써 편안함을 찾는 것이다. 따라서 일종의 덕행으로 간주되는 '자율'과 연계되어 족함을 아는 이의 편안함과 즐거움을 누리게 된다. 「저녁 식사 후에 생긴 일」의 주인공을 보면 확실히 드러난다. "어떤 사람이 좋은 일이 있을 것을 스스로 분명히 안다면 다른 사람도 분명히 안다." 윈즈추(雲致秋)는 사람을 살리는 도리를 아는 사람이다. "내가 일찍이 즈추에게 '왜 스스로 연극단을 이끌지 않느냐?'고 물은 적이 있다. 그러자 그가 답하기를 '그렇게 나를 부추기는 사람이 있어서 생각해 보긴 했지. 그런데 결론은 아니야! 왜냐고? 나는 반쪽짜리 밥그릇에 불과하거든. 조연급이나 하면서 만족하지. 중추적 역할을 하기에 나는 부족함이 많다니깐. 작은 닭이 녹두를 먹어서는 안 되지. 그건 무리야. 극단을 이끌려면 돈도 많이 들고 일도 너무 많아…… 지금이 얼마나 편한데, 나 혼자 조연이나 하면 말썽도 나지 않고 말이지. 황진룽(黃金榮), 두웨성(杜月生), 위엔량(袁良), 일본 헌병대 같은 역할은 내게 차례도 오지 않을 것이고…… 그래, 그저 소금과 식초를 탄 육수에 말아 놓은 국수나 먹을 수 있으면 만족해!'" 세상사에 밝고 인정에 숙달된, 그야말로 분수를 알고 처세가 분명한 인물이다. 다만 사기성은 있지만…….

그들은 사치와 분에 넘치는 소비를 경계할 뿐만 아니라 심리적 사치와 헛된 기대도 경계한다. 여기에는 또 시민의 소비 심리가 있다. 앞서 '생활의 예술'에서 보았던 것처럼 그들이 추구하는 것은 신분적 지위와 상응하는 소비이다. 신분을 나누는 척도에는 관청 문화와 관료적 가치 기준의 영향이 있었다.

제한적 조건, 아니 더욱 제한적인 욕구 때문에 그들은 헛된 꿈을 꾸지도 않고, 또 쉽게 절망에 빠지지도 않는다. "무릇 세상 만물의 불균등함은 만물의 성질 때문이다"라고 했다. 「종고루」에 나오는 '애정'을 이해하지 못한 아가씨는 이것을 이해하지 못했다. "하지만 그녀는 자신을 일반적인 기준에 비춰 봐도 부족함이 많기 때문에 바보처럼 망상을 해봐야 소용도 없고, 괜히 자신을 곤경에 빠뜨리는 결과만 나을 뿐이라는 것을 알았다." "그녀는 그들이 여태껏 같은 부류가 아니기 때문에 자신을 그들과 비교할 필요가 없다고 느꼈다." 이런 종류의 '이성'과 '현실주의 정신'은 그들을 정신적 고통에서 벗어나게 해주었다. 그들은 이상과 현실의 차이에 대해 분명히 인식하고 있었다. 설령 우스바오 같이 유유자적한 생활에 습관이 든 만주인일지라도 "상황에 따라 순응하여 자신을 편안케 하고, 운명을 받아들이고 즐길 줄 아는 일면을 지니고 있었다." 그리고 "작은 상점에 웅크리고 있는 점원이나 인력거를 끌거나 노를 젓는 부류로 전락하더라도" 절망하지 않고, 그 상황 나름대로의 고상한 취향을 지킬 수 있었다(「담배 종지」). 그들은 자위하고 스스로 해석하는 논리를 갖고 있다. "……'사인방' 시절에 벌을 받았지만, 사실 벌을 받은 사람이 나 하나도 아니고 국가의 주석부터 장군까지 모두 벌을 받았다. 그런데 나 하나가 뭐할 말이 있겠는가!(「화얼한을 찾아서(尋訪 畵兒韓)」)." 만족을 아는 태도 속에는 전형적인 소시민, 즉 민초의 심리로서 "자리 높은 양반들도 이런데 하물며 나 같은 사람이야!"라는 생각이 자리하고 있다!

상식에 맞춰 행동하면 차분함이 생기고, 이 차분함은 가치관과 생각을 통해 표현된다. 장 따꺼와 같은 시민에게서는 의도적으로 자신의 모습을 꾸미려는 현상이 두드러지게 나타난다. "……베이징 사람들은 매사 무사안일주의가 몸에 배어 있다. 선거를 하고 등위를 매기는 일은 올림픽이나 소설 평론상과 같은 국내외의 관례와 많이 다르다. 앞에서 세 번째로 뽑히거나 다섯 번째로 뽑히기보다는 네 번째로 뽑히기를 바란다. '4대 명의(四大名醫)', '4대 명배우(四大名旦)', '4대 학자(四大鬚生)'처럼 말이다. 심지어 완자를 먹을 때도 네 개를 좋아한다……(「담배 종지」)." 이건 아마도 숫자에 대한 오래된 미신에서 나온 것이 아닐까 생각된다. 시민들의 의식에 담긴 각종 모순은 중국 문화의 내재적 모순을 반영한다. 앞면과 뒷면이 상호 보완되어 완벽한 베이징 사람이 만들어지는 것이다.

순응은 절대 천성이 아니다. 다음 장에서 논하려고 하는 '베이징 사람들의 여유롭고 소박한 모습'은 도덕적 자율과 순응의 결과이며, 노력을 통해 도달한 인생의 경지이다. 순응은 항상 자신도 모르는 새 진행되는 노력의 결과이자 자율과 극기에 대한 노력의 결과이기도 하다. 이를 한 단어로 표현한다면 바로 '인내(忍)'이다. 「나의 한평생」에 나오는 주인공은 학생 시절 늘 욕을 먹었던 일을 이렇게 회상했다. "지금 생각해 보면 규칙과 가르침은 매우 가치 있는 것이었다. 이런 훈련을 받고 난 후 이 세상에 참을 수 없는 일이란 없었기 때문이다."
비범한 사람은 인간으로서 도저히 참을 수 없는 것을 참아내야만 비
로소 인재가 될 수 있었다. 하지만 시민들에게 있어서 '인내' 란 생존
의 방법이었다. 참을성이란 타고나는 것이기도 하지만, 가령 치씨 집
안의 라오타이예(老太爺 : 큰 어르신)처럼 환경에 의해 만들어지기도
한다. 소시민들의 차분함과 여유로움의 밑바닥에는 뿌리 깊은 노예
근성이 박혀 있다.

　달관이란 불만과 불평이 전혀 없는 상태이다. 그러나 세상만사에
불평 불만이 없기란 힘들다. 세상 물정에 대한 이해가 깊고 학식이 많
은 사람도 실천하기 어렵다. 인류 역사상 굉장했던 업적들이란 대부
분 이해 관계에 얽히지 않았던 사람들에 의해 이룩된 것이다. 소시민
들은 이와 하등의 관계가 없다. "베이핑 사람과 베이핑의 공기에 익
숙해진 사람들은…… 어떤 사람 어떤 일에도 감히 손을 내밀지 않는
다." 근교의 농민들 "비록 평생 시내에 몇 번 들어가 보지는 못했을
지라도" 심리적으로 "베이핑 사람이라 자부하면서" "성실하게 살아
가면서 매사 예의를 따지고, 설령 배가 고파도 해서는 안 될 일은 절
대 하지 않는다(「4대가 함께 사는 집」)." '베이핑 사람이란 자부심' 의
구속력은 대단하다. 때문에 시민들은 협객 의사를 이상적인 인물로
선택했을까? 여기에는 일종의 보상 심리가 있다. 오랜 노시에는 여전
히 연(燕)나라와 조(趙)나라 지방의 비분강개한 유풍이 남아 있다. 후
통에도 가끔은 의협적인 인물이 있다. 시민 계층이 즐기던 통속 소설
을 보면 이런 영웅이 나오지 않는 경우가 없다. 라오서의 작품에도 늘
세속화된 모습으로 출연해서 토박이 시민의 부족한 점을 보완한다.
이렇게 함으로써 내가 그럴 수는 없지만 대리 만족을 느끼며 심적으
로 흠모하게 된다. 의협적인 인물들이 시민 문학 속에서 인격적으로

아주 이상적이지는 않을지라도 독자들은 그의 행위를 흠모한다. 그리고 그 속에 부족하다고 생각하는 부분에 대한 자각적 시민 의식이 담겨 있다. 이것도 현실을 중시하는 모습의 또 다른 모습이다.

족함을 안다는 것은 '자신을 지킬 수 있고', '자신을 지킴으로써 삶을 보존'할 수 있는 방법이다. 이것은 경험을 통해 증명된다. 시민은 자각적으로 경험과 명확한 도리에 의존하여 자신을 만들어가며, 또한 자신의 후손을 만들어간다. 경미소설은 이 점에 대해 아주 훌륭하게 묘사하고 있다. 장따꺼는 중용(中庸)에 입각하여 자식의 인생을 설계했다. "장따꺼는 자식에 대한 기대가 크지 않았다(베이핑 사람들은 대부분 자식에 대한 희망이 크지 않다). 다만 나름의 원칙이나 규모를 갖고 말단의 관직이라도 지내면서 집과 가족을 꾸릴 수 있는, 그저 그런 평범한 정도의 인생을 영위할 수 있을 만큼만 되면 족하다는 말이다. 과장은 좀 힘이 들어가는 직책이고, 중학교 교직원은 약간 낮은 것 같고, 경찰국의 직원이나 세관의 사무원 또는 현급(縣級) 관청의 주임, 가장 높아도 통현급(通縣級) 정도면 높지도 낮지도 않고 딱 알맞을 것 같았다. 대학은 어떤 대학이든 상관 않고 졸업해서 관공서 직원을 하면서 적당한 직책과 월급을 받을 수 있으면 된다. 이상적인 자식이란 매사 너무 진지하지 않고 인간 관계는 좀 넓으며 집안에서는 좋은 아내의 내조, 즉 최선은 약간 보수적인 가정에서 성장하여 글도 좀 알고 몸집도 좀 있어서 자식을 잘 낳을 수 있는 내조를 받을 수 있으면 된다." 이것이 전통 사회의 말단 공무원의 인생 설계이자 이상적 인생이다.

절제와 자제는 토박이 시민들로 하여금 천박한 탐욕 — 장톈이의 글에 등장하는 탐욕에 불타올라 온갖 권모술수를 다 동원하는 관청의 동물들과는 다른 — 을 부리지 않게 했다. 절제와 자제는 그들을 평범하게 했다. 라오서가 마음속으로 애정을 지녔던 인물들은 매우 평범한 사람들이다. 마치 라오뉴(老牛)처럼. "…… 그는 거만하지 않게 미소를 지으며 스스로 위로했다. '라오뉴야! 너는 그저 이 정도일 뿐이야.' 물론 영원히 이럴 수는 없었다. 간혹 체면도 차릴 수 있고 잘난 척도 할 수 있었다. 하지만 3, 4분 정도 지나면 바로 자신의 뱃심이 부족함을 깨닫고는 그만 두었다…… 만약 그가 물고기라면 아마도 영원히 물 위로 오르지 못하고 그저 진흙탕에서 놀고 있을 것이다(「니우톈츠 전기(牛天賜傳)」)." 라오서의 글 안에서는 이런 인물들이 오히려 친근감이 느껴진다. 후퉁 사회는 평범한 인격의 양성소였다. 라오서는 관샤오허나 치루이펑과 같은 인물에 대한 파악에 있어서 얄팍한 감은 있지만 일정 정도는 독특한 점이 있었다. 즉 이런 축 늘어진 문화 속에 오래 있다 보니 설령 악행을 저지른다 해도 대담한 기백이 있기는 어려웠다. 상식과 세상 물정에 대한 밝은 처세는 영웅호걸이 길러질 수 없으며, 대담한 악인도 나올 수 없다. 대담한 악인을 만들어 내는 것은 아마 훨씬 광활한 기백을 지닌 문화에서 가능한 일일 것이다.

평범한 사회와 정치 역시 이런 종류의 문화적 분위기가 조성해낸 것이다. 라오서는 쓸데없기 때문에 오히려 더 크게 쓸모 있는 평범한 관리를 묘사한 적이 있다. 비록 지위는 낮았지만 기백은 오히려 후퉁적 기질과 서로 통했다. 라오서는 평범한 것을 너무 잘 묘사했기 때문에, 그가 애정을 쏟아 그려냈던 '라오뉴'들은 그 평범함으로 인해 오히려 부담스럽기까지 하다. 「이혼」이란 작품은 독자들로 하여금 장따꺼의 인격이 일종의 문화적 역량이 되어서 전체 베이징 사람들의 세계에 영향을 미친다고 느끼게 한다. 또한 작품 속 지식분자인 라오리가 이 문화적 역량에 대해 목숨 걸고 거부했던 점을 통해서 오히려 문화적 역량의 강대함과 사람에 대한 침투력과 지배력을 강조하고 있다고 느끼게 한다. 장톈이의 이 작품과 이후의 다른 작품들은 대부분 위에서 논했던 현상에 대한 안타까움에서 비롯된다. 라오서의 경우는 사상의 초점을 전통 인격에 대한 비판과 개조에 집중시켰다.

베이징 사람들의 이성적 태도에 관해 긍정적인 면에서부터 부정적인 면까지, 또 적극적 계시로부터 소극적 함의까지 모두 살펴보았다. 하지만 여전히 실제 생활 속에서, 그리고 실제 역사 속에서 그것이 갖는 복잡성에 대해서는 아직 말할 수 없었다. 통쾌한 논의, 칼로 베듯 결단성 있는 판단력은 물론 감동적이다. 그러나 이것이 늘 진실을 말할 수 있는 것은 아니다. 여기서 필요한 것은 여전히 지나치다 싶을 정도의 세밀한 분석과 고찰이다. 오세보가 청나라가 망할 때 새로운 현실에 적응했던 점이나 샤오원 부부, 창쓰예(常四爺), 푸하이(福海) 등이 역사적 격변으로 자신들의 운명이 극심한 변화를 겪을 때 보였던 여유와 침착, 그리고 삶을 향한 갈망과 생존 능력은 필히 존중 받아야 한다. 고도로 발전된 중국의 농업 문명과 오랜 도시 문명은 이런 평범한 소시민들에 의해 건설된 것이다. 평범한 지혜와 연약함 속에 숨겨져 있는 힘, 순응적 삶을 통해 지켜낸 자존(自尊), 자애(自愛), 자강(自強) — 이것이야말로 진정한 베이징 사람의 본질일 것이다.

여유롭고 소박한 모습

베이징 사람들의 여러 모습들을 편의상 불가피하게 나누어 말하다 보니 중복을 피할 수 없다. 가령 '여유롭고 소박한 모습'과 '이성적 태도'같이 말이다. 여기서 말하는 마음의 상태란 별 다른 것이 아니다. 베이징 사람들의 '생활의 예술'을 이야기할 때 이미 살펴보았던 것이다. 단지 제한된 논제에 따라 간단하게 언급되었던 점이 아쉬워 베이징 사람들의 모습 속에서 좀 더 많은 것들을 읽어 내고, 그들이 지닌 다양한 성격들의 내적 연계성들을 찾아보려는 것이다. 그래서 다시 한번 살펴보고자 한다.

「나우」에서 나우가 초근목피로 살아가는 늙은 권법 선생인 우춘중(武存忠)을 찾아가는 대목이 있다. "나우는 베이징에서 수십 년을 살았지만, 이런 곳에 이런 사람들이 이렇게 살아가고 있을 줄은 꿈에도 생각을 하지 못했다. 그들은 가난을 탓하지도 부유함을 자랑하지도 않는다. 헌옷 가게에서 옷을 빌려 입고 부유한 척하지 않으며, 가난을 핑계로 돈을 빌려 달라고 겁주지도 않는다. 또한 기세등등하게 누굴 능멸하려 들지도 않고 권세에 빌붙지도 않는다. 입으로 말하지는 않지만 마음으로는 이렇게 한 세상 살아가는 것도 속 편하다고 느낀다."

사치와 탐욕을 경계하고 스스로 분수를 지키며 안빈낙도(安貧樂道)를 즐기는 것, 교만과 모험을 경계하며 스스로를 존중하고 아끼는 것, 남길 재산도 재물도 없이 소박한 생활을 달게 받아들이는 것이야말로 자족의 모습이자 심적 안정의 경지이다. 앞에서 말한 '경지(境地)'와 '자족(自足)'으로 인해 소박함과 편안함, 그리고 존엄이 살아 숨쉰다. 우춘쭝은 덩유메이가 제시한 이상적인 시민의 모습이며 작가가 지향하는 표준적인 인물이다. 따라서 왕청치, 류신우, 그리고 라오서의 주인공과 어찌 비슷하겠는가! 「종고루」의 작가는 작품 속의 젊은 주방장이 보였던 생활에 대한 자신감과 신중함, 그리고 공원 근로자들이 보여주었던 '명리(名利)에 초연한 태도와 나름대로 즐거움을 찾아 즐기는 생활 방식'을 존중했다. 그러나 이것을 '1980년대 새로운 세대로부터 출현할 심리적 상태'로 이해하기에는 그다지 많은 근거를 갖고 있지 못하다. 기껏해야 이후 세대와 '야합'이나 할 정도로 인식될 뿐이다. 전통과 현대의 결합 방식은 매우 다양하며, 그 사이에 절대적 경계선은 없기 때문이다.

앞에서 말한 대로 '여유와 소박함'이 만들어 내는 심적 상태는 도덕적 수양의 결과이다. 즉 도를 터득한 후의 마음 상태가 표정으로 드러나는 것처럼 말이다. 이것을 받치는 버팀목은 이성, 극기, 절제 등등, 이 외에도 노년 시민의 공리적 관념이다.

재산에 있어서는 더 분명하다. 돈이란 전통 사회에서 청렴하게 살아가는 사람에게 있어서는 피해야 할 것이다. 이것은 도덕적인 태도로서 매우 중요한 의미를 지닌다. 하지만 경미소설에서 베이징 시민들의 그러한 '선비적인 풍모'가 결벽증적으로 묘사되는 것은 아니다. 오히려 그들에게서는 작은 일에 얽매이지 않는 대범함이 보인다. 후퉁 거주민들은 실질적이다. 실질적이지 않을 수 없다. 그들은 봉건시대의 사대부처럼 그렇게 세상사에 초연한 채로 고고하게 살 수가 없었다. 치 노인과 그의 손자 치루이핑의 품성은 다르지만 매우 현실적이라는 면에서는 동일하다. 샤오양쥐옌 골목에서 현실적이지 않은 사람은 첸(錢)씨 집안뿐인데, 그들은 평범한 시민들의 인격과 대조적인 전통적인 서생(書生)의 성격으로 표현된다. 하지만 묘사가 지나쳐 맑고 고고하면서도 세속을 초연한 듯한 모습은 오히려 교만함으로 비춰진다. 그래서 실질적인 것을 중시하는 평범한 시민들의 모습이 훨씬 받아들이기 쉽다.

경미소설에서 현실 중시의 태도가 곧 이익 추구로 이어지지는 않는다. 현실 중시란 공상이나 헛된 추구가 아니라 실천하는 가운데 도덕적 자율성이나 자족적 심리 상태 등과 연계하는 것이다. 경미소설이 시민의 현실적 태도를 묘사하는 목적은 절실한 상황에서 생존해

가는 삶, 그 속에서는 한가로운 소요(逍遙)의 정신을 가지기가 어렵다는 점을 말하기 위해서다. 또 상인들이 이런 여유로운 소요의 정신을 가지기 어렵다는 점을 깨닫게 하기 위해서다. 라오서가 묘사한 「오래된 가게」의 상인은 종종 여유로운 모습을 보인다. 여기에는 일찍이 베이징에서 살아 본 적이 있는 사람이라면 결코 잊지 못할, 베이징의 오래된 집들 특유의 매력이 있다.

오래된 비단집 싼허샹(三合祥)은 한 편의 고전 시가이자, 여기저기 녹으로 얼룩진 오랜 청동기이자 송나라 또는 명나라 시기 판본의 고서이다. 장사를 하는 상점이 아닌 추억 그 자체이다. "싼허샹의 문 앞 걸상에는 남색 천이 덮여 있다. 첸(錢) 사장이 눈꺼풀을 내리 깐 채 앉아서 졸고, 계산대의 점원은 장난삼아 주판알을 튕기고 있다. 그리고 한 사람은 연상 게으른 하품을 하고 있다(「오래된 가게」)." 현대인의 관점으로 볼 때 소설에서 묘사한 당시의 신식 상점이란 저속하기 그지없는 곳이지만, 이처럼 고요한 싼허샹은 장사하는 곳 같지 않다. 이런 한산함과 고요함은 전체적인 상점의 분위기를 고루하지만 고상하게 연출하고 있다. 가장 저속한 곳에서 오히려 고전시의 정취를 만들어 내고 있는 것이다.

이 사람들은 공리, 의리, 이익을 저버리지 않고서도 나름대로 통달과 자연스러움을 지닌다. 그리고 이것으로 삶의 균형감을 만든다. 이런 여유로움이 있어야만 취미를 추구하고 생활의 예술을 추구하며, 먹고 사는 수고로움 속에 남아 있는 진실한 마음을 추구할 수 있다. 이런 베이징 사람들이었기에 졸부들의 잘난 체와 허세를 멸시하고, 베이징이라는 도시 또한 그러한 악덕으로부터 멀어지게 했다. 그리고 몰락했을지언정 끝까지 고상함을 잃지 않은 사람들을 더 높게 평가했다. 고아한 옛날 나무 그릇은 쓰임새로 보자면 논할 가치가 없지만 이것은 일찍이 졸부나 시정잡배, 또는 추잡한 상인들로 하여금 점점 추악해지는 자신의 모습을 되돌아보게끔 하는 문화였다.

　이러한 풍습과 교양은 베이징 토박이들이 실리만 추구하는 저속한 시정잡배적 기질을 기피하게 했다. 경미소설의 작가는 작품 속에서 시민들의 기질과 시정잡배들의 기질을 엄격하게 분리했다. 토박이 시민들은 상업과 상인을 경시하지 않았지만 매판(買辦)과 시정잡배적 기질에 대해서는 선천적인 혐오감을 지니고 있었기 때문에 시민의 도덕은 그러한 기질을 결코 허용하지 않았다. 그래서 딩웨한(丁約翰)과 관샤오허(冠曉荷)(「4대가 함께 사는 집」)는 이웃들이 보기에 비슷하지만 엄연히 다른 인물이었다. 이것은 동네에 시정잡배가 전혀 없다는 뜻이 아니다. 시정잡배가 없다면 베이징이 성립될 수 없고, 기타 어떤 집단도 성립되지 않으며, 인간 사회도 성립될 수 없다(원시 부락이 유일한 예외가 되지 않을까). 관청에는 샤오자오(小趙)(「이혼」)가 있었고, 후퉁에는 관샤오허나 치루이펑(「4대가 함께 사는 집」)이 있었으며, 덩유메이의 「'쓰하이쥐'의 일화('四海居'軼話)」에는 샤오리번(小力笨)과 같은 인물들이 있었다. 그들은 "늘 용의 꼬리를 잡고 있으면 하늘로 함께 오를 수 있다고 생각했다." 주목해야 할 점은 경미소설은 예외적인 것을 통해 일상적인 것을 드러내려 했다는 것이다. 시정잡배들은 일반 시민들과 대조적으로 묘사된다. 이로써 후퉁 문화의 본 모습이 더욱 생생하게 드러난다. 작가들이 시정잡배들에 대해 민감하고 혐오스런 입장을 취했던 것은 토박이 시민과 서로 통하는 가치관을 드러내려 했기 때문이다.

　한가로운 여유로움을 지녔던 베이징 사람들은 그들의 고상함을 위해 대가를 치러야 했다. 경미소설은 베이징 토박이들의 재산 관념을 이렇게 묘사하고 있다. "베이핑 사람들에게 진정한 의미의 재산이란 대체로 부동산을 의미한다. 상점을 열어 장사를 하는 것은 산둥(山東)이나 산시(山西) ― 현재는 광둥(廣東) 사람들도 여기에 포함시켜야 한다 ― 사람들의 일이다." "그저 집세를 받아 사는 것이 안전한 방법이다"(「이혼」). 「정홍기의 후예들」에서는 만주인들의 재산 관념을 이렇게 묘사했다. "부친과 노련하고 신중한 만주인들의 관점에서 볼 때 자신의 집에서 살아야만 비로소 뿌리를 확고히 하고 영원히 베이징에서 살 수 있다. 그래서 관직을 통해 약간의 재산을 모은 사람들은 집세를 받고 사는 것이 가장 안정되고 믿을 만한 방법이었다." 이러한 관념의 중심에는 안정 추구적 성향과 비영리적 성향이 자리 잡고 있다. 그들은 위험을 무릅쓴 투자를 두려워했다. 그들의 한가로운 여유는 '비공리성'에서 오는 것이 아니고 '비경쟁'을 조건으로 하는 것이다. 이러한 여유, 이러한 한가로움은, 그래서 대단히 취약하다.

『청패류초(淸稗類鈔)』의 「농상(農商)」이란 조목에는 청나라 베이징 상인들이 경쟁을 없애기 위해 얼마나 극단적인 방법을 동원했는지 기록되어 있다.

'사오궈(燒鍋)'란 북방의 양조장을 말한다. 베이징 근교에 양조업을 하는 두 경쟁자가 있었다. 서로 약조하기를 "두 집안의 어린 아이를 한 곳에 모이게 한 후 커다란 돌을 놓고 갑 측에서 아이를 돌에 눕히면 을 측에서 도끼로 아이를 내려친다. 이어 을 측이 아이를 돌에 눕히고 갑 측이 도끼로 내려친다. 서로 번갈아 하다 먼저 손을 멈추고 차마 아이를 돌에 눕히지 못하는 측이 지는 것이다." 모두 이렇게 약조를 하고 5명의 아이를 죽였다. 을 측이 차마 다시 아이를 돌에 눕히지 못하자 갑 측이 마침내 승리했다.

베이징에 갑과 을 두 사람이 있었는데 중매업의 이익을 놓고 서로 경쟁을 했다. 양측이 수년 간 소송을 벌였지만 끝내 결판이 나지 않았다. 마지막으로 피차간에 서로 사람을 보내 말했다. "방안에 커다란 가마솥을 놓고 한가득 끓는 기름을 채운 다음 양측 가족과 친족을 좌우로 나누어 서게 한다. 그리고 어린 아이를 가마솥에 던져 넣을 수 있으면 영원히 중매업의 이익을 독점하기로 한다." 갑 측의 어린 아이는 겨우 다섯 살이었는데, 끝내 그 아이를 가마솥에 던져 넣어 승리했다. 그래서 갑 측이 중매업의 이익을 독점하고, 아이의 시신을 조상의 사당에 안치했다. 나중에 경쟁을 거는 자가 있자, 그 아이의 시신을 가리키며 말했다. "우리 집안은 자식을 이렇게 죽여서 사업의 이익권을 얻었다. 당신이 정말 이익권을 얻고 싶다면 우리와 같이 해라." 이를 본 사람은 차마 그 잔인함을 참지 못하고 물러갔다.

가장 예의를 지키며 예절과 고상한 품위, 정신적 소요를 중시하는 베이징 사람들도 이처럼 잔혹한 일을 한다. 이런 점에서 베이징은 다른 지방보다 훨씬 쉽게 제왕주의가 발달할 소지가 많다. 상업에 있어서도 그야말로 '대통일(大統一)'과 '지존(至尊) 정하기'가 있어야 하는 것이다.

『청패류초』의 기록은 신빙성 있는 사료로 보기 어렵지만, 그래도 사회 심리적인 진실성은 있다고 보인다. 피 비린내 나는 이런 기록을 통해 경쟁이란 것이 베이징 상인들의 마음속에서 얼마나 엄중한 일이었는가를 알 수 있다. 경쟁을 두려워하는 심리는 소극적 생존 철학이나 습관이 갖는 강력한 역량, 소생산자 사회 속에서 뿌리 깊게 박힌 균등 이상주의, 그리고 화목과 안정을 추구하는 심미적인 생활 태도로부터 기인된다. 서양의 근현대 문학 속에 등장하는 작은 마을의 인물들에게서도 유사한 심리적 현상이 보인다. 미국의 중산층은 다른 사람을 추월하는 것을 도의적 책임이자 정의(신교도의 윤리)의 소재로 본다. 그러나 후퉁 주민들은 줄곧 만족할 줄을 알고 다투지 않도록 교육받아 왔다. "오직 다투지 않음으로써, 천하와 더불어 다투지 않을 수 있다(『노자(老子)』「제22장」)." "만족을 알면 치욕을 당하지 않고, 멈출 줄 알면 위태로운 일을 당하지 않는다(「제44장」)." "어떤 화를 입어도 만족함을 모르는 것보다 심하지 않으며, 어떤 허물이 있어도 탐욕으로 가지려하는 것보다 심하지 않다(「제46장」)." 이것은 철학이 아니라 경험이다. 라오서의 글에 나타난 샹쯔가 계속 손해를 보는 까닭은 무엇을 하는 데 있어 억지로 하기 때문이었다. 샤오간(蕭乾)의 소설에서 인력거꾼은 남과 다투려 했기 때문에 화를 불렀다. 이 베이징이라는 도시의 법칙을 잊은 것이다. "그렇게 외톨이로 살지 마라. 마음을 좀 더 열고 생각해라. 어차피 노동을 팔아먹고 사는 것이니 다른 사람들과 좀 더 마음을 함께 해야 한다." 여기서 '마음을 함께 한다'는 것은 결코 직업적 동업은 아니다. '분수'와 '한계'에 대한 강렬한 의식은 억지로 차지하려 하거나 더욱이 모험을 무릅쓰는 짓은 피하도록 한다. 따라서 한가로움과 여유, 안일함의 추구는 충동적 생명력과 진취적 정신을 희생한 대가이며, 궁극적으로는 역사의 진보를 희생한 대가이다. 이런 문화적 분위기 속에서 다툼이란 현명하지 못할 뿐만 아니라 부도덕하기까지 한 것이다.

경쟁에 대한 두려움은 근대 상업 자본이 대거 밀려들어 오면서 더욱 보편적인 사회 심리로 확대되었다. 베이징 시민들은 다른 지역보다 훨씬 이질적 문화의 유혹에 민감하다. 외래 상업 문화가 물밀 듯 밀고 들어오는 상황에서 베이징 토박이 상인들 가운데 변화하려 들지 않는 사람들은 도피, 두려움, 장엄한 비극적 순직, 나약한 정의 관념을 고수하는 것 말고는 별 뾰족한 수 없이 대항할 힘도 대처할 방법도 없었다. 이로써 '시들어 병든 고상함', 그 수준에서 멈추게 된 것이다.

오래된 원조집들이 비극적이고 장엄한 종말에 처하게 된 것은 물론이고, 시민 사회에서 통용되던 정의의 원칙으로도 경쟁 시대의 강림을 막을 수 없었다. 「종고루」에서 경쟁으로 인해 온통 심란해진 연극 배우들은 그들의 시선을 고루(鼓樓) 담장 아래 한 구석, 평화로운 '노인의 섬(老人島)'으로 집중했다. "인생이란 참으로 재미있는 거야. 어려서는 서로 별 차이 없이 함께 어울려 놀고 함께 떠들썩했지. 크고 난 후 서로 간에 차이가 현격해지면서 사람들은 경쟁을 하기 시작했어. 하지만 늙고 나자, 봐라! 다시 서로 간에 별 차이가 없게 되어 함께 놀고 함께 소일을 한다……"

베이징 문화에 비판적이었던 라오서는 베이징 사람들의 이 우아함에 대해 심경이 매우 복잡했던 것 같다. 연나라와 조나라 지역의 의협적 유풍은 나날이 희박해지고, 용감무쌍한 이민족과 비교할 때 오히려 너무나도 나약한 현실의 모습에 그는 한탄했다. 이런 문화를 그는 전원시(田園詩)처럼 안정되고 착실한 문화라고 칭했다(「4대가 함께 사는 집」). 특히 한가로운 소요(逍遙)적 태도로 소일하는 모습을 혐오했다. 그래서 '필요한 일은 하나도 안 하고, 쓸데없이 시간을 죽이는 일은 반드시 하는 문화'가 '아무 일도 하지 않고 소일하는 천재'를 만들어 냈다고 생각했다. 소요적 태도는 늘 무료함과 연계되어 있다. 어떤 의사는 환자가 생사의 기로에 서 있는데도 한가로이 지껄이는 짓을 멈추지 않는다. "그의 습관은 그야말로 본토박이 베이징 사람의 습관이다 ─ 언제든지 여유 작작하는 꼴을 연출하며, 아무리 급해도 여유로운 한담을 먼저 내뱉고야 만다(「4대가 함께 사는 집」)."

다른 현대 작가들의 견해는 이와 조금 다르겠지만, 토박이 시민들의 한가로운 소요적 정신 태도는 갈수록 몰락의 길을 가게 될 것이라는 점은 대부분 지적한다. 상품 경제의 발전, 후퉁 주민 사이에 확대되고 있는 경제의 불평등, 억제되지 않은 이윤 동기 등은 무정하게도 시민들의 정신적 전통을 와해시키고, 그들의 평안한 세계를 전복시켰다. 전통적 생활 예술과 그것이 실현한 심미적 인생 태도는 실리를 추구하고 호화와 사치를 추구하는 사회 심리의 도전에 봉착했다. 아무리 '즐거움 찾기'를 중시하는 토박이 시민이라도, 또 그들의 후예라도 더 이상 예전과 같은 생활의 예술을 누릴 수 없게 되었다. 천젠궁(陳建功)과 류신우의 소설은 상업 문화가 후퉁의 소박한 인정을 침식하고 오래된 가치를 중시하는 정서를 조롱한다고 생각하는 보통 시민들의 느낌을 다루고 있다. 「홰나무 아래 작은 정원(小槐樹下的小院兒)」, 「풍랑 없는 후청허(沒有風浪的護城河)」 등의 소설에서는 때로는 깊이 있게 때로는 가볍게 이 점을 언급하고 있다.

적나라한 이익 타산이 야기한 가족 간의 균열은 단시간 내에 치료될 수 없다. 파열과 편파성이 판치는 가운데서 여유로운 한가함은 더 이상 유지되기 어렵다. 천당과 지옥은 한 걸음 차이다. 전통 문화를 재료로 건축된 정신적 안일의 세계는 일시에 몰락하게 되었다. 소소한 일상 생활은 신속하게 타락의 나락으로 빠져들었다. 「입체교차교(立體交叉橋)」라는 소설 속의 몇몇 장면은 읽고 있으면 마음이 불편해진다. 현실을 중시하는 시민 의식은 나름대로 합당한 측면이 있지만, 여기서 한 걸음 더 나아가면 시민 문화를 가장 아프게 파괴할 것이다. 따라서 시민 문화는 스스로를 파괴하는 성향을 내포하고 있다고 말할 수 있다. 서양 중세의 도시들이 자본주의 생산 방식의 온상이었던 점도 결코 우연이 아니다.

경미소설의 '한가로운 소요 정신'에 대한 연모는 그것이 사라져 가는 것에 대한 아쉬움 때문이 아니라고 누가 말할 수 있겠는가! 이같이 나약한 문화는 이런 운명을 맞게 되는 것이다. '그날'이 도래하는 시기가 언제일까의 문제일 뿐이다. 그럼에도 이런 고상하고 우아한 삶의 모습이 다시 나타나기를 소망하는 이유는 그 이면에 나약함만은 아닌, 다른 정신 또한 숨어 있을 것이기 때문이다.

후통의 생태와 인정

베이징 사합원은 평화를 사랑하고 화목을 추구하는 베이징 사람들의 문화적 창조물, 즉 문화 환경이다. 이 창조물은 스스로도 창조에 참여하여 베이징 사람들과 함께 베이징 문화를 창출했다. '눙탕(弄堂 : 베이징의 후통과 같은 뒷골목)'은 생존 공간이 협소한 상하이 사람들의 생활 방식에 대한 선택이며, 생존 조건의 결핍과 물질적 제한에 대한 굴복을 의미하는 짜위엔(雜院 : 하나의 뜰에 여러 가구가 사는 공동 주택)의 문화도 있다. 사합원은 분명 인생의 경지, 다시 말해 유형화된 삶의 경지이며, 베이징 시민들의 안분지족(安分知足)과 평화, 그리고 피차간의 제한적 의존과 절제된 호응을 생동감 있게 드러낸다.

'사합원 ─ 후통'의 구조는 폐쇄 지향적 생활 태도가 건축적 형태로 표현된 것이다. 한 스웨덴 사람은 베이징 성문과 성벽에 관한 연구서에서 "중국인들은 담장으로 둘러싸인 건축물의 튼튼하고 견고함에 대해 깊이 신뢰하고 있다"고 논했다. 사합원의 형성은 '합(合)'에 있다. 방과 담장 구조의 폐쇄적 형태는 내부의 화합과 통일을 의미할 뿐만 아니라 내외 관계의 규범성을 표시한다. 또한 남과의 경계를 분명하게 구분 짓는 표시이기도 하다. '집(家)'이란 담장으로 둘러 싼 것이다. 여기에는 종법(宗法 : 혈연 중심적인 봉건적 가족 질서) 사회의 기본적 구조와 질서가 있다.

사합원(그 안에 짜위엔도 포함하고 있는)의 연속이 바로 후퉁이다. 후퉁은 자연스럽게 형성된 전통식 '서취(社區 : 공동체, 지역 사회)'로 되어 있다. 후퉁은 옛 도시에서 가장 기본적인 지연 관계였던 '제팡(街坊 : 이웃, 이웃 사람)'을 형성했다. '제팡'은 원래 같은 후퉁(서취)에 사는 주민을 말하며, 좁게는 이웃집을 말한다. 앞에서 말한 생태 환경이란 '집'을 중심으로 사방으로 펼쳐진 인간 관계의 근거를 말한다. 통상적으로 후퉁의 인간 관계나 이웃 간의 관계도 주거지의 원근에 따라 결정된다. 소위 "먼 친척은 이웃만 못하다"라고 한 것처럼 상대방과의 공간적 관계는 그대로 정감의 관계로 이어진다. 이웃 간의 연대감은 종법식(宗法式) 가정의 내향적 폐쇄성을 보완하는 가장 중요한 요소이며, 가족 혈연 관계 외의 가장 기본적인 사회적 관계이다. 서양의 현대 사회, 근래 부를 축적한 중국의 동남 연해 도시, 그리고 베이징의 신흥 아파트 지역은 사회 관계와 교류 형식의 복잡함으로 인해 이웃 관계가 소원하다. 노년층 시민의 기본 생활 세계는 '가정 — 이웃'의 단순한 구조이며, 그 구조는 한눈에 파악될 만큼 명확하다.

같은 후퉁의 이웃 사이에는 자연적인 문화적 평등감이 존재하며, 이 평등감은 생활 방식의 동일한 취향, 비경제인 방식의 생활 속에서 찾아볼 수 있는 동질성, 그리고 실제 이익의 상관성 위에서 성립된다. 일반적인 경우 '같은 후퉁의 이웃사촌'이란 의식은 계급 의식보다 크다. 그러나 계급 의식은 시민 사회에서 점차 사라져왔기 때문에 '보다 크다'라는 말이 딱 적합한 것은 아니다. 기준을 조금만 낮추어 보면 이웃 간의 결합도 일종의 '췬(群 : 무리, 집단)', 즉 '문화적 공동체'

에 준하는 것으로 볼 수도 있다. 이웃 간 관계와 가정 내부의 관계는 공통적으로 후퉁 세계의 질서를 구성한다. 이웃 간의 평등감은 꼭 경제적 평등과 일치하는 것은 아니며, 후퉁에서 화해의 조성은 어느 정도 생활 수준의 상대적 균형감에서 기인하기도 한다.

후퉁은 궁극적으로 촌락과는 다르다. 전체적으로 보자면 향토적 중국에 속하지만, 베이징 시민 사회는 향촌 사회와는 다르다. 물론 향촌처럼 후퉁의 주민들도 개체로서 생존하며 제한적 범위 내에서 '췬'에 의존한다. 또한 조화롭고 친밀한 인간 관계를 중시하며, 개인의 프라이버시보다는 '집단' 성을 존중한다. 그리고 공사의 구분이 부족하기도 하다(다른 사람의 개인적인 일을 들어 주는 것은 개인적 수양이나 처세의 문제이다). 이런 점에서 향촌적 성향이 있기는 하지만, 이럼에도 불구하고 후퉁은 여전히 향촌과 다르고 그것이 주는 문화적 느낌도 극히 다르다. 가장 근본적으로 후퉁은 향촌식의 혈연 친족 관계가 없다. 후퉁의 이웃 관계는 향촌의 관계 형성의 기본인 혈연 친족 관계가 아닌 다분히 우연한 만남에서 비롯된다. 향촌의 경우 이따금 대가족으로 구성되기도 하지만 후퉁은 관계가 아무리 친밀하다 해도 절대로 대가족을 이루지는 않는다. 앞에서 말했던 종법적 관계라는 직접적 배경이 없기 때문에 그런 이해 관계도 없다. 다만 이런 조건 아래서 노년층은 후퉁의 시민으로서 긍지를 지니고 인간 관계에 있어서의 엄격한 규칙을 지키며, 이로써 옛 도성의 예의 문명과 베이징 사람들의 베이징적 문화 풍토를 표현할 수 있는 것이다.

비영구적인 이웃 관계, 그리고 후퉁의 비고정적인 특성은 베이징이라는 도시와 그 도시에 사는 사람들 사이에 감정적인 연계를 낳는다. 베이징 사람들은 베이징을 고향으로 여기며, 베이징적인 것이 더욱 쉽게 고향적 느낌을 불러일으킨다는 말이다. 하지만 실제 거주하는 후퉁은 향촌처럼 내향적 응집력을 갖고 있지는 않다. 설령 베이징 토박이라도 본적이 있고 원래의 고향이 있다. 그들의 궁극적 고향이 베이징이기는 하지만 다른 사람들처럼 고향이 꼭 시골인 것도 아니고, 선택의 여지없이 고향을 타고나는 것도 아니다. 때문에 후퉁의 이웃은 시골 사람과 다르고, 고향의 친척과도 다르다. 이웃 간의 감정적 연대는 같은 '부모의 땅' 때문도, 조상의 묘를 공유하기 때문도 아니고, 혈육의 정이나 시골정서 때문도 아니다. 단지 추상적인 문화적 동질감에서 비롯된다. 후퉁을 구성하는 성분의 유동성, 후퉁 주민이 갖는 생계 수단의 다양성, 직업 간의 장벽 등으로 인해, 후퉁의 '췬'은 향촌에 비해 좀 더 산만하다.

시골 사람들의 지연 관계는 이웃이나 같은 동네 사람들보다 더욱 동향 의식이 강하다. 게다가 동향에서 '퉁(同 : 동질성)'의 범위는 대단히 신축적이다. 이민 사회에서는 '동향'의 개념이 대단히 넓어질 수 있지만, 베이징 시 안에서는 그렇지 않다. 게다가 베이징 시민들의 지연을 통한 감정적 연대도 그리 폭넓지 않다. 이민 문화 속에서 동향 의식은 통상 어느 정도까지는 확대되는 개념이지만 시민의 지연 관계는 그렇지 않으며, 시민들이 지연이란 요소를 통해 조성한 감정적 연대 또한 그다지 확장성을 지니고 있지는 않다.

후퉁의 이웃 관계 속에서 화목은 예의의 문화에서 비롯되며, 극히 세속적인 형태로 중국인의 문화적 심리 특징을 담고 있다. 오랜 도성 주민들의 화목한 교류는 '동질성 숭상'에 기반을 두고 '화합'을 추구한다. '동질성 숭상'은 사유의 방식이고 '화합'은 생존의 문제이다. 「4대가 함께 사는 집」에 나오는 영국인은 중국식 가족 관계에 대한 인상을 이렇게 말했다. "가장 놀라운 것은 서로 다른 사람들이 한 마당을 두고 살면서 모두 화목하다는 사실이다. 모든 사람들이 변화하려는 것 같지만 어떤 커다란 힘이 그들로 하여금 변화하는 가운데도 분열하거나 흩어지지 못하게 한다. 이런 놀라운 집 안에서 모든 사람들은 저마다 자신들의 삶에 충실하게 순응하며 살아간다. 동시에 그렇게 극렬하지는 않지만 다른 사람들의 삶을 거부하는 것처럼 보인다. 그들은 서로 다른 삶을 한 덩어리로 뭉쳐 놓아서 수많은 다른 맛의 약재를 뒤섞어 한 알의 환약을 빚은 듯하다. 그들은 역사에 순종하는 동시에 역사에 반항한다. 그들은 각자의 문화를 갖고 있으며, 서로 관용하고 이해한다. 그들은 앞으로 전진하면서도 뒤로 후퇴하는 것처럼 보인다." 이런 관계의 결합을 확대하면 후퉁 간에 이웃이 되고 이웃 마을이 된다. 「4대가 함께 사는 집」은 후퉁에 살고 있는 노인들의 이상(理想)이며, 그 안에 있는 모든 것을 포용하는 '화합'은 후퉁의 질서를 만든다.

라오서처럼 깊게는 아니더라도 덩유메이, 천젠궁, 류신우 등도 모두 후퉁의 이웃 간의 관계, 후퉁의 인간 관계, 가정 간의 교류 방식 등을 잘 묘사했다. 또한 '화합'이라는 경지를 잘 드러냈고, 스스로 심취되기도 했다. 류신우의 소설에서 묘사된 이웃 관계는 늘 파손된 모습이었다. 각종 형태로 갈라지지만 소박함을 통해 상처받지는 않는다. 류진위안(劉進元)의 「풍랑 없는 후청허(沒有風浪的護城河)」에서는 오래된 후퉁의 훈훈한 인정을 잘 드러냈다. 그런 면에서 독자들은 작가들이 너무 지나치게 후퉁 문화를 미화한다고 느낄 수도 있다. 그러나 그들은 이 후퉁이 파괴되는 것을 참을 수 없었고, 이런 인간 관계가 냉혹하게 균열되는 것도 참을 수 없었다. 그래서 그들의 작품 세계는 항상 실제 모습보다 밝게 묘사되었다.

페이샤오퉁(費孝通)은 「나의 고향 중국」에서 '투이(推 : 배척하기)'에 대해 언급한 적이 있다. 시민들의 자기 중심적 '투이'는 가정, 이웃, 동네, 골목의 문화권으로부터 서서히 자연스럽게 형성된다. 동일시하기와 배척하기를 선택해 가는 과정을 통해 점차 친한 것과 친하지 않은 것이 구분되고, 작은 것에서 큰 것으로의 범위가 형성된다. 자신이 사는 후퉁은 선택의 결과가 아니지만 그 '범위' 는 선택의 결과이다.

'투이' 는 자신으로부터 출발하여 어쩔 수 없이 처세법을 형성한다. 친한 이웃 간이라도 피해를 당하지 않기 위해서는 자신을 살피지 않을 수 없다. 치(祁) 노인은 "진심으로 첸(錢) 선생을 구하려고 했지만 다른 사람을 구하려다 자신이 연루되는 것을 원치 않았다. 결코 만만치 않은 세상에서 70여 생을 살아오면서 신중함이 무엇인지 깨달았다." 농민들은 순하지만 또한 이기적인 구석도 있다. 하물며 도시의 삶에 농촌처럼 그렇게 위험을 무릅 쓰는 투쟁이 있다고 들어본 적이 있는가!

예의는 구분이다. 예의 문화로부터 조성된 후퉁의 인정이란 분별과 이치에 민감하다. 매사 따지는 게 많은 지나친 까다로움은 오히려 혐오감을 불러일으킨다. 남의 집에 대한 뜨거운 관심과 소문은 향촌 사회의 인정이며, 작은 것까지도 서로 이치를 따지는 것은 지나친 시민 문화의 속성이다. 이런 평가 속에도 예외는 있다. 경미소설에서 남의 일에 쓸데없이 참견하고 떠벌이며 마음이 너무 앞서는, 그래서 분별의 선을 넘지만 애착이 가는 인물들, 구체적으로 「약을 찾아서(找藥)」의 리중샹(李忠祥)과 「4대가 함께 사는 집」의 리쓰(李四)는 예외적이다. 이들의 넘치는 인정은 공익을 위한 것이기에 그만큼 애착이 가는 것이다.

"이웃사촌은 먼 친척보다 낫다"고 했다. 앞에서 인용했던 「이혼」이란 작품 속에 마(馬) 부인의 수다는 읽는 사람들의 마음을 편하게 한다. 이런 관심이 있기에 라오리(老李)는 "(후퉁에서의) 생활이 매우 아름답다"고 한 것이다. 그는 후퉁 생활의 좋은 점을 이렇게 봤다. "아파트에서는 늙은 부인의 인사 소리가 없다. 이런 이웃 간의 관계는 비즈니스이다. 그러나 후퉁에는 인정이 있다." 적당히 '도'를 조절하고 '분수'를 지키는 것을 제외하면, 이 인정은 집과 집의 담장을 허무는 향토적 인정이다.

설령 이와 같다 해도 리따예(李大爺)의 경우는 모범적인 시민이라 보기 어렵다. 상여꾼이란 천한 출신으로서는 장따꺼처럼 인간 관계에서 깍듯한 처신을 할 수 없었다. 보수적 시민들의 교양은 윈즈치우(雲致秋)처럼 정이 넘쳐나면서도 분수를 넘지 않고 남의 일에 참견하면서도 옳고 그름을 논하지 않게 한다. 또 진주쉔(金竹軒)처럼 처세에 능하면서도 여전히 선량하고 정이 넘치며 '청년들이 서로 이기려 다투는 것을 보면서 질투도 선망도 하지 않고, 남에게 도움을 줄 수 있을 때 도와주는 것을 낙으로 여기는' 태도를 지닐 수 있게 한다.

예의는 남과 나의 처신의 한계를 분명히 하는 것으로 교제에 있어서 친밀도와 거리를 적절하게 조절해준다. 「베이핑에서의 세월」의 여주인공은 이런 인생의 지혜를 갖추고, 대가족 가운데 총명한 여인이 되었다. "…… 무란(木蘭)은 14세가 되어 문상객을 한번 둘러보고는 관 뒤에 있는 상복의 기호만으로도 죽은 사람이 몇 명의 아들이 있고, 몇 명의 딸이 있고, 몇 명의 며느리, 사위가 있는지를 알아낼 수 있었다." 「사오관쟈 전기」의 사오관쟈는 교제의 예술을 잘 이해하고 있었기 때문에 고상한 풍류를 드러낼 수 있었다. 그는 "어려서부터 주인들의 눈썹의 고하에 따라 또 언어의 경중에 따라 베이징 명가들의 친소(親疏)와 얽히고설킨 갈등을 알아차렸다." 이는 전통 사회에서 올바른 사람이 되기 위한 중요한 학문으로서 결코 쉽지 않다. 인정의 베풂을 적절히 조절하고, 때와 장소를 잘 가릴 줄 알며, 사오관쟈나 푸하이처럼 교제에 민감하게 처신함으로써 집안에서나 이웃과의 관계에서 명확하고, 현명한 사람으로 평가받는 베이징 토박이들은 인연을 매우 중시한다. 좋은 인연을 만난 것은 인생의 성공에 있어 반을 이룬 셈이라고 본다. 이것은 또 타인의 관점에서 자신의 모습을 긍정하려는 문화적 심리이기도 하다.

앞에서 말한 바와 같이 후통에는 중국 전통 사회의 집단적 특성이 있다. 시민이나 농민같이 분산된 사람들의 집단 의식이야말로 더더욱 뿌리 깊이 박힌 문화이다. 원래 시민 생활은 폐쇄적이지만 가정, 가족의 단위, 또는 집단 거주나 후통식의 집단 생활의 구조로 서로 연결된다. 이 밖에 소규모 수공업자나 상인들처럼 독립적이고 직업적인 체계에 의존하는 형태도 있다. 단독 가족이나 직업적 독립성은 개체 생존의 비자주성이나 취약성을 가려준다. 베이징 사람들의 바둑 두기, 새 기르기, 마실 다니기 등은 경우에 따라 수시로 만나고 헤어지는 집단에 속하지만 즐거움을 찾는 한정된 시간 제약을 받을지라도 동호회적 집단성이 강하다. 임시적인 창극 모임은 집단적 성향이 가장 강하다. 작은 주점에서 혼자 술을 마시는 것은 사람들의 주목과 각종 추측을 불러일으키기 때문에 서로 모르는 사람끼리라도 함께 대작히는 것이 자연스럽다고 여긴다. 옛 베이징의 대폿집은 집단적 풍취가 가장 짙은 곳이다. 단둘이든 여럿이든 잡담을 늘어놓고 허풍을 떠는 사이 서로 정감이 교류하고 호응이 이루어진다. 베이징 사람들의 즐거움 찾기는 환경과 분위기에 의존하고, 기호를 같이 하는 사람 간의 호응과 동감에 의존한다. 그리고 집단에 의존한다. 우연히 모인 집단일지라도, 아니 어쩌면 이런 우연한 모임이 더 필요한지도 모른다. 대폿집의 커다란 탁자에 둘러앉은 하층 노동자들의 잡담은 피차 서로를 잘 모르기 때문에 가능한 것이다. 노인들만의 모임에서 오고가는 한담들도 역시 서로 이해 관계가 없기 때문에 가능하다. 서로 아는 것이 많지 않기 때문에 절제도 있고 방종도 있을 수 있다. 바로 여기에 즐거움이 있는 것이다. 이 역시 완숙한 문화를 지닌 시민들의 총명한 삶의 방식이다.

친숙하면서도 서로 도를 넘지 않는 것, 집단 속에 섬세하게 존재하는 거리감은 가정 밖의 기타 대인 교제 장소에서도 적용된다. 이것은 결코 개인주의에서 나온 것이 아니다. 이해(利害)에 대한 판단과 자기 보호의 필요에서 나온 것이다. 따라서 집단성과 '집안에서 문을 닫고 사는 것'은 절대 모순이 아니다. 집단은 특수한 경우 특수한 의미를 담고 있다. 가령 문화대혁명 때처럼 말이다. 타오란팅(陶然亭)에서 아침을 즐기는 모임은 차라리 쓰라린 아픔을 담고 있다고 말하는 것이 낫다. 그들은 문화대혁명이란 동란의 세월 동안 서로 오래 떨어지고 연락마저 끊겼다가 이런 방식으로 스스로를 사람들의 세계로 되돌려 놓는 것이기 때문이다(「타오란팅 이야기」).

중국의 찻집 문화를 살펴보자. 찻집이 중국에만 있는 것은 아니지만 중국에 있어 찻집은 남북의 구분 없이 보통 사람들의 집단적이고 통속적인 대중적 문화이다. 찻집 문화는 서양의 살롱 문화나 현대적인 클럽 문화와는 구성도 기능도 다르다. 당연 카페 문화나 고급 술집 문화와는 더더욱 다르다. 생면부지의 사람끼리 잠시 서로 모여 고향의 정서를 공유하면서 어울리는 가운데 편안한 분위기가 연출된다는 점에서 근래 일본의 작은 선술집과 비슷하다.

이런 종류의 관계, 이런 개인과 집단의 관계는 부락 공동체적 문화에 속하지도 않으며, 또 현대 도회지의 지역 문화도 아니다. 결사 단체의 문화는 더더욱 아니다. 중국의 오랜 도시에는 항상 직업적 조직

중국은 누구나 쉽고 편하게 어울릴 수 있는 여유롭고 소박한 찻집 문화가 발달했다.

이나 단체, 상조회 등이 있다. 하지만 일반적인 베이징 시민들은 농민에 비해 훨씬 비조직적이다. 촌락은 대규모의 가족을 형성하고, 가족이라는 조직이 일정 정도 농민들의 생활을 지배한다. 그러나 후통의 가족은 단지 그 조직의 역량을 사합원의 담장 안에서만 사용할 뿐이다. 라오서는 「루어투어 샹쯔」에서 샹쯔와 같은 인물들에 대해 이렇게 썼다. "그들은 미처 생각지 못했다. 사람들이란 모름지기 한데 뭉쳐야 하지만 그런 기운데 긱자의 길을 걸어산다는 사실을. 또 나름대로의 희망과 노력에 모든 것을 걸고 자수성가할 수 있다고 여기며 각자 개인이 가야할 길을 암중모색한다는 사실을. 샹쯔는 다른 사람은 생각지도 않았고 상관하지도 않았다. 그는 오로지 자신의 돈과 장래의 성공만을 생각했다." 「인력거의 운명(印子車的命運)」에서는 인력거꾼들 간의 질투와 갈등이 묘사되었다. 피해를 입은 사람이 밥사발을 내려놓고 말했다. "이왕에 몸뚱어리 놀려 노동으로 밥을 벌어먹고 사는데, 제기랄 같이 할 필요가 뭐 있어!" 이렇게 생존해 가는 사람들로 하여금 서로 힘을 모아 이익을 확보하는 이익의 상관성을 깨닫게 하는 것은 농민을 깨우치는 것보다 더욱 어렵다. 시민들의 진정한 이익의 결합은 직업적 조직이나 상조회 조직 등에 있다. 이것은 전형적인 종법(宗法) 조직 형태를 지니고 있다. 자신의 몸을 종법적 집단에 의존하는 대신 자주성을 희생해야 한다. 그 도덕적 약속은 수호전에 나오는 양산박의 '의리'와도 같다. 여기에는 현대적인 단체 의식이란 없다. 이런 조직의 엄밀성과 극단적 배타성은 시민들의 비조직성과 분열 상태에 대한 극단적 보완이다. 같은 조직에 속하지 않은 업계 사이에는 "동종 업자는 원수다"라는 속담이 적용될 정도다. 베이징 사람들의 고상하고 후덕한 품성 뒤에는 이런 특성이 자리하고 있다. 「루어투어 샹쯔」에서 이런 측면을 깊이 있게 묘사한 바 있다.

이웃 간에 화목을 이루듯 선량한 주인과의 합작도 가능하다. 그러나 인력거꾼들 간의 이익과 공감은 있을 수 없고, 직업적 상부상조도 없다. 이것은 이웃 간의 화목에 대한 또 다른 각도에서의 해석이다. 즉 어떤 이익 관계도 화목에는 적이다. 인력거꾼들 간의 화목은 이익의 균등함에 의존한다. 경쟁은 균등한 이익을 바탕으로 화목을 이룬 '집단' 밖과의 경쟁이다. 이것 또한 일반 시민들의 도덕이자 균등주의이다. 라오서는 「루어투어 샹쯔」에서 민중의 역량을 표현하지는 않았다. 그는 시민 생활의 현실을 존중했다. 「4대가 함께 사는 집」 1부에서는 샤오양쥐엔 사람들이 개별적인 형식으로 표현한 애국적 의지를 묘사했고, 2부에서는 당에 철을 바치는 상황을 묘사하면서 아주 적은 개인의 이익을 따지고 드는 모습들이 어떤 부정적 영향을 끼치는가를 표현했다. 이는 소설에서 가장 많은 양을 차지하고 있는 부분이기도 하다. 조직을 갖춘 민중의 역량은 맹목적이고 파괴적일 수 있다. 하지만 후퉁 문화는 오히려 화목한 사합원과 인정 많고 후덕한 개인을 만들어 낼 뿐이다. 종법적 가족 통치에서 벗어나고 노예식 의존 관계의 분산적 상태를 탈피하여, 시민들이 농민보다 더욱 자유롭고 개인적 의지를 지닐 수 있게 함으로써 봉건 역사의 후기에 새로운 생산 관계의 맹아를 촉진시킴과 동시에 시민의 현대적 각성을 저해하기도 했다.

시민 성격에 대해 이런 방면에서 가장 깊이 있게 파고들었던 라오서는 후퉁 주민의 성향으로 인해 현대적 국민을 만드는 데 야기되는 문화적 장애와 문화적 개조의 경로를 탐색하지 않을 수 없었다. 앞서 말한 사유의 경로는 민족 해방 전쟁이 제시한 것이다. 그것은 국민 의식을 고취했던 시기였지만 시민 사회의 윤리적 구조는 오히려 현대적 국민을 만들어낼 수 없도록 고착시켰다. 이 사회에 태생적으로 결핍되었던 것은 공익 사상이요, 국민 의무에 대한 관념이었다. 개인으로부터 출발한 '배척하기'가 가정으로 이웃으로 파급되었지만, '국가'에까지 도달하는 것은 무리였다. 여기에는 역사 문화가 획정한 '배척하기'의 한계가 있었다. 고물 장수를 하던 청창순(程長順)은 일본인을 증오했지만 결혼하고 자식을 낳는 것이 진주만 사건보다 절실했다. "그는 진주만이 무엇인지 알고 싶었고, 그것과 전쟁 국면과의 관계를 파악하고 싶었다. 하지만 사신의 아내에 대해 더욱 관심을 가졌다. 이때 그는 깨달았다. 아내가 세상의 어떤 사람보다 중요하다는 사실을. 자식을 낳는 것이 이 세상 어떤 일보다 더욱 가치 있는 일이라는 사실을. 따라서 세계 대전과 같은 사건의 의미도 자신의 자식을 낳는 것보다는 중요하지 않았다." 치루이쉬안처럼 극단적인 지식인도 가정 윤리의 속박에서 벗어날 수 없다는 데 괴로워했다. 그는 그저 가정과 국가의 관계 문제에서 맴돌 수밖에 없었고, 행동을 결행할 수 없었다. 「루어투어 샹쯔」로부터 시작된 '개인과 집단', '개인과 가정, 그리고 국가'에 대한 사고는 베이징 문화에 대한 비판 속에만 머물지 않고, '인간의 재창조'라는 사상 문화의 커다란 주제 속으로 귀속된다.

10

말다툼 *

* 『문회보(文滙報)』 - 필회(筆會), 1933년 10월 31일에 게재

■ **룽잉타이**(龍應台 : 1952~) ■

후난성 헝산(衡山) 출신으로 타이완 성공대학(成功大學)을 졸업한 후 미국에서 유학하여 영미 문학 박사 학위를 취득했다. 1983년 타이완으로 귀국하여 중앙대학(中央大學), 담강대학(淡 江大學)에서 교수를 역임하고, 1986년 8월 스위스 취리히에서 살다가 1988년 5월 독일 프랑 크푸르트로 이사했다. 산문집으로 『들판의 불(野火集)』, 『룽잉타이 소설 평론집』이 있다.

한 달의 휴가, 이 틈에 나는 스페인의 해안, 스위스의 알프스, 아프리카의 사막과 초원, 인도의 밀림 등지를 여행하고, 그리고 예전처럼 집으로 돌아오려고 했다. 타이완의 집으로 말이다.

그런데 문득 베이징에 가기로 결정하고 말았다. 한 달이면 거칠게나마 조국이면서도 외국과 같은 그곳을 체험할 수 있으리라 생각한 것이다. 자전거를 한 대 빌리고, 가방에 『만력 15년(萬曆十五年)』한 권을 챙겨 가면 충분하리라 보았다.

출발하기 전, '성질부리기' 하면 한 성질 하는 중국인인 나에게 스스로 다짐했다. '베이징에 가면 절대 성질부리지 말자' 하고 말이다. 먼저 혼자서 꼬맹이 둘을 데리고 다녀야 하니 성질부릴 힘도 없을 것이고, 또 남의 땅에서 대단하게 주장할 발언권도 없을 테고, 청결, 질서, 효율, 깍듯함을 바란다면 유럽으로 가면 될 것이니 말이다. 베이징은 유럽과 다르지 않은가!

그렇다. 나는 절대로 성질을 부리지 않을 것이다.

베이징 비행장에 도착해서 애들과 나는 수많은 인파의 틈바구니 속에 끼어 있었다. 왜냐하면 독일 항공기에 승객 대부분이 독일인들이었기 때문이다. 사람들에 휩쓸려 검사대를 통과하는데, 세관 입구에 앉아 있던 제복을 차려 입은 중년 부인쯤 되어 보이는 한 직원이 백인들 사이에서 나를 지적했다.

"당신!" 날카로운 목소리였다.

"바로 당신 말이요!" 손가락으로 사람들 사이에 있는 나를 가리키며 말했다.

"이리로, 이리, 이쪽으로 오란 말이요!"

나는 고분고분 인파를 헤치며 건너갔다. 애들 손을 잡아끌면서, 그리고 생각했다.

'이제야 베이징 땅을 밟네!'

그녀의 이런 어조와 태도는 인정사정없는 매서운 채찍 같았다. 이때 나는 손을 잡고 있던 7살짜리 안안(安安)의 얼굴이 창백해진 것을 미처 깨닫지 못하고 있었다.

"신고증이요!" 한 글자도 낭비함이 없었다.

신고증을 건네주자 그 여자는 즉시 바람 새는 공처럼 자세를 누그러뜨렸다. '타이완 동포'인 줄 미처 몰랐던 모양이다. 그러니까 나는 그녀가 손가락질로 맘대로 할 수 있는 중국 사람이 아니었던 것이다.

우리는 서로 노려보았다. 한 마디 말도 없이…… 나는 애들을 끌고 계속 앞으로 걸어갔다. 여권 검사 출구에는 길게 줄이 늘어서 있었다. 우리는 줄을 서서 기다리기 시작했다. 10여 시간이 흘렀다. 세살 반짜리 페이페이(飛飛)는 엄마의 허벅지에 힘들게 기대어 있었다. 안안이 팔을 잡아끌었다. 난 비로소 안안의 근심어린 표정을 읽었다.

"왜 그러니 안안아?"

아이는 고개를 푹 숙이고 자신의 신발 끝을 바라보며 말했다.

"엄마, 방금 전 그 아줌마 왜 그렇게 말했어요? 정말 무서워요."

아! 사태가 좀 심각하다는 생각이 들었다. 독일에서 크면서 중국어는 엄마하고만 해보았던 이 꼬맹이로선, 지금껏 이처럼 매몰찬 중국어를 들어본 적이 없었던 것이다.

"안안아" 나는 애를 끌어안으며 최대한 상냥하게 말했다.

"그 아줌마는 절대로 무슨 나쁜 뜻이 있었던 게 아니란다. 사람들이 너무 붐비니간 좀 바빠서 그렇게 말했나봐."

"독일에선 그렇게 말하는 사람 없죠? 그렇죠, 엄마?" 안안은 고개를 들고 말했다.

"일이 아무리 바빠도 그렇게 말하는 사람은 없잖아요, 그렇죠?"

줄을 따라 움직이며 나는 말했다.

"아냐, 안안. 이것은 중국 사람과 독일 사람의 차이가 아니란다. 너 기억하지? 예전에 동독에서 국경에 있던 경찰도 그렇게 못되게 했던 거……."

"그래도 서독 사람들 중에는 그런 사람은 없었는 걸요." 꼬마는 생각하면서 또 말했다.

"타이완 사람 중에도 그런 사람은 없을 거예요."

'아! 꼬맹아, 너도 나름대로의 어떤 문제에 봉착했구나.' 곧 우리 순서가 되었을 때 안안은 높은 데스크의 뒤쪽에 앉아 있는 경찰을 바라보며, 내게 바짝 달라붙어서는 겁을 집어먹은 듯 말했다.

"엄마, 그러면 우리 왜 베이징에 와야 되는 거예요?"

나는 이리저리 생각하다 머리칼에 뽀뽀를 해주며 말했다.

"왜냐하면 베이징도 엄마의 집과 같은 곳이기 때문이지."

주차장까지 가려고 찻길을 건너는데, 대형버스가 도로를 건너는 사람들과 길을 다투다 "끼익!" 하는 소리와 함께 급정지를 하면서, 하마터면 아이의 팔과 부닥칠 뻔 했다. 마중 나왔던 독일 친구가 너무나 화가 나서 선글라스를 쓰고 유행하는 옷을 걸친 여운전사에게 고함을 쳤다.

"어린애가 있단 말이요!"

그러나 멋쟁이 여운전사는 눈썹을 치켜들고 잔뜩 인상을 찌푸리며 맞고함을 쳤다.

"못 봤어요!"

"가요, 그냥 가요. 화내지 마세요! 차는 어디다 세워 놓으셨어요?"

짐이 워낙 무거워서 친구는 힘들게 수레를 밀고, 나는 애들 손을 단단히 잡고 걸어가고 있는데, 어디선가 매서운 소리가 들려왔다.

"이봐요! 당신, 이리 오시오."

또 나보고 그러는 건가?

"바로 당신, 왜 못 들은 척 해요! 이리로 오란 말이요!"

정말 나를 향해 오는데, 또 젊은 여자였다.

"카트를 갖고 건너가면 어떡해요! 안돼요! 돌아와요!"

애는 내 손을 꽉 잡았다.

"왜 안 되죠?"

"안 된다면 안 되는 거지, 돌아와요!"

"애 둘을 데리고, 거기다가 커다란 상자가 세 개나 있는데 이렇게 하고 건너오란 말이에요?"

나는 화가 나기 시작했다.

"그건 내 문제가 아니에요!" 그 여자가 단호하게 말했다.

"제가 다시 카트를 가져다 놓을 게요."

"누가 믿어요!" 그녀는 딱 잘라, "말들은 그렇게 하죠!"

"어째서 그렇게 사람을 못 믿어요?"

나는 목소리를 높였다. 친구가 나를 잡아끌면서 말했다.

"갑시다! 열 내지 말아요! 이 카트 저 여자한테 갖다 줍시다."

속을 가라앉히며 생각했다.

'알았어, 그녀를 탓하지 말자! 대부분 비행장에서도 카트를 끌고 주차장에 들어가지 못하게 하니깐. 또 내 문제지, 사실 저 여자의 문제는 아니니깐. 에이, 그냥 가지 뭐!'

우리는 짐을 들고 끙끙대며 간신히 발걸음을 옮겨 자동차까지 갔다.

다음 날 아침, 서둘러 시장으로 구경 나갔다. 걷기도 하고 또 거리도 구경했다. 좌판에 벌여 놓은 야채와 과일을 보기도 하고, 또 베이징 사람들의 맑고 예리한 목소리를 듣기도 하면서…… 상하이에서 온 사촌언니가 한쪽의 야채를 가리키며 물었다.

"아저씨 이 야채를 뭐라고 하죠?"

땀에 절은 셔츠를 입은 젊은 남자였다. 고개를 숙인 채 힐끗 우리를 흘기더니만, 차갑게 말했다.

"어디서 왔는지 모르지만, 그래 이것도 몰라요!"

"상하이엔 이런 야채가 없어서요."

사촌언니가 빙그레 웃었다.

그 아저씨는 고개를 들더니만 냉소를 지으며,

"아니, 상하이 사람은 중국 사람이 아닌가!"

난 다시 이 사람을 자세히 쳐다보았다. 왜 이렇게 화를 내는 거지?

조양문(朝陽門) 밖에 있는 일단시장(日壇市場)은 굉장히 붐볐다. 애들은 장난감을 구경하느라, 나는 옷과 러시아산 오뚝이, 베이징의 가면 등등을 구경하느라 바빴다.

"아저씨, 이거 얼마죠?" 사촌언니의 목소리였다.

"누구 보고 그런 거요? 누가 댁에 아저씨요?" 땀에 젖은 셔츠를 입은 뚱뚱한 젊은 사람이 비꼬듯 말했다.

이 사촌언니한테 상하이 말투가 있어서 비꼬는 걸까?

"그러면 뭐라고 불러야 되요?" 사촌언니는 열을 삭이며 낮은 목소리로 물었다.

"공부한 다음에 다시 오시오!" 뚱뚱이가 말했다.

"아 배운 담에 다시 입을 열라니까요!"

나는 애들 손을 놓고 그 뚱뚱이 앞으로 다가갔다.

조양문(朝陽門) 밖 일단시장(日壇市場)의 풍경

"실례지만 지금 좀 알려주실래요? 어떻게 불러야 하는지."

뚱뚱이는 좀 놀란 듯하다가, 이내 강경한 어조로 말했다.

"배운 담에 다시 오시오!"

"지금 당신에게 배우고 있잖아요, 말씀 좀 해주시죠!"

나는 고집스럽게 서 있었다.

옆에는 벌써 구경꾼들이 죽 에워싸고는 수군거리며 좋은 구경거리를 감상하고 있었다.

뚱뚱이는 뭐라 해야 할지 모르는 듯 잠시 있더니만, 눈길을 피하듯 다른 곳을 보면서 "저녁 때 오시오, 그때 가르쳐 드리지!"라고 하는 것이다.

옆에 있던 사람들이 킥킥거리며 나를 바라보았다.

나는 허리를 굽혀 그 뚱뚱이와 눈길을 마주하곤 한 자 한 자 말했다.

"당신이~ 그럴만한~ 자격이 되나요~?"

애들의 손을 잡아끌고 계속 앞으로 걸어가면서 생각하고 생각하다, 다시 뚱뚱이를 돌아보며 말했다.

"외지인을 이렇게 대하다니, 당신이야말로 정말 베이징 사람들의 창피거린 줄 아세요!"

이런 일이 있은 후 또 다른 새벽이었다. 나는 기분 좋게 안안에게 말했다.

"엄마랑 시장에 갈까?"

잠시 침묵이 흘렀다.

"안 갈래?"

안안은 뭔가 참는 듯하다 머뭇거리며, 작은 목소리로 눈썹을 잔뜩 찌푸린 채 말했다.

"가고야 싶지만, 그런데……" 더듬거리며, "엄마, 그러면 말다툼하지 않는다고 약속할 수 있어요?"

'말다툼?'

나는 깜짝 놀라 애를 바라보았다. 요 며칠간의 여행이 이 어린애를 이토록 깊이 뒤흔들어 놓았을지 꿈에도 생각지 못했다.

"안안아" 나는 그 애의 여린 얼굴을 품어 안았다.

"엄마는 그저 불공평한 일을 당했을 때 말다툼을 하는 거란다."

"아무튼 대답해줘요." 안안은 불만이 가득해서 말했다.

"불공평해도 말다툼하지 말라고?"

11

상하이 소녀 *

* 『신보월간』 제2권 9호, 1933년 9월 15일에 최초로 실림

■ **루쉰**(魯迅, 1881~1936) ■

저장성 사오싱(紹興) 출신으로 중국의 대문학가이자 사상가이며 혁명가로서 중국 현대 문학의 정립자이다. 성은 저우(周), 본명은 장수(樟樹), 자는 위차이(豫才), 나중에 수런(樹人)으로 개명했다. 그의 『광인일기(狂人日記)』는 중국 최초의 현대 소설이다. 1902년 일본 동경 홍문학원(弘文學院)에서 유학하여 1904년 선태(仙台) 의학 전문학원에서 의학을 공부했으나, 1906년 중국의 현실에 눈을 뜨고 본격적인 문학 활동을 전개하였다. 1919년 5·4운동 발발 후 『아큐정전(阿Q正傳)』을 발표했으며, 북경대학, 북경사범대학을 거쳐 1927년에는 혁명의 중심지 광저우로 옮겨 중산대학(中山大學) 교수를 역임하고 장제스의 국민당을 비판하는 산문집 『이이집(而已集)』을 발표했다. 1927년 말 상하이로 이주한 그는 1930년에 중국 좌익작가연맹을 이끌고, 이어 중국 자유운동대동맹에 참여하였고, 무산계급 혁명문학 운동에 본격적으로 뛰어들었다. 1936년 민족혁명전쟁의 대중문학 구호를 외치며 국방문학을 전개하면서 『삼한집(三閑集)』, 『이심집(二心集)』 등의 산문집을 발표했으며, 1936년 10월 19일 상하이에서 병사했다. 그의 작품을 모은 『루쉰전집』 20권이 있다.

상하이에서 살다보면 멋쟁이 복장을 하는 것이 촌티 나는 복장을 하는 것보다 이득이 되는 일이 많다. 가령 낡은 옷을 입고 있으면 차를 세워 달래도 전차의 차장은 신경도 쓰지 않을 수 있다. 공원 관리자도 괜스레 입장권을 까다롭게 검사하고, 또 큰 저택이나 호텔의 경비도 정문으로 들어가지 못하게 한다. 그래서 어떤 사람은 거지같은 집에서 살고 형편없는 음식을 먹고 살지언정, 매일 저녁이면 꼭 양복바지를 베개 밑에 깔아 놓고 바지 주름을 세운다.

멋쟁이 여자들은 훨씬 더 유리한 점이 많다. 상점에서만 보더라도, 물건을 고르지 못하거나 아직 결정을 하지 못하고 있어도, 점원들은 인내심을 갖고 참아 준다. 하지만 시간이 길어지면 바로 콧방귀를 뀌는 듯한 몇 마디의 조롱을 듣거나 아니면 냉대를 당할 수도 있다.

상하이의 생활에 익숙해진 여성이라면 일찍이 자신이 지닌 일종의 광영(光榮) ― 상하이 여성이라면 대부분 멋쟁이라고 생각하는 인식 ― 에 대해 분명히 자각하면서 동시에 이런 종류의 광영 속에는 위험이 도사리고 있다는 점도 잘 알고 있다. 그래서 대부분 멋쟁이 아가씨들의 표정은 도도하게 자신의 광영을 과시하는 듯하지만 다른 한편으론 고집스럽기도 하고, 또 뭔가를 골똘히 탐색하는 듯한 자기 방어적 태도를 내보인다. 마치 이성 친구를 대하는 듯하면서도 자신을 탐하려는 적을 대하는 듯 말이다. 그녀들은 기뻐하면서도 화를 낸다. 이런 표정은 미성년의 소녀들에게 전염되기도 한다. 종종 어린 소녀들이 점포 안에서 쇼핑을 하는데 고개를 빼딱하게 쳐들고 마치 적을 대하듯 큰소리로 화를 내는 광경을 보게 된다. 점원들은 까다로운 성년 여성을 대하 듯 태도를 취하면서 약간의 의미심장한 장난기를 더한다. 이 어린 소녀들도 이런 음밀한 장난기가 뭘 의미하는지를 분명히 알고 있다. 그러니까 이 어린 소녀들은 이미 조숙한 것이다.

상하이의 멋쟁이 여인들

우리는 신문지상에서 늘 여자애를 유혹하거나, 심지어는 소녀들을
욕보이는 뉴스를 접하게 된다. 『서유기(西遊記)』에 등장하는 마왕은
사람을 잡아먹을 때도 꼭 어린 남자애나 여자애뿐이다. 또 부자들도
늘 어린 여자애를 몸종으로 삼아서 방탕한 행동, 고함지르기, 양생과

몸보신의 대상으로 삼으려 한다. 마치 기름지고 단 음식에 진력이 나면 새끼 돼지나 어린 잎으로 만든 차를 찾는 것과 같다고 할까. 현재 이러한 현상은 심지어 상인과 노동자들에게서도 나타난다. 사람들의 삶이 정상적이지 못하다는 사실의 반영이다. 물론 초근목피로 연명하는 굶주린 사람의 경우를 이런 변태적 방종을 일삼는 부자들의 삶과 함께 거론할 수는 없을 것이다.

요컨대 오늘날 중국은 어린 소녀들까지도 위험한 지경에 빠뜨리고 있다. 이러한 위험한 현실이 그 아이들을 조숙케 하여 신체는 아직 어리지만 정신은 이미 성인이 되게 만든 것이다. 러시아의 작가 표르드 솔로코프(Fiodor Sologub)는 일찍이 아직은 어린아인데 눈빛은 이미 어른이 되어버린, 이런 유형의 소녀에 대해 글을 쓴 적이 있다. 중국의 작가들도 이 어린 소녀들의 모습을 '가 어린 듯 영롱한 눈빛(嬌小玲瓏)'이라고 찬미하는 것처럼 여전히 미적 탐구의 대상으로 생각하고 있다.

12

상하이 기질

나는 그래도 중용적인 사람이다. 본래 한담을 즐기기는 하지만 상하이 사람들의 기질에 대한 우스개는 좋아하질 않는다. 좀 지나치거나 저속하기 때문이다. 상하이탄은 서양인들의 식민지로서 그곳의 문화란 것이 매판적이요, 기생(妓生)적이라서 근본적으로 이성적이거나 멋스러움이 담겨있지 않다. 그런데 이런 상하이 정신이 상하이 기질이란 이름으로 각지에 퍼져 혐오스러운 것이 되고 말았다. 문장도 그중 하나다.

상하이적임의 혐오스런 점은 '성(性)' 문제에서 가장 명료하게 드러난다. 외설스러워서가 아니라 성에 대한 위선과 이중성 때문이다. 성에 관련된 문제란 것이 우리의 생활이나 생각 중에 가장 많은 부분을 차지하고 있다고 믿는다. 그러나 외설적인 말이라도 용납되고 또 재미있게 느껴지려면 요령껏 말을 잘 해야 한다. 여기에는 몇 가지 조건이 요구된다. 첫째 예술적인 맛이 있어야 하고, 둘째 과학적인 이해가 있어야 하며, 셋째 도덕적인 절제가 있어야 한다. 성과 관련된 말을 할 때 무엇보다 근본적으로 성에 대한 지식을 바탕으로 해야 한다. 또한 예술적인 선택 수단을 이용하여 말하고자 하는 내용을 잘 구성해야만 비로소 문학적인 맛이 있다, 혹은 도덕적 가치가 있다고 할 수 있다. 그렇지 않으면 그저 혐오스러운 말에 불과할 뿐이다. 상하이 문화는 주로 물질적인 것과 색정적인 것을 바탕으로 하고 있다. 때문에 퇴폐적인 공기로 그득한 사회적 분위기 속에서 어떤 갈망과 같은 열정적 추구를 찾아보기가 어렵다. 오직 욕망으로 가득 찬 천박한 지식인의 '향락'적 태도만이 그득함을 느낄 뿐이다. 그렇기 때문에 상하이 사람들의 눈에 비친 여자란 단지 오락의 도구이자 추악하고 불길한 물건에 불과하다. 다시 말해 성이란 남자의 향락을 충족시키기 위한 권리이며, 여자는 이를 위한 오욕의 희생물일 뿐이다. 그러면서도 다른 한편으로는 성에 대한 미신적인 관념을 소위 도덕이라는 그들의 전통으로 포장하고 있다. 그래서 새로운 성 지식에 입각한 도덕성이나 신여성이란 존재는 단지 조롱의 대상일 수밖에 없다. 또한 상하이 남성들은 여학생들에 관한 모든 언급이 부정적이다. 그들은 여학생들이 '전통적인 옛 교훈'을 잘 따르지 않는다며 성토한다. 그러면서 상하이 기질의 근본 정신이란 '성인의 도를 숭상하고, 예교를 지키는 것'이라고 한다. 글에서 뭐라고 말했던 간에 말이다. 하지만 그들은 사실 마고자를 입은 도학가인 양, 신성한 성도회(聖道會)의 회원들인 양하는 데 불과하다.

신문학이 발생한 이래 누군가 '유머'를 제창했는데, 세간에선 이것이 상하이의 나쁜 풍조 가운데 하나라고 알고 있다. 사실은 그렇지가 않다. 유머는 현대적 문장 요소의 하나일 뿐이며, 주요 성분은 위에서 언급한 세 가지 조건을 따른다. 내가 보기에 유머는 예술적 취향과 도덕적 절제로부터 시작된다. 유머는 말이 지나치지 않는 소프로쉬네(Sophrosune : 지혜, 절제)이다. 나는 이것을 '중용'이라고 표현하고 싶다. 상하이 사람들이 하는 한담이란, 말이 지나친 점이 있기 때문에 근본적으로 유머와는 다르다.

상하이 기질은 일종의 풍조이면서도 옛날부터 있었던 것이기도 하다. 이것이 근대 상하이탄이 형성된 이후 막 생겨난 것인지 아닌지도 분명히 알 수 없다. 왜냐하면 상하이 기질에 담겨 있는 근본적인 기조가 본디 중국에 존재하던 '악화(惡化)' 현상의 하나이기 때문이다. 이것이 상하이에서 가장 심했고, 또 상하이의 분위기와도 가장 잘 맞아서 상하이 기질이라고 부르게 된 것이다. 비록 상하이 친구들에게는 적지 아니 미안한 감도 있지만 말이다. 결국 상하이 기질이란 것이 구태적 '악화' 현상을 따른다는 점에서 복고적이라 할 수 있는데, 이는 중국을 대표하는 낡은 사상들이 길은 다르지만 한결같이 하나의 목적(위선적 전통)을 추구했던 것과 같다. 이 반동과 저항의 시대에 상하이 기질의 발달은 어쩌면 당연한 것일지도 모른다.

1926년 2월 27일 베이징에서

13

상하이 사람들

■ **위추위**(餘秋雨, 1946~) ■

상하이 희극 학원의 교수이자 상하이 사작학회(寫作學會) 회장이다. 1987년 '국가급 돌출 공헌 전문가(國家級突出貢獻專家)' 칭호를 받았고, 영국 옥스퍼드 『세계 인명 사전』과 미국 『5,000년 세계 인명록』에 등재되었다. 산문집으로 『문화의 역정(文化苦旅)』, 『산촌필기(山居筆記)』 외에도 『중외(中外) 예술사론』 등 다수의 저작물이 있다.

1. 고유한 상하이 문명

근대 이후 상하이 사람들은 줄곧 중국의 특수한 부류였다. 상하이의 고적이라 해봐야 별 볼 것도 없고, 여행을 해봐야 인상에 깊이 남는 것은 시끌벅적한 상하이 사람들뿐이다. 그들 사이에 이미 공유되어 말이 필요 없는 생활의 질서나 내면적 규범들은 나름대로 심리적 문화 방식, 좀 더 분명히 표현한다면 소위 '상하이 문명'을 형성했다. 그래서 어떤 외지인이 상하이에 가면 버스건 상점이건, 아니면 길가이건 간에 금방 외지인 티가 난다. 외모나 말씨 때문이라기보다는 주로 상하이 문명에 대한 부적응에 원인이 있다.

같은 이치로 몇몇 상하이 사람들이 외지에 가면 아주 쉽게 눈에 띈다. 설령 상하이 말을 하지 않아도 말이다.

상하이에서 그럭저럭 지내다 보면 외지인으로서 화 날 때가 많다. 아마 전국 각지에서 상하이 사람들은 그다지 좋은 평가를 받지 못할 것이다. 교활함, 거만함, 계산적임, 교묘한 말재주, 제멋대로임, 야박함, 배타성, 지도자 깔보기, 정치적 열정의 결여, 단체 의식의 결핍, 냉담한 대인관계, 인색함, 이기주의, 유행 따르기, 경박함, 신기하고 이상한 것 좋아하기, 잡다함, 저속함 등등. 이런 것들이 상하이 사람들에 대한 외지인들의 인상이다.

전국 각지의 사람들은 어느 정도 상하이 사람들과 불가분의 관계에 있지만, 또 모두들 상하이 사람들을 싫어한다. 문화 연구에 있어서 상하이는 빠뜨릴 수 없는 곳이고, 경공업 제품들도 우수하며, 또 국가 발전에 기여하는 자금력도 대단하다. 그러나 친구를 사귈 때 상하이 사람과는 절대 사귀지 않으려 한다. 상하이 사람들은 씀씀이가 대범하지 못해서 연회석상에서 기껏 술 몇 잔 정도이고, 그들과 협상할 경우는 골머리를 썩여야 한다. 집을 방문할 경우는 더 말할 수 없을 정도로 괴롭다. 좁아터진 집에 요기조기 나름대로 무척 신경을 쓰기도 한다. 이런 친구와 어떻게 사귀겠는가!

몇 년 새 외지인들도 좀 부유하게 되어서 그렇게 똑똑한 상하이 사람들도 상대적으로 가난하게 되었다. 이게 그들을 상당히 기죽게 했는데, 작년 어느 날인가 상하이의 전차에서 한 외지인이 상하이 여성과 부딪쳤다. 늘 그러던 것처럼 그 여성은 눈살을 찌푸리고 중얼거렸다.

"아이! 외지인들이란, 정말로!"

이 외지인은 여태껏 상하이에서 당했던 분을 한꺼번에 토해냈다.

"그래, 외지인이 어때서! 돈 갖고 한번 얘기해 볼래요! 당신이 갖고 있는 현금으론 내 밑바닥에 대지도 못할 걸. 교양 갖고 얘기해 볼래요! 내 아들 둘이 모두 대학을 졸업했다고……"

그렇다. 상하이 사람들 뭐 그리 건방질 게 있는가! 그의 말을 들으며 차 안의 상하이 사람들은 씁쓸한 미소를 지었다.

상하이 사람들이 욕을 얻어 먹어야 할 이유는 위에서 말한 것보다 훨씬 많다. 가령 전국을 떠들썩하게 했던 상하이 출신 정치 불량배가 한둘이 아니다. 상하이 사람들이여 뭐 할 말이 있는가! 정치에 별로 관심이 없는 상하이 사람들은 겁을 먹고 아무 말 못하면서도, 슬쩍 중얼거린다. "그들이 어디가 상하이 사람이야! 모두 외지인들이지"라고.

도대체 진정한 상하이 토박이는 얼마나 된단 말인가! 상하이 본토박이는 정작 상하이 교외의 농민들이다. 그런데 상하이 사람들은 이들을 '촌사람'이라고 깔본다.

그래서 상하이 사람들은 스스로도 어찌할 수 없는 모순에 봉착하고 만다. 그 모순은 물론 하루 이틀 만에 생긴 것이 아니다. 내가 보건대 상하이 사람들은 중국 근대로부터 시종일관 가장 거북스런 부류였다.

이 거북스러움을 면밀히 해부하는 것은 당대 중국 문화 연구의 중대한 과제이다. 융거(Wolfgang Junger)는 "문화란 사회적 명제에 인격적 의미를 부여한다"고 했다. 상하이 사람들의 문화적 심리와 문화적 인격에 대한 고찰을 통해 어쩌면 중국 전체 민족에 해당되는 역사적 과제를 발견할 수 있을지도 모른다.

중국 민족은 그간 많은 일을 겪어 오면서 도대체 어떤 계기로 상하이 문명과 부딪쳤을까? 이것은 오랜 세월 뇌리를 떠나지 않았던 문제였다. 이후에도 과연 계속해서 우리와 함께 할 것인가?

2. 상하이 문명의 형성

몇 년 전 상하이의 서가회(徐家匯) 부근에 '화정빈관(華亭賓館)'이라는 호화로운 국제 호텔이 생겼는데, 이름 하난 잘 지은 것 같다. 왜냐하면 상하이의 옛 이름이 '화정(華亭)'이기 때문이다. 명대(明代) 홍치(弘治) 연간의 「상해현지(上海縣誌)」를 보면,

> 상해현의 옛 이름은 화정이다. 송나라 때 외국 상인들이 모여 살며 진(鎭)을 설치하고 화정이라 했다. 그리고 무역 사무를 관장하는 관청과 전매물을 보관하는 곳을 두었다. 원나라 지원(至元) 29년 민간 상인들이 늘어나자 화정을 동북 다섯 지역으로 나누어 진에 현을 설치하고, 송강부(松江府)의 직속으로 했다. 그리고 상하이라 명했는데, 그 지역이 바다의 위쪽에 있었기 때문이다.

마테오 리치와 서광계(徐光啓)

그래서 초기 상하이 사람들은 바로 화정 사람들이다. 이건 사실 기본적인 상하이 문명과는 상관이 없다. 내가 알기로 상하이 문명의 창시자는 명나라 때 진사(進士)를 지냈던 서광계(徐光啓)이다. 그는 엄격한 의미에서 첫 번째 상하이 사람이다. 그의 묘는 화정빈관과 아주 가깝다. 서로 마주 보며 조화를 이루는 광경이 무형 중에 상하이의 문명을 개괄적으로 상징하고 있다.

오늘날 상하이 사람들의 성향, 그 자취를 서광계라는 인물로부터 찾아볼 수 있다. 이 총명한 금산위(金山衛) 출신 수재는 전국을 유랑하다 광둥에서 이탈리아 전도사인 곽거정(郭居靜)이란 사람을 만났다. 서로 함께 지내는 동안 서광계는 천주교에 대해 알게 되었다. 서른네 살 때였다. 유학(儒學)을 기조로 하는 중국의 종교 정신은 이미 기력을 다했다고 보았던 그는, 새롭게 알게 된 서양 종교를 단순히 신기한 서양 물건 다루듯 가볍게 받아들이거나 색다른 외국의 지식을 몇 편의 글에 남기는 식으로 여기지 않고 심각하게 받아들였다. 그렇다고 과거를 내팽겨 치지도 않았다. 4년 후 베이징으로 과거를 보러 가는 길에 난징을 지나면서 유명한 유럽의 전도사 마테오 리치(Ricci, Matteo : 1552~1610년)란 사람을 방문하여 인생의 진리에 대해 자문을 구한 바 있다. 이후에도 전도사 쟝 로차(Jean de Rocha : 1566~1623년)와 친교를 맺어 세례를 받기도 했다.

세례를 받은 후 2년 째 되던 해, 서광계는 진사에 합격하여 한림원 서길사(庶吉士)가 되었다. 이는 전통적인 지식으로 출세의 관문을 넘은 격이어서 유유자적 서울의 관원으로 살아갈 수 있게 된 것이다. 그러나 이 상하이 사람은 여기에 만족하지 않고 당시 베이징에 있던 마테오 리치를 찾아 종교 문제를 넘어 천문, 역법, 수학, 병기, 군사, 경제, 수리 등 온갖 서양의 학문에 대한 지식을 구했다. 그중 수학에 대해 특별한 관심을 갖고 한림원의 관복을 입은 채 은밀히 서양의 수학에 대한 탐구를 진행하였다. 마침내 마테오 리치와 함께 『기하원본(幾何原本)』이란 책을 번역 출판했다. 이때가 명나라 만력(萬曆) 연간으로 아편전쟁이 일어나기 230년 전의 일이었다.

그는 처세에 능란하여, 수학적 사유만 붙잡고 늘어지느라 봉건적 정치 체제라는 현실과 충돌하는 우를 범하지 않았다. 오히려 양자를 잘 결합하여 끊임없이 황제로부터 중용되었다. 『기하원본』이 간행되고 20년이 지난 후 급기야 예부시랑(禮部侍郎)에 오르고, 다시 예부상서(禮部尚書)가 되었다. 고관이 된 후 그는 정정당당하게 천주교를 전파하고 서양의 과학 문명을 제창하며, 서양 사람을 중용하였다. 그리고 몇 년이 안 되어 과로로 죽고 말았다. 숭정(崇禎) 황제는 조회를 하루 쉬면서까지 그의 죽음을 애도할 정도였다. 운구는 상하이로 돌아와 안장되었다. 안장 후 식솔들이 대대로 서가회(徐家匯)에서 살았기 때문에 '서가회'라는 명칭이 붙게 된 것이다. 그가 죽은 후 조정에서는 영예로운 시호(諡號)를 내렸고, 또 묘지 앞에는 교회에서 세운 라틴어 비문이 서 있다. 즉 서광계의 죽음은 그 자체로 중서문화(中西文化)의 기이한 결합이었다.

그는 진보적이고 학문을 좋아했다. 사교에 밝고 임기응변에도 능했다. 그리고 전통문화에 대한 이해가 깊으면서도 현실적인 삶에도

복단대학(위)과 교통대학(아래)의 교문

두루두루 잘 적응했다. 세계 문화에 대해 마음의 문을 활짝 열고, 새로운 지식도 과감히 받아들여 자연스럽게 하나로 모아냈다. 매사에 지나치게 신중히 처신했던 후베이(湖北) 출신 장거정(張居正 : 명나라 시대의 정치가)과 달랐고, 죽음을 불사하고 쓴소리로 간언했던 광둥(廣東) 출신 해서(海瑞 : 명나라 시대의 정치가)와도 달랐으며, 장시(江西) 출신 탕현조(湯顯祖 : 명나라 시대의 저명한 희곡 작가)처럼 열정적으로 창작에 전념하지도 않았다. 이것이 명대에 출현했던 최초 상하이 사람의 모습이다.

인생관 자체가 상당히 현실적이었던 서광계는 자신의 사후를 위해 특별한 배려를 한 적은 없었지만, 그의 후광은 대단했다. 그가 죽은 후 서가회는 서양 종교와 과학문명을 전파하는 중심지가 되었고, 유명한 교통대학(交通大學)도 여기서 설립되었으며, 복단대학(復旦大學)도 강만(江灣) 지역으로 옮기기 전에는 서가회 부근의 이공사(李公祠) 지역에서 시작되었다. 서가회 일대로부터 동쪽으로 회남로(淮南路)로 뻗어 곧바로 상하이탄까지 선을 그으면 바로 서양 문명이 중국으로 들어오는 하나의 동선이 만들어진다. 상하이의 옛 고급 문화는 바로 이곳에서 시작된 것이다. 그래서 상하이 문명의 등급을 나눈다면 서가회 문명을 최고로 꼽는 것이다.

1900년대의 회남로(淮南路)

서광계의 16대 후손은 군인이었는데, 그의 외손녀 예계진(倪桂珍)이 바로 중국 현대사에 명성을 날렸던 송씨(宋氏) 세 자매의 어머니이다. 예계진은 멀리 선조의 풍격을 이어받은 경건한 기독교 신자였고, 또 수학에도 능했다. 이런 어머니의 훈도 아래서 자라난 딸들이 중국 현대 사회에 끼쳤던 거대한 영향은 서광계로부터 시작된 상하이 문명의 첫 번째 표출이었다.

그런데 이와 같은 역사적 전승의 맥락이 오늘날 현실의 요란함 속에 그만 묻혀버리고 말았다. 얼마 전에 영어로 번역된 『쑹칭링 전기(宋慶齡傳)』를 본 적이 있는데, 그 책에서 송씨 세 자매가 존경했던 선조가 문정광(文廷匡)이라고 했다. 아무리 생각해도 누군지 몰라서 원문을 뒤져보니 문정공(文定公)이었다. 문정공은 바로 서광계의 시호이다. 서광계란 인물을 잊는 것이야 별일 아닐 수 있지만, 다만 상하이 문명이 오랜 근본을 잃고 제대로 그 정체성을 세우지 못할까 걱정될 뿐이다.

일찍이 상하이 사람들로 하여금 뭐라 말할 수 없는 위안을 느끼게 했던 것은 우연히 라디오에서 들려온 쑹칭링 여사의 말이 뜻밖에도 낭랑한 상하이 발음이었다는 사실이다. 오랜 세월 자신을 잊고 있었던 상하이 사람들 스스로도 순간 어색했을 것이다. '아니 한 시대의 위대했던 인물이 어떻게 상하이 말을 할까?'

이로부터 미루어 보건대, 삼사백 년 전 베이징에서 온몸에 전통 문화의 세례를 받은 중국인이 한 서구 사람과 『기하원본』을 놓고 상의할 때의 목소리는 바로 상하이 발음이었을 것이다.

3. 상하이의 지리적 특성

오늘날 세계 지리에 대해 약간의 안목이 있는 사람이라면 상하이의 입지에 대해 주목할 것이다. 베이징은 전형적인 중국식 도시이다. 뒤로는 만리장성을 두고, 남향으로 단정하고도 안정되게 자리 잡고 있다. 상하이는 정반대다. 옆면으로 동쪽의 험준함이 있고, 앞쪽으로는 광활한 태평양이다. 뒤로는 대륙을 횡단하는 장강이 흐른다. 대륙의 땅덩이에 만족하는 내향(內向)적 시각에서 보면 상하이는 한쪽에 치우친 별 볼일 없는 곳이다. 그러나 오늘날 세계를 향한 개방적 시각에서 바라보면 멀리 광활함을 바라보며 수많은 강줄기를 바다로 토해내는 비범한 국면이다.

만약 태평양이 중국에 별 의미가 없다고 본다면 상하이도 중국에 별 의미가 없을 것이다. 꽉 막힌 방안에서 무슨 멋진 문장을 써 낼 수 있겠는가! 상하이가 있음으로 오히려 문풍지를 스미는 센바람이 들어오고, 문을 밀고 들어오는 요란한 소리가 방주인의 편안함을 뒤흔든다고 생각할 것이다. 중국에는 후난성(湖南省)과 후베이성, 그리고 사천분지(四川盆地)의 천연 곡창이 있다. 상하이가 쌀을 대봐야 얼마나 대겠는가! 중국에는 이루 셀 수 없는 하천이 있다. 상하이에 바닷물이 있어봐야 식수로 쓸 수 있는가! 중국에는 삼산오악(三山五嶽)의 명산이 있어 이곳에서 터를 잡은 종교와 아름다운 경치 속에서 편안히 안주할 수가 있다. 상하이에는 눈을 씻고 보아도 이런 산천이 없다. 중국에는 대륙을 종횡으로 가르는 넓은 도로가 있지만, 상하이까지 가려면 먼 길을 맴돌아야 한다. 중국에는 천고의 유물을 간직한 곳이 무수하지만, 상하이는 온 데를 다 뒤져봐야 역사가 얼마 되지도 않은 것뿐이다. 이처럼 황하에 기대어 성장해온 중국 민족이 해변에 있는 작은 상하이 땅에 의지해서 뭘 하겠나!

상하이는 근본적으로 늠름한 중화 문명과 그다지 조화를 이루어 화목하지 못했다. 19세기 영국 동인도회사의 직원이 본국 정부에 보고서를 올려, 새 세기에 상하이가 세계 판도에 끼치게 될 중요성에 대해 역설함으로써 상하이는 남경조약 중 다섯 군데의 통상 개방지로 선정되었다. 1842년 영국 군함이 상하이를 열어 제친 후, 상황은 급변했다. 서양 문명은 일시에 더럽고 탁한 문화를 몰고 들어왔고, 무너진 중국에는 갈수록 더욱 많은 투기적 자본이 함께 투입되었다. 그 결과 온 세계 구석구석에서 보여 지던 추악함이 급속하게 출현하게 되었다.

서광계의 후손들도 마음의 준비를 하고는 있었겠지만, 단숨에 이 추악함의 한 가운데로 함몰되고 말았다. 그리고 한편으로는 식민자 · 모험가 · 벼락부자 · 유랑민 · 건달 · 기녀 · 조직 깡패 등이 밀려들어 왔고, 다른 한편으로는 대학교 · 병원 · 우체국 · 은행 · 전차 ·

와이탄의 부두 풍경

학자·시인·과학자도 이곳으로 모여들었다. 황포강(黃捕江 : 상하이를 통해 황해로 들어가는 장강, 즉 양자강의 마지막 줄기)에는 기적 소리 요란하고, 휘황찬란한 네온사인이 한밤을 밝혔다. 양복에 가죽 구두를 신은 서양 신사와 중국의 전통적 두루마기와 마고자를 입은 사람들이 뒤섞이고, 전국의 방언과 구미의 언어가 함께 범람하며, 오늘은 이것이 내일은 저것이 쉴 새 없이 뒤바뀌며, 라디오의 주파수도 밤낮으로 교체되었다. 새롭고도 기이한 사회, 엄격하게 말해 수출과 수입의 요지로서 상하이는 온갖 격류가 하나로 충돌하고, 시끄러운 소리로 범벅이 되면서 거대한 파도를 일으키는 곳이었다.

　이런 곳을 대하는 어떠한 역사학자도 골머리를 앓지 않을 수 없을 것이며, 끝내 상하이라는 지역의 본질적 특성을 규명해 내지도 못할 것이다. 이곳은 근대 중화 민족의 치욕의 온상이라고 할 수 있다. 그러나 이미 근대 사회로 접어든 민족이 현대 사회의 충격을 시종일관 거부한다면, 또 치욕이 아니랄 수 있겠는가? 이것이 중국인의 현대를 향한 출발점이라 할 수 있지만, 어떤 민족이 현대 사회로 진입하면서 이처럼 급속하고 황당하게, 또 굴종적이고 무질서할 수 있겠는가! 이것을 일종의 농업 문명에 대항하여 일어난 신흥 도시 문명이라고 할 수 있겠지만, 그렇다고 어떤 도시문명이 상하이처럼 시종 광대한 농촌에 둘러싸인 채 농촌의 질서를 받고 농촌의 위세에 짓눌렸단 말인가! 정리하자면 이것은 거대한 패륜이다. 그 추악함을 주시할 때 상하이는 눈부신 빛을 번쩍일 것이며, 그 위대함을 엎드려 찬양할 때 상하이는 몸을 돌려 상처로 얼룩진 뒷 담장을 보여줄 것이다.

이런 패륜의 구조 가운데서 전체 중국과 어울리지 못하는 환경적 생태와 심리적 습관이 점차 형성되고 있었다. 20세기 초 허다한 신흥 혁명가와 사상가는 봉건 왕조의 추적을 받았지만, 조계가 있던 상하이는 이들을 비호하는 곳이었다. 추적과 비호를 둘러싸고 봉건적 전통과 서양의 문명은 상하이에서 첨예하게 대립하고 충돌했다. 상하이 사람들은 이런 와중에 매일같이 신문을 보며 분석과 판단을 하면서 비로소 정상적인 국제 관계에 대해 눈뜨기 시작했다. 그리고 중국이 역대로 준수해 왔던 온갖 법률과 원칙들이 얼마나 엉터리고 불합리했던가를 깨닫게 되었다. 이깃은 내단히 중요하다. 길거리에서 매일같이 뒤떠드는 실제 사건들을 통해 상하이 사람들은 어렴풋이 민주, 인도주의, 자유, 법제도, 정치범, 형량 등의 정상적인 의미를 인식하게 되었다. 이들은 이러한 인식으로는 도저히 참을 수 없는 봉건적 전통을 깊이 멸시하게 되었다. 이 멸시는 이념이나 사유의 결과가 아니라 실제 체험 속에서 체득된 상식적 선택이었다. 이로써 이 도시에는 엄청난 세속성과 대중성이 존재하게 된 것이다.

『집(家)』의 한 장면

　개개의 사건 가운데 유독 상징적 의미를 지녔던 것은 상하이의 관리들로부터 옛 성벽을 허물자는 주장이 들끓었던 일이었다. 이유인즉슨 교통과 금융 시장의 발전에 방해가 된다는 것이었다. 그래서 당시 공문을 통해 성벽을 허무는 것은 '국민 개화의 시대적 추세'라는 주장이 계속되었다. 물론 반대하는 사람들도 있어서 몇 차례의 격론이 있었다. 하지만 끝내 성벽을 허물어 버리고, 봉건적 전통이라는 심리적 범주는 매우 작은 일부로 전락하였다.

　뒤에 농촌에서 비롯된 사회주의 혁명은 상하이의 역사를 한바탕 바꿔 놓았다. 상하이는 대단히 조용한 곳으로 변모했다. 한 무리의 사람들은 상하이를 떠나고, 대다수는 남았다. 그들은 내지와 보조를 함께 하면서 내지에 대한 경제적 부담을 지도록 요구 받았다. 그들은 얼굴을 바꿔 마음을 가라앉히고 온순한 아이가 되었다. 바진(巴金)의

『집(家)』에 나오는 줴예신(覺新)처럼 어깨에 진 가볍지 않은 부담 때문에 옛날처럼 그렇게 날뛰지 못하게 된 것이다. 도도한 해풍이 등 뒤에서 불어도 전혀 개의치 않고, 공장의 기계는 바삐 돌아가고 붐비는 출퇴근 전차에서 모두 파김치가 되었다. 그리고 밤이 되면 적막강산으로 변했다. 알 수 없는 번영의 원인을 철저히 해부하기 위해 내지의 많은 농촌 간부들이 조사를 나왔다. 태평양전쟁이 가져올지 모를 피해를 대비하여 상하이의 많은 공장들이 내륙의 산지로 옮겨졌다. 외지고 험준한 산지일수록 상하이의 공장을 찾기 쉬울 정도였다. 그래서 순박한 산지 사람들은 공장 노동자의 뒤에서 손가락질을 하며 "에이, 상하이 사람이잖아!"라 비웃었다.

요 몇 년 간 상하이 사람들은 또 불안해지기 시작했다. 광저우(廣州) 사람들, 선전(深圳) 사람들, 원저우(溫州) 사람들이 잘살게 되면서 허리춤에 돈 주머니를 두드리며 상하이로 들어오기 시작한 것이다. 상하이 사람은 휘둥그레 눈을 뜨고 그들을 바라보면서도, 그렇게 조바심을 내지는 않았다. 비록 약간의 자괴감 같은 것이 있기는 했지만, 그렇다고 자존심을 완전히 잃지는 않았다. 그들은 맘속으로 생각했다. 우리 상하이 사람들이 진짜 제대로 한번 일어서기만 하면 완전히 다른 상황이 될 것이라고…… 아마도 일종의 위안이리라.

4. 상하이 사람들의 자립성

상하이 사람들이 가졌던 자기 위안은 그렇게 터무니없는 것은 아니었다. 상하이 문명의 첫 번째 특징은 정신적인 문화라는 사실이다. 경제적인 관점으로는 상하이의 문명을 다 설명해 낼 수 없다.

상하이 문명의 최대 심리적 특징은 개인의 자유 위에 세워진 관용과 병존이다. 상하이 사람의 관용이란 정책이나 허락이 아니고, 일종의 생명의 본능이다. 중국에서 상하이식 관용은 봉건적 통치 아래 오랫동안 존재했던 수많은 심리적 요인과 충돌했다. 봉건 시대는 흘러갔지만 봉건적 심리는 여기저기서 잔재로 남아 광범위한 묵계로 존재했다. 그러나 이런 심리적 요소가 과거에 어떤 작용을 했든 상관이 없었다. 이제는 말끔하게 사라졌기 때문이다. 자신을 침해하지만 않는다면 상하이 사람들은 다른 사람의 생활 방식에 대해 그다지 간섭하지 않는다. 다른 지역에 비해 상하이 사람들은 아파트나 기숙사 등지에서 이웃과의 왕래가 비교적 적다. 만부득이 몇 집이 주방이나 화장실을 공동으로 사용할 경우 서로간의 마찰과 분쟁이 잦은 편인데, 이는 자신의 독립과 자유를 보호하려는 심리가 크기 때문이다. 그래서 상하이 사람들의 관용은 결코 겸양이 아니라 '남의 일에 참견하지 않고 각자 알아서 하기'의 표현이다. 도덕적 관점에서 볼 때 겸양은 미덕이다. 하지만 문화 심리의 관점에서 보면 남의 일에 참견하지 않고 각자 알아서 하는 방식이 훨씬 현대적 관용에 가깝다. 서로 다른 사람들끼리 독자적 존재의 합리성을 인정함으로써 상호 불간섭을 받아들인다면 힘든 도덕적 훈련을 통해 도달해야 하는 겸양에 비해 훨씬 깊은 뜻이 있다. 왜 겸양해야 하는가? 겸양은 둘 중에 하나를 선택하도록 강요한다. 즉 당신이 아니면 바로 나이다. 때문에 이런 방식은 당신을 당신 스스로와 갈등케 하지 않는다. 이것은 대통합의 질서 아래 존재하는 기본적 생활 방식과 도덕의 출발점이다. 왜 남의 일에 참견하지 않고 각자 알아서 하기인가? 여기에는 선택의 방법이 많다. 당신은 당신의 방식으로, 나는 나의 방식으로, 누구도 누구를 탓할 수 없다. 이것은 다원화된 세계를 인정하는 가운데 파생된 공생의 계약이다.

상하이의 하층 사회에는 아직도 남의 흉보기를 즐기는 할머니나 어머니가 적지 않다. 설령 남을 흉보는 일이 좋지 않은 일임을 스스로 인지한다고 해도 남의 일에 대한 참견은 보편적으로 인정되는 병폐라는 점 때문에 용서될 수 있다. 상하이로 파견 온 한 외지인 간부는 늘 참견해서는 안 되는 '남의 일'과 참견해야 하는 '진짜 일'을 어떻게 구분해야 하는가 하는 문제로 골머리를 앓았다고 한다. 상하이 사람들의 마음속에는 대체로 업무와 관련된 개인적 사무가 아니라면 그 나머지 일은 다른 사람이 참견해선 안 되는 '남의 일'의 범주에 속한다고 본다.

상하이 말 중에 지고지상의 냉소적인 표현이 있다. "꽌능사스티(關儂啥事體 : 뭐 하러 간섭해? 즉, 꽌니선머스管儂甚麽事)" 만약 외지라면 한 아가씨의 복장이 직장 동료로부터 구설수에 오를 경우, 그 아가씨는 나름대로 여러 가지 불만에 어린 생각을 하게 될 것이다. 가령 "치마가 좀 짧은 게 어때서!" "청바지를 입으면 편하잖아!" 등등. 그런데 상하이 아가씨라면 아주 간단하다. "이건 개인적인 일인데, 남이 뭐라 하든 무슨 상관이야!" 그 아가씨는 한마디로 자를 것이다. "꽌능사스티(關儂啥事體 : 웬 참견?)" 이 한마디에는 사실 매우 분노에 찬 심정이 담겨 있지만, 또 애교스러운 맛도 있다.

문화 학술의 영역에서 상하이의 심리를 잘 알고 있는 학자라면 대개의 경우 다른 사람과 격론을 벌이거나 혹은 격론에 응하지 않는다. 문화 학술에 대한 연구란 다양한 경로가 있는 것이다. 각자 나름의 방법으로 연구하는 것이다. 그러니 멀리서 서로 바라볼 수는 있지만, 뭐하러 직접 가서 논쟁을 벌여 승리를 거두고 통일을 이루려 하는가! 근래 문화 학술계에 몇 차례에 걸쳐 소위 '남방과 북방의 논쟁', '상하이파와 베이징파의 논쟁' 등이 있었는데, 대부분 북방의 학자들이 제기한 것이었다. 상하이 사람들은 논쟁의 주도권을 잃으면서도 별로 반격을 가하지 않았다. 그들은 고집스럽게 자신의 관점을 견지하면서 반대파에 대해서는 마음속으로 장난스럽게 한마디 했을 것이다. "꽌눙사스티(關儂啥事體 : 웬 참견?)"

이런 개체의 자립적 관념에 근간을 둔 상하이의 과학 문화에는 종종 참신성과 독창성이 담겨 있다. 그러나 이런 관념의 밑바닥에는 늘 집단과 조화를 이루지 못하고, 남들이 좋아할 만한 창조성과 관념이 매우 부족하다는 의식이 깔려 있다.

때문에 상하이 사람들은 냉정함 가운데 용인(容忍), 용인 가운데 냉정함이 있다. 한 타이완 동포가 상하이를 여행한 후 한 편의 글을 썼다. "상하이 사람들 별로 아는 게 없던데"라고. 상하이 사람들의 박학다식함은 냉정과 용인을 지향한다. 하지만 더 중요한 게 있다. 그들은 사물의 빈번한 변화에 습관이 되어서 어떤 상반되는, 혹은 상생되는 이치를 깨달았어도 곧 역설적인 냉정으로 변화한다. 그들은 변화를 추구하면서 또한 변화를 자연스런 일로 간주한다. 그리고 급박한 변화 속에서 자아를 찾아낸다. 때문에 다른 사람이 급변하는 가운데 자신과 다른 입장을 취한다고 해서 이상하게 여기지 않는다.

이런 심리적 성향에 근거하여 상하이 사람들은 오랫동안, 그리고 간절히 어떤 하나의 구호를 좇거나 어떤 권위자를 숭배하지 않는다. 외지의 권위자가 상하이로 오면 늘 자기 맘대로 되지 않는다는 느낌을 갖게 된다. 반대로 외지에서는 별로 권위를 얻지는 못했지만 상하이에서 오히려 숭배 받을 수 있다. 즉 그들은 각자 자신의 입장에서 진정 마음으로 좇을 수 있는 인물이라는 판단이 들면 숭배한다. 경극(京劇)의 몇몇 유명한 배우들은 신인 무렵에 상하이에서 크게 성공을 거두었다. 경극의 중심지도 아닌 상하이에서, 오랫동안 저우신팡(周信芳)이란 배우를 애호했다. 아마 다른 지역에선 상상하기 어려운 일일 것이다. 상하이 사람들은 어떤 특별한 조건 없이 어느 날 저녁 처음 무대에 오른 월극(越劇)의 주인공 자오즈강(趙志剛)과 호극(滬劇 : 장쑤성 일대의 극)의 연기자 마오산위(茅善玉)를 좋아했다. 무대 경험이 별로 없었다든지, 아니면 막 시골에서 왔다 하더라도 전혀 개의치 않고 말이다. 그러나 경력이나 지위, 혹은 위신을 내세워 상하이 사람들을 압도하려 했던 원로 예술가들은 상하이에 온 지 며칠 되지도 않아 신문지상에서 연속적인 비판을 받아야 했다. 베이징 등지에서 무슨 상을 수상했든 상하이의 예술가들은 별로 관심을 기울이지 않는다.

베이징 인민예술극원에서 『찻집』 등의 연극을 상하이에서 상연하려 했다. 이 결정을 내릴 때 필자도 베이징에서 전국문학가대회에 참가하고 있었다. 당시 베이징 희극계의 친구들은 대단히 걱정을 했다. 이 오랜 극단이 진부한 희극을 상연해서 과연 상하이라는 첨단의 항구에서 성공을 거둘 수 있을 것인가? 나와 몇몇 상하이 친구는 믿음을 갖고 대답했다. "된다!" 과연 그랬다. 상하이 사람들은 진정한 예술에 대해 진실한 환호를 보냈다. 그것이 옛날 것이건 새 것이건 간에. 그러나 베이징을 시끄럽게 했던 '인체화 대전람회(人體畵大展覽會)'는 상하이에서는 의외로 주목을 끌지 못했다.

5. 상하이 사람들의 실리주의

상하이 문명의 또 다른 특징은 실익을 따지는 똑 소리 나는 계산적 태도이다. 서광계의 『기하원본』이 남긴 유산, 그리고 신속히 변화하는 현실에서 체득한 요령은 차치하고라도 상하이 사람들은 역대로 과학의 실효성을 중시하며 꾸물꾸물 멍청한 것은 참지 못했다.

과학적 연구라든지 무역 업무에 있어 상하이 사람들은 그리 대담하지는 못하지만 계산에 있어서는 절대 착오가 없다. 전국 각 지역마다 대개는 골칫거리가 있을 것이다. 상하이 사람은 이런 일의 해결사로 적임자이다. 아마도 이것은 이미 다 아는 비밀일 것이다.

애석하게도 현재는 상하이 사람들에게 부탁할 고도의 지능을 필요로 하는 일들이 별로 없다. 그래서 이런 재능은 오히려 그들의 결점이 되고 말았다.

상하이 사람들은 한 상 차려놓고 손님을 접대하는 방식을 별로 내켜하지 않는다. 두루두루 모여서 밤을 새워 놀거나 며칠을 연속해서 외지의 친구를 접대함으로써 충직한 우정을 표하는 그런 방식을 좋아하지 않는다. 대단한 보고를 들으려 하지도 않고, 스스로도 거창한 발언을 하려 하지도 않는다. 상하이에서는 심지어 살롱 문화도 생기기 어렵다. 왜냐하면 참가자들 입장에서 따져볼 때 그렇게 오랜 시간을 낭비하는 것이 마땅치 않다고 보기 때문이다. 상하이 사람들은 호화 호텔에 묵으려 하지 않는다. 아무리 생각해 보아도 실익이 없기 때문이다. 이런 예들을 일일이 다 논할 필요도 없을 것이다. 상하이 사람들의 똑 소리 나는 계산주의가 이런 정도에 그친다면야, 뭐 그리 짜증나겠는가.

이 도시에서는 총명함이 지나쳐서 오히려 낭비적인 현상들이 곳곳에 있다. 상당수의 사람들이 가령 시내에서 좀 먼 곳으로 갈 때면 어떤 노선을 택할 건지, 어떻게 해야 갈아타야 할 차표 값을 최대한 절약할 수 있는지 하찮은 푼돈이라도 대단히 신중하게 따지고 고려한다. 이런 일은 종종 버스 안에서도 일어난다. 그러면 옆에 있던 사람이 입을 떼어 조금이라도 차비를 아낄 수 있는 방법을 알려주는데, 자세히 들어보면 무슨 군사 전략가가 적을 습격하는 경로를 선택하는 것 같다. 버스에서의 이런 토론은 곧잘 집단적 토론으로 확대되어 듣는 이로 하여금 정말 슬프게 한다. 공공 기숙사에서 수도세, 전기세, 혹은 가스비를 놓고도 심심치 않게 다툼이 일어난다. 전국적으로 볼 때 이런 풍경은 상하이가 가장 심할 것이다. 원인이야 모두 빈곤함에서 기인할 터인데, 이런 자잘한 다툼의 와중에도 그들의 입에는 양담배가 물려져 있다. 따지고 보면 다투고 있는 비용의 두 배는 될 것이다.

상하이 사람들의 이런 승강이는 대개가 자신의 총명함을 지키고 과시하려는 심리에서 나온다. 지혜란 자아를 강건하게 지켜주는 생명력으로서 때때로 발설을 필요로 한다. 자신의 지혜를 발휘할 대상물이 아무리 자질구레한 것이라도 과시적 발설을 통해 스스로 아직은 강건하다는 느낌을 갖고 싶어 한다. 이런 불쌍한 상하이 사람들, 똑똑함은 오히려 심각한 거추장거리가 되었다. 그들로 하여금 미세한 미적분을 연구케 하지 않았다면, 또 정밀한 설계도를 그리게 하지 않았다면, 또 복잡하게 얽히고설킨 하천의 지류를 파헤치게 하지 않았다면, 그리고 그들로 하여금 비즈니스의 최전선에서 경쟁케 하지 않았다면 어떻게 될 뻔 했겠는가! 그들은 아이큐 시합에 나가기에는 이미 나이가 너무 들었고, 도박 시합에 나가기에는 그 유명한 인색함이 누가 된다. 그러니 그저 자질구레한 일에 정신을 낭비하며 때로는 진지하게, 때로는 분기탱천하지만 우리가 보기에는 할 일 없는 짓으로 보일 뿐이다.

원래 이런 두뇌 회전이나 말재주는 외국의 상인과 첨예한 담판을 할 때나 필요할 일이다. 상하이 사람들의 총명함과 지혜로움은 집단적 논리 곡선을 이루어 대도시의 크고 작은 길 곳곳에서 요동치고 번득인다. 이들은 재빠른 상황 판단, 민첩한 추리로 서로 간에 이심전심으로 잘 통한다. 가령 버스 안에서 차표를 살 때 승객이 1자오(角) 5펀(分)을 건네며 "두 장이요"라고 하면 차장은 즉시 알아서 7펀짜리 표 두 장을 준다. 마치 누가 더 민첩하고 빠른지 시합이나 하듯이 말이다. 이런 논리적 흐름에 신속하게 동참하지 못하면 상하이 사람들은 외지인 혹은 시골 사람이라고 생각한다. 이들의 짜증나는 자부심은 바로 여기에서 비롯된다. 상하이의 매표원이나 판매원, 혹은 접대원의 서비스는 전국적으로 보았을 때 최고일 것이다. 그런데 외지인으로 하여금 참을 수 없게 하는 것은 바로 늘 모든 고객이 자신들처럼 사태를 신속히 파악하거나 판단하도록 요구한다는 점에 있다. 그렇지 못한 사람은 '제 앞가림 못하는 사람'이라고 하면서 하려면 하고 말려면 말라는 식으로 대한다.

냉정히 말하자면 이것은 배척이 아니고 자신의 지혜에 대한 비극적 집착이다. 상하이 사람들의 이런 총명함은 문화 영역에서 일종의 고상함과 저속함이 함께 뒤섞인 국면을 만들었다. 상하이 문화계 인물들은 대부분 현실적이어서 이미 지나버린 것에 대해 미련을 두지 않고, 언제나 새롭고 실험적인 의식을 조성한다. 그들의 문화적 소양은 낮지 않아서 국내외 고급 문화를 두루 섭렵할 충분한 능력을 지니고 있다. 그러나 이들의 총명함은 훨씬 더 많은 측면에서 통용되고, 또 받아들여질 수 있는 것인가란 가능성을 타진케 한다. 그래서 이들은 온몸 가득 상처를 입었어도 하소연할 데 없는 외로운 영웅이 되기를 거부하며, 너무 고상한 노래를 불러 따라 부르는 사람이 적거나 고고한 향기에 스스로 도취되는 처지에 놓이기를 절대 원하지 않는다. 그들은 선천적으로 융해시키는 능력을 타고나서 학문적 이론을 세상의 삶에 융해시키고, 세상의 현란함 속에서 지혜가 나오게 한다. 의심할 나위 없이 이런 융해는 근엄하고 치밀한 이론을 느슨하게 만들고, 치열하고 예리한 사상을 원만하게 해서 정신 행위의 피곤함을 조성한다. 그러나 상당히 많은 경우에 있어서 상황의 진전을 이루고 획득하기 어려운 성과를 일구어 내기도 한다. 가히 문화를 발전시키는 총명한 방식이라 할 만하다.

특히 고상함과 저속함이 함께 뒤섞인 상하이 문명의 특징을 실현한 것으로 『신민만보(新民晚報)』를 들 수 있다. 이 신문은 시종 고급 문화와 저속한 문화의 사이에서 교묘한 균형을 잡고 있다. 그 결과 상하이 시민의 대다수가 『신민만보』의 애독자로서 하루라도 읽지 않으면 안 된다고 생각할 정도이다. 교수와 학자들도 마찬가지다. 이 신문은 기묘한 문화의 중간 지대를 개척하여 고급스러움과 저속함이 함께 뒤섞여 있다. 상하이라는 이 거대한 성이 온 채로 그 신문에 자리하고 있다. 이로부터 우리는 상하이의 희극, 회화, 영화, 소설 등 모든 것이 비슷한 특징을 지녔으리라 연상할 수 있다.

6. 상하이 사람들의 개방주의

상하이 문명의 또 다른 심리적 특징은 국제 교류에서 비롯된 개방형 문화의 추구이다. 전국적으로 비교해 보면 상하이 사람들의 국제 사회에 대한 심리적 태도는 대단히 균형적이다. 그들은 여태껏 심적으로 외국인을 멸시하지 않았다. 그래서 외국인을 해하지 않으며, 심지어는 상식을 뛰어 넘는 존경을 표하기도 한다. 총체적으로 그들은 서양을 숭배하나, 기질적으론 오히려 아첨하지 않는다. 친한 친구 사

1871년 상하이에 거주하는 두 서양인 부부가 자신들의 정원에서 쉬고 있다.

예신(沙葉新)은 우스개로 자신의 인생관 중 하나가 "서양을 흠모하되 아첨하지는 않는다"라고 한 적이 있다. 내키지는 않지만 이것은 상하이 사람들의 심정을 정확히 짚어낸 말이다.

이것은 이 도시의 역사와 밀접하다. 초창기 인력거꾼들은 대부분 영어 몇 마디쯤은 읊을 줄 알았다. 설령 신분이 인력거꾼처럼 미천하다 해도 세계의 커다란 흐름 속에서 용감하게 외국인과 한판 우열을 다투는 데 주저치 않았다. 상하이의 도시 한쪽에는 줄곧 적지 않은 외국 교민들이 거주해 왔고, 오랜 세월 이웃처럼 지내면서 그 관계 역시 매우 자연스러웠다. 상점의 영업원들에게 외국인 고객의 방문은 대수롭지 않은 일이며, 그들은 늘 이 외국 고객의 경제적 능력이 얼마나 될까를 계산하며, 물건을 팔아먹을 궁리로 가득하다.

북방의 많은 도시에선 외국인을 '라오와이(老外 : 외국 분)' 라고 하는데, 그다지 존경하는 것도 아니고 또 멸시하는 것도 아닌 재미있는 말이다. 친한 듯하면서도 실은 좀 생소한, 그런데 이 말은 여태껏 상하이에서는 뿌리를 내리지 못했다. 상하이 사람들의 말 중에 어린 아이를 제외하곤 외국인을 '외국인' 으로 통칭하는 경우가 매우 적다. 국적을 알면 대개는 구체적으로 미국인, 영국인, 독일인, 일본인이라고 한다. 이는 일반 시민조차도 외국인을 심리적으로 가깝게 느끼고 있음을 보여준다.

오늘날 어떤 계층이건 상하이 사람들의 자녀에 대한 첫 번째 기대는 외국 유학이다. 일본에서 학비를 벌며 공부하는 것은 이미 돌파구가 없는 청년들의 자기 선택이 되었고, 아직 미성년의 자녀일 경우 부모는 절대 이런 선택을 하지 않는다. 그들은 자녀들이 제대로 된 경로를 밟아 미국에 유학하기를 희망한다. 상하이에선 이것이 보편적인 국제적 안목이다.

사실 개방 이전에도 상하이 사람들은 자녀 교육상 은근히 국제적인 문화를 가르치고자 했다. 실현 가능성이 있건 없건 상하이의 중학 교육은 당장 쓸모가 있건 없건 줄곧 영어 교육을 중시했으며, 이에 반대하는 부모도 없다. 그리고 자녀들에게 여가 시간을 이용하여 피아노와 성악을 가르치며, 당시 대단히 선풍적이었던 부대(部隊) 문공단(文工團)의 영향을 받기를 원치 않았다. 전국적으로 명성을 떨치던 하얼빈 군사공업대학도 상하이의 수험생들에게는 별로 인기가 없었다. 모든 것이 다 소멸되었던 문화대혁명 때 몇 차례 외국 클래식 음악단의 공연이 있었던 적이 있다. 신문에 어떤 광고도 없었는데, 이 외국 음악 애호가들이 어디에 숨어있다 나타났는지 모르게 음악회 표를 사재기하려는 열풍이 불었다. 공연 당시 그들은 정갈한 복장에 국제적 관례에 맞는 질서정연함과 깍듯한 매너로 저마다 상하이의 얼굴을 빛냈다. 몇 년 전 베토벤교향악 음악회가 있었는데, 이루 셀 수 없이 많은 상하이 사람들은 차가운 겨울바람을 마다않고 밤을 새워 줄을 섰다. 2년 전 내가 재직하는 학교에서 「고도를 기다리며」라는 유명한 연극을 시연했는데, 일반적으로 이 연극은 대단히 지루하고 재미없어서 외국의 경우도 관중이 별로 없다. 그런데 상하이의 관중들은 욕이나 비판도 없이, 그렇다고 환호도 없이 조용히 끝까지 자리를 지켰다. 아마 적지 않은 사람들이 뭐가 뭔지 제대로 이해도 못했을 터인데, 이 연극이 세계적인 명작임을 알았기 때문에 꼭 봐야 한다고 생각했던 것이다. 연극을 이해하지 못할 수도 있는 거기 때문에 그 난해함을 탓하거나 이해를 못하는 자신을 탓할 것도 없는 것이었다. 하루하루 한 무리의 관중이 감상하고 또 다른 한 무리의 관중이 감상했다. 조용히 또 편안하게.

딱 부러지게 말하자면 상하이의 하층 사회에서는 국제적 문화를 추구하는 성향을 찾기 어렵다. 그러나 장기적으로 이 도시에 살다보면 적어도 문화를 사모하는 심정을 기르게 된다. 상하이에서도 '독서 무용론(독서가 아닌 '학업'의 무용함을 뜻함)'이 유행한 적이 있지만, 외지와는 상황이 사뭇 달랐다. 대다수의 부모는 자녀를 학교에 안 보낸다는 것을 용납하지 못했다. 다만 공부에 뜻이 없는 애일 경우 '학업무용론'이란 말을 빌려 이웃에 둘러대기는 했다. 문화대혁명 당시, 그 전후에도 상하이의 대학 졸업장을 지닌 사람들은 시종 좋은 결혼 상대자로 주목받았다. 설령 수입이 적고 전도가 무망하거나 외모에 결함이 있더라도 말이다. 특정한 역사적 조건과 사회적 환경 속에서 이런 문화에 대한 경외감에는 비실리적 맹목성이 있다. 가장 실리적이라는 상하이 사람조차도 이 점에서는 실리를 따지지 않는다. 많은 부분에서 상하이 사람과 광저우 사람은 흡사한 점이 많기는 하지만, 내가 보기에 이 점에서 서로 다르다.

7. 계속되는 문명

상하이 문명의 심리적 특성으로 몇 가지 더 들 수 있지만, 위의 몇 가지로부터 충분히 그 대략을 알 수 있었을 것이다.

재미있는 것은 상하이 문명의 계승자는 복잡한 집단으로 구성되어 있다는 사실이다. 따라서 이런 문명은 어떤 규격화된 생기 없는 집단 속에서 체현되는 것이 아니다. 무형의 심리적 질서 속에서 표현되며, 이 속을 들락날락거리는 사람들을 받아들이거나 배제한다. 어떤 사람은 상하이에서 오래 살았어도 이런 문명에 적응치 못하기도 하고, 반대로 어떤 이는 잠시 살았어도 금방 온몸과 정신이 동화되기도 한다. 이것은 상하이에 적을 두고 사느냐의 문제가 아니라 문화 심리적으로 상하이 사람인가의 문제이다.

의심할 나위 없이 상하이 사람은 이상적인 도시인은 아니다. 왜곡된 역사가 그들을 제한했고, 그들을 만들어냈다. 특수한 방향으로 그들을 풀어줬고, 또 제약했다. 그들은 중국 내에서조차 가장 특이하며, 세계적으로도 분명 평범하지는 않다. 문화인격의 구조상 그들은 집단에 대한 귀속감이 결여되었다. 전통에 의지하는가? 새로운 조류에 의지하는가? 중국에 의지하는가? 국제 사회에 의지하는가? 경제에 의지하는가? 문화에 의지하는가? 명예에 의지하는가? 실력에 의지하는가? 인정에 의지하는가? 효율성에 의지하는가? 그들이 의지하는 산은 매우 많은 듯하지만, 어느 하나 확실하지는 않다. 그들은 이탈되기 쉽다. 그래서 늘 이탈의 고독감을 느낀다. 그들이 꾸었던, 아니 꿀 수 있는 꿈은 너무도 많다. 머리에는 몽상으로 가득 찬 채 비틀거리며 걸어간다. 마치 무수한 소리가 그들을 부르고, 온몸 가득한 재간이 충동질하는 가운데, 진정한 두려움과 당혹감 속으로 빠져 들어가는 것 같다. 그들 역시 자신들의 나쁜 습관과 어리석음을 인식했지만, 어떤 바람을 잡아서 또 어떤 물을 길어다 씻어내야 할지 모른다. 그들은 이미 황토 고원에 부는 비장한 노래를 귀 기울여 들은 적이 있으며, 또

한 대륙의 남쪽 해안에서 들려오는 경쾌한 발자국을 감지했다. 그들은 이 발자국을 흠모했다. 그렇지만 본능적으로 알았다. 흠모가 지나치면 나는 내가 아니라는 것을. 나는 결국 누구인가? 뭘 해야 하는가? 상하이 온 도시는 사색에 빠져 들고 말았다.

재작년 여름 홍콩에서 한 국제 회의에 참가했을 때 한 중국 전문가가 그랬다. "신중히 생각한 끝에 감히 말씀드리건대, 상하이 사람들의 소질과 잠재력은 세계의 많은 유명 도시에 비교되지 않을 정도로 부족합니다!" 상하이 사람들은 이런 격렬한 비판의 말을 한두 번 들은 것이 아니다. 들으면 들을수록 더욱 고뇌의 무게와 깊이는 더해만 간다. 매일 새벽 상하이 사람들은 여전히 시장에서 홍정하며, 만원 버스에서 끊임없이 다툰다. 저녁에 집으로 돌아와 마음을 가다듬고 자녀에게 영어를 열심히 배우라고 훈도한다. 애들이 학교를 졸업했는데도 크게 뛰어나지 못하면 상하이 사람들은 장탄식을 하며 반백이 다 된 자신의 머리칼을 쓰다듬는다.

괴상한 상하이의 역사는 이 한 세대의 손아래서 계속 쓰이고 있다.

8. 상하이 문명의 미래

상하이의 새로운 역사를 써 내려감에 있어서 중요한 것은 새로운 상하이 사람을 만들어 내는 일이다. 새롭게 만든다는 말은 인격의 구조를 재조정한다는 뜻이다. 이 점에 관해 몇 마디 중복되는 말을 하더라도 용서해주기 바란다.

오늘날 상하이 사람의 인격적 구조는 상당 부분 100여 년에 걸친 어마어마한 번영과 동란이 남긴 유산이다. 20세기 초 상하이 사람들은 엄청난 세상 물정을 경험했다. 그때 상하이 사람은 총체적으로 이 도시의 주재자가 아니었다. 이들은 오랜 세월 하인, 직원, 조수의 지위에 있었다. 외국인과 외지인은 제1선에 서서 창업의 기쁨과 위험을 누리고 감수했다. 많은 상하이 사람들은 제2선에서 관망하고 비교를 하며, 추종하고 조언을 하며, 그리고 근심하고 축하를 하며 제2선에서의 즐거움과 위험을 맛보았다. 물론 소수의 상하이 사람들은 제1선에 나서 가령 성공하면 바로 상하이를 떠났다. 이런 1선이냐, 2선이냐 하는 전체적인 관점에서 상하이 사람들은 견문을 넓히고 현대의 경쟁 사회에 잘 적응해 갔다. 하지만 이로 인해 자주적인 기백이 결여되고, 개인의 능력을 찬란하게 펼쳐나가지 못했다.

여태껏, 상하이 사람 중 똑똑한 일부에게 가장 적합한 직위는 국가급 기업의 고급 간부에 불과했다. 산하를 토해낼 만한 제일의 총재가 되기 어려웠다. 상하이 사람의 안목은 대단하고 적응력 또한 엄청나지만 대가의 풍모는 있을지언정 대장의 리더십은 없다. 세계를 내다보는 시야는 있지만 세계를 주름잡는 기개는 없다. 따라서 상하이 사람들은 늘 기대 속에 있을 뿐이다. 안목이 높아서 어떤 것도 그들의 기대를 만족시키지 못하므로, 그저 불평불만 속에서 소일할 뿐이다. 불평은 불평에서 그칠 뿐, 그들을 지배하는 것은 고용된 직원의 심리이다. 천하를 선도할 용기가 없고, 전체를 영도할 강한 리더십이 없다. 상하이 사람들의 총명함은 겁 많고 나약함을 동반한다. 그들은 큰 소리로 고함치고 웃지 못한다. 목숨을 걸고 싸우지도, 혼자서 황무지를 모험하지도, 배수의 일전을 치르지도 못한다. 확실하게 놀지도 못하고 앞뒤를 살피며 끊고 맺지 못하며, 심지어 연애도 낭만적이지 못하다.

상하이 사람들의 추악함은 대체로 이 지점에서 생겨난다. 인생의 커다란 방향을 상실한 채, 지혜는 손 안에 개인적 장난감으로 전락했다. 문화 수준이 높은 사람들은 살롱 기질에 오염되어 그저 기지에 넘치는 말재주로 넘쳐날 뿐, 생명력이 꿈틀대는 활력을 찾아볼 수 없다. 문화 수준이 낮으면 때와 장소를 가리지 못하고, 잔재주를 부려 매번 각박함과 사악함으로 전락한다. 이보다 더 수준이 낮은 경우는 이익만 탐내는 거간꾼의 기질과 어디에도 정착하지 못하는 떠돌이의 기질로 빠져들어 도시의 골치 아픈 쓰레기 같은 존재가 되기도 한다. 상하이 사람들의 일상은 결코 순탄치 않다. 그들은 생명감이 없기에 비극적 체험도 별로 없다. 비극적 체험이 결여된 까닭에 숭고함과 위대함에 대한 수용의 자세도 부족하다. 그들은 자칭 유머를 심히 좋아한다고 하나, 그저 말장난의 수준에 불과할 뿐 진정한 유머의 수준에 미치지 못한다. 왜냐하면 유머가 갖추어야 할 대범함과 초탈이 없기 때문이다. 그래서 상하이 사람들은 동시에 심각한 슬픔이나 심각한 기쁨도 잃어버렸다. 생명에 대한 체험으로부터 생겨나는 이 슬픔과 기쁨 모두, 그들에게 있어서는 암담함으로 나타난다. 원래 중국의 예술 문화는 지금껏 역사를 귀결하는 반사적 형태로 발전하지 않았다. 때문에 상하이는 새로운 경지를 개척하는 데 큰 역할을 해야 한다. 그러나 상하이 사람의 기질은 이런 중임을 담당할 수 없고, 생명을 기쁨이나 슬픔으로 받아들이지 못하고 그저 암담함으로 인식하는 성향은 그들을 옹졸하게 만들어 버렸다. 상하이 문명 속의 중화 문화는 머리를 곧추들고 돌진해야 할 지점에서 모험가를 찾지 못하고, 오히려 크고 작은 관리 직원들만 만났다. 기왕에 전국적으로 혐오 받는 자만심이지만, 상하이 사람들은 자신들의 생태와 심리를 맹목적으로 지키기 위해 자질구레한 일에도 자만심을 내세운다. 하지만 실상 일파를 이루지는 못한다. 진정한 강자라면 비록 일말의 자만심이 있을지라

도 두려움 없는 정신력으로 스스로를 대범하게 변화시키며, 단지 생활 방식이나 말과 행동에 자아 도취되거나 남을 무시하지는 않는다.

결론적으로 상하이 사람의 인격적 구조는 정교함을 갖추었을지언정 활발한 생명의 열기가 없다. 그래서 이 도시는 사람을 뜨겁게 하는 역량과 호탕한 역동성을 상실한 것으로 보인다. 애석하게도 상하이 사람들을 풍자하는 칼날은 늘 낙후된 규범 의식에서 비롯되었다. 가령 상하이 사람들은 너무 서양 편향적이다, 저 잘난 체만 한다, 정도를 벗어났다 등처럼. 그래서 소박함을 회복하고 좀 순종적인 품성으로 되돌아와 전체에 귀속하는 통일 의식을 중시해야 한다고 비판을 가했다. 이런 비판에 대해 가슴 가득 바닷바람을 품고 있는 상하이 사람들은 오히려 좀 고집스러운 태도를 취하며, 좀체 자기 반성을 하려 들지 않았다. 차라리 잠시 이러는 게 낫지, 뭔가 아쉬운 것이 있어서 그렇게 황망히 빌붙지는 않겠다는 것처럼. 당혹과 혼란의 와중에서 제대로 격식을 갖춘 또 다른 집단이 생기리란 보장은 없다. 상하이 사람들이 지닌 인격적 구조가 합리성을 지니기 위해서는 더 자유롭고 강건하며, 더 열정적이고 웅대한 것을 지향해야 한다. 즉 상하이가 의지해야 할 바는 광대한 바다, 드넓은 세계, 그리고 무한한 미래여야 한다. 이런 인격적 구조의 실현은 중국의 어떤 도시에서도 출현한 적이 없었다. 만약 영원히 인파로 붐비는 직원의 시장으로, 또 영원히 새로운 화교 세대의 배양지로 남는다면, 그렇다면 미래의 세계 판도에서 이 도시는 암울하게 퇴조해 갈 것이다. 역사란, 여태껏 현재의 상태에 영원히 머무르는 그런 것을 용납한 적이 없다.

얼마 전 외국 통신사의 보도를 접한 적이 있는데, 독일의 어떤 도시에 기이한 서적을 전문적으로 다루는 서점이 있는데, 뜻밖에 여기서 상하이의 지도를 살 수 있다는 것이었다. 외국 기자의 경탄은 나를 쓸

쓸하게 했다. 왜냐하면 보도 전에 설명하기를 이 서점은 전 세계 대도시의 지도를 팔고 있다고 했다. 어째서 상하이의 지도를 이 서점에서 살 수 있다는 것이 놀라운 일인가! 상하이의 지위는 원래 이런 것이 아니며, 이래서도 안 된다! 가령 세인들이 지리적 공간에서 시간의 의미를 발견할 수 있다면, 그리 이해하기 어려운 일은 아니다. 상하이의 중국을 잃는다면 한 시대를 잃는 것이다. 상하이의 문명을 잃는다는 것은 모든 중국 민족의 비애이다.

14

상하이 여성

■ 아이윈(艾雲) ■

선봉소설(先鋒小說)에 참여한 바 있고 『상해문작(上海文作)』, 『소설평인론(小說評認論)』, 『문예평론(文藝評論)』 등의 잡지에 글을 발표했다. 1982년 정주대학(鄭州大學) 중문과를 졸업하고, 광둥성 작가협회 『작품(作品)』 잡지사 부편집위원을 지냈다. 『아이윈수필 : 여인의 자전적 서술(艾雲隨筆 : 女人自述)』, 『사계절 이야기(細節的四季)』, 소설 작품으로는 「시도 때로는 당신을 속인다(詩意有時對你有些欺騙)」, 「천당을 지옥으로 만든 여인(把天堂就成地獄的女人)」, 「여인은 왜 내게 다가서는가(女人爲何走近身體)」 등이 있다.

당신도 아마 이런 경험이 있을 것이다. 어떤 도시에 갔을 때 그곳 여성들의 독특한 풍모로부터 순간적으로 이 도시에 대한 나름대로 명석한 이해와 판단을 내린 적 말이다. 가령 여성의 진보와 해방은 한 사회의 진보와 해방의 수준을 헤아리는 척도일 것이다. 이로부터 추론해보면 여성이 처한 대체적인 상황은 한 도시의 내적 내용성과 각종 사회 관계의 징표이다.

여성의 분위기나 배경은 의미심장한 문화적 면모를 담고 있다. 상하이 여성은 그 부드럽고 맑은 품성으로, 특수한 풍취를 자아내는 도시를 치장하고 있다. 동북 지역 여성의 호방하고 솔직함, 서북 지역 여성의 단아하면서도 옹골참, 변방 지역 여성의 민첩하고 용맹함, 중원 지역 여성의 시원시원하고 명랑함을 겪어 보았다면 상하이의 여성들은 특별히 단아하고 고상하다는 느낌을 받을 것이다.

> 고개를 살며시 내리 깔은 온유함,
> 한 떨기 수련같이 가벼운 바람조차 이기지 못할 교태로움.

아마노 물의 고장 강남(江南 : 양자강 이남 지역)의 풍토는 이곳 여성들을 더욱 곱고 예쁘게, 얼음 같고 옥 같은 정결함을 배양했다. 그래서 상하이 여성들은 천부적인 아름다운 자태를 스스로 버리기 어려웠을 것이다.

자고로 강남땅은 미녀의 고장이라 불렸다. 섬북(陝北) 지방에는 '쌀 기름 흐르듯 촉촉한 피부를 지닌 여인'이란 말이 있다. 아마 좋은 토양에서 나온 쌀이 매우 기름져 피부가 촉촉이 부드러운 여성과 같다는 말일 터인데, 아무튼 이런 그윽한 아름다움이란 수시로 엿볼 수 있는 것이 아니다. 그러나 강남의 미인은 개방적인 환경에서 성장하여,

"양씨(楊氏) 집안의 여식 방년 18세라, 깊은 규방에서 자라나 본 사람이 없다"는 식의 만나보기 어려운 그런 것이 아니다. 강남 여성의 아름다움은 눈앞에 역력하여 맘껏 배부르게 감상할 수 있다.

상하이 여성이 다소곳이 당신을 향해 걸어온다. 그리고 부드럽게 건네는 말이 마치 앵무새가 지저귀는 것 같고, 온유하고 아리따운 성품은 마치 한 폭의 그림처럼 가슴에 사무친다. 그녀들은 따뜻하고 윤택한 자연 환경과 풍토에서 자라나, 그야말로 하늘의 편애를 독차지한 듯 천연적인 미(美)의 바탕을 얻었다.

그녀들은 늘 자신을 정결하고 상큼하게 가꾼다. 온유하고 윤택한 기후는 여성들의 삶을 편안하고 담박하게 해주었고, 넉넉하며 아름다운 나날을 선사했다. 사실 생활의 어려운 점이 상하이 여성들에게 전혀 없었던 것이 아니었다. 그녀들의 생활 부담은 대단히 무거웠다. 출퇴근 길의 수고로움은 말할 것도 없고, 집안 구석구석 쌓여 있는 집안일은 한가롭게 쉴 틈을 주지 않았다. 팔짱낀 채 아무 것도 하지 않으며 넋 놓고 텔레비전을 볼 만큼의 여유로움이란 있을 수 없는 말이다. 1분 1초를 아까와 하면서 텔레비전을 보는 와중에도 뭔가를 짜거나 옷감을 매만져야 한다. 그녀들의 두 손은 쉴 틈이 없다. 닳아빠진 수건 조각이라도 깔끔이 빨아 말려 한 점의 티끌도 없이 다듬고, 좁고 낮은 층계 바닥은 쓸고 쓸어서 나뭇결이 드러날 정도이다. 경쾌한 리듬감마저 실려 있는 바지런한 잰걸음은 새벽부터 저녁까지 그칠 날이 없다. 그녀들은 생활의 책임을 조금도 회피치 않으며, 자신의 수고와 노력으로 생활을 가꾸고 동시에 아름다움을 창조한다. 그녀들은 자신들만의 세계에 깊이 빠져, 여성이 부담해야 할 책임 가운데서 위안과 편안함을 느낀다. 외부의 풍파는 그녀들의 내심까지 파고들지 못한다. 그녀들은 마음을 편안히 먹고 급하지도 시끄럽지도 않게 자아 창조의 심미적 분위기 속에서 자신만의 즐거움과 기쁨을 찾아낸다. 이로부터 그 힘들고 단조로운 세월로 잃었던 것들에 대한 세례와 보상을 얻는다.

"고기를 먹느니 키우는 게 낳고, 모양새를 치장하느니 수양하는 게 낫다(吃肉不如養肉 美容不如養心)"라는 말이 있다.

얌전하고 점잖게 소소한 생활 속에서 아름다움의 의미를 찾는 여성은 좋은 생활 태도와 정서를 유지할 수 있다. 상하이 여성들은 확실히 생활을 알고 자신을 다듬고, 또 집을 가꾸고 살림을 조리 있게 할 줄 안다. 그녀들은 생활을 일종의 예술

단아하고 고상함을 지닌 상하이 여성

로서 추구하고 영위한다. 손을 잡아끌어 옷을 입히고 입을 벌려 밥을 떠 넣어 주는 그런 게으름이나 태만은 절대로 찾아볼 수 없다. 근면하게 스스로 노력하며 추호의 허물도 허용치 않고, 또 분에 넘치는 생각을 하지 않는다. 삶에 대한 열정이란 여성들에게 고상한 정서를 제공하며, 향상심과 예술적 심미 의식은 삶의 힘을 가져다준다. 삶에 대한 열정이 가득한 여성은 생활 속의 고난과 시련 속에서 극복의 용기가 넘치며 나약함이나 절망이란 없다. 이로부터 주변의 사람들도 감동과 감화를 받게 된다.

여성은 일종의 의경(意境 : 문학, 예술 작품의 경지)이기도 한다. 여인들의 아름다운 모습과 개성은 당신에게 시적 향기가 충만한 세계를 선사한다. 상하이 여성의 우아함과 정숙함은 일종의 문화와 문명의 징표이다. 일반적으로 해안의 개방적 도시, 가령 광저우나 선전 혹은 홍콩이나 타이완 같은 지역의 환경은 여성들을 제멋대로 거리낌 없이 행동하는 어쩌면 참신하다고 볼 수도 있는, 그래서 충동적이고 고집 센 현대적 풍모를 두드러지게 했다. 그러나 상하이 여성은 오랜 문화적 퇴적 속에서 독특한 기질을 키워냈다. 즉, 심층적인 아름다움이라 할까, 이것은 짧은 시간에 배울 수 있는 것이 아니다.

예를 들어 생활의 측면에서 여성을 논한다면 상하이 여성은 삶을 예술적으로 승화시킨다. 먹는다는 측면에서 봐도 그녀들은 보양의 즐거움을 누리는 복이야말로 생을 누리는 중요한 이치임을 이해하고 있다. 겨울철이 다가오면 상하이 약방에 보양 제품을 파는 코너는 그녀들로 붐빈다. 아교, 홍대추, 계피, 복숭아 씨, 인삼, 목이 등등은 겨울철 보신을 위한 중요한 구매품이 된다. 그녀들은 생활의 여력이 닿는다면 이런 보양 제품을 구입하여 원기를 돋우고 기초 체력을 보완하려 한다. 그러면 몸이 좋지 않더라도 일정 기간 음식 보양을 통해 현저한 효과가 나타난다. 혈색도 이전보다 좋아진다. 하지만 너무 힘들게 일하다보면 좋아진 건강도 다시 손상을 입게 된다. 여성은 스스로 아낄 줄 알아야 한다. 미용을 위해서도 그렇고, 또 건강해야만 정신적 여유를 갖고 활기에 찬 일상에 매진할 수 있는 것이다. 남방 여성의 특이한 점은 외모는 바람에도 휘어질 정도로 연약해 보이지만, 일에 있어서는 부드러우면서도 강인하며 성실하고 참을성이 많다는 것이다.

주방의 식탁은 상하이 여성들의 멋진 음식으로 장식된다. 끓이고 볶고 온갖 솜씨를 뽐내 홍당무 몇 개로도 기가 막힌 음식을 만들어낸다. 게다가 음식의 안배도 늘 맛과 향기, 그리고 모양새를 따져 입맛이 절로 돌게 한다. 아마도 남성들은 경험적으로 아내로는 남방 여성이 최고라는 생각을 갖고 있을 것이다. 다만 상하이 여성들이 대단히 훌륭하지만 수입이 넉넉하지 못하므로 매사 꼼꼼히 따지고 계산할 수밖에 없다. 이런 주도면밀함은 가끔 다른 사람을 짜증나게도 한다. 하지만 북방의 거칠고 손이 큰 여성과 비교해 볼 때 나름대로의 장단점이 있는 것이니, 완벽한 사람이 어디 있겠는가!

남방의 여성은 별도로 하늘의 은총을 받아 보슬비와 살랑거리는 바람결 속에서 그녀들의 독특한 풍모를 가꾸어냈다. 길거리를 다니다 보면 일반적으로 상하이 여성들이 다른 지방의 여성에 비해 현저히 젊어 보인다. 윤택하고 습윤한 기후 때문에 얼굴의 주름이 적다. 주름살은 한창 시절의 여성에게는 제일의 천적이다. 상하이 여성은 해와 달의 정기를 타고난 것 말고도 무정한 자연의 시련을 극복하였다. 이로부터 그녀들은 시들지 않는 청춘을 보존하려 노력했고, 덕분에 생활의 단련을 참아내는 끈기를 기를 수 있었다. 음식에 대한 추구는 강남 지역에 일찍이 있던 문화이다. 합리적인 먹거리는 상하이 여성이 더욱 자신의 영원한 청춘을 유지할 수 있도록 도왔다.

일련의 조사에 따르면 산서대학(山西大學)의 여학생은 상하이 대학의 여학생의 표준 신체 치수에 비해 좀 더 컸다. 이 결과는 유전적 요인 외에 이 두 지역에서 장기적으로 형성된 음식 습관과 관련이 있음을 말한다. 산시(山西) 사람들은 면을 주식으로 하고, 반찬은 단조로우며 국을 좋아한다. 상하이 사람들은 쌀을 주식으로 하고, 생선과 고기에 야채를 배합하여 멋을 낸다. 그리고 여유롭게 천천히 먹고 마신다. 이래서인지 두 지역 여대생의 체형은 현저히 다르다. 이후 산시의

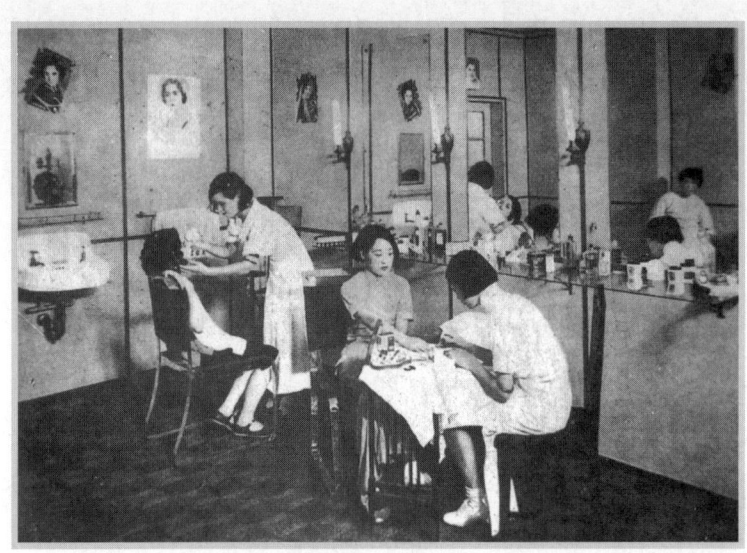

자신을 아름답게 가꾸는 상하이 여성들

여대생들은 음식 습관을 바꿔서 반년 후 체형의 변화가 생긴 것으로 보고되었다.

여성들은 잔소리가 많기 마련인데, 대부분 하잘 것 없는 소소한 일들의 연속이다. 하지만 의식주 등의 구체적인 문제에서 벗어날 수 없다. 남자들은 폭이 넓어서 광활한 세계를 마주하여 자아를 밖으로 내몰기도 하고 상승시키기도 한다. 여자는 자아를 돌이켜 보면서 그 안에서 자신의 실제 세계를 찾는다. 출세 의식이 지극히 강한 여성은 여성의 운명과 욕망을 가장 잘 아는 여성이며, 생활의 정서가 풍부하고 또 폭이 넓은 여성이다. 이를테면 한 지혜로운 여성이 자신을 가꾸지 않아 얼굴은 초췌하고 옷은 남루하다면 그 지혜는 쓸데없는 것이다. 가령 당신이 사람들에게 영향을 주고 또 고무케 할 만한 매력이 부족하다면, 그래서 가련하게 살아간다면 어찌 사람들이 당신을 받들어 본받겠는가! 여성이란 어떤 때 어떤 상황이건 자신을 잊어서는 안 된다. 자신을 망각한다는 것은 여성의 최대 불행이다. 상하이 여성들처럼 슬프고 우울할 때 예쁜 옷을 입고 미장원에 가서 마음에 드는 헤어스타일로 바꿔보라. 울적함이 금방 명랑함으로 바뀌게 될 것이다.

생활을 이해하는 상하이 여성은 이렇게 단조롭고 재미없을 때 오히려 빛을 발한다. 그녀들은 기분을 전환하고 꽉 막힌 심정을 소통시키는 법을 찾아내는 데 장기가 있다. 따라서 공허함이나 무료함이란 그녀들의 생활에서 찾아볼 수 없다. 그리고 생활에 대한 반역적 갈망 같은 것은 그녀들에게서 생각조차 할 수 없는 것이다.

그렇다. 상하이 여성은 실질을 중시하고 허황됨이 적으며, 다른 사람들과 몰려다니기 보다는 늘 자신과 싸운다. 마치 상품 경제가 발달한 지역에서 사람과 사람 사이의 관계가 갈수록 개인화되고 공동체 문화가 적은 것과 같다. 여기서 개인의 의미는 사회학자가 진지하게 연구할 몫일 것이다. 결론적으로 상하이 여성은 북방의 여성들이 떼지어 이리저리 몰려다는 것과는 달리 사교 활동이 적으며, 바느질이나 자수와 같은 여성적인 일이나 다른 일에 시간을 사용한다. 그리고 쇼핑을 다녀도 늘 다른 사람의 복장이나 헤어스타일로부터 자신의 영감을 찾아낼 수 있다. 대부분 외지 여성들은 상하이 여성들이 자신을 꾸미는 일을 중요시하는 것과는 다르다. 그래서 구실을 찾아 자위하기를, "내가 얼마나 바쁜데, 집안일도 해야지, 애도 봐야지, 책도 읽고 글도 써야지. 옷을 잘 챙겨 입고 외모를 꾸미는 일에 신경 쓸 새가 어디 있어!" 이 말을 들어 보면 정정당당한 듯하지만 실은 타협적이다. 어떤 사람도 당신이 얼마나 강렬한 출세욕이 있는지 상관하지 않는다. 때문에 스스로를 정리할 시간이 있어야 한다. 사실 매일 일이십 분 정도만 짬을 내면 충분하다. 정신없이 바빠 뒤죽박죽인 여성을 가지런하고 잘 정돈된 여성과 비교한다면 사실 불필요한 시간을 적지 아니 소모한 점이 많다. 그리고 업무 효율도 알게 모르게 저하된다.

　말을 바꿔보자면 여성은 자신의 내면적인 수양을 중시한다. 배를 곯아가면서까지 예쁘게 치장하여 꾸미는 아름다움이란 세월과 함께 흘러가 아무 것도 남지 않는다. 마음을 울리는 영원한 매력은 외적 아름다움과 내적 아름다움의 결합에 있다. 상하이 여성들은 물질적 생활을 추구하는 동시에 외적 아름다움보다 훨씬 중요한 것이 있다는 사실을 잊지 않는다. 영혼, 바로 정신 세계의 추구이다. 이것이야말로 완전히 새로운, 그리고 영원히 색이 바라지 않는 기품을 자아내게 한다.

　촉촉한 아침비가 씻어 내린 깔끔한 강남의 정경은 마치 꿈결 같지만 상하이 여성은 결코 꿈속에만 빠져있지 않고 실질적이다. 이것은 안정과 평온을 갈망케 한다. 그녀들은 변고가 많고 불행한 일이 많지 않기를 바라며, 즐겁고 화목한 인생을 소원한다. 혼인 문제에 있어서도 매우 신중한 태도를 취하는 바, 일단 가정을 꾸린다면 쉽게 훼손되는 것을 원치 않는다. 왜냐하면 그녀들은 한 가정을 꾸리기 위해서는 마치 제비가 진흙을 물어와 둥지를 짓듯 온갖 심혈을 다 기울여야 하고, 비로소 그것에 의지하여 자신의 심신이 편히 쉴 수 있다고 여기기 때문이다. 만약 생각지도 못한 일이 가정의 한 구석에서 일어난다면, 아마 견디지 못할 것이다. 그녀들은 북방의 여성들처럼 큰 칼과 도끼로 대담하게 생활의 고난과 걱정거리를 잘라내지 못한다. 다만 조심스럽게 자신의 둥지를 경영하며, 따끈따끈하고 온유한 작은 둥지에서 조용히 그리고 편안하게 한 여인의 담백하고 안정된 일생을 보낸다.

　상하이 여성은 작은 새가 사람에 의지하듯 편안하고 온순하다. 길을 다녀보면 설령 대낮이라도 상하이 아가씨들이 늘 남자 친구의 팔을 휘어 감고 품에 기대어 걸어가는 광경을 쉽게 목도하게 된다. 떨어지지 않으려고 꼭 부여잡은 품새가 마치 아교 칠로 붙여 놓은 것 같다. 저녁 무렵 가로등이 막 켜지면 황포 강변의 난간은 달콤한 온기가 식지 않은 청춘 남녀로 늘 가득 찬다. 상하이 여성은 자신의 부드럽고 달콤함으로 생활을 멋진 풍취로 가득하게 가꾼다.

섬세하고 부드럽기가 물과 같은 상하이의 여성이여! 만약 남방의 여성이 평화의 땅을 지키는 아리따운 천사라면, 북방의 여성은 환경의 좋고 나쁨을 따지지 않고 당신의 강산을 다스리는 용사와 같다. 남방 여성의 달콤하고 따스함이 당신으로 하여금 생활의 묘미를 떠올리게 한다면, 북방의 여성은 과감함과 결단력으로 당신으로 하여금 길을 나서도록 독려한다. 남방 여성의 부드럽고 가녀린 애무가 구석구석 남성을 보살핀다면, 북방 여성은 불같은 열정으로 남성의 마음을 선동하고 자극한다. 남방의 여성은 가정에 있고, 북방의 여성은 길거리에 있다.

이 세계는 개성이 분명한 다채로운 여성들에 의해 꾸며지고 돌보이기를 원한다.

15

아! 상하이 남성이여 *

* 『문회보(文滙報)』- 필회(筆會), 1997년 1월 7일에 게재

■ **룽잉타이**(龍應台 : 1952~) ■

후난성 헝산(衡山) 출신으로 타이완 성공대학(成功大學)을 졸업한 후 미국에서 유학하여 영미
문학 박사 학위를 취득했다. 1983년 타이완으로 귀국하여 중앙대학(中央大學), 담강대학(淡
江大學)에서 교수를 역임하고, 1986년 8월 스위스 취리히에서 살다가 1988년 5월 독일 프랑
크푸르트로 이사했다. 산문집으로 『들판의 불(野火集)』, 『룽잉타이 소설 평론집』이 있다.

나는 타이완의 여성으로, 미국과 유럽에서 20여 년을 살았다. 러시아에서 남아프리카까지, 이스라엘에서 필리핀까지 일주를 한 적도 있다. 그래서 세계로부터 놀라울 만한 일은 더 이상 없을 것이라고 생각했다. 상하이의 남성을 알기 전까지는.

10년 전 대륙 문학을 읽기 시작할 무렵, 강하게 남았던 인상이란 민족의 고난이나 문화대혁명 10년간의 동란이 아니었다. 어째서 소설 속에 밥을 짓고 설거지를 하는 남성들이 이렇게도 많은가? 이것이었다. 책꽂이를 언뜻 둘러보다 아무거나 한 권을 뽑아 몇 쪽을 읽어 보면 바로 이런 광경이 펼쳐진다. 한 부부가 손님을 청했다. "13일 오전 저우민(周敏)은 일어나자마자 주방에서 바삐 말했다." 저우민은 아마도 남자일 것이다. "임시 거처라서 주방 기구가 모자라 인근 여관에서 공기 3개와 10개의 큰 접시, 작은 접시 5개, 찜기, 그리고 냄비를 빌렸어!" 저우민은 급히 생선의 배를 가르기 시작하고, 그의 아내는 한 벌 한 벌 예쁜 옷을 입어보고 화장을 한다. 타이완 소설에서는 이런 내용을 찾기도 어렵고, 타이완의 작가들은 이런 글을 엮으려 해도 엮어내지 못하리라.

사회주의가 가르쳐낸 남성은 대단히 개방적이기 때문에 나도 속으로 꽤나 경탄을 금치 못한 바 있었다. 외국에서 만났던 대륙의 여성들은 말이 좀 과장되고, 저마다 머리를 치켜들고 가슴을 내밀며 용감하게 달변을 늘어놓는 모습이있다. 그래서 사신을 희생하면서까지 남편의 사업을 성공시킬만한 여성이라는 느낌이 전혀 없었다. 자본주의 사회에는 "모든 성공한 남자의 뒤에는 온유한 여성이 있다"는 말이 있는데, 대륙 여성에게는 해당되지 않는 것 같다. 그녀들은 머리를 높이 치켜들고 앞에서 활보한다. 결코 남자의 그림자 속에 있지 않는다. 상대적으로 타이완의 여성에게는 전통적인 '미덕'의 흔적이 곳곳

에서 드러난다. '온양공검양(溫良恭儉讓 : 온유, 어짊, 공경, 검소, 사양)'
의 미덕을 두루두루 갖추고, 행동거지는 "교묘한 웃음 예뻐라, 영롱
한 눈동자 아름답네(巧笑倩兮, 美目盼兮)"라는 시의 구절처럼 수줍음
을 추구한다. 자신의 일이 잘 풀려나갈 땐 남자를 고려하며 너무 지나
칠까 저어한다.

스위스 여성은 얼마 전까지만 해도 투표권이 없었다. 독일 여성은
결혼 전에는 야심만만하다. 그러나 일단 아이가 생기면 오전 반나절
정도 유치원이나 초등학교, 중학교를 보내고, 오후에는 집을 지키면
서 아이를 돌보며 집안 청소하고 음식을 만들고 운전도 하며 정원을
가꾼다. 이런 일이란 보수가 없기 때문에 자연 남자에게 생활비를 타
는 배우자로 변모한다. 독일 여성은 유럽에서도 현모양처로 유명하
다. 남편과 자녀를 위해 자신의 일을 희생하는 것은 그리 대단한 미덕
이 아니고, 여성이 마땅히 다해야 할 의무로 간주된다. 독일의 작은
시골 마을을 지나다보면 집집마다 여성들이 이불을 널어 말리고, 유
리창을 닦고, 집안 구석구석 티끌 하나 없이 닦고 또 닦으며 남편이
귀가하여 칭찬해 주기를 기다리는 모습을 쉽사리 볼 수 있다.

그래서 대륙에서의 남녀 평등에 대해 나름대로 마음의 준비가 되
었다고 자부했지만, 상하이 남성들이 대륙 남성 가운데서도 독특하
지만 전 세계를 걸쳐 희귀한 품종이라곤 생각지도 못했다.

낯선 도시에선 귓가를 스치는 이런저런 소리를 통해 우리는 대략
그 도시의 문화적 특징을 탐지해낼 수 있다. 안데르센의 고향에 가면
사람들의 은밀한 대화로부터 어린 인어 공주가 어떻게 부권(父權)의
압력을 받아 자신의 사랑을 추구할 수 없었는지 알게 된다. 그림 형제
의 마을에 가면 신데렐라의 계모에 대해 사람들이 어떻게 생각하는
지 알게 되며, 리앙의 남편을 죽인 작은 마을에 가면 린씨 부인이 남

편에게 어떻게 폭행을 당했는지 알게 된다. 고금을 막론하고 또 중국이든 외국이든, 동화이건 사실이건, 떠도는 말 속에 학대를 받은 대상은 전부 여성과 아이들이다. 『이십사효(二十四孝)』는 아동의 학대사이고, 『열녀전(烈女傳)』은 부녀자의 자학기이다. 그런데 20세기 말 중국의 상하이는, 당신이 어떻게 생각을 하건 떠도는 말의 주인공은 남성, 즉 학대받는 남성이다.

어떤 사람이 아내에게 쫓겨나 황포 강변을 밤새 떠돌았다. 아내의 직장에서 제공한 집이기 때문에 아내가 나가라 하니 나갈 수밖에 없었다는 것이다. 어떤 사람은 밖에 애인이 있다는 사실이 발각되었다. 아내는 땅바닥에 엎드려 기라고 했다. 이리저리 땅을 기다 한쪽 팔이 탈골되었는데 상관치 않고 착골한 후 다시 기게 했다. 어떤 사람은 어느 날 늦게 귀가해 보니, 자신의 책상과 책, 그리고 옷가지들이 문밖에 나와 있었다. 마치 쓰레기처럼. 또 어떤 이는 이혼하려 했는데 아내가 과도를 팔목에 대고 자살하겠다고 협박을 해서 더 이상 이혼이란 말을 꺼낼 수 없게 되었고, 오히려 매일 밤 잠자리를 하자고 윽박지른다고 한다.

'남자……' 조심스럽게 또 차마 말문이 떨어지지 않지만 물어본다. "남자도 핍박을 받는단 말인가!" 내 결코 그리 무지하지는 않지만, 그러나 우리가 상하이 남성을 논할 땐 정말 상황이 특별하달 수밖에 없다.

이런 이야기를 들은 한 친척이 경멸하듯 나를 바라보면서 말한다. "어째서 이혼하지 못한다는 거야!" 계속해서, "장 선생이 매일 죽은 사람처럼 축 처져 다니면서, 또 이혼을 요구할 힘조차 없다니. 게다가 아내가 그를 때린다고!"

아! 그렇다면 상하이 남성이 스웨덴의 남성과 같단 말인가! 외국 신문의 연합 보도에서 본 적이 있는데, 스웨덴에서는 남성들이 여성에게 구타당하는 것이 보편적이어서 남성 보호 단체가 결성되어 폭행을 당하는 남성을 보호한다고 한다. 유럽에서, 특히 스웨덴의 남녀 평등권이 가장 진보적이라고 한다. 그런데 어째서 여권이 신장되면서 남성이 거꾸로 여성의 학대 대상이 된다는 말인가. 아마도 두 성간의 권력 투쟁은 피할 수 없는 건가. 미처 심각하게 연구해 볼 겨를도 없이, 눈앞에서 상하이 남성들이 맹렬히 나에게 말하고 있다. 왜 그들이 아내를 두려워하는가를.

나는 나의 아내를 사랑합니다. 명령만 떨어지면 나는 뭐든지 합니다. 그는 싱글벙글 웃으면서 말한다. 옆에서 떠들썩하게 부추긴다. 말해! 말해! 말하라고! 당신이 왜 화장실로 가는지. 그가 말한다. 아내가 청소를 하라고 시켰단다. 몸이 변기에 빠지든 말든. 그는 늘 두 발로 변기 가장자리를 딛고 청소를 한다. 한 번은 화장실을 청소하는 할머니가 밖에서 아래를 내려보니, 아이고, 그의 발이 보이질 않더란다. 대걸레로 문을 쾅쾅 치면서 그의 아내가 욕을 하는 소리가 들려오는데, 그는 움직이지도 못하고 아내의 명령이라 변기통에서 내려오지도 못하고 있더란다.

문화계의 한 친구와 점심을 하고 있었다. 마이탕(螞蟻湯 : 깨 국) 한 사발을 마시고난 후, 그 친구가 결혼 생활의 애로점을 털어 놓기 시작했다. "겉모습만 보고 내가 그래도 괜찮은 편이라고 판단하지 마세요." 그는 이마의 땀을 훔치며 말했다. "집안에서는요, 저는 정말 아무 것도 아닙니다." 다음 날 우리는 한 회의에 함께 참석하기로 했다. "제 아내가 저보고 일찍 돌아와 시장 봐다가 음식을 장만하라 할걸요. 아내의 친척이 방문한다고 말이죠."

그는 머리를 흔들며 분개하는 듯 말했다. "늦으면 안 되죠! 아내의 친척인데. 두고 보세요." 다음 날 회의가 아직 끝나지도 않았는데 과연 그는 보이지 않았다. 사람들도 그가 어디 갔는지 몰랐다. 나는 알았다.

이종사촌 언니가 점심 초대를 했다. 나는 귀찮게 하지 않으려 나가서 먹자고 했다. "괜찮아! 괜찮다니깐!" 그녀는 말했다. 집에 도착했을 때 이미 한 상이 쩍 하니 벌어져 있었다. 언니와 의자에 앉아서 식사를 하려는데 부엌에서 소리가 들리기에 물었다. "누가 음식을 하는 거야?"

단정히 뜨거운 국을 받쳐 들고 한 젊은 남자가 걸어 나왔다. 언니가 소개하기를 장래에 결혼할 가능성이 있는 사람이란다. 엔지니어인데 마침 지방에서 올라왔기에 음식 좀 만들라고 시켰다는 것이다. 정말 이래도 되는 건가!

식사 후 이 남자는 식기를 치워 깨끗이 설거지까지 마쳤다.

설거지 후에는 우리 두 여자를 모시고 거리를 다니며 옷가게 구경을 시켜주었다. 거리를 다닐 때도 그는 우리 뒤에 서서 따라다녔다. 손에는 큰 봉투, 작은 봉투 하나씩 늘어가는 봉투를 껴안고 오후 한나절을 쫓아다녔다.

타이베이로 돌아와 나는 대학에서 교수를 하는 한 친구에게 물었다. "타이베이에서도 이런 일이 가능할까?" 그 친구는 묵묵부답 잠시 뭔가 골몰히 생각하는 듯하다 말했다. "나도 생각난다. 일전에 상하이에서 잘 모르는 부부의 집에 머문 적이 있었지. 어느 날인가 외출했다 돌아왔을 때였어. 글쎄 바깥주인이 내가 벗어 놓은 속옷을 깨끗이 빨아서 베란다 빨래걸이에 널어 놨더라고. 대경질색 했지."

"왜 그랬는지 이제 알겠다." 그 친구는 웃으며 말했다. "아이고 상하이 남자들이란!"

나도 명백해졌다. 상하이 남성들은 뜻밖에 귀여운 구석이 있다. 그들은 시장을 봐 음식을 만들고 바닥을 쓸면서도 스스로 비하하지 않는다. 그들은 여성의 옷을 빨아주면서 자신이 형편없다고 생각지 않는다. 그들은 여성과 조잘대면서 스스로 남자의 기개가 부족하다고 여기지 않는다. 그들은 여성에게 핍박받으면서도 자신이 나약하다고 생각하지 않는다. 그들은 아내의 성공을 음미하면서 자신은 실패했다고 자학치 않는다. 상하이 남성은 침팬지처럼 자신의 가슴을 두드리고 머리칼을 잡아 뜯으며 남성의 가치를 과시할 필요가 없다. 아! 이래야만 진정 바다처럼 넓은 가슴과 하늘처럼 드높은 기상을 지닌 남성인가! 우리 20세기에 해방을 추구하는 신여성이 꿈속에서도 찾고자 했던 것이, 바로 남성의 미망된 영웅주의에서 벗어나는 것, 또 온유하면서도 당당한 남성이 아니었던가! 그들은 원래부터 상하이에 있었던 것이다.

"난 상하이 남성이 싫어요!" 25살 난 상하이 여성 독자가 정색을 하며 말한다. "생긴 건 굽은 콩나물 같아서, 퇴근길에 생선 한 마리 사 들고 와선 밥이나 짓는…… 이게 상하이 남자들인데요. 전 북방 남자가 좋아요. 남자답고…… 전 그저 작은 여자이고 싶어요!"

난 가련하게 그녀의 윤기 흐르는 예쁘장한 얼굴을 바라보며, 정말 이렇게 말해주고 싶었다. '이봐요, 젊은 아가씨. 그 잘난 남자다움을 위해 당신은 수없는 대가를 치러야 해요. 당신이 치러야 할 그 대가는 바로 당신의 목숨과 인생 그 자체라구요. 당신에게 가장 중요한 남자가 바로 당신 옆에 있다는 걸 당신만 모르고 있어요' 라고.

특별히 뭐라 할 건 없다. 다만 일단의 곤혹감을 지닌 채 이 미혹의 도시를 떠날 뿐이다. 상하이의 남녀는 진정 평등한 걸까? 잘 모르겠다. 다만 빙산의 일각을 본 거겠지만, 내가 접촉한 것은 상하이의 소위 문화의 정수였다. 오고가며 만나는 게 남성이었는데, 대북이나 독일 또 미국과는 사뭇 달랐다. 전체적으로 본다면 사회의 자원과 권력은 여전히 남성의 손아귀에 있다고 하겠다. 상하이의 여성이 아무리 지독하고, 또 아무리 유능하다 하더라도 분명한 것은 개인적인 영역에서일 뿐이다. 흔히들 말하는 남성과 여성 간에 존재하는 권력의 균형이란, 단지 눈에 보이는 표면적인 현상에 불과하다. 온 세상이 다 그러하다.

그 25세 아가씨의 남자주의에 대한 편향은 가볍게 코웃음으로 넘길 문제가 아니다. 미국의 시인 로버트 블라이(Robert Bly)가 쓴 『강철 요한』이 베스트셀러가 된 이유는, 그가 많은 남녀의 곤혹스런 문제를 제기했기 때문이다.

개방적인 남성, 온유한 남성, 여성의 속옷 빠는 것을 창피하게 여기지 않는 남성이여! 여성들이 뜻밖에 당신들은 남자다움이 부족하다고 탓한다는 사실을 알게 될 때, 당신들은 어디로 가고 무엇을 쫓을 겁니까? 여성들이 남성의 바지를 입고 남자처럼 걸을 때, 남성을 보고 '퉁즈(同志 : 동료, 동지)'라 하며 어깨를 나란히 하고 활보할 때, 다른 남성들이 그녀들보고 여성다운 맛이 부족하다고 탓할 때 과연 당신들은 어디로 가고 무엇을 쫓을 겁니까?

상하이에는 요즘 남자들의 희롱거리인 '진쓰취예(金絲雀 : 화류계 아가씨)'와 꼬마 아가씨들이 출현하기 시작했다. 마치 역사가 거꾸로 가는 것 같다. 남성과 여성의 사이는 궁극적으로 지배와 피지배의 관계를 벗어날 수 없는 걸까? 남녀 평등이나 서로 존중하고 사랑하는 일은 장차 어찌될 것인가?

자전거를 타고 생선을 들고 귀가하는 사랑스런 상하이의 남성들도 과연 이 문제를 생각하면서 맘속에 약간의 우울함이라도 느끼는 걸까?

● 이 글이 상하이 『문회보』에 실리자 대단한 사회적 파문을 일으켰다. '상하이 남성' 들은 대대적으로 신문사에 전화를 걸어 상하이 남성을 멸시했다고 욕했다. 상하이 남성은 여전히 진정한 '대장부' 라고 운운하면서……

16
별 대단한 취급을 못 받는
'상하이 남성들'

■ 선산쩡(沈善增) ■

화동사범대학(華東師範大學) 출신으로 중국 작가협회 회원이다. 상하이 문예출판사(文藝出版社)에서 편집을 담당하며, 소설을 창작하고, 1981년 『공인창작(工人創作)』의 편집을 담당했다. 1986년 상하이 시작가협회 창련실(詩作家協會倉聯室)에서 청년 작가 창작 교사를 역임하고, 이후 상하이 작가협회 전임 작가로 활동하고 있다.

한 친구가 전화를 해왔다. 회오리바람이 몰아쳤다고. 「아! 상하이 남성이여」란 한 편의 글이 상하이 남성들을 쓸어버렸다는 것이다. 그래서 그 글을 찾아 읽어 보았다. 상하이 남성들을 신랄하게 비판한 격문(檄文)인 줄 알았는데, 알고 보니 구구절절한 제문(祭文)이었다. 룽(龍) 여사가 제사를 지낸 것은 다름 아닌 자신의 마음속에 담아두었던 이상적 남성상이었다. 깊은 실망에 빠진 듯한, 또 어떨 때는 아주 강경한, 그런 어조로 보아선 룽 여사가 인생 전반에 걸쳐 추구했던 어떤 이상적 남성상에 대한 이야기가 아니었나 생각된다. 이론적으로는 "우리 20세기에 해방을 추구하는 신여성이 꿈속에서도 찾고자 했던 것이 바로 남성이 영웅주의의 미망으로부터 벗어나는 것, 또 온유하면서도 당당한 남성이 아니었던가! 그들은 원래부터 상하이에 있었던 것이다"라고 했지만, 그러나 감정적으로 보면 이런 종류의 남성은 '남자다운 기질'이 좀 부족하다고 느끼지 않을 수 없었던 것 같다. 생선과 곰발바닥을 동시에 다 얻을 수는 없기에, 그래서 "다만 일단의 곤혹감을 지닌 채 이 미혹의 도시를 떠날 뿐이다"라고 한 것 같다. 때문에 그녀는 별 뜻 없이 상하이 남성들에게 죄를 물으면서도 오랫동안 맘에 품어왔던 이상적 남성상 역시 떨쳐버리지 못했던 것 같다. 그 글의 말미에서 제기했던 일련의 곤혹스러움은 제문 속에서 속세의 인간이 저 세상의 영혼에게 외치는 허망한 외침 같은 느낌이었다.

그녀는 의도적이었든 의도적이지 않았든 남성이 부엌에 들어가는 것(대륙에서는 웨이췬장푸〔圍裙丈夫 : 치마두른 남자〕라고 한다)과 아내를 두려워하는 것(그녀는 이것을 '학대 받는 남자'라고 했다)을 뒤섞어 이야기했다. 남자가 부엌일을 하는 것은 중국 대륙의 특수한 경제 생활의 조건(여성이 보편적으로 사회 활동을 하면서 평등하게 일하고 봉급을 받는)과 생활 습관(먹는 것이 생활의 중요한 일부이며, 요리가 생활의 중요한 예술로 이해되는)이 만들어낸 중국 특유의 가사 분담 형식이다. 따라서 이것은 여자가 가정과 사회에서 주도권을 갖느냐 마느냐, 혹은 남성이 '공처가'이냐 아니냐 하는 문제와는 별개이다. 부엌일을 하는 남자라고 꼭 공처가가 아니고, 공처가라고 꼭 부엌일을 하는 것도 아니다. 부엌에 들어가는 것은 남자가 자발적으로 책임을 다하는 것이며, 공처가는 피동적으로 압박을 받는 것이다. 이 점에 있어 룽 여사는 분명히 구분하지 못했다. 그녀는 상하이 남성들은 '전 세계에 걸쳐 희귀한 품종'이라고 했다. 왜냐하면 상하이 남자들은 부엌일도 하고 공처가이기도 하기 때문에. 그러나 말을 하면서 이 두 가지를 한데 뭉뚱 그려 버렸다. 이 점도 이해할 만하다. 왜냐하면 그녀로서는 상하이 남성들이 기꺼이 아내로부터 학대받기를 원한다는 점을 증명할 필요가 있었기 때문이다.

아내를 무서워하는 것은 유구한 역사를 지닌 화제이다. 남자가 부엌일을 하는 것보다, 또 20세기 여권 운동보다 훨씬 오랜 역사를 지니고 있어서 이루 다 헤아릴 수 없을 정도이다. '하동사후(河東獅吼 : 질투가 심한 여자)'란 말의 출전이 북송(北宋) 때이고, 세계적으로 말하지 않더라고 적어도 중국의 지식인들 사이에서 아내를 무서워하는 것은 우수한 전통이다. '20세기 해방을 추구했던 신여성'이 각고의 노력 끝에 만들어낸 여성 발언권 등등의 이론을 논하지 않더라도 중국의 여성들이 전족(纏足)을 하던 시대에도 많은 공처가들이 있었다. 그래서 꿈속에서도 찾아 헤매던 남성이 알고 보니 상하이에 있었다는 룽 여사의 놀라운 깨달음이란, 사실 상하이 남자들에게 지나치게 과분한 사랑을 베푸신 것이다. 그런데 총명하신 룽 여사께서 뒤에 또 물으셨다. "상하이의 남녀는 진정 평등한가?"라고. 진정한 공처가들은 일반적으로 초연의 단계, 아니면 그것이 부끄럽지 않다고 여기는 그런

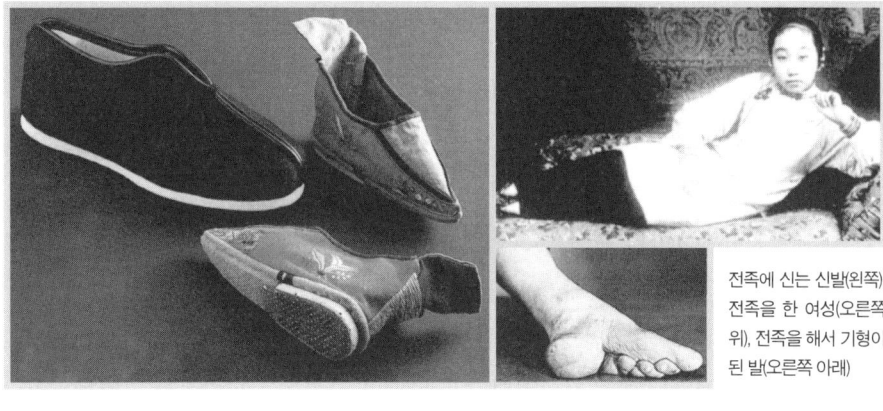

전족에 신는 신발(왼쪽),
전족을 한 여성(오른쪽
위), 전족을 해서 기형이
된 발(오른쪽 아래)

수준까지는 수련이 되어있지 않다. 사람들 앞에서 자신은 공처가라
고 스스로 호들갑을 떠는 것은 사실 의심스러운 점이 있는 행위이다.
어떤 사람은 자신의 신사적 풍도를 과시하려고 그러는 수가 있다. 왜
냐하면 해방을 추구하는 신여성들이 이런 공처가를 좋아한다고 여기
고, 그녀들의 기분을 맞춰주기 위해 연기하는 낯간지러운 짓이 아니
라고 말할 수 없기 때문이다. 어떤 사람은 환심을 사기 위한 것일 수
도 있고, 심지어는 누군가를 유혹하기 위한 것일 수도 있다. 룽 여사
께선 세계 각국을 다녀서 견문이 넓기 때문에 쉽사리 남성들이 잘 써
먹은 이런 방법에 유혹 당하지는 않으셨을 것이라고 본다.

결론적으로 부엌에 들어가는 상하이 남성은 중국 대륙의 다른 지
역 남성들처럼 특별한 것이 아니다. 상하이 남성들 중에도 중국 내지
는 세계(가령 스웨덴) 여타 지역 남성들처럼 아내를 무서워하는 경우
가 없지 않다. 단 '세계적으로 희귀한 품종'이라고 떠받들어진 상하
이 남성들은, 의식적이든 무의식적이든 룽 여사가 만들어낸 허구다.
이렇게 허구를 통해 만들어진 '상하이 남성'들은 사실 그녀 스스로
무언가를 증명하기 위했던 것이었다. 하지만 마음속의 모순 때문에
논리도 헝클어진 결과 어떤 것도 증명치 못했고, 오히려 곤혹스러움
만 많아진 것이다. 그렇다면 진정한 상하이 남성들은 도대체 어떤 사

람들인가! 나는 상하이에서 태어나 자랐다. 난초 핀 방에 들어가서 오래 있으면 난초의 향기가 맡아지지 않고, 생선포 말리는 상점에 들어가 오래 있으면 악취가 맡아지지 않는다고 했다. 룽 여사의 안목을 빌려 보자면 상하이 남성들은 때에 맞추어 변화를 추구하며, 전통 내지는 진부한 관념의 속박을 받지 않는다는 점에서 나름대로 자부심을 갖고 있다. 상하이 남성들은 현실의 환경을 벗어나지 않으면서 수천 년 동안 일관되게 유지되었던 '대장부'의 가치를 추구해 왔다. 때문에 죽어서는 대장부로서의 체면을 유지하면서, 살아서는 대장부라는 이유로 죄를 받으며, 이렇게 스스로를 매우 힘들게 해왔다. 상하이 남성들은 20세기 말 신여성들 때문에 '사나이 기개'를 흠모하는 침팬지처럼 자신의 가슴을 두드리고 몸에 난 털을 드러내 과시하려는 남성을 본받으려 하지 않을 것이다. 상하이 남성들은 실리적이라서 전통 관념과 충돌하지 않으려 한다. 또한 여성과 말싸움이나 하며 어깃장을 부리려하지도 않는다. 헤겔이 말한 "무릇 현실은 합리적이다. 현존하는 것은 변하게 마련이다"라는 명언을 믿으며, 작은 평상심으로 살아가려 한다. 그 결과 자신이 이미 세계적인 희귀 품종으로 변했음을 전혀 감지하지 못했다. 룽 여사는 문장 말미에서 상하이 남성들에게 은근히 기대를 했다. "자전거를 탄 채 생선을 들고 귀가하는 사랑스런 상하이의 남성들도 과연 이 문제(남녀 평등, 상호 존중하고 사랑하는 전경)를 생각하면서 맘속에 약간의 우울함이라도 느끼는 걸까?" 일반적으로 말해서 그런 기대는 헛된 것이다. 대다수 상하이 남자들이 보기에, 이건 전혀 문제가 되지 않는다. 그들은 실제로 매우 바빠서, 이런 한가한 생각을 하고 있을 겨를이 없다.

아! 상하이 남성들이여, 그대들은 진정으로 존중받지 못하는 공처가들인가!

17

상하이 사람들 사교의 실상과 소비의 특징

■ 웨정(樂正, 1955~) ■

시사회과학원(市社科院)의 당 서기(黨組書記) 및 원장, 시사회과학원연맹의 주석을 지냈다.
선전시(深圳市) 우수전문가이자 광둥성(廣東省) 인민대표, 선전시 계획위원으로 활동하며
중국 도시의 발전 이론을 연구했다. 학술 저서로 『근대 상하이 사람들의 사회 심리(近代上
海人社會心態)』가 있다.

17

상하이 사람들 사교의 실상과
소비의 특징

인정적이라고 하지만 오히려 몰인정한 사교의 실상

청나라 말 상하이에서의 사교 활동은 전통적인 사교 방식과 사뭇 달랐다. 먼저 상하이 사람이 사교를 하는 주된 목적은 정감에 있지 않았다. 사교란 정감이나 서로 나누는 그런 실리 없는 것이 아니라 '서로 이익을 나누는(交相利)' 실리성 강한 활동이었다. 사교의 주안점은 사람 자체에 있지 않고, 사람으로 인해 실현되는 물질적 정신적 이익의 존재 여부에 있었다. 실리는 인정(人情)을 대신하여 인간과 인간을 연결해주는 교량 혹은 접착제로 작용했다. 사람이란 이익을 담고 있는 도구였다. 이런 도구로서 사교계에 진입했다. 때문에 사교는 일종의 대가이자 관계를 맺는 행위로 발전되었다. 사람들의 최대 관심은 교제의 정신적 감응이 아니라 그것이 가져다줄 이익에 있었다. 이익이 있다면 관계를 맺으려 하고, 길가에서 만난 사람과도 친구가 될 수 있었다. 이익에 방해가 되면 친구라도 바로 원수가 되었다. 오늘 서로 협력하고 열을 내는 것은 상호간에 공동의 이해 관계가 있기 때문이었다. 그러다가 내일 뿔뿔이 흩어져 서로 다른 길을 걷는 것은 공동의 이익이 이미 존재하지 않기 때문이다. 친구들 간에 싸움이 나는 것은 늘 이익의 분배가 공평치 않기 때문이다. 상하이 출신 소설가인 우젠런(吳趼人)*은 『10년간 보았던 괴현상(近十年之怪現象)』이란 소설에서 장쑤(江蘇)의 부잣집 출신인 방탕한 공자의 이야기를 그렸다. 그는 상하이의 한 술집 사환과 한몫 돈을 챙길 궁리를 했다. 마침내 대 여섯

---

* 1866~1910, 청나라 말 유명한 견책(譴責) 소설가로 필명은 워포산런(我佛山人)이다. 관료 집안 출신으로 상하이와 산둥 등지에서 살다가 일본에 유학하였고, 『초보(楚報)』, 『월월소설(月月小說)』의 편집을 맡다 상하이에서 병사했다. 현재 20여 종의 소설이 전해지고, 그 가운데 『20년간 목도한 괴현상(二十年目睹之怪現象)』이 대표작이다.

명을 규합하여 '산둥금광투자회사(山東金鑛招股處)'라는 유령 회사를 차렸다. 자본을 들이지 않고 돈을 벌자는 사기 행각이었는데, 곳곳마다 선전을 하고 사기를 쳐서 3개월 만에 엄청난 돈을 긁어모았다. 이후 일이 여의치 않게 되어 산둥의 관청에서 조사를 받게 되었다. 몇 사람이 심문을 당하는 지경에 이르자 즉각 각자 돈을 챙겨 흩어졌다. 이 사람들은 본래 생면부지였다. 오직 돈을 벌기 위해 손을 잡고 함께 배를 탔던 것이다. 그리고 일이 터진 후 각자 자기만의 안위를 살펴 도망쳤다. 친구라는 명분은 그 즉시 아무것도 아닌 게 되었다. 이런 이합집산의 인간 관계는 바로 상하이 사교장의 기본적인 특징을 적나라하게 보여준다. 즉 사교를 할 때 돈을 보지, 사람을 보지 않는다. 인정, 인격이란 것은 그 다음의 문제이다. 투기꾼들을 놓고 볼 때 인정이나 인격은 더더욱 말할 나위없다.

다음으로 상하이 사람들의 사교는 단순한 여가 활동 차원이 아닌 이익을 얻기 위한 중요한 수단이자 생계를 도모하는 본령이다. 마치 왕타오(王韜)가 "이리저리 굽신거리며 겸손을 떠는 건 먹을 것을 얻기 위해 예를 갖춘 것이고, 하릴 없이 우스개 소리를 하는 것은 돈을 구하기 위한 처신이다"*라고 한 말과 딱 맞아 떨어진다. 상인들에게 있어 사교는 교역과 판매 활동의 일부이다. 각종 관계를 통해 각지의 사정을 이해하고 장사를 꾸며 동업을 하기 위해서는 광범위한 사회적 관계에 의존하여 서로 함께 도모해야만 가능하다. 따라서 사교는 필수적이며 강박적이기까지 하다. 원하건 원하지 않건 장사를 하고 돈을 벌려면 필수적으로 교제를 배우고, 접대를 배워야 한다. 이래야만 위 아래로 통하는 교제망과 좌우로 연결되는 교제의 네트워크가 구

---

* 『왕타오 일기(王韜日記)』, 116쪽.

축될 수 있다. 청나라 말 상하이에는 오로지 교제만 갖고 먹고 사는 전문 브로커들이 있었다. 이들은 교묘히 헛바닥을 놀리고 신속한 정보로 선을 연결시켜 사업을 중매한다. 그리고 일단 성사되면 상당한 보수를 받는다. 20세기 초 상무인서관(商務印書館)은 황징완(黃警頑)이란 청년을 고용했다. 그는 종일 사교와 접대를 주관했는데, 교제 능력이 놀라웠다. "그는 한 번

1932년의 상무인서관(商務印書館)

보기만 하면 몇 년이 흘러 우연히 길가에서 마주쳐도 구차히 통성명이 필요 없었다. 즉석에서 무슨 형, 아무개 선생님, 심지어는 상대방의 직위서부터 사는 곳까지 한 치의 틀림도 없이 술술 나왔다." 듣기로는 기억하는 사람이 2만여 명 쯤 되었다고 한다. 상무인서관은 그의 능통한 교제로 많은 이익을 봤고, 출판계에서 시종 다른 회사가 넘볼 수 없을 정도였다. 상하이에는 교제로 사람을 속이는 소위 '화터우(滑頭)' 부류도 출현했었다. '화터우' 란 상하이 지역에서 건달을 부르는 신조어였다. 이들에 대한 묘사를 보면 "얍삽하게 차려 입고 세련된 매너를 보인다. 말은 짝짝 감기며, 모르는 사람이 없다. 하인을 대동하고선 대단한 부자인 척 큰 호텔에 머물면서 도박을 일삼는다. 그러다 돈주머니가 텅 비어도 태연히 아무런 일 없는 듯, 술자리에 합석해서도 전혀 기죽지 않는 부류, 이런 날건달 역시 사기꾼의 일종이다. 그 아래 치로 횡설수설하면서 제멋대로 누구를 잘 안다고 떠벌이

고, 주식회사를 합작한다든지 회사를 창립한다든지, 철도나 광산의 이름을 수없이 늘어놓으며, 계약서만 만들어도 본전이라고 떠벌이는 부류가 있다. 약간만 방심해도 걸려들고 만다. 가장 하치는 거짓말로 밥이나 뺏어 먹는 부류로, 너무 썩어 문드러져서 어찌할 도리가 없다."

사교가 돈을 벌고 이익을 도모하는 일종의 경영적 성격이 짙은 활동이 되면서 사교장도 사치스럽게 변하고, 사교의 방식도 다양하게 되었다. 찻집에서 차를 돌리고 큰 술집에서 한판 잔치를 벌이며, 또 기생집에서 술시중을 받고, 아편 집에서 아편을 피우기도 한다. 심지어는 어울려 도박판을 벌이고 극을 감상하는 것이 사교의 보편적인 방식이 되었다. 형식을 포장하고 규모를 크게 벌이면서 자신의 목적을 달성할 수만 있다면 많은 돈을 들여도 괜찮다고 여긴다. 대마로(大馬路)나 사마로(四馬路) 일대의 크고 작은 찻집, 술집, 기생집, 아편 집이 종일 손님으로 시끌벅적하다. 처음 대면을 하는 자리이거나 사업상의 모임일 경우, 으레 술 한 판 벌이고난 후 비로소 정식 화제로 들어간다. 이것이 마치 일종의 관례가 되어 버렸다. 당시 상하이 신문계의 유명 필자였던 바오톈샤오(包天笑)*란 사람은 이렇게 말했다. "그무렵 상하이의 풍조는 음식·기생·술이 사교의 도구여서, 허다한 유명 인사들이 이런 곳을 드나들었다." 『호강상업시경사(滬江商業市景詞)』에서는 "무역 부문에서 심의 결과를 기다릴 때면 찻집을 통째로 빌려 연회장으로 사용했다. 매일 12시에서 5시쯤까지 모여들어, 먹고 마시며 가격을 정하고, 물품을 출하하며 계약을 하느라고 정신

---

* 1876~1973, 이름은 궁이(公毅)이고 필명이 톈샤오이다. 청나라의 수재(秀才) 출신으로 일본어에도 능통했다. 나중에 『상해시보(上海時報)』에서 일을 하며 중국 언론계에 많은 성과를 남겼다. 당시 희곡계의 명인 메이란팡(梅蘭芳)의 일대기를 엮은 『유방기(留芳記)』가 있다.

청말 상하이 사람들의 회식 모습

이 없다"라고 그리고 있다. 각종 사교장은 늘 거하게 벌어진 술판에 음악 소리가 시끌벅적하며 기생들이 그득했다. 이렇게 차리는데 큰 돈이 들어가지만 이런 돈은 전혀 아깝지 않은 듯했다. 체면과 신분에 걸맞기 위해 주머니가 궁색한 사람조차 돈을 아끼지 않고 물건을 잡혀 손님을 청하기도 한다. 『10년간 보았던 괴현상』중의 이쯔수(伊紫疏)가 적절한 예이다. 지위로 말하자면 이쯔수는 신문사 말단으로 상하이에선 정말 별 볼일 없었지만, 언변이 좋고 인간 관계가 넓어 모르는 사람이 없었다. 길을 나서면 모르는 사람이 없을 정도였기에 가히 사교계의 고수라 할 만했다. 그가 주는 인상은 대범하고 의리 있고, 진실하고 선해서 남 돕기를 즐기는 듯했다. 하지만 실제로는 완전히 입만 갖고 허풍을 떨며 사람을 속였고, 어떤 사람은 속아도 속는 줄 모를 정도였다. 매일같이 각종 사교장을 드나들며 찻집이면 찻집, 기루(妓樓)면 기루, 갖은 체면을 다 차리며 사는 양이었지만, 사실 경제적으로는 형편없었다. 한번은 천위탕(陳雨堂)이란 친한 친구가 돈을 빌리러 왔다. 그런데 빌려줄 돈이 없었다. 친구가 믿질 않자, 아래와 같은 진심을 털어 놓았다.

(이쯔수)가 말하기를 "네가 나한테 와서 늘 소란을 떠는데, 내가 무슨 돈이 있다고 그래? 내가 잘 나간다고 생각마라, 나도 줄곧 여기서 빼서 저기 채우면서 산다. 속은 텅 비었으면서도 그 고충을 너한테 말할 수도 없고." 위탕은 깜짝 놀라 말했다. "네가 빈털털이라는 사실을 믿지 못하겠다." 쯔수는 "내가 빈털터리인지 물을 필요도 없어. 뭘 보여줄 테니, 바로 알거다." 말을 마치자 바로 서랍에서 장부를 꺼내 위탕에게 펴 보였다. 한 묶음에 10장 남짓 전당표가 있는데, 안을 보니 한 장에 900문(文)짜리도 있었다. 위탕은 놀라움을 금치 못하고 얼버무리듯 중얼거렸다. "쯔수가 정말 빈털터리인 줄 꿈에도 생각지 못했네."

바오톈샤오는 당시 상하이에서 수입도 넉넉한 문화인으로서, 평소 늘 친구나 동료들과 요릿집에서 식사를 했다. 하지만 상하이 사교장에서의 씀씀이 풍조에 대해선 깜짝 놀라 말문이 막힐 뿐이었다. 그는 이렇게 토로했다. "우리야 놀이판이 아무리 재미있다 해도 감히 놀러갈 엄두가 나지 않는다. 상하이는 그야말로 사치의 도가니여서 나와 윈성(雲笙) 같이 빈털터리는 감히 누구와도 교유를 나눌 수 없다." 당시 어떤 외국 상인과 거래하던 매판 자본가는 의상과 각종 교제에 들어가는 비용으로 1년에 2,000위안 이상을 쓰면서 고용인 15명의 일년 치 임금은 모두 합해야 1,160위안 정도에 불과했다. 공개적으로 손님을 청해 쓰는 것 말고, 사교하는 가운데 각종 명목의 뇌물, 커미션과 같은 것들

이 '윤활유'로 통했다. 가령 중국 상인이 외국 거
래 상인이나 외국 상인과 사업을 상담할 때 필수
적으로 먼저 그 분야에서 외국 상인과 거래하는
매판 자본가에게 돈을 써야 한다. 그렇지 않으면
그 매판 자본가는 반드시 소란을 일으켜 사업 자
체가 무산되기 십상이기 때문이다. 허다한 상인들
이 이런 매판 자본가들에 대해 속으론 이를 갈면
서도 겉으론 공손하게 대하며 잠시도 긴장을 늦출

하르둔

수 없었다. 상하이에서 가장 큰 부동산 재벌 하르둔(Silas Aaron
Hardoon)*이 처음 상하이에 왔을 때 옛 사쑨양행(沙遜洋行)에서 '경비'
를 했다. 그는 매일 중국 상인들의 팁만으로도 일이십 위안 정도의 외
화를 벌 수 있었다.

사교는 일종의 변태적 교역이기에 그 원래의 의미가 변질되어 허
위적인 요소가 상당 부분 가미되었다. 사람과 사람 간의 교제는 점점
사회적 '영향력'과 '영향력' 간의 교제로 바뀌었다. 갑이 을과 사귀려
는 것은 을의 인격이나 인품에 대한 호감 때문이 아니라 을이 갖고 있
는 '영향력' 때문이다. 그 '영향력'을 통해 자신의 목적을 달성하려
는 것이다. 을에 대해 좋지 않은 감정을 갖고 있더라도 이익이 있다면
얼마든지 달갑게 사귈 수 있다. 이때 '영향력'은 사교 가운데 그 사람
자체보다 훨씬 커다란 의미를 담고 있다. '영향력에 대한 감정'은 '사
람에 대한 감정'보다 중요하다. 만약 사람과 '영향력' 중 선택을 하라
고 하면 상인들은 거의 '영향력'을 고를 것이다. 진정한 의미에서 사

---

* 1849~1931, 영국 국적의 유태인으로 이라크 바그다드에서 출생했다. 인도를 거쳐 중국으로 들
어와 처음에는 사쑨양행의 정문 경비를 한 적도 있다. 이후 아편 밀매와 부동산 투기로 부를
쌓아 신(新) 사쑨양행의 경영권을 장악했다.

사쑨

사쑨양행(沙遜洋行)

람에 대한 느낌이나 가치 부여는 교제라는 복마전 속에서 이미 사라졌다. 앞서 말했던 하르둔이 팁을 받았던 것은 그가 맡았던 업무의 영향력 때문이었다. 매판 자본가들의 각종 사기와 압력에 통탄하면서도 만면에 미소를 지으며 아부하는 것은 그들의 '영향력'을 이용해야 했기 때문에 부득이한 일이었다. 사교장에서 두 손을 모으고 굽신거리며 형님 아우를 칭하고, 입에 침을 튀며 상대를 높이고 자신을 낮추면서 상냥하고 착한 표정을 짓는 것을 보면 대단한 인정미가 느껴진다. 하나 얼굴을 덮고 있는 가식의 천을 들춰내면 가장 몰인정한 이익 관계가 드러난다.

이익의 교환이라는 원칙에 따르는 인간 관계는 사람들을 필연적으로 세(勢)와 시류(時流)를 따르도록 변화시킨다. 인간의 근대화, 이것이 갖고 있는 중요한 특징 가운데 하나는 사람들이 갈수록 공리적 원칙에 따라 자신의 모든 활동을 결정함으로써 공리적 실천주의자로 변하게 한다는 것이다. 이런 사람들이 사회 활동을 할 때 오직 고려하는 사항은 다른 사람을 이용하여 자신의 목적을 달성하거나 서로의 교류 가운데서 실리를 획득하는 것이다. 누군가에게 도움을 줬을 때 은근히 대가를 바라는 잠재의식이 드러난다. 그래서 손님을 청해 선물을 주는 것은 아주 좋은 점이 많다. 이런 공리적인 원칙이 세와 이익만을 좇는 풍조로 변하면 반대로 자신에게 어떤 혜택이나 대가를 줄 수 없는 사람에게는 몰인정하게 대하게 된다. 세와 이익을 추구하는 심리적 상태는 사교 방식에 있어 재물이나 외양으로 사람을 평가함으로써 부자한테는 비굴하고, 가난한 사람은 천시하며 맹목적으로 돈과 권세를 좇는 행태를 보이게 마련이다. 이러한 심리적 상태는 청나라 말 상하이 사람들에게 매우 보편적이었다. 왕타오는 이를 가리켜, "우연히 친구를 만나면 황망히 허풍을 떨거나, 어떤 사람을 만날 땐 은밀히 부자인가 가난뱅인가를 가늠한다. …… 오랜 시간 습관이 되다보니 그 실체를 들여다보면 정말 혐오스럽고 성격도 변한다"*라고 했다. 『중외일보(中外日報)』에서는 이런 매판 상인들의 심리를, "중국의 제 동포는 모두 개똥처럼 보고 안중이든 심중이든 오직 서양 상인으로 가득 차서 그들의 주구가 되고, 오줌을 닦아도 부끄럽게 생각지 않는다"**고 했다. 한 지식인이 상하이로 이주와 살면서 느꼈던 소감은 이랬다. "이 지역의 습관은 외양을 중시해서 새 친구를 사귈 땐 차림새만 보고 출신은 묻지도 않는다. 오랜 친구와도 실리를 따져 소원해지고 모르는 사람처럼 된다. 지위가 낮은 사람은 급기야 직급이 높은 관리와 사귀려고만 하니, 빈곤하고 별 볼일 없는 남루한 사람은 저절로 초라한 꼴이 되고 만다." "살 차려입고 외출 나가 아는 사람이건 모르는 사람이건 이리저리 인사를 나누다가도 문득 짜증이 난다."***『10년간 보았던 괴현상』중의 천위탕이 경제적으로 쪼들렸을 때 이쯔수에게 몇 백 위안을 빌려 비단 생사 장사나 해 볼까 해서 세 번이나 집을 찾아갔지만 끝내 돈을 빌리지 못

---

* 『왕타오 일기』, 116쪽.

** 『중외일보』, 1898년 8월 20일.

*** 거위옌쉬(葛元煦), 『호유잡기(滬遊雜記)』, 1876년 각본, 제1권.

했다. 왜냐하면 이쯔수는 이 가난한 친구를 깔봤기 때문이다. 후에 천위탕이 산둥(山東)에 관리가 되어 간다는 소식을 접하자, 즉시 알아서 노잣돈으로 50위안을 보냈다. 정말 이때와 저 때가 하늘과 땅만치 다르다. 청나라 말 상하이의 생활을 묘사한 「익살꾼(滑稽生)」(아잉阿英의 사회 풍자 소설)이란 소설에서 주인공의 독백은 당시의 상하이 사람들의 세와 이익만을 중시하는 심리 상태를 적절하게 설명하고 있다. "현금 100위안을 몸에 지니고 있다가 마침내 새 옷을 몇 벌 샀다. 스스로 생각키에 이것은 문명인이 갖춰야 할 형식이니 절대 소홀히 할 수 없다고 보았다. 늘 옷차림이 사람됨보다 중요하다고 한다. 요즘에 대충대충 차려입고 사교장에 나서서 자신을 대단한 사람으로 알아주는 이 없다고 불평하지 마라. 무명 외투나 걸쳤다면 사람들은 꽉 막힌 사람이라 비웃을 것이다. ……길가 거지들 중에도 문자깨나 아는 경우가 허다하다. 허름한 차림새라면 누구도 쳐다보지 않을 것이다. 그러다간 외국과 거래하는 매판 자본가와 어떻게 인사나 해보려 해도 못할 것이다. 그러니까 내가 유행하는 옷을 차려 입는 것은 그야말로 실리를 추구하는 방법인 것이다."[*] 이런 식의 실리 추구, 이로부터 형성되는 인간 관계로 인해 다른 지역 사람들은 상하이 사람과의 교제는 부담스럽고 턱이 너무 높으며, 인정미가 없다고 느낀다.

전통 사회에서의 인간 관계는 상하 간의 질서와 화목을 숭상했으며, '예(禮)'가 그 중심에 있었다. 20세기 초 상하이에서 '예'에 대한 추종은 이미 '신용'에 대한 중시로 변했다. 새로운 상업적 도덕이 점점 전통적인 윤리 강령을 압도하여 사람을 평가할 때도 '신용'이 가장 중요한 기준이 되었다. 청나라 말부터 상하이 소설 속에 등장하는

---

[*] 『신보(申報)』, 1908년 7월 17일.

가장 추악한 인물은 늘 교활한 사기꾼이나 투기꾼이었다. 사기는 소설 속에서 가장 많은 폭로와 채찍질을 당한 셈이다. 사업에서 신용을 중시하는 것은 자연스런 일이다. 이 분야에서 교제 활동이란 비정한 단기적 행위로서, 특히 온갖 사람들로 북적대는 이민 사회인 상하이에서 사업상 오고가다 만난 사람들이란 서로 출신도 모르기 마련이다. 교제를 진행하면서도 상대방의 인격이나 가정 환경, 능력 등 아는 게 없고, 게다가 사업적 사교에는 원래 허위적 성분이 첨가되기 때문에 피차간에 늘 경계심을 품게 된다. 이런 상황 아래서 교류하고 협력함에 있어서 신용과 신뢰는 자연 자신의 이익에 관건이 되는 중요한 요소이다. 따라서 근대적 상업 사회에서는 "사회적 교환 행위는 신용으로 결정되며, 또한 신용을 촉진시킨다"라고 했다. 각종 계약, 합의, 조약, 담보, 예치금 등은 신용을 수립하기 위한 물적 수단이자 형식으로, 상하이 사람들의 교제 활동에 있어서 갈수록 넓게 이용된다. 계약 관계란 사회적 교환과 합작에 있어서 서로의 권리, 의무, 그리고 책임에 대한 승낙과 규정을 의미하기 때문에 명확하고 안정적인 사회 관계에 작용하며, 관련된 각 당사자의 권익이 침해받지 않도록 보장한다. 가령 일반적인 상황에서 사람 간의 신뢰성이 탄력 있는 인간 관계의 상호 반응적 효과라고 한다면(이런 탄력성은 원래 인격과 인정으로부터 생기는 것이다), 계약적 수단에서 세워진 신뢰성의 최대 특징은 오히려 이런 탄력성을 줄이고 인간 관계를 비인정적인 것으로 바꾸어서 규격화하는 것이다. 그러나 이렇듯 냉혹하게 규격화된 사회적 교류 관계는 복잡다단한 근대적 경제 활동에 있어, 특히 사람들 간의 이익이 갈수록 밀접하게 상관될 때 매우 필요하다. 이의 광범위한 운용은 근대 사회에 있어서 각종 경제 활동의 순탄한 진행을 위한 전제이자 보장이다. 비록 사람의 정감이 갖는 가치를 말살한다 할지라도 여전히 긍정적인 의미가 있다.

청나라 말 상하이의 사회 생활에서는 탄력이 있는 신용이든 탄력이 없는 신용이든 나름대로 중요했다. 가령 외국 상인과 거래하는 상점에서 일자리를 구하는 경우, 고용주가 채용을 결정할 때 담보(보증금, 부동산 담보 혹은 보증인의 담보 등)를 먼저 요구한다. 그런 후 채용 계약서에 서명하며 업무 책임, 권한, 수입 및 계약 기간 등을 규정할 것이다. 한 화치은행(花旗銀行 : 오늘날 City Bank. 미국 자본으로는 최초로 1902년 상하이에 설립, 중국 최대의 외자 은행)의 매판가가 취직할 때 약 30만 위안 가치의 부동산을 담보로 제공했다고 한다. 보증인은 때로는 보증인이 계승할 책임 보증금이 있어야 한다. 마젠중(馬建忠 : 청

전장거리

나라 말 개량주의자이며 언어학자)은 주즈야오(朱志堯 : 중국 최초의 민간 자본으로 설립된 다다윤선공사大達輪船公司에 참여했던 인물)를 보증하기 위해 10만 냥이나 되는 액수의 보증을 서야 했다.* 어떤 경우 보증인은 보증을 받는 사람이 낸 손해 전부를 책임져야 할 때도 있다. 상하이 명사 정관잉(鄭觀應 : 근대 저명한 학자로서 서양 학문을 익히고 추종하면서 입헌군주제를 주장하고 유신 사상을 선도하여, 이후 캉유웨이康有爲, 량치차오梁啓超 등과 함께 유신파를 이끌었던 인물)은 타이구양행(太古洋行 : 청나라 말 선박 운항 업계를 좌우했던 영국계 회사)에 취직하는 양구이쉬안(楊桂軒)이란 사람을 위해 보증을 섰는데 후에 양구이쉬안이 거액을

---

* 『옛 상하이의 외국 상인과 매판 상인(舊上海的外商與買辦)』, 상해사회과학원출판사, 1987, 79쪽.

타이구양행(太古洋行)

횡령하고 도망쳤다. 타이구양행은 회사와 여러 해 거래했던 정관잉임에도 불구하고 가차 없이 구속하여 감옥살이를 시켰고, 정관잉은 거액의 보석금을 내고서야 간신히 풀려났다. 상하이의 대부분 '전장(錢莊 : 개인 금융업체)'이나 회사, 혹은 공장에 취직하려면 일반적으로 계약과 보증이 필요하다. 각종 사업에서 계약은 빼놓을 수 없는 절차이며, 어떤 회사는 계약할 때 공증까지도 한다. 일반 합자 전장의 계약은 1)명칭과 주소 2)주주의 성명과 주소 3)각 주주의 보유 주식 수 4)자본 총액 5)사장의 성명과 직권 6)경영 범위와 방침 7)이익과 손해의 배분법 8)봉급 액수 9)업무 보고 기간 10)계약 성립 시기 11)기타 항목 등의 내용을 담고 있다. 이런 계약은 계약 당사자의 책임·권리·이익 등을 명확하게, 전반적으로, 그리고 규범적으로 적시한다. 계약은 사람 간에 협력을 할 때 중요한 작용을 할 뿐만 아니라 경쟁이 극심할 때도

1920년의 이허(怡和)양행

저울의 추처럼 균형을 잡아주어 경제 질서의 안정을 조절하는 데 기여한다. 광서(光緒) 초 상하이 몇몇 운송 회사 간의 경쟁이 매우 격렬해지자 몇 차례의 가격 담합을 위한 계약을 통해 가격 경쟁의 압박으로 야기되는 영업상의 손해를 피한 적이 있다. 1882년 6월 23일 『북화첩보(北華捷報)』에 다음과 같은 기사가 실렸다.

  알려진 바에 따르면 3대 장강(長江) 수선공사(輪船公司 : 선박 운수
  회사)의 사장들이 이미 요금 연합을 위한 협의를 했다고 한다. 이 협의
  내용은 운송 가격을 약간 인상하고 아래의 비율로 배분한다는 것이다.
  초상국(招商局)은 타이구수선공사(太古輪船公司)보다 10%를 더 갖고,
  타이구는 이허(怡和 : 타이구양행과 함께 청나라 말 중국 선박 운항 업
  계를 좌우했던 회사)보다 20%를 더 갖는다. 이 협의는 7월 1일부터 효
  력을 발생한다.

협약 형식이 발생시키는 신뢰성 외에 전통적으로 내려오는 인격에 대한 신뢰도 상하이에서는 여전히 중요하다. 청나라 말 상하이 말로 된 소설 『해상화 열전(海上花列傳)』(청나라 말 한방칭韓邦慶의 소설)에 자오푸자이(趙樸齋)라고 하는 내륙 청년에 대한 묘사가 있다. 처음 상하이에 와 아직 직업을 구하지 못하고 연일 기루(妓樓)에서 연애로 허송세월을 하다 급기야 수중에 돈 한 푼 없는 빈털터리가 되는 지경에 이르렀다. 이때 그의 고향 친구가 도박이라도 해서 돈을 좀 벌라고 권했다. 상하이에서는 신용만 있으면 된다는 점을 일러주면서.

자오푸자이가 물었다. "한 판에 돈이 얼마나 들까?" 샤오춘(小村)이 답했다. "패가 안 좋아서 잃으면 은화 이삼백은 별 게 아니지." 푸자이는 말했다. "지면 돈을 줘야 된단 말이지?" "졌는데 어떻게 돈을 안 줘!" "어디 그렇게 많은 돈이 있어서 주냐?" "너 모르는구나. 상하이란 곳에 선 말이지 명성만 있으면 돼. 저 몇 사람 말이야 겉으론 잘나가는 것 같지? 사실 니 처지와 별 다를 바 없을 걸. 조금 명성이 있는 정도에 불과하다고. 명성이 없다면 뭘 어떻게 할 수 있겠냐? 너희 집에 아무리 대단한 게 있다고 해도 여기선 다 쓸모없다고. 너 우쑹차오(吳松橋) 알지. 혈혈단신 아냐! 그저 약간 이름이 있는 정도지. 그래도 은화 이삼천 정도는 가볍게 수부른다고. 나야 비교도 안 되지만, 무슨 일이 있으면 환전소에 가서 은화 사오백 정도는 해결한다니깐. 너 뭘 좀 알겠냐?"

이 대화에서 언급되는 '명성'이란 바로 사회적으로 얻은 인격적 신용을 가리킨다. 신용이 있으면 먹고 살 본전은 마련한 셈이다. 상황이 좋지 않거나 돈이 똑 떨어지면 전장에서 융통했다가 나중에 갚으면 된다. 청나라 말 상하이에서는 개인적으로, 혹은 회사의 이름을 걸고 각종 경제 활동이 이루어졌다. 예를 들어 외국 은행은 중국 전장이 발행한 할인 어음에 대해서는 그 전장의 신용을 보고 현금으로 주었다. 전장은 '장표(莊票 : 전표나 어음)'를 발행하여 할인 은행에 예치만 해도 담보가 되었다. "당시 전장의 유동 자본은 대부분 외국 은행의 할인 어음에서 왔다." 장표란 전장이 상대 은행에게 발행한 일종의 지불 보증 어음이다. 전장과 신용이 있는 회사나 고객 사이에서, 또 은행과 신용이 있는 전장 사이에서 이런 장표는 현금으로 통용되었다. 중국 상인, 외국 상인, 은행, 전장 간의 이런 교환 체계는 완전히 피차간의 신용으로 유지되었다. 외국 상인들은 상하이 상업계의 신용에 대해 비교적 만족했다. 1888년 영국의 상하이 주재 외교관의 무역 보고서를 보면, "이곳에서 가장 좋은 전장의 경영자와 상인의 신용은 명성이 자자하다. 한 유명한 은행의 사장이 최근 상하이를 떠났는데, 그의 말을 인용해도 전혀 틀릴 것이 없을 것이다. 그가 말하기를, '나는 세계 어디서도 내가 믿는 바대로 우리 중국 상인과 전장 경영인들처럼 그렇게 솔직하다는 소릴 들어보지 못했다. 어떤 규칙도 모두 예외라는 것이 있기는 하지만 말이다. 이런 강변을 내세울 만한 충분한 이유가 있다. 25년 동안 본 후이펑은행(匯豐銀行)과 상하이 중국인과의 거래는 규모가 1억 냥에 달할 만큼 엄청났지만, 여태껏 우리를 속인 중국인은 한 명도 없었다'고 했다."*

　행위주의 이론에 따르면 일반적인 상태의 인간 관계는 공리적 행위와 감정적 행위의 두 가지 기능을 갖는다고 한다. 전자는 혜택과 이익을 획득케 하며, 후자는 정신적 보상을 안겨준다. 공리(功利)와 감정의 사이에는 늘 모순과 상호 배척이 있지만 통일적으로 병존한다. 어떤 문명 사회이건 순전히 공리만을 추구하거나 감정만을 따르는

---

* 야오셴하오(姚賢鎬), 앞의 책, 1568~1569쪽.

후이펑 은행

사교는 적다. 다만 서로 다른 사회적 환경 아래서 서로 다른 가치관의 지배를 받으며, 이 두 가지 방식의 운용 빈도나 편중도가 같지 않을 뿐이다. 일반적으로 말해 중국의 전통적 농업 사회, 즉 '예(禮)'의 관념이 구성한 사회적 맥락 속에서 인간 관계란 감정적 색채가 짙을 수밖에 없다. 즉 인정을 중시한다. 그러나 근대 상업 사회에서는 각종 실리적 관계에 둘러싸여 사교가 진행되기 때문에 사교의 공리성에 더 의미를 둔다. 이런 사회에서 사람들의 예민한 이익과 관계될수록 공리성은 더우 중시된다. 자신의 이익과 관계가 없거나 비교적 적은 경우라면 인간 관계는 여전히 인정미가 넘치는 것으로 남는다. 그래서 상업 사회에서 살아가는 상하이 사람들은 두 가지 서로 다른 사교권(社交圈)에 처해 있는 셈이다. 하나는 돈을 벌어먹고 살기 위해 형성된 사교권이고, 이것은 사업과 이익이 서로 연계되었기 때문에 중시되고 가장 중요한 사회적 원동력이다. 다른 하나는 감정 교류를 위해 세워진 사교권인데, 상업 사회 속에서 소일거리나 비공리적 성질을 지녔다. 그 존재의 필요성도 적지 않지만 갈수록 영역이 적어진다. 급급히 이익을 추구하는 상인이나 중매인은 생업의 현장에서 허풍을 떨며 술판을 벌여 대접한다. 이런 사교의 장에서 그들은 조금의 이익도 양보치 않으려 하기 때문에 시종 비감정적 개입, 혹은 감정의 반(半) 개입의 상태에 처하게 된다. 하지만 생업의 현장에서 벗어나면 자신의 마음을 이해하는 친구와 시간을 보내며 긴장을 풀고자 한다. 이땐 그야말로 풍부한 감성으로 인간 본연의 인성을 회복케 된다. 많은 내지(內地)의 농민이나 수공업자들이 일하려고, 혹은 작은 생업을 꾸리고자 상하이로 온다. 매일 같이 힘든 나날을 보내지만 서로간의 교제는 비교적 진실하다. 즉 비교적 인정미가 넘친다. 그들은 교제가 일종의 거래로 변질되는 것을 결코 원치 않는다. 그러나 이런 금전 만능 사회에 대응하기 위해 그들도 점차 상대를 대접하고 관계를 맺는 풍조를 익혀 갈 것이며, 또 교제를 통해 자신의 실익을 도모하는 방법을 배울 것이다. 그래서 공리적인 그리고 감정적인 두 가지 사교권의 공존과 상호 보완은 상하이 사람들의 인격을 분열시켜, 소위 '양면인(兩面人 : 두 얼굴을 지닌 사람)', '다면인(多面人 : 여러 얼굴을 지닌 사람)'으로 만든다. 그들은 서로 다른 동기, 서로 다른 심정, 서로 다른 방식으로 각종 서로 다른 성질의 사교 활동을 진행한다. 사회적 영향력에 따라 교제를 진행할 때 그들은 가식적 연기를 하게 된다. 교제의 결과는 이익의 득실과 연기가 어떠했는가에 따라 결정된다. 표면적으로 사람들은 술잔을 들어 취하게 마시며, 너나 할 것 없이 친하게 그야말로 의기투합하면서 대단히 의리가 있는 듯하지만, 사실 "취옹의 뜻은 술에 있지 않다(醉翁之意不在酒)"(송나라 구양수歐陽修의 『취옹정기(醉翁亭記)』의 한 대목)는 경우에 해당된다. 이것은 다만 서로의 영향력에 대한 감정의 표현일 뿐 조금의 진실도 없다. 진정으로 자신의 진면목으로 교제를 할 때만 사람의 본능적 성정이 비로소 자연스럽게 드러나고, 인정미가 넘쳐나는 법이다. 전통적 농업 사회에서는 노동과 생활의 사회화 정도가 매우 낮기 때문에 다른 사람을 접촉할 기회가 적고, 따라서 일단 관계가 형성되면 비교적 안정적이다. 청나라 말 상하이와 같은 상업 사회에서는 사람끼리의 사회적 거리가 가깝고, 서로 접촉할 기회나 인간 관계의 망이 대대적으로 증가되었다. 그러나 영향력만을 중시하고 인격을 경시하는 사교 심리는 사람 사이의 정감의 거리를 오히려 멀게 하고, 마음속의 냉혹감을 증폭시켰다. 자연히 인간 관계의 안정성과 지속성도 대대적으로 낮아졌다. 이런 변화의 주요한 요인은 첫 번째로 시간당 교제의 횟수가 늘어남에 따라 투입되는 감정이 갈수록 적어지고, 관계의 공고성도 갈수록 부족해지는 데 있다. 달리 말해 교제의 양의 증가는 그 질의 하락을 야기한다고 하겠다. 생각해 보라. 한 사람이 하루에 10명의 손님을 응대할 때 투여되는 감정은 필연적으로 하루에 한 명, 혹은 며칠에 한 명을 대하는 경우에 비해 많은 차이가 날 것이다. 다음으로 이런 교제는 자아가 아닌 공리적 요소, 즉 자아의 감정적 요소가 아닌 영향력이라는 요소에서 말미암는다. 사업과 이익을 위해 어떤 때는 부득이 자신이 좋아하지 않는 사람과 사귀어야 하고, 억지로 웃는 얼굴을 하며 접대를 해야 한다. 심지어는 불쾌한 일을 당해도 꿀꺽 삼키고 견뎌내야 한다. 이러다가도 자신과의 이익과 상관없게 되면 즉시 관계는 와해되고 아주 빨리 잊혀진다.

이 밖에 '양면인', '다면인'의 존재는 청나라 말 상하이 사회 생활의 이중성에서 기인하며, 공리를 추구하는 역사와 전통을 중시하는 역사, 이 두 가지의 상반된 역사가 병존함으로 해서 야기된 결과이다.

새로운 생활의 논리와 전통의 유산은 사람들의 마음속에서 감정적으로 대립하며, 이성의 부조화를 야기했다. 그래서 사람들은 "인심이 옛날 같지 않다", "풍조가 야박하다", "퇴폐한 풍조를 막을 수 없다"와 같은 한탄을 하면서 다른 한편으로는 상하이의 발전과 번영에 굴복하여 새로운 사물에 대한 감탄을 금치 못한다. 때문에 그들은 심리적으로 변화무쌍한 현실의 변화를 수용하는 능력을 키워서 '양면인'과 '다면인'의 심리적 상태로 이중성이 가득한 사회에 대응하려고 했다. 사회의 생활 논리는 일단 확정되면 사람들의 교제 형식을 제한하게 되어 있다.

상하이 사람들의 소비의 특징

민감성은 물론이고, 정확성까지 겸하여 본다면 대중적 소비 방식의 변혁은 사회 변혁을 측량하는 온도계와 풍향계이다. 멀리까지 볼 필요도 없다. 근대 중국이 청나라 말에서 민국(民國)으로 다시 인민공화국의 탄생으로 이어지면서 '대약진'과 '문혁', 그리고 다시 오늘날의 '개혁 개방'의 시대로 오기까지 커다란 사회적 변동은 매번 사람들의 소비 심리, 의상의 유행, 생활 습관 등 다방면에 걸쳐 진부함을 밀어내고 새 것을 창출하는 거대한 반향을 일으켰다. 전후에 걸친 엄청난 변화는 우리들의 이목을 일신시켰다. 그야말로 상전벽해가 따로 없다. 사회 발전에 있어서 소비가 차지하는 의미는 크다. 미국의 경제학자 로스토우(W. W. Rostow)는 『경제 성장의 단계』라는 책에서 소비의 형식을 시대를 나누는 기준으로 삼았다. 이미 청나라 말부터 중국의 내지 주민들은 상하이하면 미친 듯한 돈벌기, 교활한 돈벌기,

번화했던 상하이 거리

그리고 사치스러운 소비 등과 같은 모습을 떠올렸다. 의심할 나위 없이 상하이 사람들의 소비 방식은 상하이라는 사회의 중요한 측면을 형성했다. 따라서 상하이의 소비 방식이 어떻게 변화했는가 하는 과정을 고찰함으로써 상하이 사람들의 사회적 심리적 상태를 엿볼 수 있을 것이다.

청나라 말 상하이 사람들의 소비 방식은 특수한 소비 환경의 산물이었다. 일반적으로 상품 경제가 출현한 이후 사람들로 하여금 돈벌기에 전념케 했던 곳은 필연적으로 열심히 소비하도록 부추긴 곳이기도 하다. 즉, 고수입과 고소비는 서로 인과 관계에 놓여 있다. 이것이 상품 경제가 발달한 지역의 생활 논리이다. 근대 상하이는 배금주의로 상징되는 상업 도시이자 온 사회가 재물에 경의를 표하던 바겐세일 장이었다. 여기선 목숨을 걸고 돈을 쓰고 벌도록 사회의 부추김을 받았다. 사실 상하이는 중국에서 제일 부유한 도시로서, "상하이의 재력은 세계 으뜸이다", "중국에서 부유함으로 상하이를 따를 곳

발달된 사업망을 갖춘 양경빈 지역

이 없다"라고들 이야기한다. 여기에 사는 중국과 서양의 갑부들, 그리고 베이징의 고관들, 심지어 내지의 부자들은 상하이를 향락의 성지로 간주하며, 늘 황포 강변을 배회한다. 이리하며 사방팔방의 돈이 이 해안가 도시로 몰려든다. 이런 상황에서 엄청난 소비력이 형성되었다. 또한 상하이는 중국에서 가장 발달한 사업망을 갖추어서 "천하만물 가운데 없는 것이 없고", "듣도 보도 못한 것들이 다 망라되어 있어서 양경빈(洋涇濱) 지역에는 그야말로 별별 것이 다 있고, 온갖 멋진 것이 다 있다."* 장사란 본시 소비를 부추겨 이익을 취하는 것을 전제로 한다. "장사란 어떤 방향으로 발전하건 늘 새로운 소비품에 대한 욕구를 창출할 수 있다."** 그러므로 상하이의 수많은 상호를 단 점

---

* 『신보(申報)』, 1872년 5월 22일.
** 헨리 피레네(Henri Pirenne) 『중세 유럽 경제 사회사(中世紀歐洲經濟社會史)』, 72쪽.

포들은 갖은 방법을 다 동원하여 더 많은, 더 좋은 소비를 위한 서비스와 제조 기회를 제공한다. 이에 따라 상업광고의 발달도 호기를 놓치지 않고 소비의 욕망을 자극한다. 결론적으로 광대한 소비력과 발달된 상업 서비스는 청나라 말 상하이의 소비 환경을 조성했다. 상하이는 돈 쓰는 소굴이자 호주머니 속에 최후의 동전 한 닢까지 다 써버리도록 한다. 『신보』에서 1890년을 이렇게 묘사했다.

> 손바닥만한 비좁은 땅에서 중국 20여 개 성의 사람들과 20여 개 나라의 외국인들이 입고 먹고, 마치 개미 소굴처럼 북적댄다. 술과 음식이 있어 잔치를 벌이고, 기루가 있어 기녀와 노닐며, 마차가 있어 걷는 것을 대신한다. 또 극장과 찻집이 있어 흥을 돋우며, 담배집, 책방, 당구장, 사진관 등 이목을 끌지 않는 곳이 없다. 그러니 쌈짓돈을 꺼내 쓰지 않을 수 없다.[*]

19세기 말에서 20세기 초로 넘어가면서 상하이는 세기를 넘는 소비 혁명을 겪었다. 새로운 소비 풍조는 상하이탄을 풍미하며 새로운 시대에 걸 맞는 상하이의 생활상과 성격을 창출했다. 그리하여 상하이 사람은 새로운 소비 조류의 대표자이자 선도자라는 중요한 지위를 획득했다. 이로부터 상하이는 줄곧 중국 최고의 소비의 선도자, 또 유행의 중심으로 명성을 날리게 된 것이다.

상하이 사람들의 소비 혁명은 두 가지 측면에서 그 내용을 살펴 볼 수 있다. 하나는 상하이 사람의 소비 관념과 심리에 중대한 변화가 있었다는 점이다. 즉, 소비의 의미와 기능이 이미 전통적인 개념의 범위

---

[*] 『신보』, 1890년 12월 1일.

를 넘어서서 새로운 가치 관념이 사람들의 소비 방식에 넘쳐흘렀다. 둘째는 상하이 사람들 스스로 독특한 소비 풍격을 형성하기 시작했다는 점이다. 생활 태도나 심미적 취향, 심지어 인격적인 면에서 내지 사람들과는 현격히 다른 뭔가를 지니게 되었다.

상하이 사람들에게 있어서 소비 관념의 변화는 이렇게 표출되었다. 즉 소비는 더 이상 생활품의 소모나 개인의 물질적 향수가 아니고, 더 커다란 의미에서 자아의 가치를 실현하는 수단으로 간주되었다. 재물의 점유와 소비는 사회적으로 개인 사업의 성취와 사회적 가치를 평가하는 주요한 척도가 되고 있다. 1987년 미국의 『포춘 (Fortune)』이란 잡지에서 당시 미국인들의 가치 관념에 대한 보도를 실은 적이 있다. 그에 따르면 "돈이 최고인 사회에선 사람마다 앞 다투어 황금 제일의 방식으로 자아를 긍정한다. 그러니 그 창궐의 상황이야 가히 상상이 될 것이다. 한 투자 은행가가 '우리는 이제 이런 사회로 접어들었다. 개인의 가치는 그가 소유하고 있는 돈으로 평가되며, 재능과 성취로 결정되지 않는다' 고 했다. 다른 은행가가 이를 보충해서 '사람들은 당신의 저택과 자가용을 보고, 당신이 성공한 사람인지 아닌지를 확인하고 판단한다' 고 했다."[*] 이렇게 소비를 물질적 영역에서 정신적 영역으로 끌어들이는 현상은 배금주의적 가치관이 만들어 낸 것이다. 이런 사회에서 사물을 판단하는 논리란 다음과 같다. 전문적 장기가 있는 사람은 반드시 돈을 벌며, 돈이 있는 사람은 사업의 성공자이자 비범한 인물이며, 이 때문에 다른 사람보다 훨씬 더 많이 숭배를 받아야만 할 까닭이 있다는 식이다. 그래서 누군가 사치스런 생활을 할 수 있다면 더욱 많은 돈을 들임으로써 자신의 사회

---

[*] 『편역 참고(編譯參考)』, 1988년 제1기, 「오늘의 미국 — 배금주의 사회(今日美國 — 拜金的社會)」.

적 지위와 명망을 높일 수 있고, 또 정신적 우월감을 얻을 수 있는 것이다. 이 점에서 청나라 말 상하이 사람들의 소비 관념은 이미 미국인들의 그런 심리적 태도와 별 차이가 없는 셈이다. 외국인 거주지에서 잘 나가던 사람들은 서로 다투어 이런 수단을 이용하여 경쟁적으로 자신의 소비 능력을 현란히 과시하고, 사업에 물 쓰듯 돈을 뿌렸다. 상인들이 체면을 내세워 비싼 장소를 물색하고, 호화 사치로 서로 경쟁을 하면서 자신의 부를 내세우는 것은 오로지 어떤 승자의 쾌감을 위해서이자 사람들을 향해 자신의 사회적 가치를 증명하기 위해서였다. 이런 심리적 태도로 인해 소비의 물질적 의미는 점점 정신적 의미에 압도당하게 된 것이다.

다음으로 상하이 사람들은 소비를 명예를 얻는 수단으로 보았을 뿐만 아니라 사교와 영업으로 연결시켰다. 상업 사회에서 개인의 신용은 그가 지닌 재산의 양과 정비례한다. 돈이 많을수록 신용은 올라가며, 그와 사귀려는 사람도 갈수록 많아진다. 이로써 고액의 소비는 자신의 경제적 능력을 증명하는 일종의 암시적 수단이며, 사교의 범위를 넓히고 신용을 높이는 효과적인 책략이자 영업에 더욱 많은 실익을 가져다준다. 이런 소비 동기의 출현은 필연적으로 고소비의 전략을 채택하도록 자극한다. 여기저기 빚이 널려 거의 파산하다시피 된 상인은 최후의 희망을 잡기 위해 큰 잔치를 열어 손님을 접대하면서 돈을 뿌린다. 이런 광경은 상하이에서 그다지 이상한 것이 아니다. 이런 사교성 소비는 일종의 거짓 소비이다. 이처럼 소비자 자신의 경제적 능력과 물질적 수요를 넘어서는 소비는 수입에 따라 지출을 한다거나 여분을 남기는 전통적 소비 관념과는 완전히 배치된다.

또한 상하이 사람들은 사치와 검소, 이 둘의 선택에서 절약을 숭상하던 전통적 소비 관념을 깨뜨리고, 사치를 소비의 목표로 삼았다. 사실 여러 가지 자료를 고찰해보면 예전 상하이 사람들의 소비 생활은 내지 사람들처럼 소박하고 절약적이었다. "선비는 글을 익히고 농민은 근면히 농사를 짓는다. 풍속은 도탑고 내실 있는 것을 숭상하여 사치가 적은 것이 예(禮)의 으뜸이다"*라고 한 것과 같이 말이다. 감히 말하건대, 개인으로 하여금 열심히 돈을 벌게 하지 않는 사회는 늘 대대적으로 절약의 미덕을 찬양했으며, 이 점에서 상하이도 예외가 아니었다. 그러나 근대로 넘어오면서 상하이 사람 중에는 소비 관념에 있어서 이미 전통적 관념과 궤를 달리하여 절약이 소비의 미덕이라는 주장을 평가 절하했다. 그리고 물 쓰듯 돈을 쓰는 것이 명예를 드높이는 거라는 인식이 확대되면서 근검절약은 일종의 무능의 표현이자 춥고 배고픈 사람들이 궁색을 떠는 것이라는 의미와 동일시되었다. 상하이 신문은 이런 풍조에 대해 끊임없이 한탄했다. "다른 곳에서는 검소한 것이 좋지만 상하이에서는 검소하면 더욱 어렵게 된다." "오늘날 상하이 각 분야는 '근검', 이 두 글자에 대한 이해가 전무하다." "상하이 사람 중 특별한 상류 계층은 검소할 수 없다. 밑으로 내려와 심지어 동양차(東洋車 : 1950년 재래식 인력거인 황포차黃包車를 개조한 신식 인력거) 인력거꾼도 절검을 모른다." 어떤 신문에서는 절약과 검소를 선양하고, 사치를 금하는 관념에 대해 문제를 제기하는 글이 실리기도 했다. "사람들의 사치, 즉 좋은 음식, 예쁜 옷, 기묘한 물건 등에 대한 선호는 개인적인 습관일 뿐이다. 곰곰이 생각해보니, 가령 한 나라의 부자가 거친 음식을 먹고 무명옷이나 입으며, 싸구려 물건을 사용해야 한다면 장사꾼이나 기술자들과 같이 자기 힘으로나

---

* 황웨이(黃葦) · 샤린건(夏林根) 편, 『근대 상하이 지구 지방지 경제사료 선집(近代上海地區方誌經濟史料選輯)』, 상해인민출판사, 1984, 342쪽.

황포차

먹고 사는 사람들이 그 기술을 팔아먹고 살겠는가! 또 어찌 부자가 돼볼 수나 있겠는가! 백성이 스스로 부자가 될 수 없는데, 나라가 어찌 부유해질 수 있겠는가! …… 소박하고 거친 물건만을 쓰게 한다면 나라에는 겨우 그런 물건만이 있게 될 터이니, 어찌 부유한 나라가 될 수 있겠는가! 사치스런 사람들이 좋은 물건을 애호함은 좋은 물건을 생산토록 독려하는 셈이자 부를 재분배하는 방법이기도 하다. …… 이아말로 나라를 살찌우는 비결로, 이는 신문지상에 실리는 그런 허황된 말이 아니다."* 어떤 글은 정부가 사치를 금하고 절검을 제창하는 정책에 노골적으로 반대하기도 했다. "가령 잘사는 사람들을 제약한다면 자산이 유통되지 않고 쌓여 모이게 된다. 그러면 무역업에 의지하여 하루하루 먹고 사는 사람들은 장차 수족을 놀릴 곳이 없게 될 것이다." "절검을 숭상하면 오래 갈 수 있지만 이것은 그저 일신을 돌

---

* 『신보』, 1890년 7월 31일, 1883년 1월 30일, 1874년 12월 1일.

보는 계책일 뿐 세상의 변화에 따라 백성들을 다스리는 도는 아니다."* 「치세를 논함에 지나치게 절검을 중시할 필요가 없다(論治世不必偏重節儉)」라는 제목의 글에서 아예 절검을 제창하는 정책 자체가 불필요하다고 했다. "사치함은 많은 것을 덜어내어 부족한 것을 채우는 백성을 구제하는 방법이다. 그것을 행한다고 무슨 해가 있겠는가. 금지한다고 해야 또 뭘 하겠는가." "나라를 살찌우고 백성을 넉넉하게 하는 방법은 애써 절검을 숭상토록 방법을 강구하는 데 있지 않고, 저절로 그 도가 있도록 해야 한다. 이 도를 얻게 되면 상하가 모두 부유하게 될 터이니 가난을 근심할 리가 없다. 구차스럽게 절검하는 것이 어찌 도가 되겠는가!"** 청나라 말 상하이 신문에는 사치와 절검에 대한 논쟁이 근 십 년간 끊이질 않았다. 사람들은 부단히 새로운 시각에 입각하여 이 오랜 사회적 과제를 인식하려 했다. 각각의 견해가 종잡을 수 없고 정론이 없었지만, 어떤 사람들은 대담하게 전통적인 절검 숭상의 관념을 부정하고 사람들이 다시는 고루하고 판에 박힌 소비 관념의 속박에 얽매지 않기를 주장했다. 저마다 상업 사회의 새로운 생활 논리에 따라 자신의 소비 방식을 변화시키며, 언제든 낡은 정통 관념의 속박에서 해방되어 새롭고 남다른 기치를 세우고 이를 따라 가려는 풍조를 막을 길이 없게 된 것이다.

끝으로 상하이 사람들은 소비 방식에 있어서 봉건 귀족의 존비(尊卑) 관념을 깨트리고 근대 대중 소비 시대의 막을 열었다. 근대의 소비는 대중의 소비인데, 과거에는 귀족이나 관리들에게만 허락되었던 고급 소비품들이 근대 산업과 상업 무역의 발달로 광범위하게 일반

---

* 『신보』, 1872년 5월 21일.
** 『신보』, 1877년 2월 28일.

시민의 소비 영역에까지 확산되었다. 가령 사회적 등급의 표지였던 의복이나 물건들도 그 질서가 파괴됨으로써 귀천의 구분 없이 맘대로 사용되었다. 사회적 소비에 대한 일체의 정치적 제한은 모두 타파되었고, 유일한 제한은 이제 돈이었다. 이러한 근대적 대중 소비 방식은 어떤 측면에서든 신흥 상인들에게 유리한 것이자 상업 사회가 제창하는 소비 방식이었다. 청나라 말 상하이 대중 소비의 물결은 더 이상 거스를 수 없는 대세로서 그 발전의 속도와 광범위함은 많은 보수적 지식인을 통탄케 하고, 또 두렵게 만들었다. 그들은 이렇게 보았다. "온갖 일들이 맘대로 주제를 넘어 행해지는 현상은 온 데서 다 그러하지만, 유독 상하이가 가장 심하다." 그래서 신문을 통해 대대적으로 이를 성토하고 질책하는 글들이 넘쳐났다. 그러나 이러한 질책의 소리로부터 오히려 상하이 사람들의 소비 관념의 변화를 읽어 낼 수가 있다.

당시 봉건적 귀천과 등급에 따른 소비 관념에 가장 큰 충격을 준 것은 다음의 두 부류 사람들이었다. 하나는 벼락부자이고, 다른 하나는 기생과 같은 사회적 천시를 받았던 계층의 사람들이다. 그들의 충격은 주로 의복과 그릇에 집중되었다. 먼저 의복에 대해 살펴보면 청나라 말 상하이 의복의 특징은 차림새를 통해 개인의 출신과 지위를 분별할 수 없다는 점이다. 즉 "지위를 변별하고 귀천을 구별할 수 없었다." "사람의 고하를 거의 가릴 수 없었다." 『죽지사(竹枝詞)』라는 노래에는 당시의 이런 풍조를 적나라하게 묘사했다. "멋지게 장식한 높은 좌석에 앉아 네 필의 말이 끄는 수레를 타고 거리를 지나는데, 이 사람 노름꾼이었음을 어찌 알아채리오. 옛적 관리들 지금은 처지가 뒤바뀌었고 명문대가도 거반은 망했다네." "장차 서양의 말을 배워, 머리에는 천금을 이고 의기충천하리라. 낫 놓고 기역자 몰라도 번듯

청말 서민의 남녀 의복

하게 겉치레를 하고서 고개 곧추 세우고 관청을 활보하리라."* 『대청
회전(大淸會典)』(청나라의 법전)에는 일찍이 종복, 배우, 관노 등은 거
친 명주, 갈포, 남빛 무명베, 담비 가죽 등은 허락되나, 방주(紡綢 : 얇
고 윤이 나는 비단), 견단(絹緞), 사라(紗羅)와 각종 고급 털옷은 입을 수
없다는 규정이 명문화되어 있었다. 게다가 서민의 남녀 의복에 금실
로 수를 놓을 수도 없었다. 그러나 상하이에서는 "고급 비단 옷을 입
지 않은 사람이 없었고", "배우나 기생의 옷에 금실 수가 놓인 것은
일반적인 것이었다." 한 상인이 돈을 벌면 바로 돈으로 관직을 사서
관모와 관복을 사 입고 과시했다. 명문 지식인들은 늘 이런 종류의 인

---

* 진교(辰橋), 『신강백음(申江百吟)』, 1887년 각본(刻本).

간들은 조롱하며 "체제도 모르고 예절도 아는 게 없이 평소 얕은 모자에 긴 장화, 또 짧은 옷깃에 좁은 소매 옷을 입고 시정잡배와 술집이나 찻집에서 어울린다. 게다가 의상이란 것이 뭐 하는 물건인지도 제대로 알지 못하고, 아무나 함부로 옷을 차려입고는 점잖은 지식인들 틈에 끼어보려고 한다"고 했다. 어떤 이는 관모에 관복을 하고 저자거리에서 떠돌기도 했으니, 과연 한탄을 금치 못할 만도 했을 것이다. "관대와 관복은 나라가 호걸에게 내리는 은택인 것을, 요즘에는 소인배들이 이런 물건을 사사로이 취함에 그 출신도 상관치 않는다. 혹은 돈으로 관직을 사기도 하니, 참으로 찬란한 문화가 본색을 잃고 뜻있는 선비가 개탄치 않을 수 없도다."[*] 복장 질서의 혼란은 "옛적 왕공장상의 집 앞에서 인사를 고한 제비가 일반 백성의 집안으로 날아든" 격으로, 상하이가 바야흐로 출신을 따지는 관 본위 사회에서 출신을 따지지 않는 금전 사회로 접어들고 있었음을 설명해준다. 이제는 더 이상 신분의 권위가 소수만을 위해 농단할 수 없는 상황이자, 출신이 미천한 상인이라도 돈만 있으면 스스로 마치 관료인 듯 행세할 수 있게 된 것이다. 물건에 대해 살펴보면, 상하이에서는 길을 나설 때 가마를 타는 것이 더 이상 고관의 특권이 아니었다. "귀천에 상관없이 문을 나서면 가마를 탄다." "가마를 지던 사람이 가마에 탔던 사람의 신분을 뛰어 넘는다는 것은 놀랄 만한 일이다."[**] 특히 돈으로 관직을 산 거상은 "근엄하게 스스로 관리라 칭하며, 명절이나 경조사 때 마차를 타고 다니며, 모자에 보석을 달고 공작 털로 장식을 했다."[***] 상하이 기생도 외출을 할 때는 꼭 큰 가마를 탔다. "그 사치함은 대단하여

---

[*] 거위안쉬, 앞의 책, 제1권.
[**] 거위안쉬, 앞의 책, 제1권.
[***] 『신문보(新聞報)』, 1896년 6월 28일.

관리와 견주어도 별 차이가 없었다. 수레와 가마가 앞서거니 뒤서거니 등을 달고 길을 밝혔는데, 반드시 그 이름과 성을 써 달아 자신을 과시하며 시내를 활보했다. 혹은 '정당공무(正堂公務 : 공무 수행 중)'이라는 네 자를 써 달기도 했는데, 길 가던 행인들은 이를 보곤 도대체 어찌된 일인지 영문을 몰라 했다."* 상인이건 천한 사람이건 복장 등에 있어서 대담하게 자신을 드러내고자 하면서 추호도 두려움이나 불안감을 갖지 않았다. 시정 소시민들은 투서로 봉건 귀족의 관료 본위 제도를 비판하는 방법보다는 자신들만의 방식이 있었다. 즉, 소비 생활에 있어서 주제를 뛰어 넘는 반역 행위를 실천하는 것이 바로 그들의 '격문(檄文)'이었다. 관료는 존귀하고 백성은 천하다는 존비의 질서는 이렇게 소리 소문 없이 소비의 영역에서 부정되었다. 보수적 사대부들은 이런 두려움 없는 과감한 소비 행위에 놀라 "복장이란 것이 사소한 것이나 세태의 성쇠와 인심의 옳고 그름을 증험할 수 있는 잣대이다." "만약 미친 듯한 풍조를 내버려두고 구제치 않는다면 일신의 재앙이 될 뿐만 아니라 국가의 근심이 될 것이다"**라 외쳤던 것이다. 청나라 말 상하이 사람들의 소비 관념에 있어서 변혁의 방향은 의심할 나위 없이 그들이 새로운 생활 방식을 세워 길을 개척하고, 대중화, 상업화, 다원화의 길로 매진하는 것이었음을 말해 준다.

상하이 사람들의 소비 혁명이 갖는 두 번째 측면은 그들 스스로 독특한 소비 풍격을 형성하여 중국의 새로운 소비 풍조의 선도자가 되었다는 점이다. 고대로 거슬러 올라가면 상하이 사람들이 소비에 있어서 어떤 독립적 기치를 세웠던 적이 없다. 중국 남방의 소비 중심은

---

* 『신문보』, 1896년 11월 23일.
** 『신보』, 1901년 5월 5일.

쑤저우(蘇州)와 항저우(杭州)였고, 상하이는 그저 뒤를 좇는 정도였다. 아편전쟁 이후 외국 군대가 주둔하면서 면모를 일신하고, 소비 영역에 있어서 괄목할 성과를 이루었다. 이제 상하이 사람들의 위치는 쑤저우와 항저우 사람들과 바뀌었다. 청나라 말 상하이의 소비 성격은 '사치, 유행, 풍류' 이 세 단어로 개괄할 수 있을 것이다. 이 세 방면에서 상하이 사람들의 특별한 성격은 그들의 생활 방식으로 하여금 중국 내지인들과 더욱 멀어지게 하였다.

1. 물 쓰듯 돈 쓰기

배금주의 상업 사회에서 낭비와 사치 풍조는 피할 수 없는 것이다. 소비가 소비자의 자아 긍정, 자아 과시, 심지어 일종의 경영과 교제의 수단이 될 때 필연적으로 외관으로 사람을 판단하는 풍조를 조성하고, 이로부터 소비에 있어 남을 좇아하고 또 뒤지지 않으려는 심리를 형성한다. 청나라 말 상하이는 바로 이런 상황이었다. 체면을 따지고 사치를 흠모하는 것은 이미 상하이 사람들이 쉽게 저버릴 수 없는 소비 습관이 되어버렸다. 소비는 개인의 물질을 향유하려는 본능적 욕구와 개인의 경제적 능력을 뛰어넘어 허식적 과소비의 풍조를 형성했다. 상업과 상인의 입장에서 볼 때 소위 낭비는 꼭 필요한 것이다. 다만 애석한 점은 그들이 과시하려는 것이 자신이 가지고 있는 것이 다른 사람보다 훨씬 많은 낭비의 능력과 자격이며, 이를 통해 자만감과 나름의 행운을 즐기려 한다는 것이다. 그래서 관혼상제건 의식주건 각 방면에서 열심히 자신의 소비 능력을 드러낸다. 이런 변태적 소비 심리는 상인들이 스스로의 보잘것없는 출신 배경으로부터 탈피하고자 하는 어두운 그림자인데, 사회를 향해 자아의 존재 가치를 새롭게 내보이려는 극단적 반응이다. 그렇다면 상하이 사람들은 어떻게 돈 쓰기에 몰두하는가? 상하이의 명사 거위안쉬(葛元煦)는 상하이 사회의 나쁜 습속에 일침을 가하는 글에서 돈을 물 쓰듯 소비하는 일곱 가지의 양태를 열거한 바 있다. "옷이 화려치 않음을 수치로 여기기, 가마를 타지 않음을 수치로 여기기, 하류 기생과 놀기를 수치로 여기기, 싸구려 음식을 수치로 여기기, 바퀴 두 개짜리 작은 수레를 타는 것을 수치로 여기기, 모자 안 쓴 것을 수치로 여기기, 극장 뒷자리 앉는 것을 수치로 여기기"* 상하이 사람들의 돈 쓰기는 가히 극단적이었음을 알 수 있다. 혼례에 있어서도 청나라 말 상하이 민간의 결혼식은 대단히 시끌벅적하고 성대해, 중매쟁이에게 옷이나 패물 등으로 답례하는 것 말고도 지참금이 필요했다. 액수를 보면 "부자의 경우 천 단위가 넘었고, 중산층도 백 단위였으며, 극히 가난한 집안도 수십 단위나 되었다."** 혼례식 당일에는 "악대가 길을 인도하는 것을 영광으로 여겼고", "문 앞에 등을 달고 마당에서 피리를 불며 자리에는 하객이 그득하고 길가에 가마가 쭉 늘어서야 했다." 하객에 대한 접대도 "몇 날이 가도록 끝나지 않았다."*** 1858년 21세의 매판가 서윤(徐潤)이란 사람이 광둥(廣東)으로 돌아와 혼례를 마쳤는데, "상하이 각지의 친구와 친척들이 보낸 의복에 모자, 그리고 옷감이 이루 헤아릴 수 없었고, 부조금이 천육칠백 위안(당시 중산층 월수입이 10위안을 넘지 않았다)이나 되었다"고 한다. 서 씨가 혼례를 마치고 상하이로 돌아온 후 "답례 잔치가 4~5일이 이어졌는데, 매일 계화루(桂花樓)에 사오십 석을 마련했다고 하니 가히 성대하다고 하겠다."**** 1886년 사쑨

---

* 거위안쉬, 앞의 책.
** 『신보』, 1891년 4월 22일.
*** 『신보』, 1891년 4월 22일.
**** 『서우재자서연보(徐愚齋自敍年譜)』, 제5절.

양행(沙遜洋行, 1843년 영국 국적의 유태인 데이비드 사쑨Sassoon이 상하이에 세운 회사. 고액의 고리대금업으로 사업을 일으켜 상하이 남경로南京路에 사쑨빌딩을 세움)의 부동산 투기상 하르둔의 결혼에는 거금을 들여 넓고 호사스런 공관을 지어 식장을 꾸몄다. 어떤 부자들은 첩을 들이는 데도 거금을 아끼지 않았는데, 상하이의 한 관리는 기녀를 첩으로 받아들이는 데 몸값으로 만 위안을 내고, 육천 위안을 들여 머리 장식을 샀다고 한다. 초상을 치를 때 비용도 놀랄 만한데,『양장상사(洋場喪事 : 매판가문의 초상)』란 죽지사(竹枝詞)에서 "매판가의 초상은 사치를 다투노니, 수많은 생화로 마차를 장식한다. 길가에 구경꾼이 구름같이 몰렸으니, 상인 가문의 기세가 관리 가문 같구나"라 묘사했다. 1892년 저명한 대매판가였던 당정추(唐廷樞)가 톈진에서 병으로 사망했다. 운구가 톈진에서 상하이로 돌아올 때 전에 없던 대규모의 영접 의식을 거행했다. 중국식 서양식 경찰과 훈련병이 모두 출동하여 부두에 나열하여 규찰을 섰다. "부두 좌우에서 우렁차게 울리는 악대 소리는 마치 웅장한 황제의 음악을 연주하는 듯하고, 포수는 대포를 쏘아 영접하는데 강변이 진동했다." 운구를 맞는 대오가 부두에서 출발하여 시내 중심가를 지나는데, "앞줄에는 길을 여는 문무(文武)의 개로신(開路神 : 장사 행렬이 나갈 때 길가의 악기를 물리치고, 하관下棺을 할 때 악귀를 쫓는 역할을 하는 신), 우렁찬 호령, 휘날리는 노전(路錢 : 길가의 구경꾼들에게 뿌려주는 돈), 은화가 가득 찬 멜대의 행렬이 자리했다. 다음으로는 등을 들고 길을 밝히는 대오, 오색 깃발과 금장식의 북을 치는 대오, '숙정(肅靜 : 조용하라)', '회피(回避 : 길을 비켜라)'라고 적힌 깃발을 마주든 스무 쌍의 대오가 뒤따랐다. …… 행렬의 말미에는 기마 취주악대, 기마대, 차양 우산을 받쳐 든 대오, 꽃가마 등이 이어졌다. 형형색색 화려하고 기이한 장관이 극에 달하고, 봉황과 난

거창한 운구 행렬

새가 깃을 펴고 나는 듯한 장엄한 광경이었다. 계속해서 강남(江南) 제
표수사(提標水師)의 우영(右營) 병사가 뒤를 잇고, 신식 군대와 기수단
이 함께 따르며, 뒤에서 군대가 호위를 하며 따르는데 가지런히 대오
를 갖추고 엄숙했다." 또 중국과 서양식 악대를 청해 양쪽 길가를 따
라 음악을 연주하게 했다. 그리고 가마나 마차를 탄 상하이 각계의 명
사들이 수백 명이나 되었다. 운구가 지나는 곳은 인산인해를 이루어
그야말로 장관이었다.* 1905년 후이펑은행(匯豐銀行)의 매판 상인인
석정보(席正甫)의 운구가 나갈 때도 상하이를 진동시켰다. 신문 보도
에 따르면 행렬에는 관리, 상인, 병사, 학생, 승려, 도사, 심지어는 거
지까지 있었을 정도였고, "그 운구를 따르는 행렬의 성대함이 고금에

---

* 『만국공보(萬國公報)』, 1892년 12월.

인산인해를 이룬 운구 행렬

본 적이 없을 정도였다"고 했다. 『시보(時報)』에서는 이런 호화스런 장사 행렬에 대해 평론을 발표했는데, "석(席) 씨는 매판 상인에 불과하다. 조정의 높은 관직에 있는 것도 아니고, 권력이 있는 것도 아니다. 지위라고 해야 4품에 불과하고, 관직으로 보더라도 관찰(觀察)에 지나지 않는다. 그런데 이처럼 행렬이 10리에 이르고, 엄청난 돈을 써서 수천 명의 일손을 빌리고, 수만 명의 군중을 동원하며, 수백 종의 사업을 혼란케 할 정도였다. 세도가 실로 한 나라 왕후장상보다 더하다. 어째서인가? 국법으로 논하자면 이는 분수를 넘는 일이며, 옳지 않은 짓이다."[*]라고 비판했다.

먹는 면에 있어서 상하이탄은 주지육림으로 연회가 끊이질 않았

---

[*] 『신보』, 1905년 6월 12일.

다. 『죽지사』를 보면 "잔치를 벌이는데 수만 금의 돈을 써도 아깝지 않았네. 아침에는 '동신(同新)'에서 저녁에는 '복신(復新)'에서 논다"고 했다. 동광(同光) 시절 상하이에는 유명한 중국 식당으로 '신신(新新)', '동신(同新)', '복신(復新)', '태화(泰和)', '포오방(哺五房)', '장신(莊新)' 등 여섯 곳이 있었다. 이 여섯 요릿집은 일년 내내 "아침마다 비단 치마에 나막신을 신은 기생으로 둘러싸였고, 저녁이면 온갖 풍악이 울려 나왔다. 사람들은 좋은 술에 화려한 등불, 돈을 휘둘러 쓰며 술에 취했다. 부자들은 매일 음식을 먹는데 엄청난 돈을 쓰면서도 젓가락 놓을 곳 없는 것을 부끄럽게 여겼다"*고 한다.

요릿집에서 식사를 하는 것은 상하이 사람들한테는 아주 일상적인 일이기 때문에 음식을 만들어 먹는데 있어 가정이 갖고 있었던 기능이 상당히 상실되었다. 동시에 청나라 말 상하이 인구 가운데 독신자나 단독 가정이 차지하는 비율이 매우 컸다. 이런 사람들은 일반적으로 집에서 밥을 하지 않았다. 그들의 생활 방식은 길거리에서 돈을 벌어 길거리에서 다 써버리는 것이었다. 그래서 크고 작은 식당은 종일 만원 사례였다. 길거리에서 식사를 하는 것은 일종의 공개적 소비였다. 판을 벌여 체면 세우기를 좋아하는 상하이 사람들은 이런 장소에서 자신의 경제적 능력과 대범함을 드러내길 즐겼다. "온갖 신선하고 기름진 요리를 추구하고 음식의 기이함을 다투었으니, 산해진미로 가득한 하루 식사에 수만 금을 쓴다한들 뭐가 아깝겠는가?" "일반인들도 사치함을 추구해서 샥스핀이나 구운 오리가 매끼 식사에 빠지는 일이 없었다." "조리법과 온갖 맛의 조화, 그리고 기름지고 달콤한 진미를 추구하니 한 번 식사하는 비용이 보통 사람의 전 재산을 다 쓸

---

* 『신보』, 1872년 6월 16일.

정도였다. 옛 사람들은 하루 식사에 만 금이 든다 했는데, 지금 사람들을 보건대 그것도 빈약하다."* "연회란 원래 네 그릇에 다섯 궤적의 음식이면 되는데, 지금은 꼭 샥스핀과 제비집에 진수성찬이 널려 있어야 한다." 그래서 "부잣집 자식들도 매일 사치스런 생활이 습관이 되어, 비린내 나는 음식이 아니면 삼키려 들지 않았다." 당시 이런 신문 글들이 다소 과장적이기는 하지만 풍습이 사치스러웠던 당시의 현상을 상하이 사람들의 식탁 곳곳에서 발견할 수 있다.

상하이 사람들은 차림새에 있어서 더욱 돈을 아끼지 않고 화려하고 비싼 것을 추구했다. 내지 사람들은 늘 상하이 사람들을 조롱하면서 "집안에서 불이 나는 것은 걱정치 않고, 오직 제 몸이 걸려 넘어질 것만 걱정한다"고 했다. 체면을 중시하는 상하이 사람들의 차림새에 대한 추구는 19세기 말부터 이미 명성이 자자했다. 상하이 신문에서는 주민들의 차림새 풍조에 대해 아주 상세하게 폭로하고 있다. "지금 상하이 사람들을 보건대, 그 풍속의 폐해가 어느 정도인가. 관리이건 상인이건, 혹은 선비이건 일반 백성이건 조금만 여유가 있으면 화려하고 현란한 의복을 차려 입지 않는 경우가 없었다. 그리고 심지어는 신분이 낮은 배우나 감옥의 병졸까지도 외모민 보아서는 엄청 잘 사는 집안사람 같다." "부녀자들의 사치는 더욱 심하다. 저고리와 치마의 경우 예전에는 주름 잡은 비단 정도면 심히 사치스럽다고 여겨졌다. 하지만 지금은 결이 촘촘한 고급 공단에다 깃을 더하는데, 왕왕 깃으로 단 것이 옷보다 더 비싼 경우도 있었다. 깃은 3~4촌 정도여야 하고 사방의 폭이 넓어야 했다. 저고리는 가운데를 움푹 파서 속을 드러내고, 꽃무늬를 새긴 셔츠의 안을 파고 비단 조각을 잘게 잘라서 그

---

* 『신보』, 1890년 12월 7일.

곳에 붙여 장식을 했다. 바이펑서우(白鳳手) 상표의 조끼를 입는 것은 일반 아줌마들도 당연하게 여겼다."* 사람들의 차림새는 고급화와 귀족화의 방향으로 발전되었다. 과거 소수만이 입었던 귀족적 비단 저고리와 머리에 쓰는 화관(華冠)에 대해서도 이제는 이미 일반 시민들도 다투어 흉내 내며 별로 이상타 여기지 않았다. "과거에는 무명옷을 입었지만, 지금은 비단 양복을 입는다. 이전에는 보통 비단옷을 입었지만, 지금은 반드시 고급 비단옷을 입어야 한다." 좀 여유가 있는 사람은 "여름에는 갈옷(날실은 명주실, 씨실은 면실로 짠 꽃무늬가 있는 고급 견직물)을 입고 겨울에는 가죽 털옷을 입었는데 꼭 리두(麗都) 상표여야 했고, 모자와 구두는 매일 새 것으로 갈아 신었다. 한 사람의 차림새로 수백 명의 사람을 먹일 수 있었으니, 그 사치함의 폐해가 너무 심했다."** 어떤 작가는 이렇게 묘사했다. "늘 장원(張園 : 청나라 말 상하이에 시민들의 공공 활동 장소. 꽃도 감상하고 연극도 보며 차도 마시던 곳)에 가보면 여성들의 머리는 진주 비취로 장식해서 화려한 빛이 휘황찬란했고, 온몸에 비단옷을 휘감고 향내가 사방에 넘쳐났다. 알아보니 대부분 중산층 시민들이었다. 중산층 시민들이 이럴 할진데, 부자들은 어느 정도인지 가히 알 수 있을 것이다."*** 심지어는 상하이 교외 주민들조차도 차림새를 따지고 들었다. 한 상하이 토박이는 작은 시골 마을에 불어 닥친 변화의 바람에 대해 이렇게 한탄했다. "어려서 소박한 선비들은 그저 거친 무명으로 된 두루마기나 마고자를 입었는데, 지금은 비싼 비단으로 온몸을 휘두르고 있다. 관리들이 그

* 『신보』, 1880년 3월 30일.
** 『신보』, 1890년 12월 7일.
*** 『신문보』, 1896년 6월 28일.

청말 장원의 모습

렇게 차려 입는 것은 늘 보아왔지만 지금은 하인들이나 벼슬아치들이나 차이가 없다. 좀 검소한 경우라 해도 양단(洋緞 : 기계로 짠 비단)이나 양사(洋紗 : 기계로 짠 면사) 혹은 양포(洋布 : 기계로 짠 무명)로 만든 옷을 입는다."* 상하이 사람들이 차림새를 중시하는 것은 옷이라는 것으로 사람을 평가하는 상업 사회의 관념이 부추긴 것이다. 사람들은 체면을 중시하는 소비 방식을 지니고 있었기 때문에 조금이라도 가능성이 있으면 비싼 것으로 자신을 꾸미려는 상류 사회의 기질을 추구했고, 아울러 이 점에서 서로 부단히 경쟁을 했다. 일반 평민들도 이런 상하이에 살면서 사치하지 않으려 해도 어쩔 수 없었던 것이다.

주거의 측면을 보면 상하이는 인구가 매우 조밀하고, 땅값도 천정부지로 오르는 데다가 집세가 엄청 비싸기 때문에 일반인들은 넓은

---

* 황바오팅(黃報廷), 『남사잡식(南沙雜識)』, 1911년 각본.

화려하게 장식한 매판 상인 집의 응접실

집에서 살 수가 없다. 그래서 왕왕 몇몇 집이 합쳐서 작은 건물을 세내어 살기도 한다. 상하이 사람들의 주택이 비록 작지만, 집안 내부의 꾸밈에는 특별히 신경을 기울여서 작은 방이라 할지라도 각종 비싼 물건으로 화려하게 장식을 한다. 돈이 있는 사람들의 경우 사택이나 공관은 호화의 극치를 달린다. 상하이 사람들은 물론이고 서양 사람들도 놀라움을 금치 못할 정도이다. 한 외국 상인은 이렇게 묘사했다. "내가 일전에 한 매판 상인의 집을 방문한 적이 있다. 그저 중간급의 상인이었는데 집 안에 서양식 화원이 있어서 사계절 온갖 꽃이 없는 게 없었다. 손님을 맞는 방은 서양식과 중국식 두 가지로 나뉘어 있었는데, 가령 피아노 같은 악기들을 모두 갖추고 있었다. 중국식 응접실에는 자단 나무로 만든 고급 의자와 탁자가 놓여 있고, 곳곳을 휘황찬란하게 장식해서 한번 보면 그 화려함에 감탄을 금치 못할 정도였다."*한 프랑스 양행의 매판 상인은 집에 10여 개의 화려한 방이 있기도 했다.**청나라 말 상하이의 사택과 정원 가운데 건축 규모나 들어간 물자의 사치함으로 으뜸이었던 것은 아마도 애려원(愛儷園)을 꼽을 수 있을 것이다. 애려원은 1904년 건축되었는데, 지금의 상하이 전람관 부지로서 몇 번의 확충 공사를 거치면서 1910년에는 거의 200여 무(1畝 : 100㎡)에 달했다. 들리는 말에 따르면 정원 안에 몇 군데 호화로운 주택 건물 외에도 80개의 누(樓 : 건물)와 12개의 누대(樓臺), 각(閣)이 8개, 정자(亭子)가 48개, 연못이 8개, 작은 누각(樓閣)이 4개, 10개의 커다란 정원, 9개의 큰 길이 있었다고 한다. 그 외에 한 개의 사원과 여자 학교를 더 세웠다. 전체 화원은 강남 원림(園林)의 풍격을 잘 갖추고 있어서 다섯 걸음에 건물 하나, 열 걸음에 누각을 하나씩 배치했고, 인공 동산에 굽이치는 물줄기를 만들어 서로 멋지게 조화를 이루게 했다. 전체적으로 고상하고 우아한 분위기를 자아내며, 각종 건물은 자연스러운 격조를 다했다. 이 정원이야말로 20세기 초 강남 지역의 개인 정원 중 일대 걸작이라 할 수 있다.

교통 수단 측면에서 볼 때 상하이 사람들의 낭비 풍조는 남녀노소를 막론하고 걷는 것을 부끄럽게 여기도록 했다. 그래서 몇 걸음 안 되는 거리도 수레나 가마를 타지 않으면 안 되었다. 그렇지 않으면 체면에 손상이 간다고 여겼다. 수레나 가마를 타는 사람은 꼭 관직이 높은 사람만이 아니었다. "수레를 끄는 사람의 신분이 수레를 타고 있는 사람보다 높은 경우가 허다했다."『호유잡기(滬遊雜記)』란 글에서는 귀천에 상관없이 바깥출입에는 꼭 가마를 타려하는 풍조를 개탄

---

* 야오셴하오, 앞의 책, 1525쪽.
** 우쉰이(吳馴義), 앞의 책, 110쪽.

처음에는 소수의 서양인들만 타고 다녔지만 점차 중국인들에게도 확산되어 마차를 타는 사람들이 급속도로 증가했다.

하기도 했다. 그러니 매판 상인들은 더 말할 것도 없었다. 『죽지사』를 보면 "의복을 화려하게 입는 것은 일상적인 일이고, 면을 비단으로 바꾸는 중개업으로 큰 돈을 벌기도 했다네. 근자에는 서양 말을 익힌 가마꾼들이 매일같이 서양인의 상가로 출입한다네"[*]라 했다. 상하이 시의 수레는 모양도 다양했다. 1850~1860년대에는 바퀴가 하나인 작은 수레가 주를 이루었지만 70년대 후반부터 동양차가 유행했고, 소수의 서양인들이 서양식 마차를 타기 시작하더니 이를 따라 타는 중국인들도 많아지기 시작했다. 그래서 부잣집 자식들이나 화류계 남녀들은 마차를 타는 것이 일상생활이 되었다. 이 밖에 자전거가 1880

* 『신보』, 1872년 8월 12일.

동양차 - 황포차를 개조한 신식 인력거

년대 초에 출현했고, 20세기 초에는 버스와 자가용도 많아 졌다. 통계에 따르면 1908년 상하이에는 마차가 1,442량, 바퀴 하나짜리 작은 수레가 6,661량, 동양차가 8,471량, 자동차기 156량이었고,[*] 1912년에는 전차가 107량에 달했다.[**] 광서(光緖) 초만 해도 상하이 사람들은 외출을 할 때 걷는 것을 부끄럽게 여겼고, 심지어는 바퀴 하나짜리 작은 수레를 타는 것도 수치로 생각했다. 1890년『신보』에 의하면 "집을 나서 1리나 2리 정도 되는 거리도 늘 동양차를 탔다. 하지만 상하이 이외의 지역에서라면 10여 리나 되는 거리도 걸어갔다. 어째서 다른 지

---

[*] 왕춘타오(王春濤),『상하이』, 상하이청년회, 1935년 인쇄본, 170쪽.
[**] 쉬쉐쥔(徐雪筠), 앞의 책, 217쪽.

역에서는 되는데, 유독 상하이에서는 안 된다는 걸까? 서양식 지팡이를 몸에서 떼지 않던 상하이 청년들은 겉모습은 반지르르 자못 멋진 풍모가 엿보이지만, 그 속은 가난으로 찌든 '양자오화쯔(洋叫化子 : 서양 거지)'에 불과했다." 이런 청년과 그 친구의 대화를 보자.

황궈민(黃國民)이 말했다. "아무리 봐도 너희들 양복이 멋지게 보이는데, 내일 나도 옷을 어떻게 바꿔 입어야 될지 좀 배워야겠는 걸." 양복을 입은 친구가 말 한다. "옷을 바꿔도 별로 좋은 점은 없지만, 그래도 첫째는 옷 맞추는 데 적지 않은 돈을 절약할 수 있겠지. 그리고 둘째로는 겨울이든 여름이든 그저 이 한 벌이면 아무 때든 상관없이 입을 게 없어서 걱정할 필요가 없다고." 황궈민이 말했다. "이봐 친구들. 바다표범 털로 만든 마고자로 세 계절을 입을 수는 있다지만, 이 외국 옷한 벌로 어떻게 사계절을 입을 수 있다는 거지?" 그러자 양복을 입은 친구가 말했다. "널 속이는 게 아니라니깐. 너 나보고 왜 양복으로 바꿨는지 물었지? 중국옷은 말이야 사실 입을 수가 없어서야. 비단으로 옷을 하는 데만 적어도 10위안이 넘게 들지. 새해면 가죽옷, 면옷, 홑옷, 겹옷 몇 벌 갈아입으려면 100위안이 훨씬 더 든다고. 그런데 지금 이 한벌이면 머리끝서부터 발끝까지 모두 해봐야 10여 위안에 불과하지. 또 1년 내내 입을 수도 있고, 누가 강제로 벗겨서 전당포로 가져가 봐야 전당포에선 받지도 않으니 안전하지. 이 1년 동안, 니가 나를 위해 얼마나 돈을 절약해 줄 수 있다고 생각하나?" 황궈민은 이 말을 듣고 자신도 모르는 새 고개를 끄덕였다. 그리고 이어 말했다. "너희들 돌아간 뒤 나도 옷을 개량해서 입는 걸 꼭 배워야겠네."*

---

* 리보위안(李伯元), 『문명소사(文明小史)』, 제16회.

이렇게 허영심이 가득한 소비 관념은 생활이 궁핍하고 주머니 사정이 여의치 않은 일반 시민도 사치한 소비 풍조 속으로 밀려들어 가게 했다. 그 결과 상하이는 명실상부한 용광로가 되었다. 어떤 상하이 사람들은 이 점에 대해 이렇게 한탄했다. "예전에는 서호(西湖)가 사치의 용광로였다. 내가 보건대 서호의 씀씀이는 상하이에 비교가 안 된다. 거의 열 배는 될 거다! …… 주머니를 가득 채워 와 봐야 곧 돈도 다 떨어지고, 외지의 오랜 나그네 생활 속에서 필히 낭패함을 당할 것이다."* "내가 보건대 상하이 사람치고 근심이 없는 사람이 없다. 10만 금을 허리에 차고 내 맘대로 돈을 휘둘러 쓸 수 있는 사람이 얼마나 되겠는가! 조금씩 돈을 모아서 모래처럼 써버린다면 아침의 기약을 저녁까지 지킬 수 없을 것이다. 그러니 온갖 산해진미를 늘어놓고 아리따운 미녀가 시중든다고 해야, 그 즐거움이 얼마나 가겠는가. 하물며 별로 가진 것도 없는 사람이 환락으로 모든 것을 다 써버리고 온갖 좋지 않은 일들에 몰두하는 경우가 이루 헤아릴 수 없다."** "지금 상하이 사람들은 돈 쓰는 것을 즐거움으로 알고 있는데, 이야말로 뭣이 즐거움인지 모르는 것이다. 어떻게 그런 것이 즐거운 일이 되겠는가."***

1899년 미국의 학자 소스타인 베블런(Thorstein Veblen)은 그의 저서 『유한계급론』에서 당시 미국인들의 재화에 대한 태도를 정밀하게 분석한 바 있다. 그에 따르면 사회적으로 명성을 얻으려면 필히 재산을 벌어들이고 쌓아야 한다고 했다. 일단 재산이 공인된 수준에 도달하면 그것은 명예와 독립의 확실한 기초가 된다. 재산은 자체적으로 그 내부에 명예성을 지니고 있으며, 그것을 보유하고 있는 사람에게 명

---

* 『신보』, 1890년 12월 1일.
** 『신보』, 1877년 9월 29일.
*** 『신보』, 1877년 9월 29일.

예를 가져다 줄 수 있다.* 베블런이 이 저작을 발표했던 동일한 시기, 태평양 저 쪽 상하이 사람들도 이런 명예를 얻기 위해 사치한 소비의 광기어린 경쟁을 벌이고 있었으며, 모든 사람들은 이 마법에 걸려 헤어나지 못하고 있었다. 그들은 소비 향락을 사회적 명예를 향한 한 판 경쟁으로 변질시켰다. 모든 것은 오직 자신은 함부로 대할 수 없는 위치에 있음을 증명하기 위한, 현란한 개인적 성취를 증명하기 위한 것이었다. 배금주의의 상업 정신은 이런 와중을 틈타 무섭게 사람들의 생활 소비의 영역으로 침투해갔다. 그리하여 사람들의 자존심을 황당무계한 허영심으로 왜곡시켰다.

2. 상하이 사람의 유행 따르기

'스마오(時髦 : 유행)'는 청나라 말 상하이에서 크게 유행하던 말인데, 원래는 그때 유행하던 헤어스타일을 말한다. 이 '스(時)' 자는 최신 풍습이란 뜻을 지니고 있다. 아마도 새 것을 좋아하고 낡은 것을 싫어하는 심리에서 나온 것으로 보이는데, 상하이 사람들의 사회적 언어 속에서는 이 '스'라는 글자에 대해 편애가 있는 듯하다. 1897년 『신보』에 실린 「'스'자에 대한 풀이(釋時)」라는 글에서 "이 나라 사람들은 시대의 풍조에 습관이 되어 오직 유행을 좇는다. 만약 유행에 뒤처지면 사람 축에 끼지 못하고, 유행을 좇지 못하면 남보다 못하다고 여긴다. 그래서 기녀들은 매일 유행하는 머리 스타일로 단장하고, 누각에서는 유행가로 경쟁한다. 규방의 여인들도 유행하는 복장을 본 떠 입으려 하고, 심지어는 관리나 지식인들도 서로 머리 형태와 얼굴

---

* 베블런, 『유한계급론(有閑階級論)』, 상무인서관(商務印書館), 1983, 25쪽.

단장을 바꾸며, 입으로는 시사 문제를 논하면서 세상을 기만했다."[*]

'마오(髦)'에 대해 어떤 사람은 『시경(詩經)』에 근거하여 '준수하다'는 뜻이 있다고 했다. '스마오'란 단어는 가령 '스마오관런(時髦倌人 : 잘 차려 입은 남자)'이나 '스마오샤오메이(時髦小妹 : 예쁘게 현대적으로 단장한 아가씨)'처럼 애초 상하이 사람들이 예쁘게 화장을 하고, 당시 유행하던 최신 옷을 입은 기녀나 배우들에게 붙이던 호칭이다. 이후 최신 유행하는 복장을 입은 사람들이 갈수록 많아지면서 '스마오'란 두 글자는 기녀나 배우들의 전유물에서 벗어나 풍부한 의미를 담게 되었다. 청나라 말 '스마오'란 말로 상하이 사람들의 소비 성격을 형용하는 것이 아주 타당할 것이다. 왜냐하면 상하이 사람들은 소비 측면에서 화려하고 비싼 것을 추구할 뿐만 아니라 스타일의 시효성(時效性)을 더욱 중시하기 때문이다. 그들은 천성적으로 새롭고 신기한 것, 변화무쌍하고 예쁜 것을 좋아한다. 화려하고 비싼 것은 사회적 존중을 끌어낼 수 있고, 유행도 사람들의 선망을 불러일으킬 수 있다. 최신식 옷을 입은 사람은 아주 빨리 사람들의 관심과 모방을 야기하며, 유행에 뒤처진 옷을 입은 사람은 '아무린(阿木林 : 나무 같이 멋없는 사람)', '아투성(阿土生 : 돌덩이처럼 멋없는 사람)'과 같은 사람으로 비취질 수 있다. 상하이 사람들의 소비 심미관 가운데, 소위 '예쁘다', '좋다'는 화려하고 비싼 데다 유행에도 맞는 것을 말한다. 유행이란 것은 한번 출현하기만 하면 바로 폭넓은 대중의 관심을 받게 되고, 서로 다투어 흉내를 내려고 한다. 상하이 신문에도 이에 대한 묘사를 담은 글들이 많다. "상하이 지역은 새롭고 기이한 것을 좋아하는 습성 때문에 변하지 않는 것이 없다. 한 타지 사람이 이 지역을 여행하고

---

[*] 『신보』, 1897년 7월 14일.

난 후 "2~3년 전과 비교해보면 거리도 달라졌고, 거리를 다니는 수레의 모양도 달라졌고, 옷도 달라졌다. 사치스런 물건과 음식들로부터 일상 생활에 사용되는 모든 것들이 다 달라졌다. 이로부터 상하이 지역의 새로운 것을 좇는 풍조가 다른 지역보다 빠르고, 때문에 교역도 다른 곳보다 신속하다"고 이야기했다고 한다. 하지만 지역 토박이의 관점에서 볼 때 모르긴 해도 온갖 변화는 2~3년이 아니라 1년 만에도 변하고, 시간만 있으면 바로 변한다."* 상하이의 묵객(墨客)인 우젠런(吳趼人)도 이렇게 말한 적이 있다. "상하이의 풍습은 시시각각 변한다. 3년만 지나도 한 세대가 달라진 것 같다."** 상하이는 근대 중국의 유행의 중심이며, 상하이 사람들은 유행을 아름다움으로 삼는 소비자들이다. 한 외국의 전도사가 청나라 말 상하이를 이렇게 찬양한 적이 있다. "마치 하늘의 선녀 같은 중국 여성들이 마차를 타고 끊임없이 이 길을 오고간다. 그녀들이 입은 옷은 오색찬란해서 참으로 눈을 즐겁게 한다. 상하이는 아마도 유행의 중심이 된 것 같다."

근대 상하이 사람들이 유행의 추구에 집착하는 데는 여러 원인들이 있다. 상하이란 곳은 각지 사람들이 모인 곳이자 중국과 서양이 병존하는 도시이기 때문에 사회적 개방이나 인구의 유동성, 그리고 생활의 리듬이 내지의 다른 지역보다 빠르다. 때문에 다원화된 소비 동기가 발생하기 쉽다. 이것이 첫 번째 요인이다. 상하이 사람들은 귀천에 따른 소비 관념을 깨뜨렸고, 전통적 속박을 적게 받았다. 그래서 사람들은 맘대로 자신의 소비 방식을 선택한다. 이것이 두 번째 요인이다. 상하이는 상업이 발전되었다. 상인들은 유행하는 스타일을 만

---

* 『신보』, 1897년 7월 14일.
** 『워포산런필기(我佛山人筆記)』, 126쪽.

들어 유행을 좇는 심리에 영합하여 소비를 촉진시키는 상술을 발휘한다. 그래서 부단히 사람들로 하여금 새로운 소비의 조류에 참여토록 부추긴다. 이것이 세 번째 요인이다. 상하이 사람들은 영리하고 손재주가 좋아서 물건 제작이 정교하다. 평범한 물건도 그들의 가공을 거치고 나면 금방 새롭고 정교한 물건으로 재탄생된다. 이것이 네 번째 요인이다. 이러한 요인들이 상하이 사람들로 하여금 틀에 박히지 않고 새롭고 신선한 사물을 즐겨 접하려는 성격으로 만들었다(상하이란 도시 자체가 새롭고 신선한 사물의 집합소이다). 그래서 유행의 바람이 상하이탄으로부터 맹렬히 불도록 한 것이다. 이 점에서 중국의 어떤 지역의 도시도 필적할 방법이 없다.

상하이 사람들이 유행을 따르는 주요한 측면 중의 하나가 바로 옷치장이다. 이 방면에서 중요한 리더는 과거 높은 가문의 자제와 귀부인들이 아니라 그들과는 상대도 되지 않았던 청년 학생, 기녀, 무역상, 중매인, 통역관 등이었다. 전체 사회가 모두 그들을 복장의 표본으로 생각했고, 그들을 따라 했다. 상하이 청년 학생들의 사상은 활발해서 구태에 구속되지 않았기 때문에 20세기 초 복장 혁명의 선봉 역할을 했다. 신문지상에서도 늘 이 점에 대해 논한 글이 실렸다. "상하이 사립 학당 학생 가운데 성급하고 잘난 척하는 학생은 왕왕 변발을 잘라 버리고, 복장을 바꿔서 남과 다르다는 점을 내세운다. 심지어 몸에는 중국옷을 걸치고 머리에는 서양 모자를 덮어 쓰기도 한다. 사람됨도 대부분 의기양양 안하무인격이다⋯⋯"[*] 바오톈샤오(包天笑)는 상하이의 한 일본 유학생의 차림새를 묘사한 적이 있다. "이 루징뤄(陸鏡若)란 학생은 괴상한 구석이 있다. 온몸에 서양식 옷을 걸치고 머

<hr>

[*] 『신보』, 1903년 1월 19일.

서양식의 높은 칼라 깃이 상하이 남자들에게 유행했다.

리에는 터키식 모자를 썼다. 진한 붉은 색에 까만 끈이 오른쪽으로 늘어져 있는 형태였다. 상하이가 비록 중국과 서양적인 것이 뒤섞이고 온 세계 사람들이 다 모여드는 곳이라지만 인도 사람들이 머리에 붉은 천으로 된 터번을 둘러 쓴 것 말고, 이런 모자를 쓴 사람은 거의 없었다. 그래서 그가 『시보』사 건물 안으로 들어서자 사람들은 깜짝 놀란 표정으로 바라보았는데, 그는 오히려 의기양양한 모습으로 별 이상할 게 없다는 식이었다. 나이는 고작 스물 두셋 정도의 대단한 집안의 자제로서 문과 대학을 다니는 얌전하고 잘 생긴 외모를 지닌 학생이었다."[*] 상하이 남자들의 유행 복장 가운데 특히 시선을 끌었던 것은 서양식의 높은 칼라 깃이었다. 당시 상하이에서는 이를 '링촨(零船)'이라 했는데, 남성 복장의 이러한 변화에 대해 의론이 분분했다.

---

[*] 바오톈샤오, 앞의 책, 402쪽.

어떤 글에 보면, "차마 눈 뜨고 볼 수 없는 것은 긴 저고리에 짧은 저고리를 받쳐 입고 거기에 높은 칼라 깃을 댄 모습이다. 여기에다가 조끼를 입고, 또 마고자를 더해서 목에는 겹겹이 네 개의 칼라 깃이 덮여 있는 꼴이었다." "칼라 깃이 높은 것으론 2~3촌(寸 : 1/10척尺으로 약 3.3cm)이나 되는 것도 있었다." 사람들은 이런 옷을 입은 사람들을 비꼬아 '가오링터우당(高領頭黨 : 높은 칼라당)'이라고 했다.* 또 다른 특징은 명·청 때의 소매가 길고 품이 넓은 옷을 좁은 소매에 몸에 꽉 끼는 서양식 옷으로 바꾼 점이다. 어떤 노래에 보면 "몸에 끼고 소매 좁은 반 서양식 옷을 입고, 군인도 병사도 아닌데 체구는 건장하다. 마고자에 촘촘히 비단 단추 달고서 떼를 지어 길거리를 어슬렁거린다"**라고 했다. 노동자들도 서양 옷을 입기 시작했는데 "서양 옷 중국 옷 없는 게 없어, 모자요 옷이요 각양각색 많기도 하다. 노동자들 다투어 물건을 골라 사서, 꼭 묶어 놓고 소중히 어루만진다"***라고 했다. 남성의 중국식 복장은 마치 여성 복장처럼 종전보다 훨씬 화사하게 바뀌었고, 특히 자홍색을 선호했다. "요즘 사람들은 스스로 남성 복장을 천하게 여기고 여성 복장을 좇는다. 의상의 레이스 장식은 기이하고 신발의 장식도 특이해서 수천 가지나 된다. 그 모양이 전혀 남녀의 구분을 할 수 없을 성도이다. 얇은 비단옷은 참신하게 커다란 ∽자, 중간 정도의 ∽자, 작은 ∽자의 무늬를 넣었고, 두꺼운 털옷에는 소나무, 매화, 대나무 등의 문양을 짜 넣기도 했다. 옷의 장식이 세밀하지 않더라도 양쪽 소매에 말아 올린 장식이 얼마나 컸던지, 마

* 『신문보』, 1896년 7월 10일.

** 친원이(秦溫毅), 『상해현죽지사(上海縣竹枝詞)』, 1912년 인쇄본.

*** 『호강상업시경사(滬江商業市景詞)』, 제4권.

치 여자애들이 머리를 높이 말아 올린 모양 같았다."* 매판가들의 복장은 또 나름대로의 격식이 있었는데, "금테 안경에 조각을 넣은 털 부채를 들고, 소매가 좁고 칼라 깃이 높은 옷을 입었다. 그리고 핀하이(品海)** 담배를 담뱃대에 꽂아 물고 차를 대절해서 타고 다니며, 다이아 반지를 끼고서 풍류를 과시했다."***

북방의 경희(京戲)가 상하이로 전해진 후, 상하이 남자들 사이에선 베이징 연예인들의 베이징식 혹은 만주식 복장을 흉내 내는 풍조가 크게 일었다. 상하이 남자들이 쓴 모자도 유행을 탔는데, 서양식 중절모와 사냥모도 전해져 신식 남자들 중에는 이런 모자를 쓰는 사람들이 매우 많았다. 중국식 과피(瓜皮) 모자의 모양도 참신하게 변해서 한때는 모자 위에 매듭이 클수록 멋쟁이였고, 또 한때는 앵두 알보다 작은 매듭을 다는 것이 유행이기도 했다.

모자 위도 평평한 것, 뾰족한 것, 재질이 단단한 것, 부드러운 것 등이 있었다. 어떤 것은 모자의 정 중앙에 붉은 보석을 단 것도 있었다. 남자의 머리 모양도 아주 다양해졌다. 젊은 학생들은 변발을 자르고 한쪽으로 머리를 빗어 넘기기도 했고, 어떤 학생은 양쪽으로 혹은 전부 뒤로 빗어 넘기기도 했다. 유행을 좇는 남자들은 즐겨 머리 기름을 발라 까만 칠처럼 광택이 나도록 했다. 그래서 사람들은 이런 남자들을 보고 "빗과 거울을 몸에 달고 다니니, 남자가 여자를 배우려는 꼴이라"며 비웃었다.

---

* 『신문보』, 1896년 7월 10일.
** 미국 담배 공사가 상하이 진룽양행(晉隆洋行)을 통해 위탁 판매했던 담배 상표로서 '딩터우파이(釘頭牌)' 혹은 '라오파이(老牌)'라고도 했다.
*** 천우워(陳無我), 『옛 상하이 30년 견문록(老上海三十年見聞錄)』 하, 대동서국(大東書局), 1928, 232쪽.

상하이 남자들은 수염을 기르는데도 대단히 신경을 썼다. "요즘에는 수염도 기이하다. 입술가의 수염을 다 밀어 버리기도 하고, 혹은 송곳처럼 뾰족하게 말기도 하며, 또 종규(鐘馗 : 못생긴 얼굴의 상징처럼 되어 버린 귀신)처럼 얼굴 가득 수염을 기르기도 한다."* 남자들은 복장의 변화 말고도 몇 가지 새로운 장식품을 더 하기도 했다. 하나는 금테 안경과 선글라스인데, 어떤 이는 낫 놓고 기억자도 모르면서 집을 나설 땐 꼭 안경을 써서 좀 유식하게 보이려고 했다. 다른 하나는 회중시계인데, 청나라 말 상하이에는 이 회중시계를 품고 다니는 사람들이 많아졌다. 또 지팡이도 있다. 문명곤(文明棍)이라고도 했는데, 건장한 사람도 손에서 지팡이를 떼지 않았다. 남자들은 마른 담배나 물담배를 더 이상 피지 않고, 시가를 입에 물고 다니는 것이 유행이 되었다. 따라서 담배를 피우는 도구도 황동에서 백동으로 바뀌었고, 심지어는 금으로 파이프를 만들기도 했다.

상하이 여성들의 복장 변화는 더 심했다. 이들의 유행은 일년에도 몇 번이나 변했다고 한다. 유행이 바뀔수록 스타일은 더욱 이상하게 변했는데, 이상할수록 더 유행에 가까운 것이었다. 여성 복장에 있어서 술집 여성들은 줄곧 새로운 유행의 선구자였다. 상하이 여성 복장의 변화는 매번 그녀들로부터 시작되었고, 양가의 규수들은 의심할 바 없이 그 뒤를 바짝 좇았으니, 한 발 옮기면 유행도 한 번 변할 정도였다. 어떤 보수적인 도학가들은 이런 현상을 개탄하기도 했다. "20년 전, 양가의 규수와 기녀 사이에는 구분이 엄연했다. 지금은 기녀들이 맘대로 옷을 바꿔 입고 퍼뜨리면 스타일도 따라서 새롭게 바뀐다. 그러면 양가의 규수들이 뒤를 좇아 따르며 새로운 유행에 맞지 않을

---

* 주젠푸(朱謙甫), 앞의 책, 22쪽.

까 걱정하면서 온몸에 온갖 치장과 화장을 다하니, 도대체 양가집 처자인지 기루의 기생인지 분별이 되지 않는다."* 아래 몇 수의 청나라 말 상하이에서 유행하던 『죽지사』를 보면 상하이 여성들이 유행을 얼마나 열심히 따르려 했는지 알 수 있을 것이다.

[옷]
새로운 유행 옷에 온갖 마음을 기울이니

어떤 때는 옷깃을 엇갈리게, 어떤 때는 가지런히.
치마와 웃옷은 같은 색으로 입다가
옷깃에는 넓게 레이스를 덧달고 주름을 깊게 잡네.

옷에 레이스를 더하는 건 오랜 전통이지만
지금은 외국식이 유행하네.
여름에는 가슴 파인 꽃무늬 옷이요

얼음 같은 감촉의 비단 옷감이 바람결에 휘날려 온몸을 휘감네.

요염하게 보이고자 칼라 깃을 높이고
단추는 촘촘히 달되 다 여미지 않는다.
한껏 멋 낸 꽃무늬 신기하고
높은 칼라 깃으로 향기로운 뺨 감추니 앵두 같은 입술 드러나네.
짧은 소매에는 좁은 소매 깃 달기 어렵고

---

* 『신보』, 1898년 4월 22일.

청말 상하이에는 남녀 의복 모두에서 높은 칼라 깃이 유행하였다.

하얀 팔목 꽉 조여 드러난 팔 봄 파 같이 하얗다.

사람 맘을 움직이는 미색에 아름다운 팔

반팔을 둘러싼 어깨 뽕은 속이 비어있네.

[치마]

자고로 백 개의 주름을 잡은 치마를 입었는데

서양 천과 서양 비단이 들어와 여름치마 겨울치마 분별이 생겼네.

지금은 치마폭도 유럽식을 따라서

치맛가에 주름도 드러나지 않게 하네.
치마의 허리춤 양쪽으로 나눌 필요 없고

단추로 양쪽을 가지런히 나눈다 해도 이상하리.
비단을 층층 엮은 화려한 서양의 겹치마를 배우려니
어찌하면 치마의 아래 폭을 좁게 두를까.

[양말]
서양 양말 수입되어 온통 성행하니
상하이 춘강(春江)의 여성들 모두 다 환영이라.
이 색 저 색 뒤섞여 분별하기 어려워
발등에 꽃무늬 넣어 정성스레 짜노라.

[신발]
복장 유행 따라 신발도 따라 변해
가죽 아래 둥그런 굽을 대어 먼지가 묻지 않네.
개인 날 비 오는 날에 따라 신발도 각양각색
반은 서양식에 반은 톈진식을 더했네.*

　상하이 여성복의 재료나 색깔도 늘 바뀌었다. 1895년에는 주로 옅
은 흰색을 선호했다. 그런데 이듬해 당시 린다이위(林黛玉), 린웨잉(林
月英) 등 유명했던 기생들이 붉은색에 금박을 입힌 옷을 입자, 조계지
의 다른 기녀들의 옷 색깔도 일시에 변했다. 그리고 그해 가을 붉은색

---

* 주젠푸, 앞의 책, 23~32쪽 ; 『호강상업시경사』, 제2권.

이나 남색 천에 금실 수를 놓은 옷이 상하이 여성들 사이에 유행하는 색이 되었다. 20세기 초 상하이 멋쟁이 여성들은 서양식의 남성용 사냥복을 즐겨 입었다. 사냥 바지에 부츠, 그리고 사냥 모자, 이렇게 해서 여성복이 남성복화되는 현상이 생겼다. 다른 한편 치마 장식으로 각종 딸랑이를 달기도 했는데, 어떤 경우는 엄청 많은 은방울을 달고 거리를 활보해서 딸랑이는 방울 소리가 끊이질 않았다. 전체적인 경향을 보건대 상하이 여성복은 품이 넓은 것에서 좁은 것으로, 소매가 긴 것에서 짧은 것으로 변했다. 애초 치마는 무릎 아래로 내려오고 소매도 한 척이 될 정도로 넓었지만, 나중에는 아주 짧아져서 현재의 춘추복과 별 차이가 없을 정도였다.

여성들의 유행 추구는 옷 말고도 각종 장식품, 이를테면 비녀·팔찌·머리 장식 등에서도 끊임없는 변화를 낳았다. 청나라 말 상하이 여성들은 서양 사람들을 본 따서 목걸이를 즐겨 걸었고, 얼굴에 바르는 기름으로 '증로수(蒸露水 : 향수)를 사용했다. 당시 유행하던 시에서도 다음과 같이 표현될 정도였다.

온갖 꽃향기를 노은 증로수 향기로워 　　　　百花蒸露氣芬芳
물에 섞어 뿌리니 코끝이 향긋하다. 　　　　取水沾射撲鼻香
작은 병에 담으니 장식품으로도 예뻐서 　　　分置小瓶裝飾麗
유행처럼 앞 다퉈 사 옷에 뿌린다. 　　　　時髦爭買灑衣裳

여성의 헤어스타일도 변화했다. 당시 유행하던 시에서는 이를 두고 "머리칼 사이에는 둥근 귀걸이 달고 대모(玳瑁) 빗 장식을 꽂았는데, 서양식이 전해지자 검은 머릿결 싫어하여 금발 머리칼에 견주려 하지만 생각처럼 되지 않는다.""머리칼 길게 따서 사방으로 휘감으

다양한 머리 모양과 모자

니, 용이 휘감은 듯 머리 장식 풍류가 넘친다. 나비처럼 머리칼 뒤로 길게 늘어뜨려, 각양각색 머리 모양 이루 말로 할 수 없구나”라고 노래했다. 유행을 따르는 여성들은 머리 가득 장식품을 꽂아서 그야말로 눈을 현란케 했다. “옛날에는 옥과 금으로 장식한 비녀를 꽂는 것이 다였는데, 지금은 어디다 비녀를 꽂을 데가 없구나. 정중하면서도 소박하던 기품이 호화롭고 사치한 것으로 치우쳐, 심지어는 구슬로 꾸민 꽃 모양의 장식을 양미간에 꽂기도 한다네.” “머리 모양 마치 부채를 얹은 듯, 머리 위에 커다란 바퀴가 달린 듯, 한밤 한 쌍의 원앙처럼 남녀가 함께 한다면, 어떤 사내 가히 이 여인을 쓸쓸하게 하리요!” “꽃가지 머리 장식을 높게 꽂아 놓으니, 꽃가지를 수놓은 구슬 장식

눈앞에 솟아 있네. 한데 묶어 한 마리 봉황으로 장식하니 신선의 학과 같고, 그 학의 입안에 구슬이 담겨있네."* 어떤 여성들은 자신의 담뱃대조차도 유행을 따르는 것을 잊지 않고, 각종 방법으로 남과 다른 독특함을 연출하기도 했다. 우젠런은 이에 대해 이렇게 말한 적이 있다.

'이마처(二馬車 : 구식 물 담뱃대. 아래쪽에는 밑바닥이 없고, 빨대와 빨통이 분리된 형태)' 식 담뱃대는 마개는 가는 실로 만들고, 동으로 만든 고리로 그 끝을 묶었는데, 바오위(寶玉 : 상하이의 유명한 기생)는 그게 별로 멋지지 않다고 보았다. 그래서 동으로 만든 고리를 떼어내고 예쁜 매듭으로 엮었다. 얼마 되지 않아서 조계지에서는 이를 서로 본 따려 했고, 수개월이 지나지 않아 상하이에 널리 퍼져 모든 사람들이 담뱃대를 이렇게 본 따 만들었다. 바오위는 많은 사람들이 자기를 흉내 내자 또 다른 담뱃대를 고안해 냈는데, 끈 대신에 금 목걸이를 사용하는 것이었다. 그러자 조계지의 사람들이 또 이를 흉내 냈고, 다시 담배 빨통을 은으로 만들었다. 이런 형태의 담뱃대는 지금도 사용된다……"** 젊은 여성들은 유행하는 옷을 입으면 곧장 시내로 나가 과시했는데, 가장 일반적인 것이 마차를 타고 시내를 한 바퀴 도는 것이었다. 혹은 장원(張園)과 같은 번화한 곳에 놀러가기도 했다. 매년 봄과 가을 경마 시즌은 거의 상하이 사람들의 정기적인 유행복 전람회였다. 사람들은 늘 유행하는 옷을 입고 마차를 타고 경마를 보러갔다. 마치 어떤 소설의 한 대목처럼 "기녀의 복장은 모두 현란하고 기이한 것을 자랑으로 여겼다. 부잣집 도련님들의 마차는 서로 사치함을 다투었다. 외국인들은 거기서 경마

---

* 주젠푸, 앞의 책, 24쪽.
** 『위포산런필기』, 앞의 책, 121쪽.

를 즐기고, 중국인들은 거기서 서로 괴상한 차림새를 다투었다.*

19세기 말에서 20세기 초까지 상하이 사람들의 복장은 천변만화하면서 어떤 일정함이 없었다. 그래서 이런 현상에 대하여 상하이 각계 인사들의 관점도 서로 달랐다. 통탄하는 사람, 야유하고 조소를 보내는 사람, 감상하는 사람 혹은 적극 장려하는 사람이 모두 있었다. 신문에 실리는 글들도 늘 이 문제를 가지고 쟁론을 펼쳤다. 이 점은 당시 많은 사람들(특히 사대부 계층)이 유행을 따른다는 기치 아래 진행된 복장 혁명에 대해 어떤 사상적 준비가 부족했거나 아니면 완전히 받아들일 수 없었던 상황이었음을 설명해준다. 어떤 이는 복장의 잦은 변화는 인심을 혼란으로 몰고 가서 끝내 국가의 안정과 통일에 불리한 작용을 할 거라고 여기기도 했다. 그들은 이렇게 지적했다. "오늘날의 상황에 대해 말하건대, 중국이 변하지 않으면 용납하지 않겠다는 식은 나쁜 방법이고, 그 변화가 다른 사람에게 영향을 끼치지 못하게 하려는 것이 인심이다. 복장이 변하는 것은 마음으로 좇아서 변하는 것이다. 하지만 이런 풍조에서는 옛 것을 존중하는 마음이 진작되지 않고, 또 충애(忠愛)의 마음이 생기지 않을 것이다. 남을 속이려는 마음, 탐욕스런 마음, 사사로운 마음, 잘못을 변명하려는 마음이 일단 판을 쳐서 고쳐지지 않는 것이야말로 세상의 진정한 인심 속에 숨어 있는 근심이 아니겠는가!"** 어떤 사람들은 매우 심한 걱정을 한 끝에 복장의 화려한 꾸밈에 몰두하는 풍조는 사회 도덕의 타락을 야기할 것이라고 했다. "도덕의 진퇴는 전적으로 사치함을 좇는

---

* 『십 년간 보았던 괴현상』, 제7회.
** 『신보』, 1903년 1월 19일.

사회의 풍조에서 야기된다. 근검하면 도덕성은 쉽게 유지되고, 사치하면 도덕성은 쉽게 타락한다." 그들이 느끼는 미혹감이라고 하는 것이 과연 사회적 진보와 문명의 발전은 도덕성의 타락을 조건으로 한다는 점을 말하는 것일까? "물질 문명이 진보할수록 정신 문명은 퇴보한다. 비록 지혜와 용기를 겸비할지라도 도덕은 존재치 않게 된다. …… 세계의 풍속은 대체로 소박함에서 사치함으로, 진실됨에서 거짓됨으로, 그리고 돈후함에서 경박함으로 흘러왔다. 나라가 개화될수록 풍속은 퇴보한다." "문명이 이르는 곳은, 즉 부패한 도덕성이 생겨나는 지점이다."* 사람들은 아마도 사회발전 속에서 몇 가지 중요한 문제를 깨달은 듯하다. 적지 않은 사람들의 심정은 우려와 불만으로 가득 찼다. 그들은 관념적으로 이미 동의를 표시했던 것들이 변화라는 격랑 속에서 단숨에 부정되는 그런 광경을 바라보고 싶지 않았던 것이다. 관념의 부단한 변화와 새로워짐, 그리고 일상적 재조정에 대해 대다수 사람들은 순순히 받아들이지 않으려 한다. 왜냐하면 이것은 심리 상태의 고통스런 혼란을 야기하며, 이로부터 체재의 새로운 구성 과정이 시작될 것이기 때문이다. 그러나 청나라 말 일부 관료 사대부 중에는 이 문제에 대해 벌써 사상적으로 준비를 갖추고 있었던 사람들도 있었다. 그들의 심리적 태도는 미래 지향적 성향과 변화에 탄력적으로 대응하려는 특징을 지니고 있었다. 따라서 복장의 변혁에 대해서도 비교적 개방적인 태도를 취하고, 심지어는 오히려 이를 선도하기도 했다. 관료였던 쑨바오쉬안(孫寶瑄)은 1906년 일기에 이렇게 기록했다. "오늘날 스스로 강해지려 하지 않으면 끝이다.

---

* 『신주일보(神州日報)』, 1907년 11월 10일 ; 『동방잡지(東方雜誌)』, 제5년 제3기, 「학술과 도덕의 괴리의 위험성을 논함(論學術與道德相離之危險)」.

스스로 강해지려면 필히 복장을 간소하게 개혁하는 데서 시작해야 한다. 완전한 변화야 쉽지 않겠지만, 일본을 참고해보자. 대부분 높은 관리나 군인, 그리고 상인들이 외국에 여행을 가려면 머리를 짧게 자르고 복장을 간소히 하지 않을 수 없다. 그 나머지는 각자 알아서 하면 된다."* 당시 여러 글을 통해 청나라 말 사대부 가운데서도 국가 정치의 개혁이 필요하다고 보는 사람들이 갈수록 많아지고 있음을 알 수 있다. 하지만 생활 소비의 영역에서 진행되는 거대한 변혁에 대해서는 그다지 깊은 이해를 하고 있지 못했다. 심지어 이런 현상을 시대적 폐단이라며 배척하고, 아픈 지적을 가하기도 했다. 소비 풍조를 주도했던 일반 시민들은 이런 사대부 지식인들의 질책을 도저히 이해할 수 없었다. 그래서 그들은 논쟁에도 참여치 않았지만, 그렇다고 유행을 따르는 소비에 대한 집착과 추구를 포기하지도 않았다. 상업 사회 자체가 유행을 제조하는 기계였고, 시민들은 '생활'이라는 것이 제공하는 논리를 따를 뿐이었다. 물가 앙등이나 지나친 소비가 조성한 각종 생활상의 압력에 영향을 받을지라도 여전히 유행을 좇는 생활을 즐겼던 것이다. 그러므로 청나라 말 상하이탄은 문인들의 질책과 비난이 끊이지 않는 가운데서도 사회적으로 유행을 추구하는 풍조는 갈수록 극심해지고 맹렬해졌던 것이다.

3. 상하이 사람의 풍류 즐기기

『문명소사(文明小史)』라는 소설 제14회를 보면 이런 사건을 묘사하고 있다. 한 내지 청년이 줄곧 상하이로 공부하러 와서 안목을 넓히려는 희망을 갖고 있었다. 그런데 어머니의 완강한 반대에 부닥쳤다. 그

---

* 쑨바오쉬안, 『망산려일기(忘山廬日記)』 하, 897쪽.

의 어머니가 하시는 말씀인즉, "상하이는 그렇게 좋은 곳이 아니다. 더구나 가보지는 못했지만 어르신들이 늘 말하시길 젊은이들이 상하이에 가면 온갖 못된 건 다 배운다고 하시던데. 또 거긴 사기꾼 같은 여자들도 많아서 물 쓰듯 돈을 쓰고 계산도 않고, 사기만 치려고 한다더라. …… 상하이에 가겠다는 마음을 접기 바란다. 그래도 꼭 가야겠다면 내가 죽은 다음에 가도 늦지 않을 거다. 너희가 상하이로 가서 어미 속을 썩이지 않기를 바란다." 바오톈샤오의 『천영루의 기억록(釧影樓回憶錄)』에서 청나라 말 쑤저우 사람들은 상하이에 대해 그다지 좋은 인상을 갖고 있지 않다고 지적했다. "그들은 말하기를 상하이는 나쁜 곳이다. 마치 더러운 쓰레기통 같아서 한번 빠지면 깨끗이 몸을 씻을 수 없다."*고 했다. 청나라 말 상하이의 사회 풍조에 대해 외지인들이 얼마나 나쁜 감정을 갖고 있었는지 잘 알 수가 있다. 상하이 사람들의 생활이 대단히 퇴폐적이라는 인식은 당시 이미 사회적인 공론이었다. 사실 이 점에 대해선 상하이 사람들도 수긍하고 받아들이는 바다. 1898년 『신문보』에 실린 글을 보면 "상하이 조계지는 서양과 중국이 뒤섞여, 보이고 들리는 것마다 기이한 것뿐이었다. 시내에는 온갖 진귀한 물건들이 진열되어 이목을 놀라게 하고, 없는 게 없었다. 남녀 복장도 괴상해서 여타 지방과는 완전히 달랐다. 저녁 무렵이 되면 화려한 마차들이 종횡으로 연이어 다니고, 사치스럽게 차려입은 여인들의 왕래가 끊이질 않는다. 밤이 되면 전등불이 휘황 찬란 거리를 대낮처럼 밝힌다. 우연히 상하이로 온 사람이 이런 서양식 거리 풍경을 보면 자기도 모르게 눈이 돌아가고 홀려버린다. 그리곤 사람이 사는 세상이 아닌 천국에 온 것 같은 착각을 하게 된다. 하지만

---

* 바오톈샤오, 앞의 책, 180쪽.

상하이에는 도박과 아편, 무도, 야유회 등이 대중적 오락으로 자리 잡고 있었다.

이곳서 오랜 산 사람들은 그렇지 않다. 친구들과 산보를 할라치면 술집 아가씨들의 음탕함, 떠돌이들의 방탕함, 불량배들의 저속함, 사치하고 화려함 속의 교만 방종함 등을 느낀다. 눈길이 닿는 곳 마다 모두 이러해서 잠시도 참을 수가 없을 정도이다. 그래서 심신을 편안히 하며 쉴 수 있는 곳을 찾아 헤매보아도 끝내 찾을 수가 없다."*

　상하이 사람들의 풍류는 그들의 사치함과 유행을 좇는 소비 방식과 연계되어 있다. 사람들이 향락을 추구하는 것은 잘 먹고 잘 차려 입는 것 말고도 뭔가 통쾌하고 즐겁게 놀려는 희망을 갖고 있기 때문이다. 돈이 어떤 사람의 수중으로 불명확하게 들어오고 또 깨끗하지 않게 사용되는 것, 이것이 상하이 풍류 세계의 생활적인 논리이다. 상하이 사람들에게 논다는 것은 일상 생활 속의 중요한 일부이자 생활의 조미료와 같다. 상하이 사람들은 놀 줄도 알고 또 놀러가기를 좋아한다. 상인들은 이러한 심리에 편승하여 각종 다양한 놀이의 방법을 고안해내고, 이런 놀이와 즐거움을 좇는 가운데서 돈을 번다. 대중적

---

* 『신문보』, 1898년 7월 28일.

기생과 함께 아편을 즐기고 있다.

오락은 청나라 말 상하이에서는 이미 완전히 상업화되어 각종 기묘한 방법으로 여흥거리가 제공되었는데, 중요한 것으로는 기녀·도박·아편·놀이·구경 등이 있었다. 즉 기생과 놀아나는 것, 도박, 아편, 회원 아유회, 희극이나 설창(說唱) 구경 등등을 말한다.

가령 청나라 말 상하이를 색향의 본원이라고 해도 결코 지나친 말이 아닐 것이다. 상하이탄에는 기생집이 줄을 이었고, 예쁜 기생들이 구름같이 모여 있어서 이런 점으로 말한다면 중국에서 으뜸을 넘어 아마 세계 유명 도시와 견주어도 혁혁한 명성을 자랑할 만하다. 소위 "서양 거리 십 리에, 기생이 삼천이다(洋場十裏 粉黛三千)"라든지 "기생집이 많기로 천하의 으뜸이다(妓館之多甲天下)"라는 말이 과언이 아니다. 함풍(咸豐)과 동치(同治) 연간에 걸쳐 전국 각지에서 화류계 여성들이 물밀듯 상하이로 몰려왔는데, 수적으로나 세력으로나 쑤저우

20세기 초 상하이는 기녀의 수가 상당했다.

나 양저우(揚州), 광둥의 기녀와 우위를 다투었다. 1864년 상하이 조
계지에서 1차 납세 회의를 열었는데, 영국의 상하이 영사는 "조계지
의 1만 가옥 중 668군데는 지극히 불명예스런 장소인데, 그나마 아편
가게나 찻집, 그리고 각종 극장은 그 안에 포함시키지도 않았다"[*]고
했다. 그리고 일부 영국 의원들은 이런 이유 때문에 상하이를 '죄악
의 근원'[**]이라고 했다. 1920년대 초 상하이 현령이었던 천치위안(陳
其元)은 상하이에 소재한 기루로서 "유명한 곳이 1,500여 집이나 되
고, 아편 가게와 내국인 상대 기녀나 외국인 상대 기녀는 말할 것도

---

[*] J.de.ca.Serviere, 『강남 전교사(江南傳教史)』 제2권, 상해역문(譯文) 출판사, 1983, 274쪽.

[*] 상동

없다"*고 했다. 1898년 출간된 『해상유희도설(海上遊戱圖說)』의 기록에 따르면 상하이에 고급 기루가 213곳, 기녀만 해도 1,109명이나 된다고 했다. 20세기 초 공부국(工部局)과 공동국(公董局 : 공부국과 함께 조계지의 교육, 위생, 문화, 교통, 치안 등을 관리하는 부서)의 보고에 의하면 조계지의 중국 여성 가운데 기녀가 점유

20세기 초 상하이는 기루가 성행했고, 기루 밀집 지역도 여러 곳이었다.

하고 있는 비율이 12.5%에 달했다고 한다. 가령 이 통계를 믿는다면 조계지의 중국인 여성이 87,894명이니까, 위의 비율에 따르면 기녀의 수가 거의 10,986명에 달하는 셈이다. 또 당시 공공 조계지에 남성 거주자(아동은 제외)는 176,605명에 불과했으니, 성인 남성과 기녀의 비율이 17 : 1이다. 이런 비율을 볼 때 가히 놀라지 않을 수 없다. 민국 연간 상하이 기생업의 발전 추세는 비약적이어서 1934년 『신보』의 통계에 따르면 상하이 총인구 가운데 기녀가 차지하는 비율은 동경, 시카고, 파리, 베를린, 런던 등 세계 유명한 도시보다 1~7배까지나 높았다.** 기

---

* 『상하이연구자료』, 554쪽.

** Rhoads Murphey, 『상하이 ― 현대 중국의 열쇠(上海 ― 現代中國的鑰匙)』, 8쪽.

생업계의 발전은 상하이에 성병을 번지게 해서 1900년 상하이에 각종 성병 진료소가 619곳이나 되었다.[*] 청나라 말 이후 상하이의 명성은 이로써 크게 훼손되었다. 기생업의 발달과 사회 풍기의 오염은 상호 인과적이다. 이 양자는 상하이 사람들의 생활방식에 있어서 음란성과 연계되어 있다.

　상하이 사람들의 풍류가 지닌 특징은 먼저 기녀들과의 놀이가 공개적이라는 점에 있다. 가령 쓰촨 사람들과 국수를 먹을 때 꼭 매운 양념이 필요하듯이 상하이 사람들의 일상 생활에서 기생을 따로 떼어 놓을 수 없다. 천여 년 동안 유가와 도가, 그리고 불가의 훈도를 받아 왔던 국가적 도덕성을 생각할 때 이런 방탕한 놀이꾼의 출현은 사실 놀라운 변화이다. 앞에서도 논했지만 유(儒)·도(道)·불(佛)의 공통된 특징은 인간 본능에 대한 엄격한 절제와 윤리적 도덕의 고취, 그리고 의를 가르치고 규율을 엄격히 하는 것으로, 모두 사람들로 하여금 욕망을 절제하고 세속적인 삶을 지양토록 하기 위함이었다. 비록 풍류를 즐기는 선비들이 화류를 즐기고 기생이나 첩을 들여 노닐던 것은 예로부터 있던 일이지만, 그래도 집안이나 그윽한 정원 뒤, 혹은 편벽한 산천이나 계곡에서 즐기며, 행여 다른 사람들의 이목에 드러나지 않도록 하는 일이었다. 사회적으로도 각종 풍기를 문란케 하고 풍속을 해치는 풍류와 놀이에 대해서 천하게 여기고 질책하며, 벌을 내림으로써 강력한 절제의 역량을 형성하고 감히 제멋대로 나쁜 짓을 하지 못하도록 했다. 중국 사회에서 성애(性愛)의 역사는 신비롭고 몽롱한 비단 천에 가려진 뒷면의 모습으로, 이 천을 벗겨 내는 적나라함은 용납되지 않았다. 이것이 중국 문화의 커다란 특징이다. 중국인들은 이런 문화적 분위기에서 젖

---

[*] 1900년 상하이공부국 보고서, 169쪽.

을 먹으며 나름의 인격을 형성해왔다. 청나라 말 상하이는 외국화된 곳이라는 감각 속에서 중국 문화나 풍습 중에서 애매함으로 가려진 부분들이 들춰내지고, 성애는 완전히 적나라하게 공개되고 세속화되었다. 십 리 길 서양 거리를 걸어가다 보면 남녀가 대로에서 서로 웃고 까부는 장면을 수시로 볼 수 있고, 또 그러는 사람들도 거리낌이 없고 보는 사람도 이상하게 여기지 않는다. 모든 게 일종의 새로운 '자연스러움'이 되고 만 것이다. 화류계 아가씨와 사귀는 것이 더 이상 부끄러운 일도 아니고, 오히려 화류계에 '지기(知己)' 하나 없는 것이 좀 축에 빠지는 것이라는 느낌을 갖게 되었다. 가령 어떤 사람이 파티에서 자신은 여태껏 여색을 멀리했다고 한다면 주위의 사람들은 그를 이상하게 여기고, 사람이 사교성이 없다고 여기거나 심지어는 좀 달리보기도 한다. 사회적 심리의 변화가 이 지경까지 이르다보니, 음란하고 방탕하게 노는 일이 추호도 숨길 게 못되고, 유명한 기생과 사귀는 것이 대단히 멋진 일로 여겨져서 사방에 자랑하고 혹 남들이 알지 못할까 걱정한다. 이제 음란한 놀이는 사회 생활에 있어서 '수치'가 아니라 '영광'이 되었다. 그러니 상하이의 허다한 도학 선비들은 이런 풍조를 통탄하며 분노의 글을 쓰지 않을 수 없었다. "상하이는 점차 외국에 동화되어 상하이의 남녀는 음란함을 부끄럽게 여기지도 않으니, 국내외에 이런 풍조가 알려질까 부끄럽다." "남녀를 막론하고 상하이 땅에만 들어서면 염치와 수치를 모른다." "관원들도 내지에 있을 적에는 스스로 관리로서 엄격한 규율을 지키며, 감히 방탕한 놀이꾼들과는 사귀려 하지도 않는다. 그러나 상하이에 오면 자신을 망각하고 조금도 거리낄 것 없이 행동한다. 사람들도 이를 당연히 여기고 비평이나 질책도 않는다."* "'수

---

* 『신문보』, 1903년 8월 28일.

치(羞恥)' 이 두 글자의 의미가 상하이 땅에서 다르다는 점은 사실 오늘 시작된 것이 아니다. 그래도 남녀 간의 음탕한 밀약이나 시시덕거리는 짓거리는 사람의 이목을 피해야 할 일이다. 가령 7척의 훤칠한 몸으로 사람들이 왕래하는 곳에 뒤섞여 남녀 간에 탐닉하고, 서로 학대하고, 풍류를 팔면서도 득의양양한 척하니, 아! 이 미친 사람들의 미친 짓거리, 음탕한 여인의 음탕함, 그 모습을 어찌 이루 형용하리오!"[*]

상하이 사람들이 기생과 어울려 노는 보편적인 방식으로는 '자오쥐(叫局)'나 '츠화지우(吃花酒)' 놀이, '다차웨이(打茶圍)' 하는 것이나 '청처더우펑(乘車兜風)', '팅수(聽書)', '댜오방쯔바이샹(吊膀子白相)' 등이 있다. 남자들이 술을 마시거나 연극을 볼 때 조그만 붉은색 편지지에 어떤 기루에 어떤 기녀의 이름을 써서 그 기녀가 있는 기루로 보내 술자리에 청해 함께 술 마시고 노는 것을 '자오쥐'라고 한다. 일반적으로 기녀들은 즉시 화려한 가마를 타고 가야금을 지닌 채 달려온다. 그래서 한바탕 웃음소리, 노랫소리 질펀한 술판이 벌어진다. 이런 '댜오쥐'는 상하이 중산층 이상의 남자들에게는 일상적 식사와 같은 일로 이런 술판의 경험이 없는 사람이 없을 정도이다. 상하이에는 기녀가 강을 건너는 붕어보다 많다지만, 그래도 몇몇 예쁘고 유명한 기생은 이 자리 저 자리 불려 다니느라 여념이 없었다. 가령 당시 유명한 기녀였던 샤오린(小林)이나 바오주(寶珠)는 노래를 잘해서 "술판에 한 번 부르려면 백 일을 기약해야 했고", 노래만 끝나면 바로 자리를 떴기에 "노래가 끝나면 사람은 뵈지 않는다(曲終人不見)"는 별호가 있을 정도였다. '츠화지우' 놀이란 기생집에서 술판을 벌이는 것을 말한다. 기녀들이 손님을 모시는 것으로 사교 장소에서 가장 흔한 방식

---

[*] 『자림호보(字林滬報)』, 1887년 4월 16일.

이었다. 이런 기생집 놀이는 상하이 사람들의 사교나 오락, 심지어는 사업에 있어서 일종의 습관적 방식이었다. 당시 기록에 따르면 "고관대작, 지방의 관료, 유신 지사, 유학 청년, 거상 대부, 고급 기술자에 이르기까지 모두 기생집에서 귀빈과 잔치를 벌이고, 사업을 상담하고, 정치를 논하고, 물건의 가격을 흥정하여 결정하였다. 질펀한 웃음소리가 와자지껄한 장소

대마로에는 수레를 타고 주변을 한 바퀴 구경하는 사람들의 모습을 많이 볼 수 있었다.

가 정보를 나누는 곳이 되고, 음탕한 짓거리가 행해지던 장소가 정사(政事)를 처리하는 곳이 되었다. 이는 수치를 모르지 않는다면 될 수 없는 일이다"*고 했나. 몇 사람이 모여 기생집에 차를 마시러 가는 것을 '차웨이'라 한다. 이는 기생집에서 술자리를 갖는 것보다는 훨씬 돈이 덜 들었기 때문에 주로 하층 소시민들이 즐기는 방식이었다. 기루 여성을 청해 수레를 타고 바람을 쐬는 것은 당시 상하이 조계지 대로에서 흔히 볼 수 있는 풍경이었는데, 상하이 사람들은 이를 '추펑터우(出風頭)'라 했다. 1원 정도면 사마로(四馬路)에서 대마로(大馬路)까지 한 바퀴 돌 수 있었다. 그래서 당시 어떤 시에서는 "사방으론 큰

---

* 『신문보』, 1903년 8월 28일.

황포차를 타고 정안사길을 가고 있다.

길이 펼쳐있어, 오고가는 수레로 먼지가 가득하다. 오릉(五陵)에서 기녀와 수레에 앉으니, 10리 길 꽃구경 한순간이로구나"*라 했고, "매일 오후 마차 타고 정안사(精安寺)로 가는 길에는 푸르른 버드나무 그늘을 드리우고, 한 줄 석양이 스며드는 경치에 답답한 심정도 풀어진다. 그리고 때때로 빈 수레도 지나간다. 기녀를 옆에 끼고 수레를 탄 사람은 아마도 사마로를 한 두 번은 왕복했을 터인데, 그곳 거리는 휘황찬란하리라"**라고 했다. 저녁으로 접어들면서 이렇듯 기생과 노니는 광경은 더욱 와자지껄해진다. 어떤 사람은 밤 두세 시에 마차를 찾아 타고 놀러간다. 대부분 마차들은 그 시간에 손님을 태우고 가서는 돌아오지 않는다. "더 심한 사람들은 매일 밤 놀러 나가는 것을 자랑스럽게 여기기도 한다." 늦은 밤의 놀이가 얼마나 성행했는지 알 수 있을 것이다. 어떤 때는 조계지의 치안을 담당했던 순포방(巡捕房)에서 풍속을 저해한다는 이유로 마차에 기생과 나란히 타는 것을 금지시켰다. 그러자 풍류객들은 동양차로 바꿔 탔다. "부끄러움을 모르는 무리들이 제멋대로 낯 뜨거운 일을 벌이니, 대낮 큰 길 가에서 보기에 참으로 민망했다. 그리하여 마침내 치안 순찰이 수시로 검사하여 마차를 일률적으로 작게 하

---

* 『신보』, 1872년 8월 12일.
** 『회도야유상해잡기(繪圖冶遊上海雜記)』, 권6.

여 기녀를 태우지 못하게 했다."* 그러나 이런 현상이 상하이탄에서는 조금도 수그러들지 않았으니, 금지랄 것도 없는 셈이었다. 설창(說唱) 공연을 하는 찻집으로는 애초 '야시루(也是樓)'나 '천락와(天樂窩)' 등 한두 곳 정도였다. 그런데 장사가 잘 되자 여기저기 찻집에서도 이를 본 따기 시작했다. 설창을 하는 기녀들은 주로 쑤저우 출신들이었는데, 자칭 '시옌성(先生)'이라 했다. 찻집에선 매일 같이 새로 온 기녀의 명단을 대문에 붙였는데, 어떤 찻집은 하루에 10여 명의 명단을 내걸기도 했다. 사람들은 찻집에서 차를 마시며 설창을 듣고, 어떤 경우에는 듣고 싶은 노래를 주문하기도 했다. 한 곡에 1위안 정도였고, 부자들은 전용실로 들어가 유명한 기녀가 자신만을 위해 노래를 하도록 주문하기도 했다. 이런 것을 '탕창(堂唱)'이라 했다. 많은 기술자나 수레꾼 혹은 상점 직원들은 기생집에서 술판을 벌일 돈이 없었기 때문에 이렇게 찻집에서 설창을 들으며 나름대로 감상 평을 주고받으면서 즐기기도 했다. 그리고 '댜오방쯔'란 부잣집 자식들이 기생집 여자와 함께 대로, 혹은 공공 화원 등지에서 어울려 노는 것을 말한다.

상하이 사람들은 이처럼 기생들과 어울려 노는 것을 일상직인 일로 생각했고, 기생을 첩으로 들이는 일이 상하이에서는 그리 이상한 일도 아니었다. 일부 부자들은 중매쟁이를 통해 정식으로 첩을 받아들여 크게 잔치를 벌이기도 했다. 뭇 사람들의 떠받듦으로 어떤 기녀들은 위세가 등등했다. 언젠가 유명한 기녀인 루란펀(陸蘭芬)의 생일잔치에 상하이의 전 조계가 떠들썩한 적도 있었다. 당시의 정황을 이렇게 묘사했다. "대문 앞에 오색찬란한 등이 걸리고, 고용된 경찰들

---

* 『자림호보』, 1887년 4월 16일.

이 경비를 썼다. 당일 축하객들은 수레를 타고 혹은 가마를 타고 오는데, 붉은 관모 푸른 관모를 쓴 관리들이 그득하여 6품 이하의 관복은 보이지도 않았다. 잔치가 벌어지는 방으로 들어가 절을 드리는데, 루란펀의 5~6세쯤 되는 아들이 의관을 차려입고 답례를 했다. 또 짧은 평상복에 모자를 쓰지 않은 사람들도 절을 올렸다. 잔치가 무르익자 술집 골목 전체가 들썩였다. 대인이건 선생이건 할 것 없이 모두 스스로 자세를 낮추고 머리를 조아리는데, 도대체 루란펀이 뭐 길래 이처럼 공전에 없던 일이 벌어진단 말인가!"[*]

일찍이 북양(北洋) 수사(水師 : 오늘날의 해군)의 제독을 지냈던 딩위창(丁汝昌)이 한번은 상하이를 지나다가 후바오위(胡寶玉)의 명성을 흠모하여 그녀의 집에 들러 술 한 잔을 마셨다. 그리고 사정을 모르던 딩위창이 술값으로 100위안을 건네자, 후바오위는 받지도 않고 바로 하인에게 건네주었다. 다음날 상황을 판단한 딩위창이 사람을 보내 300위안을 지불하고 계산을 끝냈다고 한다.[**] 청나라 말 상하이에서 활동했던 혁명당 사람들도 늘 이런 기녀들의 술집을 드나들었다. 가령 서적상인 중 혁명의 최선봉으로 불렸던 쉬칭우(徐慶吾)는 조계지의 각종 혁명 서적 출간을 좌우했다. 그러나 동시에 상하이탄의 유명한 '밤거리 대왕' 이자 개화방(開花榜 : 기녀들을 선발하여 신문에 명단을 올리는 것)의 명사였다. 그래서 어떤 사람들은 혁명당 사람들을 비꼬아서 "혁명군은 낭자군에 굴복당해 요기(妖氣)를 막을 길이 없도다. 가련타 저 화장이 그득한 기녀들, 뉘 궁궐의 문을 향해 혁명을 주장하리오!"[***]라 통탄했다. 상하이의 유명 문인들도 마찬가지였다. 문단의

---

* 『워푸산런 단편소설(我佛山人短篇小說)』, 331쪽.

** 상동.

* 웨이사오창(魏紹昌), 『우젠런 연구자료(吳趼人研究資料)』, 상해고적출판사, 1980년, 20~21쪽.

유명세와 함께 화류계에 명성을 드날렸던 사람을 이루 셀 수도 없었다. 당시 명사로서 왕타오(王韜)는 자칭 호색가로 기방을 찾는 일이 다반사였다. 근래 출판된 『왕타오일기(王韜日記)』를 보면 그가 16개월 동안 상하이에서 지냈던 행적을 기록하고 있는데, 기방을 찾았던 일들에 대한 기록이 약 30여 군데나 된다. 문장 곳곳마다 여성의 용모를 함부로 평가하며 희희낙락 놀이를 즐기던 여운이 담겨 있는데, 몇 가지 예를 들어 보면 다음과 같다.

25일(3월 10일) …… 량랑자이(梁閬齋)가 찾아와서 함께 기루로 놀러갔다. 어린 기녀가 사뭇 맘에 들었지만, 나이가 겨우 14살이어서 아직 머리도 얹지 않은 상태였다. 그런데도 벌써 얼굴에는 교태가 서려 있으니 그 모습이 내 눈에는 가련하게만 보였다.

4일 기해(己亥 : 2월 25일) …… 오후, 샤오궁(孝拱)과 쯔쥔(子俊)이 찾아와 함께 기녀를 찾았다. 금방울을 단 기녀가 있었는데, 용모가 출중하고 자태가 가 여린 것이 자못 맘에 들었다. 나와 함께 지내려는 뜻을 내비쳤으나 나는 몸에 병이 있어 사양했다.

27일 신유(辛酉 : 5월 17일) …… 식시 후 할 일이 없어서 중자이(絅齋)와 쑹치(松期) 등과 함께 기루에 놀러갔다. 이후 차쯔취안(査滋泉)도 합류했다. 그중 예쁜 기녀가 꽤 많았는데 차이윈(彩雲)은 용모가 아름다웠다. 전주(珍珠)는 노래를 잘했고, 딩진바오(丁金寶)는 풍모가 뛰어났다. 무명 치마에 쪽을 틀어 올려 한층 더 예뻤다. 챠오윈(巧雲)이란 기녀는 팔이 조롱박 같이 뽀얀 게 남달리 육감적이어서 자못 맘에 들었다. 바오자이(犇齋)가 특별히 주빈이 되어 샤오란(小蘭)의 옆에 술상을 차렸다. 온갖 안주가 펼쳐지고 아리따운 기녀들이 어지러이 춤을 추며 현악기에 피리 소리 경쾌하게 울리니, 문득 온갖 근심이 사라지는 듯했다. 강 남쪽의 어지러운 세상사를 알지 못하겠다.*

　왕타오의 일기를 보면 두 가지가 눈에 띈다. 하나는 기루를 놀러 다녀도 단독적인 행동은 적고, 대부분이 친구들을 동반했다는 점이다. 즉 이런 행동이 이미 공개적인 것이라서 친구들과 함께 기녀들의 틈바구니에서 술을 마시고 노는 것이 별로 부끄럽거나 껄끄러운 느낌이 없다는 것이다. 둘째는 일기 속에는 며칠씩 연속으로 기루로 놀러 간 기록이 적지 않다. 즉 당시 상하이의 젊은이들이 기루를 수시로 들락거렸음을 알 수 있다. 왕타오의 친구였던 강남 제조국(江南製造局)의 번역 담당이었던 리산란(李善蘭)은 이 방면에서 왕타오와 난형난제로서 어떨 때는 더하면 더했지 못하지 않았다. 왕타오는 일기에서 이렇게 기록한 적이 있다. 언젠가 리산란의 친구 몇 명이 기생놀이에 대해 토론을 벌인 적이 있었다. "리산란이 환락의 동굴에 빠져 헤어 나오질 못해 심히 걱정되며, 바야흐로 지금은 시류가 아주 급박한데 어쩌자고 화류계에 빠져 헤매는 것인가! 하루아침 침대 머리에 돈을 쏟아 붓다가는 서늘한 가을날 처량한 신세가 될 것이라고들 했다. 나도 '누차 충고를 했는데 자주 그러다보니 소원하게 되었다'고 했다."** 근대 상하이에는 이런 풍류객들이 적지 않았다. 바오톈샤오의 기억에 따르면, 청나라 말엽 언론계의 문인과 기생들은 이미 너나 할 것 없을 정도로 가까웠기에 매일 저녁이면 기생집에 가서 손님을 접대하거나 심지어는 연작물을 기생집에서 쓰기도 했다고 한다. 자신도 늘 기생집에서 술판을 벌였기에 이렇게 말했다. "솔직하게 말해서 지난 20여 년

---

* 『왕타오일기』, 165쪽.
** 『왕타오일기』, 164쪽.

간의 방탕한 삶을 돌아보건대 참으로 참회의 고백을 하기가 쉽지 않다."* 상하이 소설가 리보위안이나 우젠런의 방탕한 자취는 더 심했다. 리보위안은 평상시 매일같이 장원의 찻집에 놀러가서 린다이위 등 유명 기생들과 차와 술을 마셨다. 그래서 상하이 화류계를 손바닥보듯 훤하게 꿰뚫었기에 유명한 기생들에 대해 모르는 것이 없었다. 당시 사람들은 조롱기 섞인 말투로 그를 '화간제독(花間提督 : 화류계 제독)'이라 칭했다. 그의 중요한 집필 조수였던 어우양쥐위안(歐陽巨源)은 어린 나이에 재주를 막 꽃 피울 무렵, 불행하게도 리보위안을 좇아 화류계에 빠져서 얼마 안가 성병으로 죽고 말았다. 향년 25세에 말이다. 1896년 리보위안은 상하이에서 『유희보(遊戲報)』와 『세계 번화보(世界繁華報)』를 창간하여 기녀들의 일상 생활에 대한 기록을 남겼다. 그는 『춘강화월보(春江花月報)』를 창간할 때 『논어(論語)』를 방탕한 경전으로 개작했다가 성현을 모욕했다는 명목으로 당국에 의해 폐간되기도 했다.** 우젠런도 이 방면에서 비록 리보위안만큼은 아니었지만 그래도 화류계 일에 대해서는 정통한 경지에 도달했다. 그의 『상해 30년 풍류사(上海三十年艷跡)』란 책에는 그 당시 상하이 각 분야 기생들의 미모, 재주, 품행과 각종 풍류로 가득 찬 에피소드 등이 상세하게 기록되어 있다.

상하이 사람들이 풍류를 숭상하는 습성은 각종 색정적 오락, 아편, 도박 등을 발전시켰다. 가령 기생업계만 해도 창싼(長三), 야오얼(么二), 얼싼(二三), 시엔수이메이(鹹水妹), 단수이메이(淡水妹), 뉘탕관(女堂倌), 예지(野鷄) 등 각종 분야가 있었다. 당시 상하이 사람들에겐 소

---

* 바오톈샤오, 앞의 책, 354쪽.
** 웨이사오창(魏紹昌), 『리보위안 연구자료』, 상해고적출판사, 1980, 12~13쪽.

위 '칠치(七恥 : 일곱 가지 치욕)' 가운데 하나로 '야오얼'과 놀았다는 것이 있다. 왜냐하면 '야오얼'은 '창싼'보다 한 등급이 낮은 기생이었기 때문에 "'창싼'과 노는 사람은 '야오얼'과 노는 것을 치욕으로 여긴다"는 것이다. 이 밖에 상하이에는 집을 세 내어 양가집 부녀자를 꼬여 매춘을 하는 소위 '타이지(台基)'라는 곳이 있었고, 여기서 색기(色氣)로 손님을 꼬여 사기를 치는 '팡바이거(放白鴿)', 전문적으로 과부 등을 꼬여 매춘을 하는 '바이마이(白螞蟻)', 남녀 간통을 일삼는 '가핀터우(軋姘頭)' 등의 색정적 행위가 횡행했다. 상하이 이양경(二洋涇) 다리 부근 몇몇 외국인 전문 기생집에서는 서양 기생들이 장사를 했는데, "중국인들이 서양말을 흉내 내면서 이곳에서 방탕한 생활에 빠져들기도 했다." 결론적으로 상하이는 근대 중국의 명실상부한 색정의 도시로서 수많은 청년들이 이곳에서 타락하여 스스로 헤어나오지 못했다. 당시 신문들은 이렇게 썼다.

화류계 매춘과 아편을 함께 하는 그런 곳에서 서양 돈 1위안만 주면 온 마음을 빼앗긴 채 기녀의 품에서 즐길 수 있었다. 짙은 화장으로 꾸민 여인을 가까이 하고, 또 아편을 제공받아 즐길 수 있었기 때문에 아직 학업이 끝나지 않은 젊은이들 중 이런 곳에 잘못 발을 들여 놓은 경우가 마치 인더스 강가의 모래알처럼 이루 셀 수 없이 많았다. 또 '타이지' 같은 곳은 서양 돈 1위안이면 들어가서 음탕한 여성을 불러 잠자리를 할 수 있었고, 또 주로 으슥하고 외진 곳에 있었기 때문에 남들이 알 수도 없었다. 그래서 불도(佛道)를 섬기는 사람이나 스승과 친구의 충고를 걱정하는 사람들은 모두 이곳을 이용했다.*

---

* 『신보』, 1891년 3월 23일.

기생들의 미녀 선발 대회

　　청나라 말 상하이 풍류계에 일대 신선한 바람을 불러 왔던 일로 매
춘 전문가들이 발기한 미녀 선발 대회가 있다. 소위 '선화방(選花榜)'
이란 것인데, 상하이 기생 가운데 미녀를 선발하는 것으로 화류계의
장원(壯元 : 1등), 방안(榜眼 : 2등), 탐화(探花 : 3등) 혹은 갑방(甲榜), 을방
(乙榜)과 같은 등급이 생겨났다. 상하이의 미녀 선발 대회는 1882년에
시작되었다고 하며, 1883년 1884년에도 거행되었다고 한다.* 1896년,
리보위엔은 『유희보(遊戲報)』에서 미녀 선발에 관한 평론 활동을 시작
하여 추천서와 평론문을 각 신문에 게재했다. 이 대회는 1897년, 1898
년에도 연속해서 거행되었는데, 미녀를 선발하는 품평 활동은 상하이
화류계의 큰 행사였기 때문에 당시 화류계의 풍류남아들에게는 대단
히 자극적인 사건이었다. 상하이의 3,000여 기녀들도 모두 이 대회에
참가하려고 했다. 왜냐하면 한번 선발되기만 하면 엄청난 명성을 얻음

---

* 천보시(陳 伯熙), 앞의 책, 90쪽.

과 동시에 몸값은 천정부지로 오르며, 상하이 온갖 신문 잡지에 커다란 사진이 실리고, 그 술집의 문앞은 장사진을 이루어 문지방이 닳아 없어질 정도가 되었기 때문이다. 허다한 기녀들이 앞을 다퉈 자신을 선전하고, 신문계의 문인과 매춘 손님들을 부추겨 자신을 선전케 했다. 어떤 경우는 의견이 일치하지 않아 필묵(筆墨)의 논쟁을 벌여 어찌할 수 없는 지경에 빠지기도 했다. 1897년 선발 결과가 게재되는 날, 인쇄된 8,000부의 『유희보』가 나오자마자 완전히 매진되기도 했다. 당해 장원을 했던 장쓰바오(張四寶)에 대한 평론문에는 이렇게 쓰여 있다.

> 흐드러진 꽃 같은 미모, 아리따운 운치, 햇살에 반짝이는 물결 빛과 꽃 속에서 배어나는 아름다움을 갖추었다. 정신은 법도를 따르고, 감정은 그윽함을 따른다 했던가. …… 단정한 자태에 그윽한 분위기, 부드럽고 여린 아름다움을 가까이 하고 싶다. 너른 별장 깊은 정원, 인적이 드문 곳을 함께 거닐고 싶다. 우아하고 아리따운 행동거지에는 대가의 풍도가 서려 있고, 자연스런 미모에 고상한 분위기, 신선처럼 단아한 자태에 무리와 섞이지 않는 고고한 기품, 마치 천상의 선녀가 사람이 된 듯 천의무봉 넘치는 운치, 날아갈 듯 자리에 앉으니 군계일학의 격이로다. 옛 사람 말하기를 미녀의 미모는 안목을 키워준다 했던가. 실제로 바라보니 그 말 더욱 참이로다.*

'화방' 말고도 '예방(藝榜)', '무방(武榜)', '엽방(葉榜)' 등이 있었는데, 이에 선발되었던 린다이위(林黛玉), 후바오위(胡寶玉), 장수위(張書玉), 루란펀(陸蘭芬)은 상하이 화류계의 '사대금강(四大金剛)'으로 선

---

* 진우워(陳無我), 앞의 책, 하, 17 · 27쪽.

사마로 - 오늘날의 복주로를 일컫는다.

정되었다. 이렇게 볼 때 당시 상하이 색정 업계의 발전에 미녀 선발 대회보다 더 자극적인 것은 없었을 것이다. 가령 어떤 길거리 하나를 통해 청나라 말 상하이의 소비적 특징을 설명하려고 한다면, 가장 대표적인 것은 영국 조계지에 있던 '사마로'일 것이다. 사마로는 오늘날의 복주로(福州路)인데, 상하이 사람들의 사치, 유행, 풍류의 특징이 이 3㎞도 안 되는 거리에 가장 집중적으로 표현되어 있다. 동치(同治) 연간 이후 이 거리는 상하이에서 가장 번화하고 시끌벅적한 거리가 되었다. 1909년 상하이 『화상행명부책(華商行名簿冊 : 중국 상인과 업종 목록)』의 통계에 따르면 사마로에 점포 수가 363개로서 상하이 거리 가운데 최고로 많았다. 당시 상하이 사람들의 말을 빌리자면 천하에서 상하이 조계지가 가장 번화한 도시이며, 상하이 조계지 중에서도 사마로가 가장 번화하다고 했다. 여기에는 상하이, 그리고 전국에서 가장 호화스런 찻집, 술집, 여관, 양식집 등이 몰려 있었다. 1880~1890 년대부터 사마로에는 4~5층짜리 높은 건물들이 즐비하게 들어서기 시작했다. 화생회(華生會), 경상일층루(更上一層樓), 만화루(萬華樓), 사해승평루(四海升平樓), 청연각(青蓮閣) 등 높고 화려하게 꾸며진 점포들이 구경꾼들의 감탄을 자아내게 했다. 이 밖에도 아편집, 연극 극장, 설창(說唱) 극장, 신문사, 책방, 기생집, 당구장 등등이 빽빽이 들어차서 한눈 팔 기회가 없을 정도였다. 먹고 마시고 노는 상점들이 두루두루 갖추어져 전국 최고의 수준이었다. 외지에서 상하이로 온 사람들은 필히 이 거리로 와서 안목을 넓혀야 했고, 본지 사람들도 이 거리로 놀러가 헤매고 다니기를 즐겼다. 매일 새벽부터 사마로는 사람들로 시끌벅적 붐벼댔다. 차와 술을 파는 사람들, 사업차 협상을 벌이는 사람들, 설창이나 연극을 구경하는 사람들, 걸식을 하는 거지들도 있었다. 특히 화류계에서 미녀를 찾아다니는 풍류객의 눈에는 오직 부잣집 자식들이 무리지어 술에 취해 꽃 같은 기생들과 몰려다니며, 그야말로 신선처럼 호화롭게 사는 광경만이 들어 왔을 것이다. 길가에 식객들은 마치 개미 떼처럼 바글거려 발 디딜 틈도 없었다. 술집에서는 술판 위의 술잔이 어지럽게 날아다니고, 설창 집에는 하루 종일 박장대소에 고함소리가 가득하며, 아편 집에는 손님들이 득시글하고, 연극 극장에는 고상한 사람과 일반 사람들이 뒤섞여 감상을 한다. 밤으로 접어들면 또 다른 광경이 펼쳐진다. 화려한 등불이 일제히 켜지면서 음악 소리가 퍼져 나오고, 마차들이 분주히 오고간다. 남녀는 서로 팔짱을 끼고 화려한 차림새로 새벽까지 밤을 샌다. 특히 사마로에는 기생집이 즐비해서 선녀 같은 기녀들로 그득했다. 그래서 사람들은 이 거리를 '기루의 음악이 성대한 곳(花音盛地)', '풍류의 감옥(風流之獄)'이라고 불렀다. 재자가인과 풍류를 즐기는 선남선녀들이 이곳에서 온갖 멋과 흥취를 다했다. 보수적인 유학 선비들은 차마 눈 뜨고 보지 못할 광경이었다. 그래서 사마로에 대한 어떤 글의 묘사를 보면 "기생집 누각이 열둘이면, 그 안에 기생은 삼천이다. 북쪽의 술집 동네에서 피리 소리 다투고, 동쪽의 술집 동네에서 현악 소리 들끓는다. 금 술독에 귀한 술을 담아 마시며 단판(檀板 : 세 조각 나무 판때기를 묶어 만든 민속 타악기의 일종)의 리듬에 맞춰 노래를 부르고, 희희 낙락 꿈결 같은 놀이판을 벌인다. 아름다운 잎, 가녀린 가지 같은 아리따운 기녀들 시중을 드노니, 여기저기 혼을 녹이는 곳이로다. 붉은 등불 밝혀진 방안을 깊숙이 엿보니 한가득 금과 은으로 꾸며지고, 벽옥(碧玉)으로 꾸민 장식들이 찬란히 빛을 낸다. 기녀의 몸은 난초와 사향의 향기 머금었으니, 참으로 인생의 환락과 세상의 호사가 극에 달했구나."* "꽃과 달빛이 아름다운 곳이라면 여기저기 있겠지만, 화려하게 차려입은 요염한 기녀가 교묘하게 웃으며 교태와 아양 떠는 화류계를 본다면 상하이가 상업 도시 중 으뜸이요, 항구 중에 제일이로다"**라고 했다. 『호강상업시경사』에서도 사마로에 대한 집중적인 묘사를 하고 있다. "사마로에는 사람이 가장 많이 몰린다. 양 편 길가에는 설서(說書 : 만담이나 고사를 들려주는 것)하는 집과 매춘집이 늘어섰고, 연극장과 찻집은 서양 음식점을 겸한다. 거리를 떠도는 나그네들은 돌아갈 것을 잊고, 거반은 환락에 빠져 산다. 친구를 맞아 한가로이 거닐며 꽃 같은 기녀를 보러 놀러가고, 오고 감에 늘 마차를 부른다. 가장 마음을 끌고 머물고 싶은 곳은, 어린 기녀가 화려한 누각에

---

* 서우허츠런(瘦鶴詞人), 『유호필기(遊滬筆記)』, 제3권, 1888년 각본.
** 『청대일기회초(淸代日記彙抄)』, 상해인민출판사, 1982, 334쪽.

앉아 있는 기루라네." 이 길거리의 풍경은 바로 생동감 넘치는 근대 상업 사회의 모습을 담은 한 폭의 생활 풍속도이다. 또한 청나라 말 상하이 사람들이 보였던 소비 생활의 일면을 엿볼 수 있는 창문이자 거울이기도 하다. 누각과 기생집 정원에서 종일토록 환락과 소비의 굴속을 헤매는 사람들로부터 일반인들과는 다른 생활 심리를 예측해 볼 수 있다. 사람들은 이 대로(大路) 위에서 돈을 벌고, 또 이 대로 위에서 온힘을 다해 돈을 써버린다. 돈을 벌 때는 미친 듯 온갖 간교를 다부리고, 돈을 쓸 때는 온갖 호화와 사치를 다 부린다. 분명하지 않은 방법으로 돈을 벌고, 또 깨끗하지 않게 소비한다. 표면적으로는 주거니 받거니 인정을 운운하지만 실제로는 사람들의 모든 촉각과 욕망은 돈에 의해 좌우된다. 과연 어떤 사람들이 진실한 감정을 말할 수 있겠는가! 많이 벌면 벌수록 더 잘난 체 하고, 많이 쓰면 쓸수록 체면을 따지기 때문에 사마로는 바로 청나라 말 상하이 사람들의 생활 교과서라고 할 수 있다. 그리고 이 교과서는 사람들에게 이렇게 경고한다. 근대 상업 사회에서 인생의 모든 의미는 단지 돈을 벌고 돈을 쓰는 경쟁에 불과하며, 인생의 달고 쓴 맛, 부귀와 비천함 모두 이 돈에서 비롯되는 것이라고.

옮긴이의 글

　중국은 친근하고 익숙한 나라다. 지리적으로 인근한 나라인 데다 오랜 시간 문화적으로 함께 한 부분도 많다. 사람들의 생김새도 그리 낯설지 않다. 이런 여러 이유로 우리는 생소함보다는 친근한 감정으로 중국이란 나라와 사람들을 받아들이는 경향이 많다. 현실적으로 볼 때도 중국을 열심히 배우고 이해해야 할 당위성은 너무나 많다. 그래서 중국을 기회의 땅으로 여기는 사람이 많아졌고, 적지 않은 성공담과 실패담을 접하게도 되었다. 이 과정에서 무수한 중국 전문가가 탄생했는데, 이들의 노력 덕택으로 중국에 관한 이해가 꽤나 높아진 것도 사실이다. 그래서 중국에 대해 어느 정도 안다는 생각을 갖게 되었다.

　우리가 안다고 하는 중국에 대한 이해는 상당히 보편적이고 통합적인 것들이다. 그런데 이런 이해에 대한 맹신은 자주 당황스런 상황을 야기한다. 가령 중국인들이 '관시'를 중시하는 것이 보편적 사실이지만, 세대에 따라 지역에 따라 적용되는 방식이 다르다. 예상치 못한 상대의 반응에 당황하고 황당해 하며, 중국인들의 진실을 의심하고 비난하기 쉽다.

　알다시피 중국은 공식적으로 55개의 소수민족으로 구성된 다민족

결합체의 성격을 지닌다. 물론 한족(漢族)이 주도권을 행사하지만. 그럼 한족이란 도대체 뭘 말하는 것인가. 혈통적으로나 문화적으로, 심지어는 역사적 정체성도 논란은 많지만 딱히 뭐라 규정할 수 없다. 즉, 중국이란 광활한 땅에 다양한 혈통을 지닌 사람들이 분명히 뭐라고 규정할 수 없는 정체성을 중심으로 모여 있는 나라다. 그러기에 어디 한 군데에 기준을 두고 보편적인 잣대를 들이대는 것이 늘 통하지 않는다. 이러한 모호함 가운데 지역에 따라 개별적인 문화적 권역이 형성되어 있음을 발견하게 된다. 크게는 북방과 남방으로, 세분하면 아주 여러 개의 문화적 권역으로 때로는 비슷하게 때로는 현저히 다른 양상을 보인다. 때문에 중국을 이해하려는 방식은 보편적이고 통합적인 것에 특수하고 개별화된 요소를 더하는 것으로 보완되어야 한다. 문화적 권역에 따른 차별적 이해의 방식은 오히려 중국인들 사이에서 더욱 많이 활용되고 있다.

하지만 혈통적이고 지역적이며 문화적인 세분화를 통해 개개의 잣대를 파악하고 적용한다는 것은, 사실 외국인에게 쉽지 않은 일이다. 때문에 좀 더 요약적이고 핵심적인 방법론이 요구된다. 이 대목에서 베이징과 상하이를 거론치 않을 수 없다. 알다시피 오랜 세월 수도로서의 베이징은 정치의 중심이자 전통문화의 결정체였기에, 베이징 사람들은 자타가 공인하는 전통문화의 보유자이자 북방 문화의 대변자 역할을 했다. 백 여 년의 근대적 역사를 자랑하는 상하이는 그 과거가 베이징 같이 화려하진 못하지만, 현대화된 중국의 성공적인 모델로 대표되어 왔다. 때문에 상하이 사람들은 중국 내에서 가장 똑똑하다는 자부심을 품고 남방 문화의 대변자 혹은 선도자의 역할을 했다. 이런 이유로 두 지역 사이엔 뭔가 경쟁적인 감성이 내재되어 있고, 간혹 노골적으로 표출되기도 한다. 이들은 같은 중국인이면서, 너무나 다른 생각으로 살아간다. 보편적 잣대로 베이징 사람들과 상하이 사람들을 하나로 대할 경우, 우리는 난데없는 황당함을 맛보게 될 것이다. 이런 껄끄러움은 중국인들 사이에서 북방 문화와 남방 문화 간의 차이로 확대되어 인식된다. 따라서 하나로 모호하게 통합된 중국이 아니라, 이질적인 북방 문화와 남방 문화라는 커다란 분별 속에서 중국을 이해하는 것은 매우 유용하다. 이 중심에 베이징과 상하이 두 지역의 문화적 코드가 핵심적으로 자리하고 있는 것이다. 그래서 중국의 대부분 지식인들도 베이징과 상하이 두 지역의 문화적 코드를 읽어 내는 것이야말로 중국의 개별적 특성을 파악하고, 중국에 대한 이해를 끌어 올리는 첩경이라고 본다.

　이 책은 이런 목적에 잘 부합된다. 높은 문화적 안목으로 정평 있는 지식인들이 베이징과 상하이의 서로 다른 문화적 특성을 집어내고 있다. 때론 딱딱하지만 분석적인 보고(報告)로 두 지역의 현상을 가르고 분별한다. 때론 생생한 체험적 육성으로 두 지역 사람들의 감정을 드러내어 비꼬고 화내고 화해한다. 때론 고즈넉한 미성(微聲)으로 두 지역 사람들의 애환을 달래기도 한다. 17편에 담긴 다양한 시각과 목소리를 접하는 가운데, 우리는 베이징 상하이 이 두 지역의 희로애락을 느낀다. 뭔가 대단한 강연이나 가르침이 아니라, 그냥 삶의 이야기를 듣는 가운데 자연스럽게 두 지역의 문화적 코드에 빠져들고, 뼛속 깊은 이해를 체험하게 된다. 그리고 베이징 사람들과 상하이 사람들의 삶을 알게 된다. 이 앎은 중국에 대한 이해의 수준을 높이는 과정에서 대단히 요약적이고 핵심적인 작용을 할 것이라고 본다.

　문자화된 텍스트 읽기는 자칫 지루할 수 있다. 그러기에 내용과 관련된 사진들을 찾아내어 함께 제시함으로써, 평면적 글 읽기가 공간적 글 읽기로 전환될 수 있도록 애썼다. 문자로부터 얻어 들이는 정보들을 시각적으로 확인하는 것은 글 읽기의 재미를 배가시켜 줄 것이라 생각했고, 이로부터 독자들이 좀 더 생동감 있는 정보를 얻을 수 있지 않을까 하는 마음이었다. 또 이러한 보완적 장치를 통해 이 책의 기능이 좀 더 확대되기를 바라는 심정이었다.

16명의 지식인이 내는 다양한 목소리를 맛깔 나게 옮기는 일이 쉽지 않았다. 때론 지금은 사용되지 않는 토속적 말이나 생활의 모습들을 파악하기 어려운 대목도 꽤 있었다. 이럴 때마다 현지 중국인들에게 자문도 구해보고, 여기저기 찾아보기도 했다. 그럼에도 허점이 있을 것이라 본다. 특히 어려웠던 점은 중국어음을 표기하는 일이었다. 부득이 중국어음으로 표기해야 할 말들이 너무나 다양하게 출현했기에, 여러 번 고치고 고쳤다. 그러다 몇 가지 원칙을 정하게 되었다. 첫째, 대략적으로 신해혁명 이전의 인명, 서명 등은 우리식 한자음으로 표기했다. 둘째, 신해혁명 이후 공식적인 인명, 성급 단위의 지명 등은 중국어음으로 표기했다. 셋째, 출판물이나 서명, 거리 이름, 현급 단위 이하 지명, 그리고 사합원처럼 이미 사용되고 있는 명칭은 우리식 한자음으로 표기했다. 다만, 후퉁의 이름처럼 특별한 경우는 중국어음으로 표기했다. 넷째, 중국어음의 표기방법은 외래어 표기법을 사용하되, 은어나 회화적 말들은 현지음에 좀 더 가깝게 표기했다. 다섯째, 작품명의 경우 가능하면 의미를 풀어 표현했고, 그 외의 경우는 우리식 한자음으로 표기했다. 이러한 방식이 자칫 혼란스러울 수도 있겠지만, 중국어음의 표기가 아직도 다양하게 이루어지고 있는 현실 속에서, 나름대로 지혜로운 길을 찾으려는 노력으로 이해되기를 바랄 뿐이다.

이 책은 출판의 초기 단계에서 이 책의 가치를 알아주는 주인을 찾지 못해 상당 기간 배회한 적이 있다. 높은 안목으로 가치를 알아보아주신 일빛출판사에 큰 감사를 드린다.

  아무쪼록 이 책을 통해 독자들이 베이징 상하이 두 지역에 대한 깊은 문화적 체험을 할 수 있기를 희망하며, 나아가 중국에 대한 이해의 방식이 보다 진전되는 데 일말의 기여가 있기를 바란다.

기회와 도전의 나라

거대 중국을 경영하라

거침없는 거대 중국의 겉과 속을 들여다본다

중국 주재 외교관의 시각에서
중국의 현재와 미래를 날카롭게 분석한
대중국 전략 지침서

남상욱 지음 | 신국판 | 600쪽 | 24,000원
ISBN 89-5645-118-4 (03320)

13억 거대 중국의 야심. 위협인가, 기회인가?

━━ 세계 경제의 한 축으로 성장한 중국에서 중국대사관 총영사, 중국 광저우 총영사의 신분으로 8년간 근무한 저자가 직접 보고, 듣고, 경험한 것을 토대로 중국을 분석한 대중국 접근 전략의 지침서이다. 외교관의 시각에서 100년 후를 내다보는 중국의 국가 경영 전략의 틀을 기준으로 정치 · 외교 · 경제 · 사회 · 문화 · 역사 등의 각 분야를 살펴보는 한편, 오랜 시간에 걸쳐 수집한 방대한 자료를 근거로 복합적 분석을 통해 중국의 현재와 미래를 날카롭게 조망한다. 이 책은 특히, 정치 · 외교와 경제의 두 가지 축을 중심으로 중국의 실체를 종합적이고 전략적으로 정밀하게 분석함으로써 우리 경제와 기업의 대중국 전략과 방향을 분명하게 제시한다.

10년 후 중국…

중국의
미래를 읽는다

비상하는 중국 경제의 미래는 어떻게 될 것인가?

중국과 중국 기업의 실체를 왜곡·굴절 없이
종합적이고 객관적으로 심층 분석함으로써
21세기 중국의 미래를 전망한다.

서울신문 특별취재팀 지음 | 신국판 | 320쪽 | 13,000원
ISBN 89-5645-065-X (03320)

팍스 시니카(Pax Sinica)의 시대는 과연 올 것인가?

━━ 미국에 이은 동반자이자 파트너이면서 우리의 가장 강력한 라이벌이자 경쟁자로
급부상하고 있는 중국, 그러나 중국은 21세기 한국과 한국 기업에게는 절호의 찬스이기
도 하다. 이 책은 정치·경제·사회·문화·교육뿐만 아니라 과학과 국제 관계까지의
실상을 종합적인 시각으로 전달한다는 목적으로 중국사회과학원과 공동으로 '차이나
리포트'를 기획한 결과물이다. 이 책은 한 분야에 편중된 분석을 보이는 관련 도서와 달
리, 정치·사회·경제는 물론 역사와 문화, 교육까지 전 분야에 걸쳐 한국과 중국의 전
문가들로 하여금 심층 분석하게 함으로써 중국의 현재를 객관적으로 진단하고 미래를
예측하게 하는 전문가적 시각과 실생활이 적절하게 조화를 이루었으며, 오늘의 중국을
진단하고 내일의 중국을 조망하는 데 실질적인 도움이 될 것이다.